广视角·全方位·多品种

权威·前沿·原创

皮书系列为
"十二五"国家重点图书出版规划项目

皮书数据库
中国社会科学院 社会科学文献出版社

首页 数据库检索 学术资源群 我的文献库 皮书全动态 有奖调查 皮书报道 皮书研究 联系我们 读者咨询 搜索报告

权威报告 热点资讯 海量资源

当代中国与世界发展的高端智库平台

皮书数据库 www.pishu.com.cn

皮书数据库是专业的人文社会科学综合学术资源总库，以大型连续性图书——皮书系列为基础，整合国内外相关资讯构建而成。该数据库包含七大子库，涵盖两百多个主题，囊括了近十几年间中国与世界经济社会发展报告，覆盖经济、社会、政治、文化、教育、国际问题等多个领域。

皮书数据库以篇章为基本单位，方便用户对皮书内容的阅读需求。用户可进行全文检索，也可对文献题目、内容提要、作者名称、作者单位、关键字等基本信息进行检索，还可对检索到的篇章再作二次筛选，进行在线阅读或下载阅读。智能多维度导航，可使用户根据自己熟知的分类标准进行分类导航筛选，使查找和检索更高效、便捷。

权威的研究报告、独特的调研数据、前沿的热点资讯，皮书数据库已发展成为国内最具影响力的关于中国与世界现实问题研究的成果库和资讯库。

皮书俱乐部会员服务指南

1. 谁能成为皮书俱乐部成员？

- 皮书作者自动成为俱乐部会员
- 购买了皮书产品（纸质皮书、电子书）的个人用户

2. 会员可以享受的增值服务

- 加入皮书俱乐部，免费获赠该纸质图书的电子书
- 免费获赠皮书数据库100元充值卡
- 免费定期获赠皮书电子期刊
- 优先参与各类皮书学术活动
- 优先享受皮书产品的最新优惠

社会科学文献出版社 皮书系列
SOCIAL SCIENCES ACADEMIC PRESS (CHINA)
卡号：3316278628475612
密码：

3. 如何享受增值服务？

（1）加入皮书俱乐部，获赠该书的电子书

第1步 登录我社官网（www.ssap.com.cn），注册账号；

第2步 登录并进入"会员中心"—"皮书俱乐部"，提交加入皮书俱乐部申请；

第3步 审核通过后，自动进入俱乐部服务环节，填写相关购书信息即可自动兑换相应电子书。

（2）免费获赠皮书数据库100元充值卡

100元充值卡只能在皮书数据库中充值和使用

第1步 刮开附赠充值的涂层（左下）；

第2步 登录皮书数据库网站（www.pishu.com.cn），注册账号；

第3步 登录并进入"会员中心"—"在线充值"—"充值卡充值"，充值成功后即可使用。

4. 声明

解释权归社会科学文献出版社所有

皮书俱乐部会员可享受社会科学文献出版社其他相关免费增值服务，有任何疑问，均可与我们联系

联系电话：010-59367227 企业QQ：800045692 邮箱：pishuclub@ssap.cn

欢迎登录社会科学文献出版社官网（www.ssap.com.cn）和中国皮书网（www.pishu.cn）了解更多信息

世界旅游城市绿皮书
GREEN BOOK OF
WORLD TOURISM CITIES

世界旅游城市发展报告
（2013）

ANNUAL REPORT ON DEVELOPMENT OF WORLD TOURISM CITIES
(2013)

主　　编／鲁　勇　周正宇　宋　宇

执 行 主 编／张　辉

执行副主编／陈怡宁　白　凯

社会科学文献出版社
SOCIAL SCIENCES ACADEMIC PRESS (CHINA)

图书在版编目（CIP）数据

世界旅游城市发展报告. 2013/鲁勇，周正宇，宋宇主编.
—北京：社会科学文献出版社，2014.6
（世界旅游城市绿皮书）
ISBN 978 - 7 - 5097 - 5956 - 1

Ⅰ.①世… Ⅱ.①鲁… ②周… ③宋… Ⅲ.①旅游城市 -
发展 - 研究报告 - 世界 - 2013 Ⅳ.①F591

中国版本图书馆 CIP 数据核字（2014）第 083429 号

世界旅游城市绿皮书

世界旅游城市发展报告（2013）

主　　编／鲁　勇　周正宇　宋　宇

出 版 人／谢寿光
出 版 者／社会科学文献出版社
地　　址／北京市西城区北三环中路甲 29 号院 3 号楼华龙大厦
邮政编码／100029

责任部门／皮书出版分社 （010）59367127　　责任编辑／张丽丽　王　颉
电子信箱／pishubu@ ssap. cn　　　　　　　　责任校对／王洪强
项目统筹／任文武　　　　　　　　　　　　　责任印制／岳　阳
经　　销／社会科学文献出版社市场营销中心 （010）59367081　59367089
读者服务／读者服务中心 （010）59367028

印　　装／北京季蜂印刷有限公司
开　　本／787mm×1092mm　1/16　　　　　印　　张／30.25
版　　次／2014 年 6 月第 1 版　　　　　　　字　　数／502 千字
印　　次／2014 年 6 月第 1 次印刷
书　　号／ISBN 978 - 7 - 5097 - 5956 - 1
定　　价／88.00 元

世界旅游城市绿皮书编委会

主要编撰者简介

张　辉　北京交通大学教授、博士生导师，陕西省三秦学者，陕西师范大学特聘教授、旅游环境学院博士生导师，西北大学、长安大学、海南大学等大学的兼职教授，享受国务院政府特殊津贴专家；现任世界旅游城市联合会专家委员会副主任、北京旅游学会副会长、中国旅游未来旅游学会副会长、北京市旅游局旅游从业人员认证考试领导小组副组长；中国旅行社集团决策委员会委员、港中旅集团决策委员会委员；辽宁省旅游规划政府顾问，陕西省留坝县旅游规划顾问，主持省部级及地市旅游规划项目数十余项，2003 年获"新世纪中国改革人物"称号。

主要研究领域：主要从事旅游经济理论与产业发展战略的研究。

主要研究成果：主持完成国家社会科学基金项目、教育部人文社会科学基金项目等三项，荣获省部级社会科学优秀成果奖一等奖一项，二等奖励两项，三等奖三项；著有《旅游经济学》、《旅游经济论》、《转型时期中国旅游产业环境、制度与模式》、《全球化下北京旅游发展战略》、《现代饭店经营管理与实务》等作品十余部；在《光明日报》（理论版）、《经济日报》（理论版）、《经济学动态》、《旅游学刊》等报刊杂志上发表论文数十篇。形成了一系列重要的学术创新成果，如旅游经济学科研究范式、旅游经济发展动力论、旅游经济的哑铃经济模型、旅游企业一体化经营理论、中国旅游产业发展模式论、中国旅游产业市场竞争论、中国旅游产业运行方式论、中国旅游产业转型论等。

《世界旅游城市发展报告 (2013)》
学术顾问

魏小安 教授，博士生导师，世界旅游城市联合会专家委员会主任委员。

李天元 南开大学，教授，博士生导师，世界旅游城市联合会专家委员会委员，中国旅游研究院第一届学术委员。

阿拉斯泰尔·莫里森（Alastair Morrison） 教授，世界旅游城市联合会专家委员会副主任委员。

莱瑞·于（Larry Yu） 世界旅游城市联合会专家委员会委员，美国乔治·华盛顿大学旅游学院院长，教授，博士生导师。

林赛·特纳（Lindsay Turner） 教授，世界旅游城市联合会专家委员会委员。

吴必虎 世界旅游城市联合会专家委员会委员，北京大学旅游研究与规划中心主任，国际旅游学会秘书长，教授、博士生导师。

高　峻 上海师范大学旅游学院，教授，博士生导师。

邹统钎 教授，世界旅游城市联合会专家委员会副主任委员，北京第二外国语学院教授。

戴学锋 中国社会科学院旅游研究中心副主任。

施先亮 北京交通大学经济管理学院副院长，教授，博士生导师。

赵振斌 陕西师范大学旅游与环境学院副院长，教授。

合作单位

北京交通大学经济管理学院
北京交通大学计算机管理学院
陕西师范大学旅游与环境学院
南开大学旅游与服务学院
北京第二外国语学院旅游管理学院
欧睿国际咨询公司
沃道国际咨询（北京）有限公司

摘　要

　　旅游业是世界经济中发展势头最强劲、规模最大的产业之一，据世界旅游业理事会（WTTC）报告显示，2012 年世界旅游业对全球经济的贡献占近1/10。随着城市化进程的加快，一些城市呈现出后工业化时代的特征，服务业成为经济发展的主导产业，城市功能逐渐由生产功能向消费功能转变，从某种意义上说，城市日益成为旅游业发展的重要空间载体。选择科学合理的旅游城市发展道路，通过引导旅游与城市的和谐、持续发展来推进全球旅游业的共同繁荣是本项研究的主旨。本年度的报告分为总报告（理论研究）、分项指数研究、区域研究、案例研究、专题研究五个部分。第一部分是总报告，着重介绍研究框架设计和评价体系，并对世界范围内的旅游城市进行了综合评价与分析；第二部分是分项指数报告，分别对 5 个分项指数的排名情况及其解释性指标进行了分析，这一部分是本报告的亮点，各旅游城市不仅可以了解世界旅游城市的发展格局、自身所处的位置以及与一流旅游城市的差距，也有助于城市及旅游主管部门了解旅游业的发展状况，从而采取切实有效的措施推进旅游城市的建设与发展；第三部分是区域报告，将此次排名涉及的 98 个城市分为四大区域，对各区域旅游城市发展的特点及优劣势进行评价，以有助于区域间及城市间的沟通与合作；第四部分是案例报告，鉴于本书为世界旅游城市绿皮书的第一本，书中选取了全球 7 个代表性城市进行了重点研究，总结了各自发展的经验和启示；第五部分是专题研究部分，以"旅游与城市发展"为主题，由世界旅游城市联合会专家委员会的专家及国内外学者对其进行了深入探讨，从世界旅游经济发展趋势、政府管理、城市规划等不同视角提出了旅游城市发展的对策建议。

　　由于评价城市涵盖全球近 100 个城市，因此本书的另一突出特点是采取中、英文双语模式，以期更好地实现服务于读者及世界旅游城市联合会会员城市的宗旨。

世界旅游城市评价体系成果报告序言

　　世界旅游城市联合会是由北京率先倡导，与众多国际旅游城市共同发起的，由世界各国、各地区的旅游城市与旅游有关的机构自愿结成的非营利性国际非政府组织，是全球第一个以城市为主体的国际旅游组织。

　　世界旅游城市联合会作为全球第一个以城市为主体的国际旅游组织，构建权威的、严密的、科学的旅游城市综合评价体系，有利于提升其在世界旅游组织中的话语权，引领世界旅游城市的发展方向；有利于促进世界旅游城市之间的交流与合作，互送客源；有利于构建标准化的旅游统计体系，为城市会员和非城市会员的旅游研究提供有效的服务；有利于明确各城市在国际旅游市场竞争格局中的比较优势，寻找与其他世界旅游城市发展水平的差距，为今后世界旅游城市的各项决策与建设提供理论基础与决策依据。

　　"世界旅游城市评价体系"是北京市旅游发展委员会在筹备世界旅游城市联合会的过程中组织的一项重大课题研究项目。2011 年，北京市旅游发展委员会作为筹备世界旅游城市联合会的机构，将"世界旅游城市评价体系"这一重大课题研究项目列为筹备工作的重点项目。2012 年 9 月，在世界旅游城市联合会成立大会暨北京香山旅游峰会上，课题组向与会代表介绍了"世界旅游城市评价体系"研究成果。2013 年 6 月，世界旅游城市联合会专家委员会成立，"世界旅游城市评价体系"成为其核心研究项目。在 2013 年的北京香山旅游峰会上，课题组再次阐述了"世界旅游城市评价体系"的理论框架、指标内涵和数据处理方法，受到城市会员、机构会员和与会专家学者的高度关注。

　　从 2011 年开始，北京交通大学联系国内外旅游学科知名专家学者组成专项课题组，在对国际上有影响力的国家/城市类排行榜进行学习和借鉴的基础上，设计了"世界旅游城市评价体系"。评价体系由旅游景气指数、旅游发展

潜力指数、旅游吸引力指数、旅游行业支持力指数和网络人气指数五个单项评价指数及旅游城市发展指数一个综合评价指数构成。其中,景气指数反映现状,潜力指数反映未来,吸引力指数和网络人气指数反映与旅游者的关系,行业支持力指数反映城市各部门为旅游业提供的支持力度,旅游城市发展指数反映城市旅游业的总体发展水平。

"世界旅游城市评价体系"数据的来源具有权威性,体系构建具有科学性,实施方案具有可操作性,着眼长远发展具有可持续性。

期待课题组为"世界旅游城市评价体系"的发布与实施建立更加坚实的工作基础,期待专家学者对"世界旅游城市评价体系"的科学与完善贡献智慧,期待世界旅游城市对"世界旅游城市评价体系"的实践提供指导。

祝愿世界旅游城市联合会在世界旅游学术研究领域取得更多的成果。

2014 年 3 月

目 录

Ⅰ 总报告

Ⅱ 分项指数报告

Ⅲ 区域报告

Ⅳ 案例报告

Ⅴ 旅游城市发展专题研究

皮书数据库阅读 **使用指南**

G I 总报告

General Report

　　本部分从"世界旅游城市"的内涵入手，介绍了"世界旅游城市评价体系"的项目缘起和研究历程，提出"世界旅游城市评价体系"的理论框架和指标体系，并对世界范围内的旅游城市进行了综合评价与分析。

Gr.1
世界旅游城市发展指数：
理论框架与指标体系

一 研究背景

1. "世界旅游城市"的内涵

"世界旅游城市"的概念发端于"世界城市"，是由北京市旅游发展委员会（前身为北京市旅游局）正式提出的。

（1）"世界城市"的理论发展与实践。

世界城市（World City），又称全球城市（Global City），是指在社会、经济、文化或政治层面直接影响全球事务的城市。该词最早于18世纪出现，诗人歌德将罗马和巴黎称为"世界城市"。1966年，英国地理学家、规划师彼德·霍尔（Peter Hall）把世界城市定义为对全世界或大多数国家发生全球性经济、政治、文化影响的国际第一流大城市。1986年，美国经济学家弗里德曼从新的国际劳动分工的角度，把世界城市的特征指标概括为：主要金融中心、跨国公司总部（包括地区性总部）、国际化组织、商业服务部门高速增长、重要的制造中心、主要交通枢纽和有一定人口规模。1991年，美国经济学家丝雅奇·沙森定义世界城市为全球发达的金融和商业服务中心。英国伦敦、美国纽约、法国巴黎和日本东京被认为是传统上的四大"世界城市"。如今，人们一般达成共识的是，世界城市是国际城市的高端形态，是城市国际化水平的高端标志，是指具有世界影响力、聚集世界高端企业总部和人才的城市，是国际活动召集地、国际会议之城。

"世界城市"作为中国城市建设的目标，首次出现于2001年的《大北京城市空间发展规划报告》［又名《京津冀北（大北京地区）城乡空间发展规划报告》］。规划主持人清华大学吴良镛教授在报告中提出，北京未来的城市建设要抓住有利机遇，从世界城市、可持续发展的角度，以整体的观念探讨京津冀北地区城乡空间发展问题。此外，他还提出要对北京的城市发展做出战略性的调整。

2009 年 12 月底，时任北京市委书记刘淇同志在工作报告中提出北京要"瞄准建设世界城市"。随后《北京市国民经济和社会发展第十二个五年规划》提出，要适应和深化对外开放和建设中国特色世界城市的战略要求，创造竞争新优势，强化首都的国际交往中心功能，大力开展公共外交，在服务中提升城市的国际地位和国际影响。同时相关部门对"世界城市"进行了充分的解读，2010 年 1 月发布的《政府工作报告及计划报告、财政报告名词解释》中对"世界城市"作了概念界定，认为"世界城市"是指国际大都市的高端形态，对全球的经济、政治、文化等方面有重要的影响力，其具体特征表现为国际金融中心、决策控制中心、国际活动聚集地、信息发布中心和高端人才聚集中心、国际旅游目的地。

（2）"世界旅游城市"概念的提出。

拥有高度发达的旅游业是世界城市的重要标志之一，纽约、伦敦、巴黎、东京都是举世闻名的国际旅游之都。在建设世界城市的背景下，北京市旅游发展委员会适时提出北京要发展成为世界旅游城市的目标，对北京市旅游产业发展的目标定位是未来建成与世界城市地位相匹配的国际旅游之都，即在北京市发展成为世界城市的进程中，旅游业最有可能率先取得突破性发展，并促使北京发展成为世界旅游城市。旅游已经成为北京市在建设世界城市进程中重点支持发展的主导产业之一。"十二五"期间，北京市的旅游业要在旅游资源多样化、旅游服务便利化、旅游管理精细化、旅游市场国际化等方面加快发展，以推进北京旅游业全方位开放和全方位升级，促使北京率先发展成为世界旅游城市。

2. 世界旅游城市联合会（WTCF）的成立

"十二五"初期，北京市提出"创建以北京为总部驻地的世界旅游城市联合会，探索建立世界旅游城市评价体系，促进北京与世界旅游城市之间的交流合作"的战略部署。历经近两年的筹备，2012 年 9 月 15 日，世界旅游城市联合会（WTCF）成立大会在北京隆重召开。这个由北京率先倡导、与世界众多著名旅游城市共同发起的，由世界各国各地区的旅游城市、与旅游有关的机构自愿结成的非营利性、国际性非政府组织，是全球第一个以城市为主体的国际

旅游组织，是一个得到联合国支持的、首个总部落户中国、落户北京的国际性
旅游组织，它的成立填补了旅游城市间没有国际合作组织的空白。

世界旅游城市联合会以"旅游让城市生活更美好"为主旨，为世界旅游
城市互利共赢、合作发展搭建平台，并致力于推动会员城市间的交流合作，共
享旅游业发展经验，探讨城市旅游发展的问题，加强旅游市场合作开发，提升
旅游业发展水平，促进世界旅游城市经济社会的协调发展。

3. 世界旅游城市评价体系的研究历程和重要意义

自 2011 年 4 月起，在北京市各级领导的支持和关怀下，受世界旅游城市
联合会（WTCF）的委托，以现任世界旅游城市联合会专家委员会副主任委
员、北京交通大学张辉教授为核心的研究团队，开始着手研究"世界旅游城
市评价体系"（以下简称"评价体系"）的相关内容，作为世界旅游城市联合
会长期发展所依赖的平台。

世界旅游城市联合会作为全球第一个以城市为主体的国际旅游组织，建立
了一套严密、科学的旅游城市综合评价体系，有利于提高联合会在世界旅游业
中的话语权，引领世界旅游城市的发展方向；有利于促进世界旅游城市之间的
交流与合作、互送客源；有利于构建标准化的旅游统计体系，为会员城市和非
会员城市的旅游研究工作提供有效的服务；有利于明确各城市在国际旅游市场
竞争格局中的比较优势，寻找与其他世界旅游城市发展水平的差距，为今后世
界旅游城市的各项决策与建设提供理论基础与决策依据。

课题组先后于 2012 年世界旅游城市联合会成立大会暨北京香山旅游峰会
和 2013 年世界旅游城市联合会专家委员会成立大会上汇报了项目研究成果，
会员城市、机构代表及与会专家均对项目的实施给予高度评价，课题组根据专
家提出的意见和建议，进行了深入研究和数据测试，进一步完善了评价体系的
理论框架、明确了各城市旅游统计指标的内涵及数据处理方法，于 2013 年世
界旅游联合会北京香山旅游峰会向各会员城市、机构发布了世界旅游城市评价
体系指导性文件。总体而言，本项目历经近三年的体系设计与测评实施，经过
多轮国内外专家论证，研究体系较为科学严谨，测评结果具有较高的公信力，
已形成较为完善的数据采集网络和基础数据库，为今后项目的持续实施和发布
建立了坚实的工作基础。

二 理论框架与指标体系

为了衡量旅游城市的整体发展绩效，课题组根据世界旅游城市专家委员会和部分会员城市的意见，在对国际上有影响力的排行榜进行学习和借鉴的基础上，从旅游者、旅游产业、城市管理三个层面，构建了"综合指数—单项指数—特征指标"的三级评价体系。

世界旅游城市发展指数（TCDI, Tourism City Development Index）是评价旅游城市发展水平的综合指数，可以用来概括性地评价与比较全球范围内不同城市的旅游发展水平和发展进程。该指数将旅游经济指标、社会指标以及其他相关指标相结合，揭示旅游产业发展与社会经济发展大环境之间的平衡或不平衡；在表征旅游城市的现实竞争力的同时，体现其未来的发展潜能和趋势；不同城市的评价结果可以反映出不同旅游城市旅游产业发展的深度与广度。从系统论的角度来看，旅游城市的发展是一个混沌的系统，它由许多子系统构成，同时又是城市发展的子系统。五个单项指数相互联系，这种联系包括单项指数与综合指数之间的联系、单项指数与单项指数之间的联系。子指数的衡量又需要指标对其加以落实，因此单项指数与特征指标之间又存在相互依存的关系。

五个单项指数分别是旅游景气指数、旅游发展潜力指数、旅游吸引力指数、旅游行业支持力指数和网络人气指数。旅游景气指数与旅游发展潜力指数，关注各城市旅游产业及相关产业发展的现状与未来，包括发展状态和发展潜力的衡量；旅游吸引力指数和行业支持力指数，关注旅游业发展的客观条件和主观支持力度，衡量一座城市为旅游业发展提供的条件；网络人气指数，关注旅游者及社会公众对旅游城市的感知和体验，包括旅游者对城市旅游的关注及网络旅游信息丰富程度的衡量（见图1）。

尽管对概念内涵做出了有效的区分，然而在指标体系的构建过程中仍然遇到了指标重复设置、硬指标还是软指标、统计数据还是调研数据等多种问题。在构建评价指标体系的过程中，秉承了以下几个原则：

第一，绝对量指标与相对量指标、总量指标与人均指标、存量指标与流量指标相互兼顾；

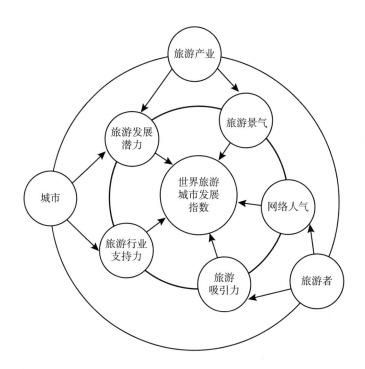

图1　世界旅游城市发展指数框架

第二，只包括有限的变量以便于数据采集与管理；

第三，有充分可信的数据来源保证，尽量避免比较敏感、难以衡量的指标；

第四，具体指标有重复的，则将重复指标用于最能够说服问题的上级指标。

基于以上四项原则，最终获得本项目的指标体系，如表1所示。

表1　世界旅游城市评价指标体系

指　数	子指数	指　标
世界旅游城市发展指　数	A. 旅游景气指数	A1 入境旅游接待人次
		A2 入境旅游收入
		A3 国内旅游人次
		A4 国内旅游收入

续表

指　数	子指数	指　标
世界旅游城市发展指　数	A. 旅游景气指数	A5 饭店业平均客房出租率
		A6 饭店平均房价变动率
		A7 入境旅游接待人次增长率
		A8 入境旅游收入增长率
		A9 国内旅游人次增长率
		A10 国内旅游收入增长率
	B. 旅游发展潜力指数	B1 入境旅游接待人次的年均增长率
		B2 服务业总产值占 GDP 的比重
		B3 人均 GDP
		B4 航空客运吞吐量
		B5 服务业从业人员数量占总就业人数的比重
	C. 旅游吸引力指数	C1 世界遗产数量
		C2 国际会议会展数量
		C3 环境质量
		C4 航线数量
	D. 旅游行业支持力指数	D1 城市定位
		D2 旅游管理机构与行业组织
		D3 语言多国性
		D4 签证便利度
	E. 网络人气指数	E1 网络搜索量

1. 旅游景气指数

旅游景气指数反映城市旅游业的总体发展状态和趋势，主要说明该城市旅游业在一定时期的总体繁荣程度。本指数从旅游发展规模和增长率两个维度，通过入境旅游接待人次、收入及其增长率，国内旅游人次、收入及其增长率，饭店业平均客房出租率等指标进行衡量。其中入境旅游指标重要性高于国内旅游指标，以此突出旅游城市评价的国际性特征。一般而言，旅游接待规模大、增长速度高、酒店客房出租率高、酒店平均房价增长快，则该城市的旅游景气指数越高。

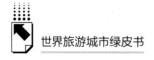

2. 旅游发展潜力指数

旅游发展潜力指数反映城市促进旅游产业持续发展的潜力水平，主要说明旅游产业未来的成长空间和发展前景。本指数通过入境旅游接待人次的年均增长率、服务业总产值占 GDP 的比重、服务业从业人员数量占总就业人数的比重等指标来进行评价。一般而言，服务业总产值占 GDP 比重和服务业从业人员数量占总就业人数比例越低，则意味着未来发展的空间就越大。新兴旅游城市的发展潜力通常要高于旅游业发展成熟的国际大都市。

3. 旅游吸引力指数

旅游吸引力指数反映城市旅游资源、设施、环境等因素对旅游者的吸引能力，主要说明一个城市自身的旅游魅力。本指数从资源、活力和辅助系统三个维度，通过世界遗产数量、国际会议会展数量、环境质量和国际航线数等指标进行衡量。一般而言，旅游资源越丰富、城市环境越好、国际通达性越高，城市旅游吸引力就越大。

4. 旅游行业支持力指数

旅游行业支持力指数反映城市政府对旅游业的支持与开放程度，主要说明旅游者在该城市所能享受到的便利和友好的程度。本指数通过旅游公共信息服务、城市发展战略中对旅游业的定位、旅游签证便利度等指标进行衡量。一般而言，一座城市对旅游业定位越高、旅游公共信息越发达、外国游客签证便利度越高，旅游行业支持力指数得分就越高。

5. 网络人气指数

网络人气指数主要反映城市旅游目的地的知名度，说明了旅游者与潜在旅游者在网络媒介上关注城市相关旅游信息的频繁程度。该指数利用 Google 工具，搜索全球各大旅游城市被搜索查询旅游信息的次数。一般而言，关于某城市旅游信息的网络搜索量越大，说明期待、即将或已经到该城市旅游的人越多，则该城市的网络人气指数值越高。

6. 世界旅游城市发展指数

世界旅游城市发展指数通过对旅游景气指数、旅游发展潜力指数、旅游吸引力指数、旅游行业支持力指数、网络人气指数的加权，综合计算得来。在本项研究中，主要采取德尔菲法进行主观赋权，即主要由专家根据经验主观判断而得到。具体而言，由课题组征求业界和学界多位专家意见完成，由专家根据问卷对权重打分，进行加权平均确定权重结构。

三　城市遴选

本课题在遴选参评城市时，遵循了四大原则：第一，大洲分布的全覆盖；第二，经济发展水平全覆盖，经济发展水平处于发达水平、发展中水平以及新兴经济体国家都有代表性城市入选；第三，以定量指标为门槛，以全球入境旅游接待人次前100名的城市作为城市遴选的定量指标；第四，世界旅游城市联合会的会员城市也位列参评城市。在以上原则的基础上，遴选了98个城市，其中世界旅游城市联合会会员城市47个（光州和维多利亚由于数据大面积缺失而没有参与排名），非会员城市51个，地域范围涵盖亚洲、非洲、欧洲、北美洲、南美洲和大洋洲。

世界旅游城市发展指数遴选的98个城市中，亚太地区有41个城市，占41.8%；欧洲地区有31个城市，占31.6%；美洲地区有18个城市，占18.4%；中东及非洲地区有8个城市，占8.2%（见表2）。

表 2　评价城市

大　洲	国　家	城　市	大　洲	国　家	城　市
欧洲 （31个）	荷　兰	阿姆斯特丹	欧洲 （31个）	英　国	伦　敦
	希　腊	雅　典		西班牙	马德里
	西班牙	巴塞罗那		意大利	米　兰
	德　国	柏　林		法　国	巴　黎
	比利时	布鲁塞尔		白俄罗斯	明斯克
	匈牙利	布达佩斯		俄罗斯	莫斯科
	爱尔兰	都柏林		德　国	慕尼黑
	英　国	爱丁堡		挪　威	奥斯陆
	意大利	佛罗伦萨		捷　克	布拉格
	德　国	法兰克福		拉脱维亚	里　加
	瑞　士	日内瓦		意大利	罗　马
	土耳其	伊斯坦布尔		荷　兰	鹿特丹
	葡萄牙	里斯本		保加利亚	索菲亚

续表

大　洲	国　家	城　市	大　洲	国　家	城　市
欧洲 (31个)	俄罗斯	圣彼得堡	中东及 非洲地区 (8个)	埃　及	开　罗
	瑞　典	斯德哥尔摩		南　非	开普敦
	意大利	威尼斯		南　非	约翰内斯堡
	奥地利	维也纳		阿联酋	阿布扎比
	波　兰	华　沙		阿联酋	迪　拜
南美洲 (6个)	墨西哥	墨西哥城		以色列/巴勒斯坦	耶路撒冷
	墨西哥	坎　昆		沙特阿拉伯	麦　加
	巴　西	圣保罗		以色列	特拉维夫
	巴　西	里约热内卢	大洋洲 (5个)	澳大利亚	悉　尼
	阿根廷	布宜诺斯艾利斯		澳大利亚	堪培拉
	智　利	圣地亚哥		澳大利亚	墨尔本
亚洲 (12个) 不含 中国城市	印度尼西亚	巴厘岛		澳大利亚	布里斯班
	泰　国	曼　谷		新西兰	奥克兰
	韩　国	釜　山	中国 (24个)		北　京
	越　南	胡志明市			上　海
	印度尼西亚	雅加达			广　州
	马来西亚	吉隆坡			西　安
	印　度	孟　买			香　港
	新加坡	新加坡市			澳　门
	印　度	新德里			杭　州
	日　本	札　幌			阿勒泰
	日　本	东　京			成　都
	韩　国	首　尔			重　庆
北美洲 (12个)	美　国	檀香山			大　连
	美　国	纽　约			哈尔滨
	美　国	旧金山			洛　阳
	美　国	拉斯维加斯			焦　作
	美　国	洛杉矶			昆　明
	美　国	迈阿密			牡丹江
	美　国	奥兰多			南　京
	美　国	西雅图			太　原
	美　国	华盛顿			天　津
	加拿大	渥太华			青　岛
	加拿大	温哥华			武　汉
	加拿大	多伦多			厦　门
					张家界
					台　北

　　注：土耳其城市伊斯坦布尔市横跨亚欧大陆，从历史渊源和地域文化相近的角度考虑，本项目将伊斯坦布尔列入欧洲地区城市。耶路撒冷长期以来是巴勒斯坦人和以色列人聚居的城市，为避免争议，本书将上述两个国家共同列入。

Gr . 2
世界旅游城市发展指数排名与解读

一 世界旅游城市发展指数评价结果概览

世界旅游城市发展指数的排名是基于五个单项指数（旅游景气、旅游发展潜力、旅游吸引力、行业支持力、网络人气指数）的综合评价。

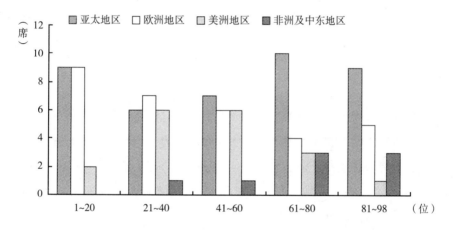

图1 2013年世界旅游城市发展指数排行榜各区域城市排名分布

排在世界旅游城市发展指数排行榜前20的城市，也可以称为世界旅游城市的第一集团，它们是当今世界旅游城市中旅游产业发展最协调、旅游要素配置最合理的城市。在前20位中，亚太地区与欧洲地区各占9席、美洲地区有2个城市入围，体现出欧洲和亚太地区在全球旅游业发展中的重要地位。其中前10位的城市中欧洲城市有4个，巴黎高居首位，老牌旅游城市罗马、马德里、维也纳也跻身前10位；伦敦、巴塞罗那、阿姆斯特丹、斯德哥尔摩等都位列前20，充分显示了欧洲地区在旅游业发展中的传统优势。从亚太地区来看，"花园城市"新加坡、"动感之都"中国香港凭借世界经济贸易中心的优势，跻身前5位；上海、北京也名列榜单前10位；此外，澳门、悉尼、曼谷、东京等也进入前20位，充分体现了这些城市旅游业发展的综合实力以及亚太地区旅游业迅猛发展的势头。从美洲地区来看，美国纽约作为世界第一大经济中心、重要的金融中心、文化中心和旅游中心，列第8位；旧金山依靠其较强的政府支持目的地营销及服务，也成为世界重要的旅游目的地城市。

排在第21位到第40位的旅游城市，是世界旅游城市的第二集团，它们在一些方面也有优势，具有进入第一集团的潜力。其中欧洲有7个城市，再次体现了欧洲旅游业的整体实力。美洲有6个城市，显示出美洲旅游业的区域集群优势和旅游业发展的整体水平。亚太地区同样占据6个席位，且中国台北、广州、首尔等城市排名靠前，预示了亚太地区旅游业整体发力的趋势。世界奢华之都迪拜也位列其中，在榜单中首次为中东及非洲地区争得一席。

排在最后18位的城市中，亚太地区占9席，其中8个城市来自中国，这与中国参评城市较多有一定关系；欧洲占5席，它们大多是东欧国家城市，这样的排名结果体现了欧洲各地区之间旅游业发展的不均衡性；美洲占1席；其余3个城市均来自非洲及中东地区。

总体而言，2013年世界旅游城市发展指数排行榜前50位的城市中，欧洲地区凭借旅游业的传统优势占据21个席位；亚太地区以近年来迅猛发展的势头占据18席；美洲地区以10个席位诠释了美洲地区旅游业发展温热的现状（见图2）。中东及非洲地区仅有一个城市进入前50位，占该地区参与排名城市的12.5%，在一定程度上表明这一区域城市旅游业总体发展处于相对落后的地位。

从旅游城市发展指数的整体水平来看，各地区的差异比较明显。欧洲、美洲的总指数平均排名在前50名，说明这两个大洲的参评城市整体发展水平较高；中东及非洲地区的旅游城市总指数排名在70名左右，说明这些城市的整体发展水平相对较低；亚太地区居全球中等水平。这样的排名情况也基本符合世界各地旅游业的发展现状。欧洲是世界旅游业起源的地方，发展历史悠久，旅游资源丰富，服务水平较高，旅游产业的发展水平整体较高；中东及非洲地区旅游业的发展水平

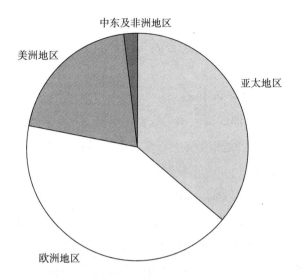

图 2　2013 年世界旅游城市发展指数排行榜前 50 位的区域分布

受经济发展水平落后的影响，无法在资源开发、服务接待等方面有更高的发展。

　　从景气指数的区域差异来看，亚太地区的旅游城市景气指数平均排名较靠前，说明这一地区的旅游业发展活力较强；同时这一地区的旅游潜力指数排名也较靠前，这与亚太地区将成为 21 世纪旅游热点地区的预测不谋而合。从吸引力指数来看，欧洲仍然是最具有吸引力的大陆，其平均排名为第 26 名。政府支持力指数方面，美洲城市的旅游业得到的政府支持力度最大，亚太地区受到的政府支持力度偏小，今后应争取从语言多国性、城市定位等方面加大开发力度。美洲和中东及非洲地区的旅游城市网络人气较高，未来发展中应利用较高的网络人气，进一步挖掘这些城市的旅游吸引力。各地区总指数与分指数的平均排名与标准差如表 1 所示。

表 1　各地区指数平均排名

地　区	总指数	旅游景气指数	旅游发展潜力指数	吸引力指数	旅游行业支持力指数	网络人气指数	子指数标准差
亚　太	53.15	45.34	36.10	65.12	57.15	54.07	9.99
美　洲	44.56	52.78	59.83	41.56	32.22	35.17	10.49
欧　洲	42.39	51.29	57.84	26.10	42.45	51.65	11.03
中东及非洲	69.50	56.50	62.63	78.00	52.38	49.88	10.04

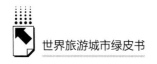
二 重点旅游城市对比分析

1. 国际大都市：巴黎 & 伦敦

伦敦与巴黎同为欧洲的两大国际大都市，且在本年度旅游发展指数排行榜中都名列前 10，但作为欧洲经济中心城市的伦敦在旅游发展方面与巴黎相比却并不占优势。由此可见，城市旅游业的发展水平不仅与城市经济发展水平高度相关，也受其他很多因素的影响。

总体而言，巴黎除旅游发展潜力指数排名居第 10 位以外，其他各项指数均位列前 10，在旅游发展方面几乎没有短板。旅游景气指数、旅游吸引力指数、行业支持力指数、网络人气指数四个单项指数均排名靠前。而伦敦依赖传统旅游城市的优势，只有旅游吸引力指数一项排名进入前 10，虽然旅游景气指数与发展潜力指数都居第 15 位以内，但网络人气排名较靠后，行业支持力更是相对薄弱，是伦敦旅游业发展的制约因素。

伦敦在给游客的签证便利度方面远不及欧洲其他旅游城市。同时，伦敦偏居一隅，几乎无法享受欧洲其他旅游城市交通便捷、客源共享的集聚效应。由于伦敦旅游的景气情况主要依赖经济中心地位带来的商务游客，一旦经济中心的优势逐渐减弱，势必导致旅游业的衰退，难以充分发挥旅游业带动经济的巨大作用。

从共性来看，巴黎和伦敦都拥有很高的入境旅游接待人次和入境旅游收入，但客房出租率这一指标却都排名靠后，分别列第 81 位和第 70 位；且入境旅游接待人次增长率也分别排在第 78 位和第 73 位，说明这两座旅游名城的旅游业发展已进入增长较为缓慢的成熟时期。两座城市要保持在世界旅游城市发展中的优势地位，防止衰退，必须进一步挖掘自身潜力，并提高行业支持力和市场营销能力。

2. 亚洲时尚城市：新加坡 & 中国香港

新加坡与中国香港同为"亚洲四小龙"，在地理位置、城市功能、政治制度等方面都具有较强的相似性和可比性，本年度世界旅游城市发展指数排名中，这两座亚洲的港口城市、时尚城市双双跻身前 10 位。

马六甲海峡的明珠新加坡，是亚洲重要的金融、服务和航运中心之一，也是世界第四大国际金融中心。作为全球最国际化的城市之一，新加坡旅游业发展景气指数位居世界前列是实至名归。作为一个城市国家，新加坡十分重视城市环境的保持，素有"花园城市"之称，虽然目前还没有"世界遗产"作为旅游吸引物，但其凭借优质的环境，旅游吸引力仍然位居前列。同时，奉行"国家资本主义"的新加坡政府十分重视对旅游业的宣传和促进，行业支持力位列第三，网络关注度位列第五，是对新加坡重视旅游业发展的最好诠释。

"东方之珠"中国香港依靠其作为世界金融中心、免税购物天堂的优势，荣登景气指数单项排行榜榜首。同时，中国香港背靠中国内地，拥有世界最大的旅游客源市场，随着大陆居民赴港旅游签证手续的简化，中国香港旅游业呈现出一派繁荣景象。但上海自由贸易区的建设以及未来上海迪士尼乐园的建成，将削弱中国香港以购物和主题乐园为主要吸引物的优势。而中国香港的行业支持力和旅游吸引力两项排名均列第 20 位，网络关注度更是在 50 名以外，这说明香港要维持如今旅游业的繁荣，必须在政府支持、市场营销和提升服务质量等方面下功夫。

同为世界金融中心、亚洲重要的港口城市，同样拥有高度景气的旅游业发展现状，新加坡市更注重旅游业发展的全面协调，各项指数排名均衡发展，其对旅游业的大力支持和对市场推广的充分重视值得中国香港学习和借鉴。

3. 文化之城：罗马 & 维也纳

罗马和维也纳同为欧洲的首都和著名的文化之城，一个是世界历史文化名城，一个素有"音乐之都"的美誉，它们对于游客都有着极高的吸引力。

除网络关注度指数外，这两座城市其他单项指数的排名情况和趋势都比较相似。它们同样在旅游景气指数和吸引力指数两个单项指数中占有绝对优势，也同样在行业支持力和发展潜力方面表现一般，而维也纳的网络关注度却远远落后于罗马。

同样是文化名城，对一般游客而言，穿越千年历史的古罗马遗迹远比金色大厅的音乐会来得实在。同时，意大利的其他城市，如水城威尼斯、时尚之都米兰等也与罗马共同构成了集聚优势，吸引了大量的游客，这也是形单影只的维也纳难以与罗马相比的原因。历史与时尚、文化与激情在罗马得到交融与碰

撞，这些都使罗马的网络关注度远远超过了维也纳。

然而，维也纳更注重对旅游行业的培养和支持，凭借不错的行业支持力排名位列总排行榜的前10。今后，维也纳的旅游业发展还需在与周边城市的资源整合、无形文化的有形转化和市场营销等方面多努力。

4. 西班牙双雄：马德里 & 巴塞罗那

在本年度的排行榜中，西班牙是欧洲唯一一个同时有两座城市进入前10的国家。这充分体现了西班牙这一南欧国家旅游业发展的整体实力。

马德里和巴塞罗那这两个绿茵豪门的主场所在地，具有强大的旅游吸引力是它们的共同特征。西班牙首都马德里是欧洲著名的历史名城，素有"欧洲之门"之称，也是南欧地区的旅游、文化中心，历史文化遗迹丰富，现代旅游设施齐全。西班牙第二大城市巴塞罗那不仅拥有更多的历史文化建筑，而且位于地中海沿岸，是"伊比利亚半岛的明珠"，吸引了大量的游客。

然而，拥有如此强大吸引力的两座城市，在旅游业其他方面的表现却不尽如人意，也不能与其吸引力水平相协调。这在一定程度上与近年来经济不景气，西班牙整体治安水平下降有着一定的关系；但更主要的原因在于其行业支持力不够以及营销能力不足、关注度不够，这些也共同影响了这两座城市的旅游景气水平。可见，两座城市旅游业的长足发展，应该立足吸引力优势，着力提高行业支持水平和市场营销能力。

5. 发展中国家的后工业城市：上海 & 北京

随着金砖国家的崛起，发展中国家在世界发展中扮演着越来越重要的角色。如今，中国经济总量已赶超日本，紧随美国之后，虽然人均 GDP 仍然落后，但巨大的经济总量也为旅游业发展提供了足够的市场空间。在本年度世界旅游城市发展指数排名中，中国的上海、北京作为发展中国家城市的杰出代表也入选排行榜前10。

虽然处于中国大陆这个发展中国家的大背景下，中国政治中心和文化中心北京以及经济中心上海两座城市，已跻身后工业城市的行列。拥有中国国内市场巨大客流的同时，近年来，两座城市都实施了 72 小时过境免签证政策，为国际游客的到访打开了便利之门。

综观这两座城市的旅游业发展水平，其所走的路径并不相同。北京旅游业发展各方面相对均衡，而上海则呈现了优势突出、劣势明显的局面。北京拥有丰富的世界遗产资源，且政府对旅游业的重视程度也空前提高，但营销能力还有待提升，总体景气水平也有较大的上升空间。缺乏核心的吸引力，成为制约上海旅游业发展的重要瓶颈，对于只有百年历史的上海来说，增加世界遗产数量并不现实，但通过举办国际赛事和会议会展，也可以迅速提高旅游吸引力。此外，给予旅游行业更大的支持，也有助于调整上海的经济结构，促进上海市的旅游业发展。

未来，这两座发展中国家后工业城市的旅游业都拥有巨大的发展空间，可以在完善旅游服务体系、提高服务质量等方面多下功夫。然而，备受关注的环境污染问题将在很长一段时间内制约这两座城市旅游业的发展，必须引起充分的重视。

三 特色旅游城市解析

1. 繁荣的"赌城"：中国澳门 & 拉斯维加斯

中国澳门和拉斯维加斯是世界著名的"赌城"，它们的旅游景气指数排名分列第 2 位和第 7 位，总排名位列前 20，充分体现了博彩业对拉动旅游业发展的巨大贡献。博彩文化、博彩体验以及博彩场馆的综合体建筑都有着很大的旅游吸引力，也促进了旅游产业的繁荣。这两座城市在本年度排行榜中的不俗表现，也从一个侧面反映了旅游业是可以附着在其他产业上发展的综合性产业，其他产业与文化都可能成为很好的旅游资源。

2. 后发优势：孟买 & 胡志明市

印度城市孟买和越南胡志明市旅游发展潜力指数排名分别居第 1 位和第 4 位，总排名却位居中游。两座城市虽然总排名不太理想，但在发展中国家的城市中仍处于中上水平。这充分证明了发展中国家发展旅游业的后发优势，只要充分挖掘旅游业潜力，提高对行业的重视和支持，完善服务体系和服务设施，提高服务质量，拥有特色文化和自然风光的发展中国家城市，就可以实现旅游业的飞速发展，并带动总体经济的跨越式前进。

3. "酒香也怕巷子深"：柏林 & 布鲁塞尔

德国首都柏林和比利时首都布鲁塞尔，都是欧洲的重要旅游城市，这两座城市的旅游吸引力指数排名都进入了前 10 名，分别为第 7 名和第 9 名。然而，很强的吸引力却没有带来旅游业发展的整体优势。柏林的本年度综合排名落后于巴黎、伦敦、维也纳、罗马、马德里等欧洲首都城市，布鲁塞尔更是在排行榜中部徘徊，在入选排行榜的欧洲城市中远远落后。与吸引力指数排名结果不相适应的综合排名充分说明了"酒香也怕巷子深"的道理。旅游吸引力是旅游业发展的基础，但单纯拥有旅游吸引力对一个城市的旅游业发展来说是远远不够的。行业支持不足、营销能力差是这类城市旅游业发展迟缓的主要原因。

4. 重视旅游发展：多伦多 & 米兰

与柏林和布鲁塞尔不同，加拿大城市多伦多和意大利城市米兰对旅游业的发展给予了高度的支持，两座城市的支持力指数排名分别列第 1 位和第 4 位。这两座城市虽然旅游吸引力指数排名并不占优势，但却能在总排名中居 20 ~ 25 名，这充分说明了作为一个关联性极强的复合型产业，旅游业的发展对整个城市给予的行业支持具有很强的依赖性。

5. 澳洲备受关注：悉尼 & 墨尔本

在本年度世界旅游城市发展指数排行榜中，澳洲城市虽然没有进入前 10，但著名旅游城市悉尼和墨尔本双双进入了前 30 位。值得注意的是，这两座城市的网络关注度排名都进入了前 5 名，分别列第 2 位和第 4 位，这说明了拥有丰富的动物资源、浪漫的海滩和纯净的天空的南半球城市，仍然是游客关注的焦点。

参考文献

［1］世界经济论坛：历年世界旅游业竞争力报告。

［2］联合国开发计划署：历年人类发展报告。

［3］世界经济论坛：历年金融发展指数报告。

［4］世界银行：《2010 世界发展报告：发展与气候变化》，清华大学出版社，2010。

［5］倪鹏飞主编《全球城市竞争力报告（2009 ~ 2010）》，社会科学文献出版社，2010。

[6] 倪鹏飞主编《中国城市竞争力报告（2010）》，社会科学文献出版社，2010。

[7] 倪鹏飞主编《中国城市竞争力报告 No. 1》，社会科学文献出版社，2003。

[8] 上海财经大学世界经济发展报告课题组编《2009 世界经济发展报告》，上海财经大学出版社，2009。

[9] 中国旅游研究院：《中国区域旅游发展年度报告（2010～2011）》，中国旅游出版社，2011。

[10] 张辉：《旅游经济论》，旅游教育出版社，2002。

[11] 马晓龙著《城市旅游竞争力》，南开大学出版社，2009。

[12] Noam Shoval, Adi Raveh, "Categorization of Tourist Attractions and The Modeling of Tourist Cities: Based on The Co-plot Method of Multivariate Analysis", *Tourism Management*, 2004, 25.

[13] Debbage K. G., "Oligopoly and The Resort Cycle in The Bahamas", *Annals of Tourism Research*, 1990, 17.

[14] Lundtorp S., Wanhill S., "The Resort Lifecycle Theory Generating Processes and Estimation", *Annals of Tourism Research*, 2001, 28.

[15] A. K. Bhatia, *Tourism Development Principles and Practices*, Sterling Publishers Private Limited, 1982.

[16] Chacko H. E., "Positioning A Tourism Destination to Gain A Competitive Edge", *Asia Pacific Journal of Tourism Research*, 1997, 1.

[17] Darnell A. C, Johnson P. S., "Repeat Visits to Attractions: A Preliminary Economic Analysis", *Tourism Management*, 2001, 22.

[18] Weaver D. B, Lawton L. J., "Overnight Eco-tourist Market Segmentation in The Gold Coast Hinterland of Australia", *Journal of Travel Research*, 2002, 40.

[19] Piece E. Mbaiwa, "The Socio-economic and Environmental Impacts of Tourism Development on The Okavango Delta, North-western Botswana", *Journal of Arid Environments*, 1992, 54.

[20] Leonard J. Britton, "Making Tourism More Supportive of Small State Development: The Case of ST. Vincent", *Annals of Tourism Research*, 2002, 4.

ⒼⅡ 分项指数报告

Reports on Specific Index

　　本部分主要对旅游景气指数、旅游发展潜力指数、旅游吸引力指数、旅游行业支持力指数、网络人气指数这5个分项指数的总体排名情况进行了解读，在此基础上，研究旅游城市在各分项指数具体指标的表现，以期有助于各旅游城市了解世界旅游城市的发展格局、自身所处的位置以及与一流旅游城市的差距，有助于城市及旅游主管部门了解本城市旅游业的发展状况，从而采取切实有效的措施推进旅游城市的建设与发展。

G.3
旅游景气指数报告

一 旅游景气指数总体排名与解读：亚欧美三足鼎立，亚洲占据半壁江山

旅游景气指数是利用多个指标综合反映某城市一定时期内的旅游市场和产业发展的状态或趋势，以此作为监测和预警该城市旅游经济波动的标尺。

以理论模型为依托，考虑可操作性因素，最终确定从市场规模、市场增长、企业表现三个维度进行衡量。市场规模包含四个指标：入境旅游接待人次、入境旅游收入、国内旅游人次、国内旅游收入；市场增长包括入境旅游接待人次增长率、入境旅游收入增长率、国内旅游人次增长率、国内旅游收入增长率；企业表现由饭店客房出租率、平均房价变动率来反映。

表1为98座世界旅游城市的旅游景气指数排名结果。

表1 世界旅游城市旅游景气指数排名

国家	城市	排名	标准分	各指标排名									
				A1 入境旅游人次		A2 入境旅游收入		A3 国内旅游人次		A4 国内旅游收入		A5 客房出租率	
				排名	得分	排名	得分	排名	得分	排名	得分	排名	得分
中国	香港	1	100.00	1	1.000	2	0.912	—	—	—	—	1	1.000
中国	澳门	2	83.92	8	0.547	3	0.813					9	0.885
新加坡	新加坡市	3	72.18	7	0.578	10	0.446					3	0.968
中国	上海	4	72.04	13	0.422	27	0.188	2	0.802	1	1.000	38	0.661
法国	巴黎	5	70.85	3	0.677	5	0.710	31	0.070	28	0.048	81	0.419
意大利	罗马	6	70.16	21	0.287	1	1.000	66	0.009	20	0.063	86	0.374
美国	拉斯维加斯	7	62.94	17	0.331	11	0.391	35	0.056	31	0.039	4	0.959

续表

国家	城市	排名	标准分	各指标排名									
				A1 入境旅游人次		A2 入境旅游收入		A3 国内旅游人次		A4 国内旅游收入		A5 客房出租率	
				排名	得分	排名	得分	排名	得分	排名	得分	排名	得分
奥地利	维也纳	8	62.94	10	0.469	7	0.500	86	0.001	36	0.033	21	0.737
韩国	首尔	9	62.37	12	0.436	20	0.235	1	1.000	26	0.049	6	0.927
美国	纽约	10	60.66	9	0.481	17	0.259	17	0.146	18	0.081	2	0.976
英国	伦敦	11	59.70	2	0.731	12	0.388	38	0.043	54	0.013	70	0.505
西班牙	马德里	12	57.63	29	0.223	6	0.690	47	0.023	50	0.015	84	0.411
泰国	曼谷	13	57.62	6	0.606	13	0.346	19	0.142	32	0.037	75	0.475
意大利	米兰	14	56.22	38	0.164	4	0.786	61	0.012	30	0.043	95	0.231
中国	台北	15	53.90	28	0.225	22	0.224	75	0.004	37	0.030	13	0.825
日本	东京	16	53.90	35	0.187	14	0.281	79	0.003	10	0.144	14	0.815
中国	北京	17	53.37	26	0.241	34	0.148	3	0.669	2	0.962	69	0.513
中国	广州	18	53.07	14	0.404	36	0.138	16	0.148	3	0.371	47	0.628
德国	法兰克福	19	52.67	36	0.181	9	0.448	59	0.012	52	0.013	37	0.666
荷兰	阿姆斯特丹	20	50.72	31	0.206	8	0.486	94	0.000	21	0.061	77	0.454
德国	慕尼黑	21	50.61	5	0.633	21	0.227	51	0.017	24	0.055	71	0.490
印度	孟买	22	50.19	33	0.196	51	0.064	37	0.046	81	0.003	24	0.713
瑞典	斯德哥尔摩	23	48.34	18	0.324	15	0.279	63	0.011	57	0.013	25	0.713
阿联酋	迪拜	24	48.05	20	0.293	28	0.188	82	0.002	83	0.002	15	0.793
印度尼西亚	巴厘岛	25	47.34	16	0.346	25	0.203	53	0.017	80	0.003	62	0.573
中国	张家界	26	46.33	62	0.071	87	0.008	25	0.084	71	0.006	52	0.596
西班牙	巴塞罗那	27	46.11	19	0.306	30	0.182	60	0.012	44	0.019	65	0.527
美国	迈阿密	28	45.53	40	0.160	16	0.267	46	0.024	40	0.024	22	0.732
澳大利亚	悉尼	29	45.41	45	0.129	31	0.166	23	0.092	38	0.026	5	0.944
中国	武汉	30	44.90	79	0.043	81	0.014	7	0.331	6	0.286	53	0.596
沙特阿拉伯	麦加	31	44.67	4	0.647	26	0.201	24	0.089	33	0.035	74	0.484

续表

国家	城市	排名	标准分	各指标排名									
				A1 入境旅游人次		A2 入境旅游收入		A3 国内旅游人次		A4 国内旅游收入		A5 客房出租率	
				排名	得分	排名	得分	排名	得分	排名	得分	排名	得分
美国	旧金山	32	44.63	27	0.234	39	0.117	39	0.042	22	0.059	10	0.881
德国	柏林	33	44.56	15	0.349	37	0.126	55	0.016	27	0.048	26	0.713
瑞士	日内瓦	34	43.38	23	0.277	23	0.213	88	0.001	35	0.034	44	0.632
中国	重庆	35	43.20	66	0.065	77	0.021	4	0.598	5	0.344	67	0.519
捷克	布拉格	36	42.28	22	0.283	24	0.208	92	0.000	66	0.007	27	0.697
中国	杭州	37	41.81	44	0.134	60	0.050	10	0.236	25	0.053	32	0.681
俄罗斯	莫斯科	38	41.53	32	0.201	50	0.068	54	0.016	43	0.020	31	0.683
美国	洛杉矶	39	41.37	48	0.126	32	0.161	28	0.076	29	0.048	29	0.693
中国	西安	40	40.58	81	0.039	80	0.016	12	0.194	11	0.144	46	0.629
澳大利亚	墨尔本	41	40.16	61	0.074	41	0.109	27	0.077	39	0.025	8	0.889
阿联酋	阿布扎比	42	40.14	73	0.049	33	0.152	80	0.003	74	0.005	41	0.645
马来西亚	吉隆坡	43	39.97	11	0.441	35	0.143	56	0.014	82	0.002	23	0.729
中国	南京	44	39.78	67	0.062	72	0.029	9	0.238	4	0.351	34	0.678
阿根廷	布宜诺斯艾利斯	45	39.59	46	0.129	61	0.048	41	0.031	47	0.016	42	0.645
加拿大	多伦多	46	38.87	30	0.210	55	0.057	26	0.081	62	0.011	30	0.686
中国	厦门	47	38.39	71	0.053	70	0.032	22	0.107	13	0.123	36	0.671
澳大利亚	布里斯班	48	38.05	78	0.044	66	0.041	33	0.060	56	0.013	7	0.900
中国	成都	49	37.99	83	0.037	86	0.008	8	0.252	3	0.232	49	0.620
韩国	釜山	50	37.85	54	0.108	43	0.100	6	0.333	46	0.016	50	0.602
巴西	里约热内卢	51	37.18	76	0.046	62	0.047	48	0.022	72	0.006	17	0.790
美国	芝加哥	52	36.78	69	0.057	44	0.098	18	0.142	34	0.035	35	0.675
美国	檀香山	53	36.72	63	0.069	58	0.053	64	0.010	60	0.012	11	0.860
土耳其	伊斯坦布尔	54	36.67	37	0.165	29	0.183	73	0.005	79	0.003	87	0.331
意大利	威尼斯	55	36.40	39	0.163	19	0.250	81	0.003	59	0.012	90	0.315
埃及	开罗	56	36.29	25	0.246	48	0.069	78	0.003	90	0.000	40	0.650

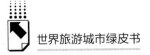

世界旅游城市绿皮书

续表

国家	城市	排名	标准分	各指标排名									
				A1 入境旅游人次		A2 入境旅游收入		A3 国内旅游人次		A4 国内旅游收入		A5 客房出租率	
				排名	得分	排名	得分	排名	得分	排名	得分	排名	得分
加拿大	温哥华	57	36.26	41	0.157	57	0.054	50	0.019	69	0.007	28	0.697
以色列	特拉维夫	58	36.20	85	0.033	68	0.036	89	0.001	85	0.002	18	0.782
巴西	圣保罗	59	36.13	60	0.081	59	0.052	40	0.037	63	0.010	33	0.679
印度	新德里	60	35.95	57	0.091	63	0.043	36	0.051	78	0.004	63	0.554
新西兰	奥克兰	61	35.09	74	0.048	47	0.069	72	0.005	42	0.020	20	0.769
美国	华盛顿	62	35.04	64	0.066	64	0.042	34	0.058	48	0.016	16	0.793
波兰	华沙	63	35.00	34	0.191	40	0.115	84	0.002	64	0.010	64	0.554
越南	胡志明市	64	34.88	50	0.121	98	0.000	32	0.062	98	0.000	85	0.381
中国	洛阳	65	34.87	90	0.019	93	0.004	11	0.225	14	0.120	54	0.596
印度尼西亚	雅加达	66	34.71	58	0.091	56	0.056	83	0.002	93	0.000	79	0.439
英国	爱丁堡	67	34.70	68	0.062	74	0.023	67	0.007	49	0.016	12	0.841
中国	阿勒泰	68	34.67	96	0.001	94	0.003	62	0.011	65	0.009	82	0.414
美国	奥兰多	69	34.57	82	0.038	49	0.068	13	0.179	16	0.094	45	0.632
中国	青岛	70	34.29	72	0.051	78	0.018	14	0.164	8	0.214	55	0.596
中国	太原	71	34.20	92	0.011	91	0.005	29	0.075	17	0.087	43	0.639
巴勒斯坦	耶路撒冷	72	33.80	75	0.046	90	0.005	87	0.001	91	0.000	39	0.658
中国	昆明	73	33.38	80	0.040	88	0.007	21	0.130	15	0.106	56	0.596
匈牙利	布达佩斯	74	33.29	55	0.105	42	0.104	85	0.001	84	0.002	58	0.586
中国	天津	75	32.89	88	0.026	65	0.042	5	0.344	19	0.067	80	0.422
希腊	雅典	76	32.70	56	0.095	18	0.258	74	0.005	75	0.004	92	0.248
中国	大连	77	32.65	70	0.055	73	0.024	20	0.141	9	0.196	68	0.516
南非	约翰内斯堡	78	32.33	49	0.125	54	0.058	49	0.020	70	0.007	73	0.487
中国	哈尔滨	79	30.79	93	0.010	92	0.004	15	0.154	12	0.126	48	0.622
美国	西雅图	80	30.64	65	0.066	69	0.032	43	0.030	41	0.022	19	0.772
俄罗斯	圣彼得堡	81	30.37	52	0.111	67	0.038	65	0.009	61	0.012	72	0.490
墨西哥	坎昆	82	30.16	53	0.111	52	0.061	68	0.007	77	0.004	66	0.525

续表

国家	城市	排名	标准分	各指标排名									
				A1 入境旅游人次		A2 入境旅游收入		A3 国内旅游人次		A4 国内旅游收入		A5 客房出租率	
				排名	得分	排名	得分	排名	得分	排名	得分	排名	得分
意大利	佛罗伦萨	83	29.87	47	0.127	46	0.093	71	0.005	53	0.013	88	0.331
澳大利亚	堪培拉	84	29.81	95	0.004	85	0.009	57	0.014	76	0.004	61	0.575
比利时	布鲁塞尔	85	29.69	43	0.138	38	0.122	77	0.004	55	0.013	94	0.234
拉脱维亚	里加	86	28.61	87	0.030	76	0.021	91	0.000	88	0.001	59	0.586
葡萄牙	里斯本	87	28.31	51	0.116	79	0.017	70	0.006	86	0.001	89	0.320
墨西哥	墨西哥城	88	27.82	59	0.086	53	0.058	44	0.029	68	0.007	78	0.448
挪威	奥斯陆	89	27.49	24	0.249	45	0.093	52	0.017	45	0.018	91	0.295
加拿大	渥太华	90	26.08	86	0.032	83	0.009	45	0.026	73	0.005	60	0.580
南非	开普敦	91	25.47	77	0.045	71	0.029	69	0.007	51	0.015	57	0.596
日本	札幌	92	24.82	97	0.001	96	0.000	58	0.013	87	0.001	51	0.602
白俄罗斯	明斯克	93	23.43	98	0.000	97	0.000	93	0.000	94	0.000	76	0.459
中国	焦作	94	23.31	94	0.007	95	0.002	30	0.072	23	0.056	96	0.220
爱尔兰	都柏林	95	22.81	42	0.157	89	0.007	76	0.004	92	0.000	93	0.244
中国	牡丹江	96	21.25	84	0.034	84	0.009	42	0.030	58	0.013	83	0.414
保加利亚	索菲亚	97	15.44	91	0.017	75	0.022	90	0.001	89	0.000	98	0.000
荷兰	鹿特丹	98	11.34	89	0.021	82	0.011	95	0.000	67	0.007	97	0.025

国家	城市	排名	标准分	各指标排名									
				A6 平均房价变动率		A7 入境旅游人次增长率		A8 入境旅游收入增长率		A9 国内旅游人次增长率		A10 国内旅游收入增长率	
				排名	得分	排名	得分	排名	得分	排名	得分	排名	得分
中国	香港	1	100.00	43	0.523	27	0.545	10	0.504	—	—	—	—
中国	澳门	2	83.92	42	0.523	62	0.482	2	0.687	—	—	—	—
新加坡	新加坡市	3	72.18	9	0.732	21	0.553	3	0.651	—	—	—	—
中国	上海	4	72.04	40	0.526	5	0.629	11	0.499	1	1.000	7	0.532
法国	巴黎	5	70.85	3	0.896	78	0.462	40	0.323	47	0.438	47	0.398

续表

国家	城市	排名	标准分	各指标排名									
				A6 平均房价变动率		A7 入境旅游人次增长率		A8 入境旅游收入增长率		A9 国内旅游人次增长率		A10 国内旅游收入增长率	
				排名	得分	排名	得分	排名	得分	排名	得分	排名	得分
意大利	罗马	6	70.16	76	0.472	81	0.452	59	0.264	83	0.373	66	0.357
美国	拉斯维加斯	7	62.94	80	0.453	7	0.607	46	0.298	9	0.637	91	0.270
奥地利	维也纳	8	62.94	89	0.292	52	0.495	74	0.232	45	0.449	43	0.405
韩国	首尔	9	62.37	15	0.652	82	0.450	79	0.223	49	0.432	67	0.351
美国	纽约	10	60.66	14	0.661	44	0.503	47	0.297	54	0.421	44	0.402
英国	伦敦	11	59.70	30	0.556	73	0.473	72	0.237	55	0.420	40	0.415
西班牙	马德里	12	57.63	95	0.140	23	0.548	89	0.175	48	0.435	48	0.389
泰国	曼谷	13	57.62	78	0.464	36	0.515	31	0.378	42	0.453	45	0.400
意大利	米兰	14	56.22	23	0.601	43	0.504	50	0.286	87	0.339	59	0.373
中国	台北	15	53.90	19	0.613	12	0.595	14	0.465	11	0.616	10	0.511
日本	东京	16	53.90	69	0.491	13	0.586	19	0.396	21	0.507	20	0.472
中国	北京	17	53.37	60	0.521	25	0.546	37	0.334	39	0.459	41	0.411
中国	广州	18	53.07	55	0.523	28	0.543	15	0.460	15	0.548	14	0.491
德国	法兰克福	19	52.67	72	0.472	33	0.524	41	0.322	60	0.408	86	0.317
荷兰	阿姆斯特丹	20	50.72	85	0.385	35	0.518	44	0.310	66	0.400	63	0.358
德国	慕尼黑	21	50.61	93	0.219	53	0.495	45	0.305	77	0.380	85	0.317
印度	孟买	22	50.19	86	0.346	1	1.000	29	0.379	3	0.869	29	0.433
瑞典	斯德哥尔摩	23	48.34	83	0.418	60	0.482	82	0.206	69	0.398	88	0.310
阿联酋	迪拜	24	48.05	2	0.988	57	0.485	73	0.235	19	0.512	17	0.475
印度尼西亚	巴厘岛	25	47.34	1	1.000	41	0.505	25	0.380	32	0.478	11	0.508
中国	张家界	26	46.33	45	0.523	2	0.875	1	1.000	12	0.583	15	0.489
西班牙	巴塞罗那	27	46.11	73	0.472	4	0.644	5	0.545	76	0.381	75	0.333
美国	迈阿密	28	45.53	37	0.531	71	0.474	67	0.244	58	0.413	54	0.384
澳大利亚	悉尼	29	45.41	34	0.536	66	0.479	70	0.238	51	0.432	80	0.327
中国	武汉	30	44.90	46	0.523	3	0.645	4	0.602	5	0.707	2	0.639
沙特阿拉伯	麦加	31	44.67	22	0.602	87	0.441	97	0.077	96	0.128	90	0.287

续表

国家	城市	排名	标准分	各指标排名									
				A6 平均房价变动率		A7 入境旅游人次增长率		A8 入境旅游收入增长率		A9 国内旅游人次增长率		A10 国内旅游收入增长率	
				排名	得分	排名	得分	排名	得分	排名	得分	排名	得分
美国	旧金山	32	44.63	31	0.550	77	0.467	64	0.254	67	0.399	58	0.373
德国	柏林	33	44.56	91	0.248	51	0.499	43	0.312	74	0.389	82	0.323
瑞士	日内瓦	34	43.38	77	0.468	70	0.474	81	0.215	56	0.417	71	0.345
中国	重庆	35	43.20	47	0.523	8	0.606	13	0.468	8	0.638	8	0.523
捷克	布拉格	36	42.28	65	0.512	83	0.449	83	0.202	93	0.226	83	0.321
中国	杭州	37	41.81	61	0.521	22	0.550	20	0.396	13	0.575	16	0.479
俄罗斯	莫斯科	38	41.53	88	0.328	16	0.573	18	0.403	16	0.543	50	0.388
美国	洛杉矶	39	41.37	97	0.081	29	0.542	65	0.249	44	0.451	60	0.369
中国	西安	40	40.58	59	0.521	15	0.577	6	0.521	7	0.668	4	0.560
澳大利亚	墨尔本	41	40.16	67	0.505	65	0.479	69	0.238	73	0.391	81	0.326
阿联酋	阿布扎比	42	40.14	27	0.574	24	0.547	42	0.314	22	0.507	3	0.579
马来西亚	吉隆坡	43	39.97	7	0.768	88	0.440	78	0.225	98	0.000	98	0.000
中国	南京	44	39.78	53	0.523	31	0.529	35	0.348	23	0.503	32	0.430
阿根廷	布宜诺斯艾利斯	45	39.59	17	0.629	10	0.599	28	0.380	10	0.624	23	0.460
加拿大	多伦多	46	38.87	39	0.528	63	0.481	75	0.232	30	0.486	21	0.463
中国	厦门	47	38.39	54	0.523	26	0.545	16	0.458	17	0.542	33	0.428
澳大利亚	布里斯班	48	38.05	36	0.531	67	0.479	71	0.238	37	0.460	34	0.426
中国	成都	49	37.99	57	0.522	17	0.567	22	0.391	14	0.563	24	0.460
韩国	釜山	50	37.85	24	0.601	49	0.500	53	0.278	50	0.432	68	0.351
巴西	里约热内卢	51	37.18	13	0.662	54	0.492	26	0.380	79	0.378	18	0.474
美国	芝加哥	52	36.78	26	0.576	58	0.484	61	0.263	46	0.449	49	0.389
美国	檀香山	53	36.72	64	0.517	37	0.515	96	0.090	34	0.469	39	0.417
土耳其	伊斯坦布尔	54	36.67	21	0.603	20	0.553	7	0.520	91	0.265	42	0.406
意大利	威尼斯	55	36.40	11	0.709	45	0.503	52	0.283	62	0.404	69	0.351
埃及	开罗	56	36.29	90	0.259	75	0.469	90	0.170	65	0.400	70	0.350

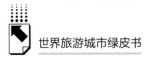

续表

国家	城市	排名	标准分	各指标排名									
				A6 平均房价变动率		A7 入境旅游人次增长率		A8 入境旅游收入增长率		A9 国内旅游人次增长率		A10 国内旅游收入增长率	
				排名	得分	排名	得分	排名	得分	排名	得分	排名	得分
加拿大	温哥华	57	36.26	12	0.673	72	0.473	54	0.275	64	0.402	52	0.387
以色列	特拉维夫	58	36.20	8	0.751	19	0.562	33	0.371	75	0.385	53	0.385
巴西	圣保罗	59	36.13	5	0.801	59	0.483	27	0.380	68	0.399	19	0.474
印度	新德里	60	35.95	71	0.478	90	0.435	30	0.379	4	0.828	30	0.433
新西兰	奥克兰	61	35.09	84	0.402	69	0.475	56	0.269	72	0.394	84	0.319
美国	华盛顿	62	35.04	33	0.542	95	0.406	60	0.264	57	0.417	57	0.380
波兰	华沙	63	35.00	16	0.650	74	0.471	94	0.139	36	0.463	72	0.344
越南	胡志明市	64	34.88	6	0.783	6	0.626	8	0.511	6	0.669	6	0.538
中国	洛阳	65	34.87	48	0.523	18	0.565	24	0.381	27	0.497	31	0.431
印度尼西亚	雅加达	66	34.71	66	0.508	9	0.604	9	0.506	20	0.512	28	0.433
英国	爱丁堡	67	34.70	62	0.519	85	0.446	62	0.263	85	0.367	62	0.359
中国	阿勒泰	68	34.67	35	0.534	38	0.508	38	0.326	2	0.930	1	1.000
美国	奥兰多	69	34.57	38	0.531	64	0.480	63	0.255	38	0.460	73	0.343
中国	青岛	70	34.29	49	0.523	56	0.492	55	0.270	31	0.480	26	0.454
中国	太原	71	34.20	56	0.522	14	0.580	21	0.396	43	0.452	27	0.442
巴勒斯坦	耶路撒冷	72	33.80	87	0.330	11	0.598	17	0.437	78	0.380	55	0.381
中国	昆明	73	33.38	50	0.523	42	0.505	48	0.294	28	0.494	13	0.500
匈牙利	布达佩斯	74	33.29	94	0.181	48	0.501	87	0.181	59	0.410	87	0.313
中国	天津	75	32.89	51	0.523	40	0.506	32	0.374	25	0.501	22	0.462
希腊	雅典	76	32.70	18	0.625	84	0.448	23	0.387	88	0.317	92	0.263
中国	大连	77	32.65	58	0.521	39	0.507	51	0.285	35	0.464	38	0.424
南非	约翰内斯堡	78	32.33	98	0.000	34	0.523	49	0.290	29	0.494	79	0.327
中国	哈尔滨	79	30.79	44	0.523	46	0.502	85	0.184	40	0.458	61	0.365

续表

国家	城市	排名	标准分	各指标排名									
				A6 平均房价变动率		A7 入境旅游人次增长率		A8 入境旅游收入增长率		A9 国内旅游人次增长率		A10 国内旅游收入增长率	
				排名	得分	排名	得分	排名	得分	排名	得分	排名	得分
美国	西雅图	80	30.64	29	0.557	61	0.482	98	0.000	53	0.425	95	0.196
俄罗斯	圣彼得堡	81	30.37	92	0.233	50	0.499	57	0.267	70	0.396	51	0.388
墨西哥	坎昆	82	30.16	20	0.607	89	0.439	92	0.160	41	0.453	65	0.357
意大利	佛罗伦萨	83	29.87	4	0.859	80	0.454	77	0.230	52	0.428	9	0.516
澳大利亚	堪培拉	84	29.81	28	0.564	68	0.479	68	0.238	24	0.502	5	0.539
比利时	布鲁塞尔	85	29.69	41	0.525	76	0.468	80	0.218	18	0.540	25	0.454
拉脱维亚	里加	86	28.61	82	0.423	32	0.526	86	0.183	71	0.396	74	0.342
葡萄牙	里斯本	87	28.31	70	0.485	55	0.492	12	0.470	63	0.403	46	0.400
墨西哥	墨西哥城	88	27.82	96	0.109	92	0.429	76	0.232	86	0.342	64	0.357
挪威	奥斯陆	89	27.49	81	0.437	93	0.428	93	0.145	90	0.270	94	0.249
加拿大	渥太华	90	26.08	32	0.547	94	0.418	91	0.167	84	0.369	89	0.292
南非	开普敦	91	25.47	10	0.713	86	0.443	84	0.201	94	0.160	96	0.166
日本	札幌	92	24.82	25	0.601	96	0.402	95	0.093	33	0.470	93	0.261
白俄罗斯	明斯克	93	23.43	74	0.472	91	0.434	34	0.362	95	0.140	56	0.380
中国	焦作	94	23.31	63	0.518	30	0.535	36	0.342	61	0.407	37	0.425
爱尔兰	都柏林	95	22.81	79	0.454	97	0.368	58	0.266	92	0.230	12	0.505
中国	牡丹江	96	21.25	52	0.523	98	0.000	39	0.324	26	0.500	36	0.425
保加利亚	索菲亚	97	15.44	68	0.501	47	0.501	88	0.177	89	0.286	35	0.425
荷兰	鹿特丹	98	11.34	75	0.472	79	0.457	66	0.248	97	0.063	97	0.079

注：①中国香港、中国澳门、新加坡市无国内旅游相关统计，因此该部分用 0 参与运算。

②由于四舍五入，部分城市数据显示为 0。

表2　各单项指标排行榜前 10 名

排行	A1 入境旅游人次前 10 名	A2 入境旅游收入前 10 名	A3 国内旅游人次前 10 名	A4 国内旅游收入前 10 名	A5 客房出租率前 10 名
1	香港	罗马	首尔	上海	香港
2	伦敦	香港	上海	北京	纽约
3	巴黎	澳门	北京	广州	新加坡市
4	麦加	米兰	重庆	南京	拉斯维加斯
5	慕尼黑	巴黎	天津	重庆	悉尼
6	曼谷	马德里	釜山	武汉	首尔
7	新加坡市	维也纳	武汉	成都	布里斯班
8	澳门	阿姆斯特丹	成都	青岛	墨尔本
9	纽约	法兰克福	南京	大连	澳门
10	维也纳	新加坡市	杭州	东京	旧金山

排行	A6 平均房价变动率前 10 名	A7 入境旅游接待人次增长率前 10 名	A8 入境旅游收入增长率前 10 名	A9 国内旅游人次增长率前 10 名	A10 国内旅游收入增长率前 10 名
1	巴厘岛	孟买	张家界	上海	阿勒泰
2	迪拜	张家界	澳门	阿勒泰	武汉
3	巴黎	武汉	新加坡市	孟买	阿布扎比
4	佛罗伦萨	巴塞罗那	武汉	新德里	西安
5	圣保罗	上海	巴塞罗那	武汉	堪培拉
6	胡志明市	胡志明市	西安	胡志明市	胡志明市
7	吉隆坡	拉斯维加斯	伊斯坦布尔	西安	上海
8	特拉维夫	重庆	胡志明市	重庆	重庆
9	新加坡市	雅加达	雅加达	拉斯维加斯	佛罗伦萨
10	开普敦	布宜诺斯艾利斯	香港	布宜诺斯艾利斯	台北

1. 旅游景气指数排名基本格局

排名前 10 的城市依次为中国香港、中国澳门、新加坡市、上海、巴黎、罗马、拉斯维加斯、维也纳、首尔、纽约。其中，亚太地区 5 席、欧洲 3 席、美洲 2 席。

排名 11～20 的城市包括伦敦、马德里、曼谷、米兰、中国台北、东京、北京、广州、法兰克福、阿姆斯特丹。亚太地区 5 席、欧洲 5 席。

排名 21～30 的城市包括慕尼黑、孟买、斯德哥尔摩、迪拜、巴厘岛、张家界、巴塞罗那、迈阿密、悉尼、武汉。亚太地区 5 席、欧洲 3 席、美洲 1 席、中东及非洲地区 1 席。

排名 31～40 的城市包括麦加、旧金山、柏林、日内瓦、重庆、布拉格、杭州、莫斯科、洛杉矶、西安。亚太地区 3 席、欧洲 4 席、美洲 2 席、中东及非洲地区 1 席。

排名 41～50 的城市包括墨尔本、阿布扎比、吉隆坡、南京、布宜诺斯艾利斯、多伦多、厦门、布里斯班、成都、釜山。亚太地区 7 席、美洲 2 席、中东和非洲地区 1 席。

从结果来看，排名靠前的城市，呈现亚欧美三足鼎立的局面。在前 20 名中，亚太地区占据半壁江山，欧洲次之（占据 8 席），美洲仅有 2 个城市入围。这一格局反映了亚洲城市在该年度旅游业整体较为繁荣，是全球城市旅游发展最有活力的区域。欧洲虽然进入排名前 20 的城市比亚洲少，但由于参选城市本身就较少，所以进入前 20 名的总体比重最高，反映该地区仍然具有不俗的实力。美洲城市在排行榜表现不佳，一方面是因为参评城市本身数量少，另一方面是因为美洲城市旅游市场规模相对较小，并且增长速度不够高。中东及非洲地区的城市很少进入排行榜靠前位置，反映出该地区城市总体旅游发展水平较差。

2. 决定城市旅游景气指数的因素

大区域的旅游发展态势是单体旅游城市成功的基础。国际旅游城市的竞争已经不再是单体城市之间的竞争，而是区域之间的竞争。根据文化、经济、地理等因素，全球形成了若干个旅游大区域。大区域发展势头好，则区域内单体城市总体表现好；一个具体的单体城市很难超越区域总体发展水平。在我们的排行榜上，亚太地区的城市总体表现较好，主要得益于大区域的整体发展态势较好；而中东及非洲地区很难有城市排名靠前，其根本原因在于区域整体发展水平差，互相之间提供的支持有限。

旅游景气指数和经济发展水平有正向关系。排名比较靠前的城市，大部分来自各区域相对比较发达的经济体，表明旅游景气状况和该城市经济发展水平具有重要关系。在亚洲，旅游景气排名较为靠前的城市中，中国香港、中国澳门、新加坡都是区域中经济社会比较发达的城市，曼谷、首尔、上海、北京、

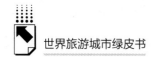

东京等也都是各国经济社会最为发达的代表城市。在欧洲，西欧发达国家的城市排名较为靠前，而东欧相对靠后。美洲也如此，发达的美国、加拿大城市排名相对靠前，而墨西哥等相对靠后。

市场规模是决定排名的关键。市场规模是决定城市旅游景气指数排名的重要因素，尤其是入境旅游市场规模。排名靠前的城市，大部分都有庞大的市场客源作基础。亚洲的城市，尤其是依托庞大中国内地客源的中国香港、中国澳门、新加坡等城市，在排行榜中表现突出。欧洲的中心城市或枢纽城市，如巴黎、伦敦、法兰克福、罗马等，也由于其庞大的客源在排行榜上占据靠前位置。

旅游市场增长率①决定城市未来的景气状况。除少数城市在某一年份由于特殊事件等增长较快外，大部分城市的市场增长率都反映了该城市的旅游发展态势。随着时间的推移，增长率较高的城市，旅游规模会迅速扩大，从而在排行榜占据更靠前的位置，因此可以说，旅游增长状况决定城市未来的旅游景气状况。一些发展中国家的城市名次，可能在未来的旅游景气排行榜中将逐渐上升。

二　旅游市场规模：国际大都市一统天下

旅游市场规模的大小，在一定程度上反映了旅游吸引力在各种制约条件下的实现程度。作为国际旅游城市，能够吸引数量庞大的国际旅游客源，是城市旅游业繁荣的根本象征。

旅游市场规模较大的城市，一般是国际大都市，在全球经济社会中发挥着重要作用。客源市场也较为综合，涵盖观光旅游、会展旅游、商务旅游等各个领域。但只有极个别的度假城市（如巴厘岛）进入了前20名，其他基本上都是所在国具有代表性的大都市（政治中心、经济中心、文化中心城市）。

按入境旅游接待人次来看，中国香港、伦敦、巴黎是全球接待规模最大的城市，其中中国香港入境旅游接待人次超过2000万，高居世界第一位。伦敦则位列第二，接待人次1470万，巴黎1362万。接待人次在1000万以上的城

①　此处旅游市场增长率是该年度同比增长率。

市还包括麦加、慕尼黑、曼谷、新加坡、中国澳门。可以看出，接待人次较为靠前的城市主要来自亚洲和欧洲，美洲只有一个城市进入前10名，即纽约。

入境旅游接待人次和入境旅游收入基本呈正相关关系，二者排序大致相当。不过由于不同城市旅游者结构不同，有些城市虽然统计上接待的旅游者人次较多，但收入相对靠后。比如中国香港，依托庞大的中国内地市场，入境旅游接待人次排名第一，但其中相当一部分是中国广东的居民，逗留时间短，消费低，因此入境旅游收入310亿美元，低于罗马排名第二。相对来看，欧洲城市入境旅游收入较为可观。巴黎、马德里、维也纳、阿姆斯特丹、法兰克福排名都较为靠前。

中国国内旅游规模。作为全世界人口最多的国家，随着经济社会的发展，中国公民人均可支配收入和闲暇时间大幅提高，加上政府推行的"扩大内需"等消费政策，近年来中国国内旅游市场发展速度非常高。依托庞大的13亿人的客源市场，在排行榜上，国内旅游人次和收入较为靠前的城市主要来自中国。上海是中国国内旅游规模最大的城市，国内旅游人次排名第二，国内旅游收入排名第一，是中国最大的国内旅游目的地，北京紧随其后。一些区域性大城市，如重庆、广州、武汉等，也榜上有名。上海之所以排名第一，是由于地处中国长江三角洲地区，即中国经济比较发达的区域，有一个庞大的城市群作为支撑。北京则因为是中国的首都、历史文化古城，吸引了庞大的客源。

三　旅游市场增长：发展中国家后发优势明显

从市场增长的角度看，大多数表现良好的城市都来自发展中国家。这主要是因为发展中国家的城市旅游业起步较晚，市场规模基数相对较小，市场处于快速成长阶段，同比增长率较高。中国、印度、越南是主要代表。印度孟买入境旅游增长率最高，中国张家界入境旅游收入增长最快，反映了旅游业良好的发展态势。入境旅游接待人次增长较快的城市还有武汉、上海、胡志明市、重庆、雅加达、布宜诺斯艾利斯、耶路撒冷。入境旅游收入增长较快的城市包括中国澳门、新加坡、武汉、西安等，发达国家仅有拉斯维加斯入境旅游接待人次增长较快。

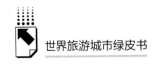

同样的，国内旅游市场增长较快的城市也主要来自发展中国家，发达国家很少进入前10名。中国的阿勒泰国内旅游人次增长65%，国内旅游收入增长了一倍以上，是国内旅游市场增长最快的城市。印度的孟买国内旅游增长58%，新德里增长53%，分别位列第二、第三。中国的武汉、西安、重庆、台北进入了前10名，此外还有胡志明市、布宜诺斯艾利斯进入前10名，发达国家仅有美国拉斯维加斯增长较快。从国内旅游收入来看，中国的西安、武汉、上海、重庆、台北增长较快，发展中国家的代表城市还有阿布扎比、胡志明市，发达国家仅有堪培拉和佛罗伦萨进入前10名。

四　旅游企业表现：发达经济体和
热门旅游目的地较好

由于世界各国对旅游企业统计范围不一致，这里用客房出租率和平均房价变动率来衡量城市旅游企业的基本表现。客房出租率在一定程度上反映城市饭店业的繁荣程度。客房出租率排名前三的城市包括中国香港、纽约、新加坡，平均在85%以上，紧随其后的是拉斯维加斯、悉尼、首尔、布里斯班、墨尔本，平均在80%～85%。再之后是中国澳门、旧金山，接近80%。可以看出，美国、澳大利亚的城市客房出租率较高，在一定程度上反映了美洲、大洋洲的旅游企业经营状况较好。

平均房价变动率最高的两个城市是巴厘岛和迪拜，比上年同期提高了30%以上。与巴黎、佛罗伦萨、圣保罗分别居第二名至第五名，升高幅度在20%以上。第六名至第十名还包括胡志明市、吉隆坡、特拉维夫、新加坡、开普敦。可以看出，升高幅度较大的是全球比较热门的度假旅游目的地。在这些地区，由于长期接纳大量的旅游者，相关的供给体系比较发达，旅游企业经营状况较好。

G.4
旅游发展潜力指数报告

一 总体排名与解读：亚太地区表现优异，
发展潜力较为突出

城市旅游发展潜力是指作为旅游目的地的城市在旅游资源、旅游区位、旅游企业、旅游产业地位等自然经济环境诸因素的综合作用下，在与其他城市的竞争中所体现出来的潜在的、能够发挥出来并能促进旅游产业持续发展的能力，潜力的大小显示了旅游产业未来的成长空间和发展前景。

作为世界旅游城市，它的旅游发展潜力指标应该是一个综合性的、全面的、可量化的指标。但是，从数据的可获得性和科学性角度考虑，应着重从现有旅游发展基础条件、发展能力和未来发展的空间三个方面进行考虑，因此，从整个评价体系的构成出发，本着删繁就简的原则和简便易行的方法，对旅游发展潜力的测度主要从入境旅游接待人次的年均增长率、服务业总产值占GDP的比重、服务业从业人员数量占总就业人数的比重、城市人均GDP和航空客运吞吐量五个指标来进行评价。

98座世界旅游城市的旅游发展潜力指数排名结果如表1所示。

1. 区域排名分析

旅游发展潜力指数排名前10的城市依次为孟买、上海、纽约、胡志明市、广州、北京、东京、洛杉矶、芝加哥和新加坡。在排名前10的城市中，亚太地区的城市占据7席，表现优异，而美洲地区为3席，欧洲地区的城市则无一入围。

在排行榜的前20名中，亚太地区的城市数量占到一半（其中中国城市达到5座，另外5座分别是印度的孟买、越南的胡志明市、新加坡、澳大利亚的悉尼以及日本的东京），显示出亚太地区强劲的发展潜力，而目前旅游发展相

表 1 世界旅游城市发展潜力指数排行榜

城市	总排名	标准分	各指标排名									
			B1 航空客运吞吐量		B2 城市人均GDP		B3 入境旅游接待人次的年均增长率		B4 服务业总产值占GDP的比重		B5 服务业从业人员数量占总就业人数的比重	
			排名	得分	排名	得分	排名	得分	排名	得分	排名	得分
孟买	1	100.000	34	0.219	96	0.004	1	1.000	2	0.894	18	0.653
上海	2	87.245	2	0.973	53	0.117	20	0.334	46	0.461	36	0.487
纽约	3	84.878	13	0.660	1	1.000	22	0.332	96	0.037	94	0.018
胡志明市	4	78.997	28	0.258	57	0.106	18	0.342	1	1.000	1	1.000
广州	5	75.868	8	0.766	70	0.078	21	0.332	54	0.415	32	0.523
北京	6	74.513	1	1.000	58	0.105	38	0.274	72	0.245	72	0.242
东京	7	73.078	5	0.867	10	0.493	95	0.090	71	0.260	71	0.250
洛杉矶	8	73.017	6	0.797	7	0.534	48	0.247	84	0.125	86	0.072
芝加哥	9	73.008	3	0.943	11	0.479	80	0.164	83	0.126	87	0.062
新加坡	10	71.178	16	0.568	13	0.470	49	0.245	58	0.376	66	0.297
悉尼	11	70.069	20	0.486	9	0.519	72	0.185	67	0.281	16	0.661
台北	12	69.293	67	0.075	5	0.596	3	0.418	44	0.481	34	0.491
伦敦	13	65.710	4	0.891	33	0.295	75	0.182	78	0.172	92	0.033
慕尼黑	14	65.491	21	0.469	40	0.235	52	0.239	31	0.516	33	0.506
迪拜	15	65.367	15	0.638	38	0.245	56	0.218	59	0.367	64	0.344
马德里	16	64.742	12	0.673	25	0.350	36	0.276	75	0.196	84	0.094
巴黎	17	64.699	7	0.787	14	0.446	90	0.132	81	0.141	81	0.131
奥兰多	18	64.441	14	0.657	26	0.342	7	0.384	90	0.059	95	0.016
重庆	19	64.270	35	0.215	77	0.043	9	0.377	10	0.716	8	0.741
法兰克福	20	64.209	9	0.717	73	0.066	50	0.245	73	0.242	27	0.546

续表

城市	总排名	标准分	B1 航空客运吞吐量		B2 城市人均GDP		B3 入境旅游接待人次的年均增长率		B4 服务业总产值占GDP的比重		B5 服务业从业人员数量占总就业人数的比重	
			排名	得分	排名	得分	排名	得分	排名	得分	排名	得分
成都	21	63.615	24	0.348	84	0.030	6	0.390	26	0.547	21	0.612
曼谷	22	63.479	11	0.679	52	0.122	83	0.155	22	0.574	70	0.261
堪培拉	23	62.745	78	0.050	2	0.790	74	0.185	55	0.401	20	0.624
釜山	24	62.567	54	0.122	61	0.098	23	0.331	5	0.836	10	0.724
焦作	25	61.738	88	0.029	85	0.025	8	0.381	3	0.876	3	0.849
罗马	26	61.239	19	0.489	32	0.296	78	0.179	48	0.456	60	0.368
大连	27	60.402	46	0.143	68	0.081	5	0.401	13	0.647	17	0.661
墨尔本	28	59.659	26	0.298	15	0.444	71	0.185	50	0.441	40	0.467
雅加达	29	57.783	86	0.032	75	0.053	4	0.412	17	0.628	4	0.842
洛阳	30	57.143	83	0.037	86	0.025	12	0.372	7	0.771	6	0.757
杭州	31	56.325	30	0.229	69	0.080	15	0.355	23	0.565	37	0.483
厦门	32	55.809	37	0.177	54	0.110	16	0.352	25	0.560	28	0.542
多伦多	33	54.894	23	0.348	4	0.641	88	0.144	66	0.289	90	0.035
太原	34	54.797	68	0.069	82	0.033	10	0.375	41	0.508	2	0.916
香港	35	54.665	10	0.682	42	0.225	46	0.253	91	0.051	88	0.052
奥克兰	36	54.499	87	0.030	35	0.263	58	0.215	6	0.799	24	0.584
奥斯陆	37	54.194	50	0.128	8	0.528	65	0.194	42	0.506	67	0.295
布里斯班	38	54.105	31	0.229	47	0.159	73	0.185	12	0.650	23	0.586
武汉	39	53.740	41	0.156	74	0.059	13	0.371	27	0.532	25	0.567
阿勒泰	40	53.106	98	0.000	91	0.011	14	0.359	8	0.737	7	0.744

各指标排名

续表

城 市	总排名	标准分	各指标排名 B1 航空客运吞吐量 排名	得分	B2 城市人均GDP 排名	得分	B3 入境旅游接待人次的年均增长率 排名	得分	B4 服务业总产值占GDP的比重 排名	得分	B5 服务业从业人员数量占总就业人数的比重 排名	得分
天津	41	52.973	60	0.096	64	0.088	26	0.317	20	0.599	15	0.675
斯德哥尔摩	42	52.845	51	0.127	17	0.423	77	0.179	33	0.514	41	0.465
昆明	43	52.491	33	0.226	87	0.023	47	0.249	24	0.561	11	0.714
华盛顿	44	51.909	32	0.228	3	0.692	30	0.297	97	0.007	91	0.034
都柏林	45	50.467	72	0.057	20	0.411	97	0.030	19	0.610	5	0.831
新德里	46	50.281	36	0.207	92	0.010	87	0.150	4	0.843	29	0.542
青岛	47	49.816	44	0.148	72	0.067	27	0.310	21	0.593	44	0.446
西安	48	49.619	29	0.242	83	0.032	63	0.202	28	0.523	14	0.698
巴厘岛	49	49.456	42	0.153	98	0.000	24	0.328	49	0.443	12	0.714
耶路撒冷	50	49.434	90	0.016	94	0.005	2	0.438	9	0.728	68	0.293
旧金山	51	49.316	17	0.532	29	0.327	69	0.188	82	0.131	97	0.002
阿布扎比	52	49.311	89	0.022	6	0.538	33	0.281	64	0.306	65	0.309
布鲁塞尔	53	49.115	79	0.049	18	0.415	79	0.167	51	0.428	19	0.632
维也纳	54	48.304	47	0.131	39	0.235	53	0.230	36	0.513	50	0.428
佛罗伦萨	55	48.065	76	0.053	27	0.339	41	0.262	52	0.428	48	0.433
柏林	56	47.619	43	0.150	46	0.166	43	0.260	39	0.511	57	0.393
伊斯坦布尔	57	47.460	70	0.061	67	0.083	45	0.255	15	0.634	22	0.603
圣保罗	58	46.680	40	0.156	51	0.133	29	0.305	60	0.362	38	0.478
札幌	59	46.631	80	0.047	19	0.414	96	0.069	11	0.688	53	0.410

续表

城　市	总排名	标准分	B1 航空客运吞吐量		B2 城市人均GDP		B3 入境旅游接待人次的年均增长率		B4 服务业总产值占GDP的比重		B5 服务业从业人员数量占总就业人数的比重	
			排名	得分	排名	得分	排名	得分	排名	得分	排名	得分
特拉维夫	60	46.301	93	0.011	90	0.012	11	0.373	16	0.630	42	0.455
日内瓦	61	46.140	64	0.078	24	0.352	51	0.245	57	0.387	62	0.352
南京	62	45.651	39	0.168	76	0.043	32	0.283	53	0.416	26	0.558
麦加	63	45.495	18	0.499	55	0.109	34	0.279	94	0.047	77	0.160
阿姆斯特丹	64	45.172	25	0.306	44	0.183	66	0.191	70	0.268	55	0.404
拉斯维加斯	65	44.001	27	0.291	30	0.323	25	0.322	88	0.068	96	0.009
威尼斯	66	43.766	55	0.118	37	0.245	67	0.190	47	0.458	58	0.393
首尔	67	43.630	22	0.373	48	0.156	17	0.343	86	0.073	89	0.047
巴塞罗那	68	43.100	52	0.126	36	0.246	40	0.267	74	0.208	39	0.476
米兰	69	41.980	63	0.085	28	0.334	44	0.255	68	0.281	69	0.267
圣彼得堡	70	41.846	69	0.062	71	0.070	39	0.273	35	0.513	46	0.444
布拉格	71	41.225	66	0.076	45	0.177	81	0.162	32	0.515	35	0.488
莫斯科	72	40.851	57	0.110	81	0.033	59	0.210	30	0.517	31	0.523
牡丹江	73	40.809	97	0.002	88	0.018	70	0.187	18	0.617	9	0.740
布宜诺斯艾利斯	74	40.160	45	0.145	49	0.150	31	0.292	79	0.166	43	0.446
明斯克	75	39.092	91	0.013	97	0.000	37	0.275	29	0.518	30	0.538
里约热内卢	76	38.104	62	0.092	60	0.098	42	0.260	61	0.357	59	0.376
雅典	77	38.010	82	0.041	41	0.234	82	0.161	45	0.476	63	0.346
哈尔滨	78	37.709	61	0.096	89	0.016	55	0.222	65	0.302	13	0.702

各指标排名

续表

城市	总排名	标准分	各指标排名									
			B1 航空客运吞吐量		B2 城市人均GDP		B3 入境旅游接待人次的年均增长率		B4 服务业总产值占GDP的比重		B5 服务业从业人员数量占总就业人数的比重	
			排名	得分	排名	得分	排名	得分	排名	得分	排名	得分
布达佩斯	79	36.320	85	0.032	59	0.103	76	0.180	37	0.512	51	0.425
约翰内斯堡	80	35.777	58	0.106	63	0.088	64	0.199	62	0.340	47	0.442
华 沙	81	35.243	71	0.057	79	0.036	61	0.206	40	0.510	61	0.364
西雅图	82	35.214	53	0.124	16	0.431	84	0.153	80	0.146	83	0.111
开 罗	83	34.909	65	0.077	93	0.008	28	0.308	69	0.270	54	0.407
里斯本	84	34.495	74	0.053	43	0.203	54	0.223	76	0.184	49	0.433
里 加	85	33.694	94	0.008	80	0.034	60	0.208	38	0.511	56	0.395
索菲亚	86	33.586	95	0.007	78	0.037	89	0.134	14	0.634	52	0.425
迈阿密	87	32.983	48	0.131	34	0.276	35	0.278	89	0.063	93	0.029
鹿特丹	88	32.786	96	0.004	50	0.143	92	0.104	34	0.514	45	0.444
澳 门	89	32.103	75	0.053	12	0.471	68	0.189	95	0.041	85	0.087
温哥华	90	29.316	56	0.112	31	0.299	91	0.120	77	0.184	82	0.122
昆 明	91	29.025	77	0.052	62	0.098	19	0.337	92	0.049	73	0.208
爱丁堡	92	28.134	81	0.042	22	0.368	86	0.150	85	0.083	79	0.154
吉隆坡	93	27.747	38	0.169	56	0.107	62	0.205	87	0.070	75	0.188
张家界	94	26.758	92	0.013	95	0.004	57	0.218	56	0.399	74	0.199
渥太华	95	25.897	59	0.103	23	0.360	93	0.094	98	0.000	76	0.182
檀香山	96	25.536	73	0.054	21	0.379	85	0.153	93	0.049	98	0.000
墨西哥城	97	24.793	49	0.128	66	0.085	98	0.000	43	0.490	78	0.158
开普敦	98	20.314	84	0.035	65	0.085	94	0.094	63	0.306	80	0.137

注：表中年均增长率率为2006～2010年连续5年增长率的几何平均值。

对发达的欧美地区则仅有9座城市进入前20名，其中美国的纽约、洛杉矶和芝加哥进入前10名，奥兰多入围前20强；欧洲地区的伦敦、慕尼黑、马德里、巴黎和法兰克福5座城市进入前20名。非洲及中东地区则仅有迪拜居参评城市第15名。

2. 分项指标分析

从每个指标来看，各单项指标居前10名的城市如表2所示。

表2　旅游发展潜力指数各指标排行榜

排行	潜力指数前10名	B1 航空客运吞吐量	B2 人均GDP	B3 入境旅游接待人次的年均增长率	B4 服务业总产值占GDP的比重	B5 服务业从业人员数量占总就业人数的比重
1	孟 买	北 京	纽 约	孟 买	胡志明市	胡志明市
2	上 海	上 海	堪培拉	耶路撒冷	孟 买	太 原
3	纽 约	芝加哥	华盛顿	台 北	焦 作	焦 作
4	胡志明市	伦 敦	多伦多	雅加达	新德里	雅加达
5	广 州	东 京	台 北	大 连	釜 山	都柏林
6	北 京	洛杉矶	阿布扎比	成 都	奥克兰	洛 阳
7	东 京	巴 黎	洛杉矶	奥兰多	洛 阳	阿勒泰
8	洛杉矶	广 州	奥斯陆	焦 作	阿勒泰	重 庆
9	芝加哥	法兰克福	悉 尼	重 庆	耶路撒冷	牡丹江
10	新加坡	香 港	东 京	太 原	重 庆	釜 山

由表2可以清晰地看出，亚太地区的城市在旅游发展潜力排行榜中表现明显比较抢眼。印度的孟买居世界旅游城市发展潜力排行榜榜首；中国的上海紧随其后，排名第二；美国的纽约名列第三；此外，中国的广州和北京则分别列第五名和第六名，成功入围前10。亚太地区的城市在前10名中占据绝对优势，共有8座城市入围榜单十强。

孟买入境旅游接待人次的年均增长率高居所有参评城市的榜首，服务业总产值占GDP的比重这个指标的得分也位居第二，表现优异，在其他指标方面也表现不俗，最终成为所有参评城市中最具有发展潜力的城市。

另外，胡志明市在服务业总产值占GDP的比重和服务业从业人员数量占总就业人数的比重两个指标的排序中均居所有参评城市的首位，显示出其广阔

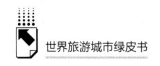

的发展空间，未来发展潜力较大，这也是胡志明市最终居第四位的原因所在。

此外，中国的城市整体在各单项指标中表现不俗，如焦作和重庆两个城市，在5个指标中有3个指标的排名进入前10名，入境旅游接待人次的年均增长率、服务业总产值占GDP的比重和服务业从业人员数量占总就业人数的比重三个指标的排序均进入榜单前10；这也是重庆和焦作在最后潜力排行榜位居前列的重要原因。

最后，有两个指标的排名进入榜单十强的城市还包括洛杉矶、耶路撒冷、东京、雅加达、釜山、中国台北、洛阳、太原、阿勒泰九个城市。

从整体上来看，此次世界旅游城市发展潜力排名结果与目前旅游业发展现状基本吻合，亚太地区的旅游发展潜力远超欧美，成为世界旅游发展最具潜力的地区。新兴的发展中大国（如印度、中国等）的城市几乎都排名前列，也较好地印证了这一点。

二 发展基础：国际大都市明显占优势，
发达地区城市表现出色

一个城市的现有发展情况在一定程度上决定着未来发展的高度和空间，因此，衡量世界城市的发展潜力，首先要对这个城市的发展基础进行评价，课题组从旅游交通设施和经济发展水平两个维度对发展基础进行考量，具体指标为该城市的航空客运吞吐量和人均GDP。

从航空客运吞吐量这个指标来看，国际大都市明显占优势，北京、上海、芝加哥、伦敦、东京、洛杉矶、巴黎、广州、法兰克福和中国香港是本指标得分前10名的城市，年吞吐量均在5000万人次以上，其机场分别是各自大区域内最繁忙的国际机场。经历了国际金融危机带来的负面影响后，2010年的全球航空业增长显著。21世纪初，美国的机场客运吞吐量占据了机场客运吞吐量前10位的大多数，但是现在仅有芝加哥和洛杉矶能够名列前10；而亚太地区的机场客运吞吐量增长十分强劲，在参评的城市当中，排名前10的城市机场中亚太地区占据一半（北京、上海、东京、广州和中国香港），特别是中国北京首都国际机场客运量增长强劲，2010年客运量已经达到 7300 多万人次，比上年增长 13.4%，并跃升为全球客运量第二大机场。2010 年，冰岛火山爆发影响了欧洲的航运交通，但大部分的欧洲机场成长仍良好。英国伦敦希斯路机场在 2010 年客运量有小幅下降，但仍然是欧洲客运吞吐量之冠（约 6600 万人次）。此外，巴黎和法兰克福的机场也属欧洲最繁忙的机场。

从人均 GDP 这个指标来看，前 10 名中亚太地区的城市占据半壁江山，包括中国的台北、阿联酋的首都阿布扎比、澳大利亚的堪培拉和悉尼、日本的东京，显示出良好的增长实力与发展前景；美洲城市有 4 个，包括美国的纽约、华盛顿、洛杉矶以及加拿大的多伦多，其中美国的纽约在所有参评城市中名列榜首；欧洲城市仅有挪威的奥斯陆名列前 10。

三　发展能力：亚太地区一枝独秀，
市场增长速度领先

一个城市的旅游发展潜力可以从过去的发展历程中略见一斑，通过对该城市近五年入境游客接待人次的年均增长率的考量，可以对其未来发展的潜力做一评判，这是旅游发展潜力最直接的体现。需要说明的是，历史数据积累的时间越长，该指标的说服力就越大。

近五年来，发展中国家和地区的市场增长率明显高于发达地区。一方面，新兴地区旅游市场规模基数较小，增长速度相对占优势；另一方面，经济发展势头迅猛，带动了旅游业发展。其中，印度的孟买以年均 47.11% 的增长速度独占鳌头，在所有参评城市中排名第一，巴勒斯坦的耶路撒冷和中国的台北分列第二、第三位；此外，中国的大连、成都、重庆等城市也进入前 10 名，增长率均在两位数以上。

从榜单十强分析，除美国的奥兰多之外，其余全部为亚太地区的城市，显示了亚太地区良好的发展前景和巨大优势。旅游业发达的欧美地区以及具有良好前景的非洲和南美均没有城市入选，也从另外一个侧面印证了传统发达旅游地区在发展潜力方面的不足。北京的年均增长率仅为 6.56%，在所有参评城市中排名第 38。

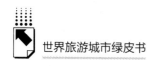

四 发展空间：亚太地区占绝对优势，未来发展前景良好

基于城市在产业结构方面的考虑，考察城市服务业总产值占 GDP 的比重和服务业从业人员数量占总就业人数的比重。一般而言，其比重越高，说明该城市第三产业越发达，从业人员数量就越多，也就意味着未来发展的空间就越小。因此该指标为逆序指标，比重越高，其得分越低，说明未来发展的潜力也就越大，反之亦然。

从服务业总产值占 GDP 的比重这个指标的得分分析，参选城市中排名前10 的城市也全部位于亚太地区，其中越南的胡志明市、印度的孟买以及中国的焦作名列前三，这也是孟买和胡志明市发展潜力总排名能够进入前四位的重要原因。此外，印度的新德里，中国的洛阳、阿勒泰和重庆，韩国的釜山，新西兰的奥克兰，以及耶路撒冷的这个指标排名居前 10 名，显示了未来它们在发展空间上具有较大的潜力。

关于服务业从业人员数量占总就业人数的比重这个指标，首先，亚太地区的城市再次占据绝对优势，前 10 名当中有 9 座城市来自亚太地区，其中胡志明市再次领衔榜单，中国的太原和焦作分列第二、第三位。此外，印度尼西亚的雅加达，爱尔兰的都柏林，中国的洛阳、阿勒泰、重庆、牡丹江以及韩国的釜山位列前 10。

G.5
旅游吸引力指数报告

一 总体排名与解读：各国城市呈"大交叉、小集聚"分布，综合性城市优势突出

　　旅游吸引力指数用于衡量世界旅游城市的自身魅力，是对旅游城市基础性条件的评定。由此，旅游吸引力的子指标通过城市的硬性数据指标构建，客观地反映各个旅游城市自身对旅游客源市场的吸引程度。在操作中，以理论模型为依托，考虑可操作性因素，最终确定以城市的世界遗产数量、环境质量、航线数量和国际会议会展数量来反映城市的旅游吸引力。表1反映了44个国家98座世界旅游城市的旅游吸引力指数排名结果。

表1　世界旅游城市旅游吸引力指数排名

城　市	排名	标准分	各指标排名							
			C1 世界遗产指数		C2 环境指数		C3 航线指数		C4 国际会议会展指数	
			排名	得分	排名	得分	排名	得分	排名	得分
巴　黎	1	100.00	4	0.750	49	0.788	4	0.948	2	0.961
巴塞罗那	2	99.39	3	0.875	35	0.864	5	0.861	3	0.826
马德里	3	96.06	1	1.000	28	0.879	16	0.684	6	0.713
罗　马	4	90.86	1	1.000	46	0.811	6	0.848	18	0.500
维也纳	5	82.80	15	0.250	32	0.871	7	0.816	1	1.000
伦　敦	6	73.66	6	0.500	39	0.856	20	0.619	7	0.629
柏　林	7	73.48	9	0.375	28	0.879	29	0.506	4	0.809
阿姆斯特丹	8	73.43	15	0.250	25	0.894	3	0.955	8	0.624
布鲁塞尔	9	67.42	9	0.375	35	0.864	12	0.716	16	0.506

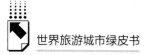

续表

城　　市	排名	标准分	各指标排名							
			C1 世界遗产指数		C2 环境指数		C3 航线指数		C4 国际会议会展指数	
			排名	得分	排名	得分	排名	得分	排名	得分
伊斯坦布尔	10	66.57	6	0.500	62	0.629	26	0.558	9	0.618
新加坡	11	61.30	56	0.000	39	0.856	21	0.610	5	0.781
北　京	12	60.22	4	0.750	94	0.159	46	0.397	10	0.607
都柏林	13	59.69	23	0.125	8	0.962	9	0.803	22	0.410
里斯本	14	58.86	15	0.250	42	0.848	43	0.432	12	0.584
悉　尼	15	57.19	9	0.375	3	0.985	38	0.458	31	0.303
布达佩斯	16	56.74	23	0.125	39	0.856	28	0.513	11	0.590
布拉格	17	54.84	23	0.125	32	0.871	30	0.500	14	0.534
慕尼黑	18	53.63	56	0.000	28	0.879	2	0.990	32	0.292
斯德哥尔摩	19	53.38	23	0.125	35	0.864	33	0.487	16	0.506
爱丁堡	20	50.19	23	0.125	8	0.962	23	0.597	35	0.275
墨西哥城	21	48.83	6	0.500	60	0.682	62	0.265	36	0.270
纽　约	22	47.99	23	0.125	19	0.917	12	0.716	54	0.163
日内瓦	23	47.73	56	0.000	21	0.909	18	0.639	27	0.337
墨尔本	24	46.80	23	0.125	6	0.977	52	0.352	28	0.331
法兰克福	25	46.63	56	0.000	32	0.871	1	1.000	73	0.090
华　沙	26	46.52	23	0.125	44	0.833	38	0.458	26	0.348
威尼斯	27	46.18	9	0.375	48	0.803	37	0.461	68	0.107
香　港	28	45.69	56	0.000	57	0.697	17	0.645	21	0.416
华盛顿	29	45.33	56	0.000	16	0.939	22	0.606	36	0.270
曼　谷	30	44.59	56	0.000	61	0.667	15	0.687	24	0.376
吉隆坡	31	44.26	56	0.000	56	0.705	24	0.568	20	0.421
莫斯科	32	44.02	9	0.375	45	0.826	60	0.303	61	0.135
雅　典	33	43.73	23	0.125	52	0.765	32	0.490	32	0.292
台　北	34	43.70	56	0.000	55	0.735	35	0.471	19	0.449
旧金山	35	43.65	23	0.125	8	0.962	34	0.484	54	0.163
拉斯维加斯	36	43.45	56	0.000	7	0.970	11	0.723	65	0.118
迈阿密	37	43.41	23	0.125	8	0.962	26	0.558	68	0.107
布里斯班	38	43.29	15	0.250	16	0.939	49	0.371	65	0.118
奥斯陆	39	42.76	56	0.000	21	0.909	42	0.442	29	0.326
芝加哥	40	42.67	56	0.000	21	0.909	12	0.716	59	0.140

续表

城　市	排名	标准分	C1 世界遗产指数		C2 环境指数		C3 航线指数		C4 国际会议会展指数	
			排名	得分	排名	得分	排名	得分	排名	得分
温哥华	41	42.54	56	0.000	15	0.947	41	0.445	32	0.292
米　兰	42	41.99	23	0.125	54	0.742	19	0.632	54	0.163
渥太华	43	41.94	23	0.125	13	0.955	25	0.561	75	0.067
首　尔	44	41.76	56	0.000	66	0.591	46	0.397	13	0.539
布宜诺斯艾利斯	45	41.69	56	0.000	49	0.788	65	0.239	15	0.511
洛杉矶	46	39.88	56	0.000	26	0.886	10	0.787	86	0.028
圣保罗	47	39.75	56	0.000	16	0.939	61	0.290	30	0.320
檀香山	48	38.41	15	0.250	3	0.985	64	0.242	84	0.034
西雅图	49	37.97	23	0.125	13	0.955	54	0.348	71	0.096
奥兰多	50	37.57	56	0.000	3	0.985	31	0.497	73	0.090
多伦多	51	37.36	56	0.000	19	0.917	56	0.345	39	0.230
里约热内卢	52	36.57	23	0.125	66	0.591	65	0.239	25	0.371
圣彼得堡	53	36.21	23	0.125	43	0.838	57	0.339	63	0.129
新德里	54	35.34	9	0.375	91	0.220	40	0.452	41	0.191
上　海	55	33.78	56	0.000	82	0.462	44	0.410	23	0.388
坎　昆	56	32.69	23	0.125	65	0.606	48	0.394	57	0.146
巴厘岛	57	32.46	56	0.000	2	0.992	67	0.235	67	0.112
东　京	58	31.44	56	0.000	24	0.902	90	0.055	38	0.264
开普敦	59	30.79	23	0.125	57	0.697	75	0.145	40	0.197
里　加	60	30.74	56	0.000	51	0.780	55	0.348	63	0.129
特拉维夫	61	30.26	23	0.125	63	0.621	36	0.468	93	0.017
澳　门	62	29.55	23	0.125	57	0.697	59	0.319	80	0.045
奥克兰	63	29.23	56	0.000	8	0.962	77	0.135	68	0.107
佛罗伦萨	64	28.93	23	0.125	46	0.811	84	0.103	71	0.096
堪培拉	65	28.21	56	0.000	1	1.000	70	0.197	96	0.011
雅加达	66	27.74	56	0.000	53	0.750	51	0.368	78	0.051
鹿特丹	67	26.74	56	0.000	35	0.864	88	0.068	57	0.146
昆　明	68	26.50	23	0.125	69	0.568	80	0.116	42	0.179
广　州	69	26.34	56	0.000	72	0.545	58	0.319	42	0.179
明斯克	70	25.77	56	0.000	28	0.879	94	0.019	59	0.140
迪　拜	71	25.75	56	0.000	96	0.030	7	0.816	53	0.174

城 市	排名	标准分	各指标排名							
			C1 世界遗产指数		C2 环境指数		C3 航线指数		C4 国际会议会展指数	
			排名	得分	排名	得分	排名	得分	排名	得分
约翰内斯堡	72	24.49	23	0.125	68	0.576	63	0.248	86	0.028
张家界	73	24.42	23	0.125	73	0.543	91	0.052	42	0.179
洛 阳	74	24.34	23	0.125	73	0.543	92	0.048	42	0.179
札 幌	75	23.86	56	0.000	26	0.886	82	0.106	91	0.022
索菲亚	76	23.75	23	0.125	70	0.561	69	0.206	80	0.045
胡志明市	77	23.01	56	0.000	73	0.543	49	0.371	78	0.051
青 岛	78	22.16	56	0.000	73	0.543	76	0.142	42	0.179
厦 门	79	21.94	56	0.000	73	0.543	78	0.132	42	0.179
孟 买	80	21.17	15	0.250	95	0.076	44	0.410	84	0.034
釜 山	81	20.58	56	0.000	70	0.561	79	0.123	61	0.135
重 庆	82	19.69	15	0.250	87	0.280	73	0.158	91	0.022
牡丹江	83	19.69	56	0.000	73	0.543	93	0.035	42	0.179
开 罗	84	19.24	15	0.250	96	0.030	52	0.355	80	0.045
耶路撒冷	85	19.19	23	0.125	63	0.621	96	0.000	96	0.011
阿勒泰	86	18.94	56	0.000	73	0.543	95	0.003	42	0.179
杭 州	87	18.76	23	0.125	83	0.341	71	0.177	75	0.067
大 连	88	17.65	56	0.000	73	0.543	72	0.174	86	0.028
成 都	89	16.29	23	0.125	90	0.235	68	0.219	83	0.039
南 京	90	14.82	23	0.125	84	0.318	83	0.106	93	0.017
武 汉	91	14.78	56	0.000	87	0.280	87	0.087	42	0.179
西 安	92	14.51	23	0.125	92	0.220	80	0.116	75	0.067
太 原	93	14.08	56	0.000	89	0.273	89	0.065	42	0.179
焦 作	94	12.62	56	0.000	73	0.543	96	0.000	98	0.000
阿布扎比	95	12.06	23	0.125	93	0.189	85	0.100	86	0.028
哈尔滨	96	11.41	56	0.000	85	0.311	74	0.155	93	0.017
麦 加	97	10.60	23	0.125	98	0.000	96	0.000	42	0.179
天 津	98	10.37	56	0.000	85	0.311	86	0.094	86	0.028

就旅游吸引力排行榜整体而言，各大洲城市交叉分布，各国城市呈现出"大交叉、小集聚"的特征。欧洲城市表现突出，亚太城市吸引力参差不齐，

美洲城市排名稳居排行榜中段，中东及非洲城市上升空间巨大。

从旅游城市类型上来看，综合型旅游城市吸引力更大。旅游吸引力的四个子指标分别对应传统资源型旅游目的地、度假型旅游目的地、旅游集散地和都市型旅游目的地，涵盖了所有入选城市的类型。旅游吸引力排名建立在对四个子指标综合考量的基础上，因此综合型旅游城市更易取得靠前的排名。以本年度旅游吸引力排名第一的巴黎为例，其世界遗产、环境质量、航线和国际会议会展的单项排名分别为第 4 名、第 49 名、第 4 名和第 2 名。

居本年度世界旅游城市吸引力前 10 名的是巴黎、巴塞罗那、马德里、罗马、维也纳、伦敦、柏林、阿姆斯特丹、布鲁塞尔和伊斯坦布尔。总体而言，欧洲城市优势明显。可以看到，旅游吸引力排名前 10 的城市全部为欧洲城市，该结果具有一定的偶然性，也具有一定的必然性。说其偶然，是因为上一年度的格局并非如此，各大洲旅游城市，尽管其旅游吸引类型不同，但吸引力几乎均在提升。该结果的必然性则源于欧洲城市确实具备较为突出的优势。整个欧洲大陆地势的平均高度为 330 米，地形以平原为主，北、西、南三面分别濒临北冰洋、大西洋、地中海和黑海，多数地区常年受海洋气候影响，气候温和、降雨丰富，这就决定了欧洲地区多数城市具有良好的环境质量基础。此外，欧洲大陆悠久的历史，使其许多城市拥有宝贵的资源。自 17 世纪以来，欧洲逐渐成为世界经济中心；19 世纪，欧洲爆发人类第一次工业革命，欧洲成为当时的世界经济中心；虽经历了 20 世纪两次世界大战的挫伤，但欧洲地区一直在世界经济版图中占有举足轻重的地位，其庞大而繁复的交通体系的发展以及世界级总部的设立也成为一种必然。上述足以支撑欧洲城市在世界遗产、环境质量、航线及国际会议会展四个指标方面的优势。值得注意的是，排名靠前的城市其吸引力得分的差距很小，竞争激烈。从得分来看，排名第一的巴黎和第二的巴塞罗那的得分分别为 100 和 99.39，相差仅 0.61；而排名第六到第八的 3 座城市，即伦敦、柏林和阿姆斯特丹的得分也相差无几；排名第九的布鲁塞尔与排名第十的伊斯坦布尔的分差也仅为 0.86；旅游吸引力排名前 10 的城市中，仅马德里、罗马和维也纳与排名前后的城市具有相对明显的分差。由此可见，现代旅游城市的吸引力要素相对于传统的景区性目的地而言，更为复杂和多元化，世界旅游城市在吸引力方面存在着相对激烈的竞争（见表2）。

表2 世界旅游城市旅游吸引力指数前 10 名

排名	旅游吸引力前 10 名	C1 世界遗产前 10 名	C2 环境指数前 10 名	C3 航线指数前 10 名	C4 国际会议会展指数前 10 名
1	巴黎	马德里	堪培拉	法兰克福	维也纳
2	巴塞罗那	罗马	巴厘岛	慕尼黑	巴黎
3	马德里	巴塞罗那	悉尼	阿姆斯特丹	巴塞罗那
4	罗马	巴黎	檀香山	巴黎	柏林
5	维也纳	北京	奥兰多	巴塞罗那	新加坡
6	伦敦	伊斯坦布尔	墨尔本	罗马	马德里
7	柏林	伦敦	拉斯维加斯	维也纳	伦敦
8	阿姆斯特丹	墨西哥	都柏林 爱丁堡 迈阿密 旧金山 奥克兰	迪拜	阿姆斯特丹
9	布鲁塞尔	新德里		都柏林	伊斯坦布尔
10	伊斯坦布尔	悉尼 柏林 布鲁塞尔 莫斯科 威尼斯		洛杉矶	北京

注：表格中合并的单元格表示得分相同的并列项。

二 旅游资源：悠久的历史文化积淀，
为城市遗留了宝贵的财富

旅游资源是形成旅游吸引力的最直接的因素，广义的旅游资源包含丰富的内容，由于本项目的评价对象是世界旅游城市，考虑到指标的可比性和数据的可获得性，选择世界遗产对旅游资源进行衡量。一方面，世界遗产是该城市具有世界级吸引力的旅游资源的突出代表；另一方面，世界遗产由联合国教科文组织和世界遗产委员会经过严格的审批最终确认并公布，具有明确的衡量标准和可统计性。

由表 1 可见，98 座城市中有 43 座城市没有世界遗产，另外的 55 座城市所拥有的世界遗产数不尽相同。图 1 更清晰地反映了 55 座城市的世界遗产情况，其中亚太地区有 15 座城市，世界遗产总得分为 3.375，平均每座城市的得分为 0.225；欧洲地区有 24 座城市，世界遗产总得分为 8.250，平均每个城市的得分为 0.344；美洲地区有 9 座城市，世界遗产总得分为 1.625，平均每座城市的得分为 0.181；中东及非洲地区有 7 座城市，世界遗产总得分为 1.000，平均每座城市的得分为 0.143。可见，不论是绝对数值还是相对数值，欧洲地区都占有绝对优势，其次是亚太地区。这与欧洲和亚太地区悠久的历史及在自然和人文遗产方面的保护意识有着密切的关系，历史遗留下来的宝贵资源成为城市旅游吸引力的重要因素。

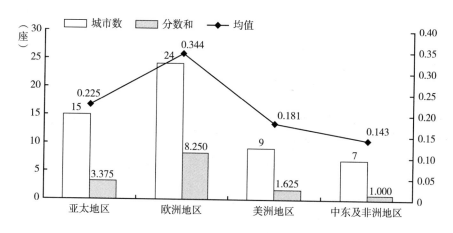

图 1　世界旅游城市的世界遗产情况

从城市的角度来看，98 座城市中，在世界遗产方面最为突出的 5 个城市依次是马德里、罗马、巴塞罗那、巴黎和北京。这 5 个城市均具有悠久的历史积淀，其中 4 个是国家首都。

马德里是西班牙首都和西班牙第一大城市，其坐落的位置于史前就已有人类活动，是欧洲的历史名城，在历史上因战略位置重要而素有"欧洲之门"之称。意大利首都罗马是世界历史文化名城，是古罗马帝国的发祥地，也是世界文化的发祥地之一，有沉淀了数千年的历史遗迹，有丰富的文化遗产。巴塞罗那是西班牙第二大城市，在其漫长的历史上曾被作为巴塞罗那伯爵的领地和阿拉贡王国的都城，巴塞罗那拥有众多历史建筑和文化景点，被称为"伊比利亚半岛的明珠"。巴黎是法国的首都和法国最大的城市，巴黎不是只有时尚，自中世纪以来，巴黎一直保留着过去的印记，甚至历史最悠久的某些街道的布局，也保留了其统一的风格。北京是中华人民共和国的首都，有着 3000余年的建城史和 860 年的建都史，是世界著名的古都和现代国际城市。

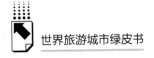

三 城市活力：真正的繁华，不是"一个人的舞蹈"

城市活力是对世界旅游城市除传统旅游资源吸引力以外的城市吸引力的一定程度上的反映，如果说旅游资源是一个城市的先天优势，那么城市活力相对是其后天魅力的体现。该指数的设定也是对参评城市中现代化都市型旅游目的地的公平评价。自20世纪90年代以来，大型节事活动也成为城市重要的旅游吸引物。本项目选用了国际大会及会议协会（ICCA）的标准，该标准高于通常意义上对国际会议会展的定位，更强调了其国际性、互动性和连续性。

由表1可见，98座城市国际会议会展的具体得分情况。从区域分布的角度来看，亚太地区的41座城市，国际会议会展总得分为7.829，平均分为0.191；欧洲地区的31座城市，国际会议会展总得分为12.860，平均分为0.415；美洲地区的18座城市，国际会议会展总得分为3.416，平均分为0.190；中东及非洲地区的8座城市，国际会议会展总得分为0.679，平均分为0.085（见图2）。

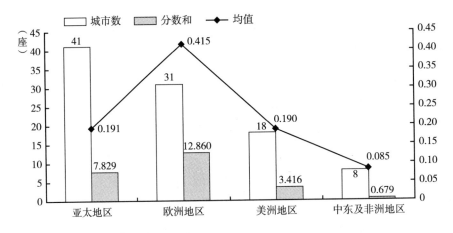

图2 世界旅游城市旅游吸引力指数国际会议会展指数对比

可见，欧洲地区的国际会议会展具有较高的集中度；中东及非洲地区在国际会议会展方面处于弱势；亚太地区以微弱优势胜于美洲地区。究其原因，欧洲仍是世界重要的经济中心之一，虽然欧债危机持续，但欧洲地区作为总部经济的会集地，在会议会展方面仍有大量需求。另外，ICCA 的标准强调国际会议会展的国际性、互动性和连续性，欧洲地区各个国家和城市的地缘优势也为该类型会议提供了便利。在城市平均国际会议会展数量上，亚太地区略高于美洲地区，这也反映了亚太作为当今世界经济发展最具活力的地区，与国际社会交往的迫切愿望和积极行动。美洲地区城市在国际会议会展方面的表现似乎差强人意，然而这一结果在一定程度上也是情理之中——美洲尤其是北美洲的会议多以国内会议为主，国际性、连续性的会议较少，这与美洲在地缘与经济上长期以来自成一体的系统有着密切的关系。中东及非洲地区国际会议会展方面处于弱势地位，除了区域经济发展的原因外，相对动荡不安的环境也是其制约因素。

就城市而言，本年度参选城市中，维也纳在国际会议会展指数上荣登榜首。这一方面得益于维也纳稳定的政治、安宁的社会生活、深厚的文化底蕴和优质的住宿服务以及便捷的交通等基础环境条件，同时也得益于维也纳的总部经济优势。维也纳是奥地利的首都，也是联合国的四个官方驻地之一，除此之外还是石油输出国组织、欧洲安全与合作组织和国际原子能机构的总部以及其他国际机构的所在地。许多外国大企业云集维也纳，从维也纳逐步开发中欧和东欧市场，比如法国建筑材料巨头拉法基集团，德国的汉高、雷韦集团和拜尔斯道夫公司等。而奥地利本土大企业也多将总部设在维也纳，其中包括奥地利几乎所有的银行、奥地利石油天然气集团、全球最大制砖商维内贝格和奥地利电信公司。综观国际会议会展排名前列的城市，基本都具有相同的特征，即稳定安宁的社会环境、优质便捷的接待条件和总部经济优势。这些特征对城市的国际化互动有着积极的促进作用，而正是在频繁的国际互动中，这些城市的活力不断彰显。而一些忽视了国际互动重要性的城市，其活力往往被湮灭在其他城市的光辉中。

四 支撑因素：旅游的发展要"保本不逐末"

吸引力是城市旅游发展的关键因素，而城市旅游吸引力的形成，除了直接的吸引力因素外，一些辅助性因素也对旅游者的最终决策有着一定的影响。所以，如果说直接吸引力因素是"本"，辅助性因素是"末"的话，旅游城市的发展则要"保本不逐末"。尤其是随着度假旅游的不断兴起，目的地的整体氛围和环境已经深刻地影响着人们的旅行决策。支撑体系反映的就是对世界旅游城市吸引力起辅助作用的主要因素，此处采用环境指数和航线指数两个指数，反映城市在环境和交通方面的情况。

表3　世界旅游城市旅游吸引力指数支撑体系排行榜

城　市	C1 支撑体系		C2 环境指数		C3 航线指数	
	排名	得分	排名	得分	排名	得分
法兰克福	1	1.000	32	0.871	1	1.000
慕尼黑	2	0.999	28	0.879	2	0.990
阿姆斯特丹	3	0.988	25	0.894	3	0.955
都柏林	4	0.944	8	0.962	9	0.803
巴　黎	5	0.928	49	0.788	4	0.948
巴塞罗那	6	0.922	35	0.864	5	0.861
拉斯维加斯	7	0.904	7	0.970	11	0.723
维也纳	8	0.902	32	0.871	7	0.816
洛杉矶	9	0.894	26	0.886	10	0.787
罗　马	10	0.887	46	0.811	6	0.848
纽　约	11	0.873	19	0.917	12	0.716
芝加哥	12	0.869	21	0.909	12	0.716
布鲁塞尔	13	0.844	35	0.864	12	0.716
马德里	14	0.835	28	0.879	16	0.684
爱丁堡	15	0.833	8	0.962	23	0.597
日内瓦	16	0.827	21	0.909	18	0.639
华盛顿	17	0.826	16	0.939	22	0.606
迈阿密	18	0.812	8	0.962	26	0.558
渥太华	19	0.810	13	0.955	25	0.561
奥兰多	20	0.792	3	0.985	31	0.497
伦　敦	21	0.789	39	0.856	20	0.619
新加坡	22	0.783	39	0.856	21	0.610
旧金山	23	0.773	8	0.962	34	0.484
悉　尼	24	0.771	3	0.985	38	0.458
温哥华	25	0.744	15	0.947	41	0.445
柏　林	26	0.740	28	0.879	29	0.506
米　兰	27	0.735	54	0.742	19	0.632

续表

城 市	C1 支撑体系		C2 环境指数		C3 航线指数	
	排名	得分	排名	得分	排名	得分
布拉格	28	0.733	32	0.871	30	0.500
布达佩斯	29	0.732	39	0.856	28	0.513
曼 谷	30	0.724	61	0.667	15	0.687
奥斯陆	31	0.722	21	0.909	42	0.442
斯德哥尔摩	31	0.722	35	0.864	33	0.487
香 港	33	0.717	57	0.697	17	0.645
墨尔本	34	0.710	6	0.977	52	0.352
布里斯班	35	0.700	16	0.939	49	0.371
西雅图	36	0.696	13	0.955	54	0.348
华 沙	37	0.690	44	0.833	38	0.458
里斯本	38	0.685	42	0.848	43	0.432
吉隆坡	39	0.680	56	0.705	24	0.568
威尼斯	40	0.676	48	0.803	37	0.461
多伦多	41	0.674	19	0.917	56	0.345
雅 典	42	0.671	52	0.765	32	0.490
圣保罗	43	0.657	16	0.939	61	0.290
巴厘岛	44	0.656	2	0.992	67	0.235
檀香山 - 檀香山	44	0.656	3	0.985	64	0.242
台 北	46	0.644	55	0.735	35	0.471
堪培拉	47	0.640	1	1.000	70	0.197
伊斯坦布尔	48	0.634	62	0.629	26	0.558
圣彼得堡	49	0.629	43	0.838	57	0.339
莫斯科	50	0.603	45	0.826	60	0.303
里 加	50	0.603	51	0.780	55	0.348
雅加达	52	0.597	53	0.750	51	0.368
奥克兰	53	0.587	8	0.962	77	0.135
特拉维夫	54	0.582	63	0.621	36	0.468
布宜诺斯艾利斯	55	0.549	49	0.788	65	0.239
澳 门	56	0.543	57	0.697	58	0.319
坎 昆	57	0.534	65	0.606	48	0.394
札 幌	58	0.531	26	0.886	82	0.106
首 尔	59	0.528	66	0.591	46	0.397
东 京	60	0.511	24	0.902	90	0.055
墨西哥城	61	0.506	60	0.682	62	0.265
鹿特丹	62	0.498	35	0.864	88	0.068

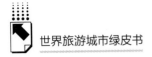

城 市	C1 支撑体系		C2 环境指数		C3 航线指数	
	排名	得分	排名	得分	排名	得分
胡志明市	63	0.488	73	0.543	49	0.371
佛罗伦萨	63	0.488	46	0.811	84	0.103
明斯克	65	0.480	28	0.879	94	0.019
上 海	66	0.466	82	0.462	44	0.410
广 州	67	0.462	72	0.545	58	0.319
迪 拜	68	0.452	96	0.030	7	0.816
开普敦	69	0.450	57	0.697	75	0.145
里约热内卢	70	0.443	66	0.591	65	0.239
约翰内斯堡	71	0.440	68	0.576	63	0.248
索菲亚	72	0.410	70	0.561	69	0.206
大 连	73	0.383	73	0.543	72	0.174
青 岛	74	0.366	73	0.543	76	0.142
昆 明	74	0.366	69	0.568	80	0.116
釜 山	76	0.365	70	0.561	79	0.123
厦 门	77	0.361	73	0.543	78	0.132
新德里	78	0.359	91	0.220	40	0.452
耶路撒冷	79	0.332	63	0.621	96	0.000
张家界	80	0.318	73	0.543	91	0.052
洛 阳	81	0.316	73	0.543	92	0.048
牡丹江	82	0.309	73	0.543	93	0.035
北 京	83	0.297	94	0.159	46	0.397
阿勒泰	84	0.292	73	0.543	95	0.003
焦 作	85	0.290	73	0.543	96	0.000
杭 州	86	0.277	83	0.341	71	0.177
孟 买	87	0.259	95	0.076	44	0.410
哈尔滨	88	0.249	85	0.311	74	0.155
成 都	89	0.243	90	0.235	68	0.219
重 庆	90	0.234	87	0.280	73	0.158
南 京	91	0.227	84	0.318	83	0.106
天 津	92	0.216	85	0.311	86	0.094
开 罗	93	0.206	96	0.030	52	0.355
武 汉	94	0.196	87	0.280	87	0.087
太 原	95	0.180	89	0.273	89	0.065
西 安	96	0.179	92	0.220	80	0.116
阿布扎比	97	0.155	93	0.189	85	0.100
麦 加	98	0.000	98	0.000	96	0.000

　　表 3 列出了 98 座参评城市旅游吸引力支撑因素的具体得分。图 3 从区域的角度进行了解析。可以看到，亚太地区的 41 座城市，支撑因素总得分为 18.024，平均分为 0.440；欧洲地区的 31 座城市，支撑因素总得分为 23.149，平均分为 0.747；美洲地区的 18 座城市，支撑因素总得分为 13.014，平均分为 0.723；中东及非洲地区的 8 座城市，支撑因素总得分为 2.618，平均分为 0.327。

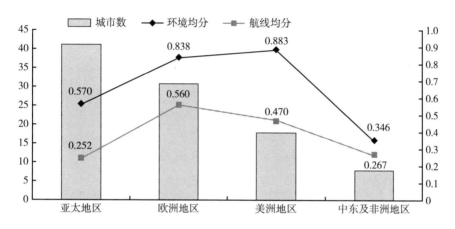

图 3　世界旅游城市旅游吸引力指数支撑因素对比

　　注：由于每个区域的参评城市数量不同，该图意在通过直观展示不同区域城市环境指数和航线指数的平均得分情况，来对比说明各个区域城市在吸引力支撑要素方面的差距。总体而言，欧美城市在旅游吸引力这两个分指标上的优势明显，美洲地区环境指标的均分最高，约为 0.883；而欧洲区域航线指标的均分最高，约为 0.560；中东及非洲地区城市在环境指标上的均分最低，为 0.346；而亚太地区则在航线指标上的均分最低，约为 0.252；亚太和中东及非洲地区城市在旅游吸引力支撑要素上仍有较大的提升空间。

　　可见，在支撑因素上，欧洲地区仍有着鲜明的优势，美洲地区次之，亚太地区与欧洲地区、美洲地区有着较大的差距，中东及非洲地区处于弱势。支撑因素主要由环境质量和航线数量构成。欧洲地区在这两方面都相对突出，就环境而言，一方面欧洲大陆的地形地势及区位决定了其多数城市具有良好的气候条件，这是欧洲地区良好环境质量基础；另一方面，社会经济的发展程度方面，欧洲地区在经历了大规模的工业化发展后，已经开始思考人与自然的关系，这在 2012 年伦敦奥运会上展露无遗，而这种思考也渗透到了实践当中。就航线数量而言，欧洲地区表现出了相对其他区域的绝对优势，航空运输业的发展除了与经济发展有着相辅相成的关系外，欧洲各国相对廉价的航空和民营航空工业方面执行的政策也是推动欧洲航空运输发展的重要原因。美洲地区城市在环境质量和航线数量方面的表现差别较大，奥兰多、檀香山、拉斯维加斯、迈阿密、旧金山等城市的环境质量提升了整个区域的环境指数均值；而里约热内卢、布宜诺斯艾利斯、檀香山、墨西哥城、圣保罗等城市的航线情况整体拉低了美洲地区的航线指数均值。亚太地区涉及的城市较多，地域覆盖面积广阔，就自然环境基础来说，各城市差异较大，排除自然条件的差别，部分城市在发展中过度追求经济效益而导致的生态失衡、环境污染等问题已经显现，可持续发展战略成为迫在眉睫的必然选择。而在航空运输方面，随着亚太经济的不断发展，势必会有进一步的提升。中东及非洲地区在支撑因素上表现不佳，表面看来，自然环境条件是其不可回避的弱势，但从更深层次和更长远来看，和平安定的环境对该区域的整体发展将有重大的意义。

本年度参评城市中，支撑因素排名居前列的城市为在环境质量和航线数量方面有综合优势的城市，例如：法兰克福、慕尼黑、阿姆斯特丹、都柏林、巴黎、巴塞罗那、拉斯维加斯、维也纳、洛杉矶、罗马等。上述城市中欧洲城市占据多数，美洲城市占有一定比例。对于欧洲地区和美洲地区的分析如上，此处不再赘述。在环境质量方面，位居前列的城市有：堪培拉、巴厘岛、奥兰多、悉尼、檀香山、墨尔本、拉斯维加斯、都柏林、爱丁堡、迈阿密、旧金山、奥克兰（其中有多个城市得分并列）。可以看到，大洋洲城市在环境质量方面有着突出的表现，如澳大利亚首都堪培拉的环境指数排名第一。大洋洲大部分地区处在南、北回归线之间，绝大部分地区属热带和亚热带，除澳大利亚的内陆地区属大陆性气候外，其余地区均属海洋性气候，绝大部分地区的年平均气温在25.8℃左右。除了优越的先天自然条件外，澳洲城市在发展中对生态的重视，也是其保有良好环境质量的重要原因。在航线数量方面，位居前10的城市依次是：法兰克福、慕尼黑、阿姆斯特丹、巴黎、巴塞罗那、罗马、维也纳、迪拜、都柏林和洛杉矶，其中多数城市是一国或世界级的交通枢纽城市。

G.6
旅游行业支持力指数报告

一 总体排名与解读

旅游行业支持力指数反映城市政府对旅游业的支持与开放程度,主要说明旅游者在该城市所能享受到的便利和友好的程度。本指数通过旅游公共信息服务、城市发展战略中对旅游业的定位、管理机构与行业组织、旅游签证便利度等指标进行衡量。

98 座世界旅游城市的行业支持力指数排名结果如表 1 所示。

表1 世界旅游城市行业支持力指数排行榜

城 市	总排名	标准分	各指标排名							
			D1 城市定位		D2 管理机构与行业组织		D3 语言多国性		D4 签证便利度	
			排名	得分	排名	得分	排名	得分	排名	得分
多伦多	1	100.000	15	0.7	4	0.8	3	0.8	22	0.6
新加坡	2	98.611	1	1	45	0.6	12	0.3	1	1
巴黎	2	98.611	1	1	45	0.6	6	0.4	3	0.9
旧金山	4	97.222	1	1	76	0.4	1	1	39	0.4
渥太华	5	88.889	24	0.4	76	0.4	1	1	22	0.6
澳门	6	83.333	1	1	4	0.8	12	0.3	30	0.5
特拉维夫	7	81.944	24	0.4	45	0.6	12	0.3	1	1
香港	7	81.944	1	1	45	0.6	6	0.4	30	0.5
斯德哥尔摩	9	79.167	24	0.4	4	0.8	3	0.8	61	0.3
雅典	10	77.778	15	0.7	45	0.6	47	0.2	8	0.8
里斯本	10	77.778	15	0.7	45	0.6	47	0.2	8	0.8
奥斯陆	10	77.778	15	0.7	45	0.6	47	0.2	8	0.8
檀香山	13	76.389	1	1	1	1	74	0.1	39	0.4
开普敦	14	75.000	24	0.4	4	0.8	74	0.1	3	0.9

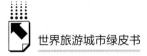
续表

城　　市	总排名	标准分	各指标排名							
			D1 城市定位		D2 管理机构 与行业组织		D3 语言多国性		D4 签证便利度	
			排名	得分	排名	得分	排名	得分	排名	得分
阿姆斯特丹	14	75.000	24	0.4	4	0.8	12	0.3	17	0.7
墨西哥城	14	75.000	24	0.4	4	0.8	74	0.1	3	0.9
华盛顿	17	73.611	1	1	45	0.6	12	0.3	39	0.4
爱丁堡	18	72.222	24	0.4	76	0.4	3	0.8	39	0.4
北京	18	72.222	24	0.4	1	1	12	0.3	30	0.5
里约热内卢	20	70.833	24	0.4	4	0.8	74	0.1	8	0.8
东京	21	69.444	24	0.4	45	0.6	12	0.3	17	0.7
法兰克福	21	69.444	24	0.4	45	0.6	47	0.2	8	0.8
纽约	23	68.056	1	1	76	0.4	12	0.3	39	0.4
维也纳	24	66.667	24	0.4	4	0.8	12	0.3	30	0.5
上海	24	66.667	24	0.4	4	0.8	12	0.3	30	0.5
成都	24	66.667	24	0.4	4	0.8	12	0.3	30	0.5
开罗	24	66.667	1	1	4	0.8	47	0.2	70	0.2
厦门	24	66.667	1	1	4	0.8	12	0.3	78	0.1
伊斯坦布尔	29	65.278	24	0.4	45	0.6	47	0.2	17	0.7
鹿特丹	29	65.278	24	0.4	45	0.6	47	0.2	17	0.7
洛杉矶	29	65.278	1	1	45	0.6	74	0.1	39	0.4
札幌	29	65.278	24	0.4	45	0.6	12	0.3	22	0.6
布宜诺斯艾利斯	29	65.278	24	0.4	45	0.6	74	0.1	8	0.8
吉隆坡	34	63.889	1	1	76	0.4	47	0.2	39	0.4
奥克兰	35	62.500	24	0.4	4	0.8	74	0.1	22	0.6
墨尔本	35	62.500	24	0.4	4	0.8	6	0.4	61	0.3
巴塞罗那	35	62.500	24	0.4	4	0.8	12	0.3	39	0.4
柏林	35	62.500	24	0.4	87	0.2	12	0.3	8	0.8
莫斯科	35	62.500	24	0.4	4	0.8	12	0.3	39	0.4
慕尼黑	35	62.500	24	0.4	87	0.2	12	0.3	8	0.8
里加	35	62.500	24	0.4	87	0.2	12	0.3	8	0.8
威尼斯	35	62.500	15	0.7	4	0.8	47	0.2	61	0.3
芝加哥	35	62.500	24	0.4	4	0.8	12	0.3	39	0.4
曼谷	44	61.111	24	0.4	45	0.6	47	0.2	22	0.6
布里斯班	44	61.111	24	0.4	45	0.6	6	0.4	39	0.4

续表

城　市	总排名	标准分	各指标排名							
			D1 城市定位		D2 管理机构 与行业组织		D3 语言多国性		D4 签证便利度	
			排名	得分	排名	得分	排名	得分	排名	得分
堪培拉	44	61.111	1	1	45	0.6	74	0.1	61	0.3
台北	44	61.111	24	0.4	45	0.6	12	0.3	30	0.5
米兰	44	61.111	15	0.7	45	0.6	12	0.3	61	0.3
明斯克	44	61.111	15	0.7	45	0.6	47	0.2	39	0.4
拉斯维加斯	44	61.111	24	0.4	45	0.6	6	0.4	39	0.4
奥兰多	44	61.111	15	0.7	45	0.6	47	0.2	39	0.4
悉尼	52	59.722	15	0.7	76	0.4	6	0.4	61	0.3
约翰内斯堡	53	58.333	24	0.4	87	0.2	74	0.1	3	0.9
坎昆	53	58.333	24	0.4	87	0.2	74	0.1	3	0.9
西雅图	55	56.944	15	0.7	45	0.6	74	0.1	39	0.4
釜山	56	55.556	24	0.4	76	0.4	12	0.3	30	0.5
首尔	56	55.556	24	0.4	76	0.4	12	0.3	30	0.5
布鲁塞尔	58	54.167	24	0.4	4	0.8	12	0.3	70	0.2
马德里	58	54.167	24	0.4	4	0.8	74	0.1	39	0.4
布拉格	58	54.167	24	0.4	87	0.2	47	0.2	17	0.7
圣保罗	58	54.167	24	0.4	4	0.8	74	0.1	39	0.4
日内瓦	58	54.167	1	1	87	0.2	74	0.1	39	0.4
耶路撒冷	63	51.389	24	0.4	76	0.4	12	0.3	39	0.4
温哥华	63	51.389	24	0.4	76	0.4	74	0.1	22	0.6
杭州	63	51.389	24	0.4	1	1	47	0.2	78	0.1
雅加达	66	50.000	24	0.4	4	0.8	47	0.2	70	0.2
罗马	66	50.000	24	0.4	4	0.8	74	0.1	61	0.3
索菲亚	66	50.000	24	0.4	87	0.2	47	0.2	22	0.6
华沙	66	50.000	24	0.4	87	0.2	47	0.2	22	0.6
广州	66	50.000	24	0.4	4	0.8	12	0.3	78	0.1
大连	66	50.000	24	0.4	4	0.8	12	0.3	78	0.1
天津	66	50.000	24	0.4	4	0.8	12	0.3	78	0.1
青岛	66	50.000	24	0.4	4	0.8	12	0.3	78	0.1
迪拜	74	48.611	24	0.4	45	0.6	12	0.3	70	0.2
布达佩斯	74	48.611	24	0.4	45	0.6	47	0.2	61	0.3
佛罗伦萨	74	48.611	24	0.4	45	0.6	47	0.2	61	0.3

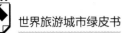
续表

城　　市	总排名	标准分	各指标排名							
			D1 城市定位		D2 管理机构 与行业组织		D3 语言多国性		D4 签证便利度	
			排名	得分	排名	得分	排名	得分	排名	得分
伦敦	74	48.611	24	0.4	45	0.6	74	0.1	39	0.4
迈阿密	74	48.611	24	0.4	45	0.6	74	0.1	39	0.4
巴厘岛	79	45.833	24	0.4	4	0.8	74	0.1	70	0.2
西安	79	45.833	24	0.4	4	0.8	47	0.2	78	0.1
重庆	79	45.833	24	0.4	4	0.8	12	0.3	88	0
哈尔滨	79	45.833	24	0.4	4	0.8	12	0.3	88	0
南京	79	45.833	24	0.4	4	0.8	12	0.3	88	0
武汉	79	45.833	24	0.4	4	0.8	12	0.3	88	0
张家界	79	45.833	24	0.4	4	0.8	12	0.3	88	0
阿布扎比	86	44.444	24	0.4	45	0.6	47	0.2	70	0.2
胡志明市	86	44.444	24	0.4	45	0.6	47	0.2	70	0.2
阿勒泰	88	41.667	24	0.4	4	0.8	47	0.2	88	0
洛阳	88	41.667	24	0.4	4	0.8	47	0.2	88	0
牡丹江	88	41.667	24	0.4	4	0.8	47	0.2	88	0
新德里	88	41.667	24	0.4	4	0.8	74	0.1	78	0.1
昆明	88	41.667	24	0.4	4	0.8	74	0.1	78	0.1
圣彼得堡	93	37.500	24	0.4	87	0.2	74	0.1	39	0.4
焦作	93	37.500	24	0.4	4	0.8	74	0.1	88	0
太原	93	37.500	24	0.4	4	0.8	74	0.1	88	0
孟买	96	34.722	24	0.4	76	0.4	47	0.2	78	0.1
都柏林	97	33.333	24	0.4	87	0.2	47	0.2	70	0.2
麦加	98	25.000	24	0.4	87	0.2	74	0.1	78	0.1

　　在世界旅游城市旅游行业支持力排行榜上，从区域角度看，排行榜前20名当中，欧洲地区有7座城市，美洲地区有7座城市，亚太地区有4座城市，中东及非洲地区有2座城市，显示出欧洲与美洲地区城市的旅游行业支持环境较为完善，在旅游行业规制、旅游安全开放、旅游规划战略与旅游发展模式等方面呈现系统优化的特点。新加坡、中国澳门、中国香港和北京，居旅游行业支持力排行榜亚太地区的前列，发展环境也相对优越。

二 城市定位：城市内在的、相对
稳定的旅游行业支持

　　城市定位是城市根据自身资源条件、竞争环境、需求趋势等及其动态变化，在全面深刻分析有关城市发展的重大影响因素及其作用机理、复合效应的基础上，科学地筛选城市地位的基本组成要素，合理地确定城市发展的基调、特色和策略的过程。作为著名的世界旅游城市，应将旅游定位为城市的主要职能，在发展规划的报告中明确揭示旅游是该城市区别于其他城市的本质差别，创新个性化的旅游城市形象，以旅游产业发展引领城市自身发展以及竞争优势。因此，城市定位是旅游城市旅游行业支持力的重要评价指标，与城市历史文脉的继承和发展创新密切相关。

　　在城市竞争日益激烈的今天，城市定位前10名的城市中美国城市成为最大的赢家，纽约、旧金山、檀香山等传统旅游目的地城市在其城市规划与发展战略中都突出了旅游在国民经济发展中的重要地位，亚洲的新加坡、香港、澳门等城市也在这项指标中占优势。明确旅游业在城市发展中的定位，有利于城市管理者通过最优地配置旅游核心资源和城市资源，有效改善旅游环境，提高城市的服务水平，协调旅游者和居民活动等措施，让旅游者真实感受城市的魅力，并且使其感受超过对城市的期望值，从而实现城市的形象效应和辐射能力。

三 政策环境：城市开放的、国际化的
旅游行业支持

　　签证便利度是根据世界旅游城市国家、地区和城市的签证规定，按照不同城市的公民前往海外所享有的免签证或落地签证的便利性，向各个国家公民开放的旅行自由便利的程度。该指标与城市的国家安全政策、经济发展和国际政治关系相关，是衡量城市旅游通达性的重要测量指标。在所有参评城市的前10名中，欧美国家城市居民所享有的签证便利度位居前列，亚太地区除墨尔本、布里斯班和悉尼外，其他国家的护照效力较为有限，极大地束

缚了城市国际旅游市场的发展和跨国市场主体的培育。因此，应从国家战略出发，通过制定《国际旅游市场区域合作开拓法》，签订《旅游业区域合作投资保护协定》，建立国家国际旅游业区域合作专项基金，建立多层次合作对话机制，简化境外投资手续，放宽外汇管制，简化双方游客办理出入境证件、旅游签证、落地签证和个人购买随身物品验关等手续，从而有力地提升城市国际旅游竞争力。

语言多国性是从国际化语言环境建设方面衡量世界旅游城市软实力和旅游行业支持力的重要指标。城市政府官网借用专业语言服务平台，提供多种国家语言文字可供选择的网页同步发布信息，实现多语种的实时、准确、快速和全面的站内搜索功能，有助于国际旅游者的信息搜集和政府目的地营销效果的实现。斯德哥尔摩、多伦多、爱丁堡、渥太华、旧金山居前5名，墨尔本、布里斯班、巴黎、拉斯维加斯和悉尼以十几种国家语言服务的信息环境相继进入前10榜单。一般而言，政府的公共服务可以体现在城市基础设施、文化与服务设施等方面，多语言作为政府服务能力的有效测度，可以明确提高城市旅游行业支持力的方向与重点，有助于政府和行业机构的服务型职能建设。

四 管理机构与行业组织：城市服务型、市场化的旅游行业支持

在世界旅游城市的旅游管理体制中，政府、行业协会和民间团体是旅游市场经济运行的管理主体，承担旅游经济体运行中的市场监督、法律调控、信息咨询、关系协调、提供服务和补充市场失灵等的职能。由于城市旅游产业演进阶段、国际环境和基础条件的不同，旅游产业发展模式由三大管理主体治理关系结构的变化而衍生出政府主导、市场主导与政府干预三种行业管理模式。

政府主导型行业管理模式通过设立强有力的政府主管部门，如旅游局或者旅游委员会，承担包括旅游规划、竞争规制、市场促销、人才培养等行业管理基本职能，行业协会的作用被限制在最小的范围内，其代表性的城市包

括北京、杭州等。市场主导型的管理模式一般不设专门的政府主管部门，如旅游局。市场促销、行业利益、协调、国际信息交流、旅游市场管理等由旅游协会这类半官方的组织机构来承担。代表性城市包括耶路撒冷、吉隆坡、悉尼、爱丁堡、纽约、渥太华、旧金山等20多个。政府干预型管理模式通过在政府有关部门设立主管旅游行业的机构，如在贸易局下设旅游行业管理处，同时注意发挥旅游行业协会等民间组织的积极作用。政府管理的主要职能是旅游行业管理，市场促销、人才培训等均交给行业协会完成。采取这种管理模式的城市包括斯德哥尔摩、墨尔本、阿姆斯特丹、莫斯科、巴塞罗那、维也纳、芝加哥、中国香港等70多个城市。从入选的98个世界旅游城市的旅游行业支持力分析来看，近70%的城市以政府干预型管理模式为主。

通过对以上四个单项指标的分析，可以清晰地看出，城市旅游行业管理体制是权力划分、职能配置、运行机制与组织结构等诸因素的有机组合。由于各城市的政治制度、文化背景、历史传统与经济发展水平各不相同，政府对旅游业没有一个统一的管理模式，但因循其管理规律，可得出这样的结论：当城市的市场经济尚不成熟，旅游业对城市产业经济的发展又处于重要地位时，该城市的旅游业管理通常采用政府主导型模式；当城市的市场经济较发达，并且旅游业的发展水平也较高时，该城市旅游业的管理模式更倾向于选择市场主导型；介于以上两者之间的城市则以政府干预型管理模式为主。

Gr.7
网络人气指数报告

一 总体排名与解读

世界旅游城市网络人气指数主要反映城市旅游目的地的知名度，用来衡量旅游者与潜在旅游者通过网络手段关注城市相关旅游信息的频繁程度，主要体现为对某些旅游类关键词网络搜索量的大小。关于某城市旅游信息的网络搜索量大，说明期待、即将或已经到该城市旅游的人多，该城市的网络人气旺盛；反之，说明城市的网络人气不高，关注的人少。

1. 评分方法

考虑到 Google 作为全球化搜索引擎的特性，利用 Google 工具对世界旅游城市的网络关注度进行分析能够保证信息的可信度与结果的有效性。具体计算方法是利用 Google Trends 工具，以城市的英文名称为关键词，[①] 设定旅游类别，在相对集中的时间内搜索全球各大旅游城市被搜索查询旅游信息的次数，取周平均值进行排名。一般来说，分值越高，城市的网络关注度就越高，人气越旺盛。

2. 关键词的选择

关键词应是与旅游、旅行相关的词语，英文中表示旅行的单词有以下几个：Journey 指经常走过的或长或短的距离；Voyage 是经海路或空间的长途行程；Travel 指时间稍长的各种旅行或出国旅游；Tour 是为游玩而到几个地方观

---

① 世界旅游城市的网络关注度指数或许忽略了一些传统的、不使用互联网的旅游者以及使用英语之外的语言对其所热爱的旅游城市进行关注的情况，也可能由于此种人为的忽略使世界旅游城市人气排行榜的成绩与现实呈现出一些误差，但在互联网时代，随着使用网络的旅游者、潜在旅游者越来越多，这在一定程度上确实能够反映旅游者及潜在旅游者对世界旅游城市网络关注度的高低。今后的工作中，可以尝试考虑人口过亿、经济较发达的国家所使用的语言（如俄语、日语等），进行多语种的综合性评价，来弥补目前研究存在的不足。

光的（长途或短途）旅行；Trip 和 Excursion 是指短期的旅程和观光，从某地出发再回到该地；Excursion 指一起出行的一群人。但无论是哪个英文单词都不能较为全面地概括人们对旅游信息的需求。因此关键词采用城市名，而通过设定合适的信息类别来反映旅游者与潜在旅游者对城市相关旅游信息的关注情况。关于关键词的语言选择，课题组采用英语，虽然在目前有一定的局限性，但仍能较为合理地反映旅游城市的全球关注度。

3. 过滤条件的选择

在全球范围内，选择年份"2010"，信息源范围选择 Google 网页搜索到的范围。信息类别选择"旅游"（包括度假目的地、饭店与住宿、公交与铁路、航空旅行、汽车租赁与出租车服务、探险旅行、游船旅行与包船、娱乐等活动），这样能更加全面地反映旅游城市的被关注次数与程度。

根据上述的限定条件，世界旅游城市网络人气指数排名如表1所示。

表1　世界旅游城市网络人气指数排行榜

排名	城　市	得分	标准分	排名	城　市	得分	标准分
1	巴　黎	88.615	100.00	17	旧金山	79.846	89.94
2	悉　尼	88.154	99.47	18	巴厘岛	79.827	89.92
3	上　海	87.231	98.41	19	西　安	79.654	89.72
4	墨尔本	84.442	95.21	20	多伦多	79.077	89.06
5	新加坡	84.327	95.08	21	台　北	78.327	88.20
6	东　京	83.712	94.38	22	奥克兰	77.500	87.25
7	洛杉矶	82.385	92.85	23	伦　敦	77.423	87.16
8	拉斯维加斯	81.750	92.13	24	渥太华	77.308	87.03
9	威尼斯	81.692	92.06	25	华盛顿	77.135	86.83
10	佛罗伦萨	81.365	91.69	26	柏　林	76.750	86.39
11	开　罗	80.904	91.16	27	开普敦	76.558	86.17
12	纽　约	80.385	90.56	28	布拉格	75.846	85.35
13	罗　马	80.365	90.54	29	墨西哥城	75.500	84.96
14	檀香山	80.346	90.52	30	斯德哥尔摩	75.481	84.94
15	北　京	80.288	90.45	31	阿姆斯特丹	75.288	84.72
16	鹿特丹	80.058	90.19	32	新德里	75.269	84.69

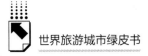

续表

排名	城　市	得分	标准分	排名	城　市	得分	标准分
33	西雅图	74.404	83.70	66	青　岛	64.096	71.88
34	芝加哥	74.308	83.59	67	武　汉	63.577	71.28
35	耶路撒冷	74.077	83.33	68	麦　加	63.462	71.15
36	马德里	73.827	83.04	69	维也纳	61.942	69.41
37	吉隆坡	73.442	82.60	70	南　京	60.692	67.97
38	孟买	73.019	82.11	71	温哥华	58.692	65.68
39	布达佩斯	72.962	82.05	72	里斯本	58.538	65.50
40	雅典	72.481	81.49	73	天　津	58.538	65.50
41	明斯克	71.538	80.41	74	都柏林	57.788	64.64
42	成都	71.288	80.13	75	阿布扎比	57.481	64.29
43	曼谷	71.250	80.08	76	莫斯科	57.192	63.96
44	里约热内卢	70.981	79.77	77	圣保罗	56.346	62.99
45	釜　山	70.788	79.55	78	米　兰	56.212	62.83
46	布宜诺斯艾利斯	70.769	79.53	79	昆　明	56.115	62.72
47	巴塞罗那	70.058	78.72	80	约翰内斯堡	55.538	62.06
48	迪　拜	69.827	78.45	81	重　庆	55.308	61.80
49	堪培拉	69.731	78.34	82	华　沙	54.788	61.20
50	日内瓦	69.635	78.23	83	首　尔	53.923	60.21
51	迈阿密	69.385	77.94	84	胡志明市	49.000	54.56
52	杭　州	69.058	77.57	85	布鲁塞尔	47.558	52.91
53	伊斯坦布尔	68.288	76.69	86	里　加	46.692	51.92
54	雅加达	68.269	76.66	87	慕尼黑	45.019	50.00
55	特拉维夫	68.154	76.53	88	法兰克福	35.788	39.41
56	香　港	67.846	76.18	89	奥斯陆	33.538	36.83
57	布里斯班	67.231	75.47	90	哈尔滨	27.769	30.21
58	广　州	67.192	75.43	91	札　幌	17.962	18.96
59	澳　门	67.038	75.25	92	阿勒泰	17.462	18.39
60	奥兰多	66.558	74.70	93	太　原	16.885	17.73
61	坎　昆	66.442	74.57	94	索菲亚	16.519	17.31
62	厦　门	66.288	74.39	95	洛　阳	14.327	14.80
63	圣彼得堡	65.923	73.97	96	张家界	14.115	14.55
64	大　连	65.385	73.36	97	牡丹江	1.737	0.36
65	爱丁堡	64.385	72.21	98	焦　作	1.427	0.00

注：牡丹江与焦作在旅游类别中搜索 2010 年网络关注度，得到结果为搜索量不足。课题组对这两个城市的数据进行了调整，一般而言，旅游类别的搜索量约占该城市搜索量的 15%，旅游较发达的国内城市（如北京）该比例能占到 25%，对于没有国际影响力的小旅游城市（如牡丹江、焦作），课题组取总搜索量的 10% 作为旅游类别的搜索量，得到 1.737 及 1.427 的原始分值。

资料来源：http：//www.google.cn/trends/explore。

　　在世界旅游城市网络人气排行榜上，上榜的前 10 名分别为巴黎、悉尼、上海、墨尔本、新加坡、东京、洛杉矶、拉斯维加斯、威尼斯和佛罗伦萨。从前 10 名的城市得分来看，差距不大，第 7 名至第 10 名差距更小，标准分相差 1 分左右。从区域来看，前 10 名中有 3 座位于欧洲地区、5 座位于亚太地区、2 座位于美洲地区，在一定程度上反映了亚太地区旅游城市正在迅速崛起、备受世界关注的旅游发展新格局。当然，也有非常多的亚太城市排名靠后。在后 50 名中，亚太地区城市占 50% 以上，说明该地区未来发展提升的空间仍较大。

　　第 11 名至第 20 名有 2 座欧洲城市、3 座亚洲城市、4 座美洲城市、1 座非洲城市，各城市间的差距并不大，第 11 名开罗的网络人气标准分与第 20 名多伦多仅差 2。排在第 11 名至第 20 名的城市，在欧洲有著名历史文化名城罗马、鹿特丹，亚太地区城市有北京、巴厘岛、西安，美洲有 4 座城市，包括纽约、檀香山、旧金山，以及加拿大的多伦多。非洲城市开罗是网络人气指数唯一进入前 20 位的中东及非洲地区城市。

　　由于参评城市旅游发展水平参差不齐，排在第 86 名之后的城市得分很低。中国城市（包含港澳台）参与排名的共 24 座，仅上海、北京、西安、台北、成都、杭州、香港、广州和澳门排在前 60 名，其他均排名靠后。中国城市成绩最好的是上海，由于当年举办世博会而备受关注，在总排名中位列第三。

二　重点城市排名解读

1. 排行榜前 10 名解读

　　前 10 名的城市除了旅游资源丰富的世界级传统旅游目的地（如巴黎、悉尼、墨尔本、拉斯维加斯等），还有区域性经济、金融中心（如新加坡）和新兴发展中国家的经济中心（如上海）（见表 2）。总的来说，这些城市旅游硬件设施比较完备，旅游交通发达，旅游市场秩序良好，因此人气较旺。

表 2　网络关注度指数前 10 名

国　家	城　市	排行	标准分	原始分
法　国	巴　黎	1	100.00	88.615
澳大利亚	悉　尼	2	99.47	88.154
中　国	上　海	3	98.41	87.231
澳大利亚	墨尔本	4	95.21	84.442
新加坡	新加坡市	5	95.08	84.327
日　本	东　京	6	94.38	83.712
美　国	洛杉矶	7	92.85	82.385
美　国	拉斯维加斯	8	92.13	81.750
意大利	威尼斯	9	92.06	81.692
意大利	佛罗伦萨	10	91.69	81.365

巴黎是欧洲最受欢迎的旅游城市，在 2010 年网络人气排行榜中居榜首。2009 年欧债危机爆发，2010 年上半年，欧元兑美元汇率持续下降，2010 年下半年虽有回升，但也未达到欧债危机之前的水平。汇率的下降在一定程度上刺激了美国及亚太地区新兴国家赴欧旅行的愿望。2010 年，大批世界级的展会、赛事在巴黎举办，其中不仅有常规性的巴黎时装周、国际车展（2010 年观众人数高达 120 万）、SIAL 食品及饮料博览会（2010 年参观人数为 14 万）、世界旅游博览会（2010 年参观人数为 10 万）等活动，还有 2010 年巴黎世界羽毛球锦标赛等，都使"梦幻"巴黎吸引了更多游客的眼球。

澳大利亚悉尼和中国上海紧随巴黎之后，分列世界旅游城市网络人气指数排行榜的第二名和第三名。多年来，在美国著名旅游杂志《旅游与休闲》评选的全球最佳旅游城市排名中，悉尼一直位列前 10，并多次荣登榜首，是亚太地区（包括澳洲）的最佳旅游城市。排名也再次验证了其对全球旅游市场的较高影响力，大歌剧院、海港大桥等标志性的景点，别具一格的自然风景及友好开放的人文环境，向全球旅行者展示了一个别样的城市。2010 年 7 月，该市推出全新的旅游品牌"悉尼：包罗万象之都"，新南威尔士州旅游局就此围绕中国（新州的第二大客源国）内地与香港开展了一系列有力的推广活动，从旅游网络人气指数的排名结果来看，悉尼的旅游营销活动效果较为显著，网民对该市的关注度非常高。悉尼受全球关注的另一原因是作为澳大利亚首要的国家门户机场，根据悉尼机场提供的数字，该机场每年会吸引大约49%的出入澳大利亚的国际旅客以及30%的澳大利亚国内客流。2010年，悉尼机场以3599万人次的旅客吞吐量居全球机场第27位，同年悉尼人口数量为450万，旅客吞吐量约是该市人口的8倍，受关注的程度可见一斑。

2010年，上海大受全球关注，因为世博会于2010年5月1日至10月1日在上海举办。以"城市，让生活更美好"的上海世博会，创下了7308万参观人数的纪录，为历届世博会之最，并以此将上海推进了2010年世界旅游城市网络人气指数排行榜的前三。世博会的举办大大提升了上海在全球范围内的知名度，从而证明了大型活动对旅游城市发展的重要作用。围绕举办一届"成功、精彩、难忘"的世博会这一目标，上海旅游业在传承"上海都市游，精彩每一天"目的地形象核心理念的基础上，提出了"中国·上海，发现更多·体验更多"的形象口号，不仅让更多的国外旅游者知道、了解了上海，同时也为各国旅游者提供了一次了解中国其他地区和城市的机会。

排在第四位至第六位的城市墨尔本、新加坡、东京，都是亚太地区的著名旅游城市，它们各有特色，从而具有非常旺盛的网络人气。墨尔本是澳大利亚仅次于悉尼的第二大城市，被称为文化之都和体育盛世之都，多年被联合国人居署评为最适合人类居住的城市。高频率、高水平的国际体育赛事的举办，是墨尔本网络人气旺盛的主要原因，一年一度的澳大利亚网球公开赛、F1赛车澳大利亚分站的比赛、举世闻名的国际一级赛事墨尔本杯赛马都在墨尔本举办，再次证明了国际性的大型活动对旅游城市发展的重要作用。

新加坡虽然旅游资源贫乏，但这座"田园城市"经多年的发展形成了独特的岛国发展模式，以主题旅游、时尚旅游等形式发展深度旅游。根据环球网旅游频道"联合环球时报舆情中心"策划进行的"海外旅行指标调查"数据显示，新加坡是最受欢迎的海外亲子游目的地之一。新加坡的地理位置良好、交通便利，家庭游、亲子游线路推广较早，相应设施、服务较为完善。另外，新加坡是世界第五大国际会议及大型活动中心、亚太地区与全球的航空中转中心之一，具有良好的购物与城市环境、旅游宣传促销力度强也是该地网络人气旺盛的重要原因。

东京曾是一座世界城市，它在世界范围内的知名度不言而喻，但在本年度世界旅游城市排行榜中屈居第六。由于日本旅游业对国民经济的贡献度较高，因此当地政府对旅游业的发展格外重视，2002 年，东京在日本国内率先制定颁布了《旅游产业振兴规划》，提出建设世界各国人民向往的魅力都市的口号；2007 年 3 月颁布新的《旅游产业振兴规划》，总体目标定位是建成具有活力与风格的世界都市，并通过开展城市整体营销、招揽国际会议与举办大型节事活动宣传东京的都市魅力。

排在前 10 名的城市还有洛杉矶、拉斯维加斯、威尼斯和佛罗伦萨。洛杉矶网络人气指数排名第七，"天使之城"洛杉矶是美国仅次于纽约的第二大城市。提到洛杉矶，人们往往会想到 NBA 湖人队和电影之都好莱坞、引人入胜的迪士尼乐园、城中之城的富人区比弗利山庄，以及一望无际的沙滩，这些都使洛杉矶成为一座名副其实的旅游城；一年一度的奥斯卡颁奖礼吸引着全球电影爱好者的目光，友好的城市人文环境，有机会邂逅国际一线明星并与他们一起购物，这些都是洛杉矶备受世人关注的原因。数据显示，旅游业对洛杉矶经济发展与就业的拉动作用非常大，洛杉矶就业人口中，每十人就有一人在旅游业工作。世界著名的赌城与娱乐业之都拉斯维加斯排名第八，城市经济主要依赖旅游业，人们对拉斯维加斯的关注主要集中在以博彩业为中心的旅游、购物、娱乐、度假等信息方面。此外，拉斯维加斯市会展业获得了很大的发展。根据 2009 年的数据，2 万多个协会组织在此举办了会议，吸引了高达 450 万名代表参与。总的来说，拉斯维加斯网络人气旺盛的表现，并非偶然现象。排在第九、第十名的城市是意大利的威尼斯和佛罗伦萨。两城市的网络人气高，皆非意外。举世闻名的水城威尼斯，每年都举办大量的节事活动（如威尼斯电影节、狂欢节、面具节等）；佛罗伦萨是意大利的文化之都，并且多次出现在美国著名旅游杂志《旅游与休闲》推出的全球最佳旅游城市排行榜的前 10 名中。

2. 中国城市排名与分析

中国城市的旅游网络关注度在总排名中表现欠佳，上海、北京、西安挤进前 20 名，而后 30 名的城市中，中国城市占了 1/3 强。从国际知名度情况来看，中国旅游城市总体上与亚太地区其他国际旅游城市还有相当大的差距，反映出中国许多城市在世界范围内知名度较低的严峻现实。同时说明中国城市在目的地整体形象打造、城市形象构建与宣传方面存在较多的问题，仍需在目的地宣传、城市旅游推广方面加大工作力度，提高营销活动的绩效。

关于对中国部分城市的分析，我们主要关注既能够体现中国特色，又具备一定发展水平的旅游城市，因此选择了北京与上海进行对比分析。世界旅游城市发展指数是综合指数，网络人气指数是其中的一个子指数，为了进行综合指数的排名，项目组选择了与其他子指数一致的年份处理数据。为了在此部分进行更好的比较研究，项目组对研究的时间段进行了拓展，选择2004～2012年作为研究的时间范围。

（1）北京与上海旅游网络关注度比较分析——国际情况。

关于北京、上海入境旅游网络关注度情况的比较。利用Google Trends搜索对比北京、上海在2004～2013年与旅游相关主题被关注的情况（见图1）。在2007年之前，北京与上海在国际上的知名度水平不分上下，呈胶着状态。2007年之后，伴随着北京奥运会的一天天临近，北京的全球旅游网络关注度在2007年超过了上海并在2008年达到峰值，这一峰值直至上海世博会也未被超越。而2011年至今，北京、上海的旅游网络关注度重回胶着状态。

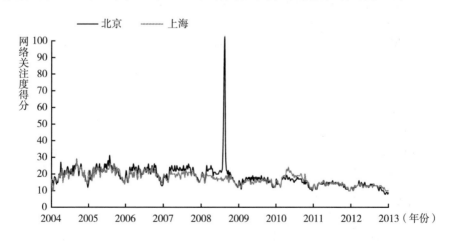

图1　2004～2013年上海与北京入境旅游网络关注度的总体趋势

关于北京市入境旅游市场的网络关注度情况。由Google Trends搜索到的数据发现，从2004年至2013年，北京旅游网络关注度总体上呈较为稳定的态势。2008年，网络关注度激增，充分体现出奥运会等大型节事活动对城市旅游发展乃至其在世界范围内知名度提升的巨大作用（见图2）。2009年全球金融危机对北京入境旅游发展带来破坏性影响之际，北京市确定了"入境不足国内补"的方针，主动开发国内及本地市场，来提升旅游业景气程度。通过分析2012年全年数据，项目组发现，对北京入境市场网络关注度最高的国家与地区分别是中国香港、新加坡、中国内地、马来西亚、澳大利亚、菲律宾、新西兰、阿联酋、丹麦和加拿大（见图3），对北京旅游网络关注度最高的城市分别是北京、上海、新加坡、吉隆坡、悉尼、墨尔本、布里斯班、雅加达、伦敦和纽约（见图4）。

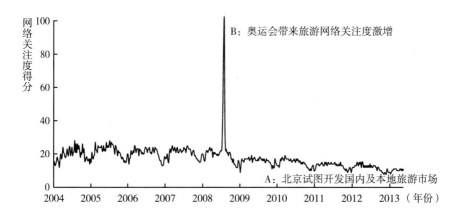

图2　2004～2013年北京旅游网络关注度趋势

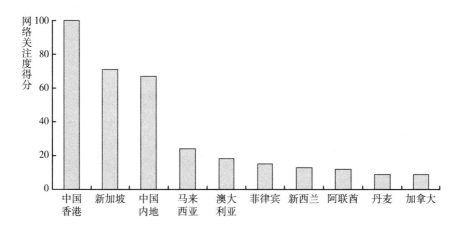

图3　北京入境旅游网络关注度的区域分布状况（国家与地区）

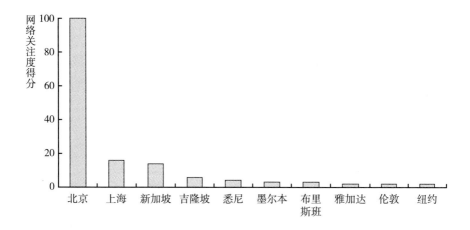

图4 北京入境旅游网络关注度的城市分布状况

上海入境旅游市场网络关注度。由 Google Trends 工具搜索到的数据发现，项目组分析了 2012 年的全年数据，发现上海入境旅游的网络关注度最高的国家与地区分别是中国香港、新加坡、中国内地、澳大利亚、马来西亚、阿联酋、新西兰、瑞士、德国和菲律宾（见图5），对上海旅游网络关注度最高的城市分别是上海、新加坡、北京、悉尼、墨尔本、米兰、伦敦、曼谷、纽约和雅加达（见图6）。

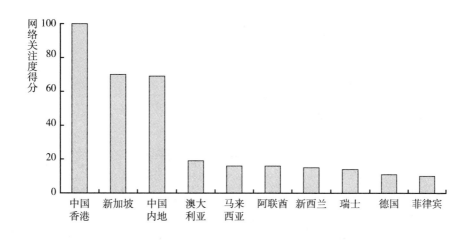

图5 上海入境旅游的网络关注度区域分布状况（国家与地区）

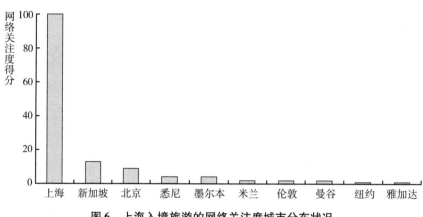

图6　上海入境旅游的网络关注度城市分布状况

通过上面的分析，可以看到北京与上海的入境旅游网络关注度无论在区域分布上还是城市分布上都具有极大的相似性，而且关注的人群主要来自亚太等近邻地区以及与中国贸易频繁的欧美地区。

（2）北京与上海旅游网络关注度比较分析——国内情况。

我们对北京、上海相关旅游信息的基本情况进行了比较（见图7）。2004～2011年，从北京与上海在国内旅游方面的关注度对比来看，上海略占优势，2011年之后，北京大有超过上海之势，二者之间在国内旅游方面的网络人气差距变小，走势基本一致。

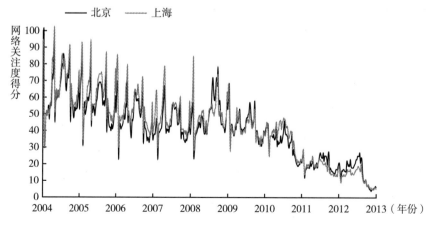

图7　2004～2013年上海与北京国内旅游网络关注度的总体趋势

参考文献

[1] 张凌云、庞世明、刘波：《旅游景气指数研究回顾与展望》，《旅游科学》2009 年
第 10 期。

[2] 雷平：《中国外国游客入境旅游市场景气指数的编制与应用》，《旅游学刊》2009
年第 11 期。

[3] 倪晓宁、戴斌：《中国旅游市场景气指数计算与分析》，《北京第二外国语学院学
报》2007 年第 11 期。

[4] 戴斌、阎霞、黄选：《中国旅行社产业景气周期的指数化研究》，《旅游学刊》
2007 年第 9 期。

[5] 戴斌等：《中国饭店产业景气指数研究》，《北京第二外国语学院学报》2008 年第
5 期。

[6] 游灏、伍进、张芳、黄艳玲：《星级酒店业景气波动的评价体系研究》，《旅游科
学》2008 年第 6 期。

[7] 阎霞：《中国饭店产业景气研究》，北京第二外国语学院硕士学位论文，2008。

[8] 倪鹏飞：《中国城市竞争力报告 NO.6》，社会科学文献出版社，2008。

[9] 苏伟忠、杨英宝、顾朝林：《城市旅游竞争力评价初探》，《旅游学刊》2003 年第
3 期。

[10] 王琪延、罗栋：《中国城市旅游竞争力评价体系构建及应用研究——基于我国
293 个地级以上城市的调查资料》，《统计研究》2009 年第 7 期。

[11] 武传表：《城市旅游发展潜力定量研究——以中国 14 个沿海开放城市为例》，
《旅游论坛》2009 第 10 期。

[12] 伍卓：《国际旅游城市建设研究——以张家界为例》，湖南大学硕士学位论文，
2007。

[13] 王晓娜：《城市旅游产业竞争力评价研究——以我国沿海旅游城市为例》，大连
理工大学硕士学位论文，2007。

[14] 叶新才、李洪波：《区域旅游发展潜力评价体系框架构建》，《乐山师范学院学
报》2011 年第 5 期。

[15] 张永庆、张冬冬：《上海都市旅游发展潜力的综合评价分析》，《工业技术经济》
2008 年第 5 期。

[16] 陈才、武传表：《中国城市会展旅游发展潜力研究》，《桂林旅游高等专科学校学
报》2003 年第 6 期。

[17] 郭英之：《10 年上海世博会旅游发展潜力的效应分析》，《旅游学刊》2003 年第
5 期。

［18］王琼英：《中国旅游产业潜力评估模型与实证分析》，华东师范大学硕士学位论文，2008。

［19］郭亚军、董会娟、王杨：《区域发展潜力的评价方法及其应用》，《东北大学学报》（社会科学版）2002年第3期。

［20］董学锋、王林：《我国产业发展潜力的模糊评价体系探讨》，《科学理性与科学方法论》2000年第3期。

［21］梁序美：《湖南森林旅游发展潜力分析与对策研究》，《中南林业调查规划》1998年第4期。

［22］谭振军：《试析辽宁省森林旅游发展潜力》，《辽宁林业科技》2001年第3期。

［23］贺建林：《湖南省森林生态旅游发展潜力及开发举措》，《吉首大学学报（社会科学版）》2001年第1期。

［24］朱红：《西部旅游产业发展潜力与对策》，《四川师范大学学报（自然科学版）》2002年第2期。

［25］易银飞：《区域旅游业发展潜力评价研究》，湖南大学硕士学位论文，2007。

［26］王兆峰：《区域旅游产业发展潜力评价指标体系构建研究》，《华东经济管理》2008年第10期。

［27］曹新向：《中国省域旅游业发展潜力的比较研究》，《人文地理》2007年第1期。

［28］莫帮洪、杨剑川：《城市旅游竞争力分析框架初探》，《社会科学家》2005年第S2期。

［29］魏震铭、李昕：《辽宁工业城市旅游发展潜力研究》，《辽宁师范大学学报（社会科学版）》2008年第4期。

［30］俞金国、王丽华、李悦铮：《我国国内客源市场发展潜力量化分析》，《地域研究与开发》2005年第1期。

［31］马勇、肖智磊：《区域旅游竞争力的形成机理研究》，《旅游科学》2008年第10期。

［32］马勇、董观志：《区域旅游持续发展潜力模型研究》，《旅游学刊》1997年第4期。

［33］王娟：《中国省域旅游业竞争力综合定量评价》，《人文地理》2006年第3期。

［34］王凯、韩贵锋：《中国省区旅游竞争力的测评与评价》，《湖南师范大学学报》2006年第2期。

［35］路紫、赵亚红、吴士锋等：《旅游网站访问者行为的时间分布及导引分析》，《地理学报》2007年第6期。

［36］李山、邱荣旭、陈玲：《基于百度指数的旅游景区网络空间关注度：时间分布及其前兆效应》，《地理与地理信息科学》2008年第6期。

［37］马丽君、孙根年、黄芸玛等：《城市国内客流量与游客网络关注度时空相关分析》，《经济地理》2011年第4期。

[38] 龙茂兴、孙根年、马丽君等:《区域旅游网络关注度与客流量时空动态比较分析——以四川为例》,《地域开发与研究》2011 年第 3 期。

[39] 梁志峰:《基于 Google 趋势分析的区域网络关注度研究——以湘潭为例》,《湖南科技大学学报(社会科学版)》2010 年第 9 期。

[40] 吕艳丹、苏健、张丽丽等:《企业社会责任"榜中榜"评估体系研究》,《营销传播论坛》2010 年第 2 期。

[41] 晏飞:《徐州网络人气指数排名第十》,《徐州日报》2006 年 6 月 20 日。

[42] 汪侠、顾朝林、梅虎:《旅游景区顾客的满意度指数模型》,《地理学报》2005 年第 5 期。

[43] 连漪、汪侠:《旅游地顾客满意测评指标体系的研究及应用》,《旅游学刊》2004 年第 5 期。

[44] 万绪才、丁敏、宋平:《南京市国内旅游满意度评估及其区域差异性研究》,《经济师》2004 年第 1 期。

[45] 陆琳:《基于支持向量机的旅游目的地旅游满意度评价模型》,《山东经济》2010 年第 1 期。

[46] 马秋芳、杨新军、康俊香:《传统旅游城市入境旅游满意度评价及其期望—感知特征差异分析——以西安欧美游客为例》,《旅游学刊》2006 年第 2 期。

[47] 孙玲、王丽君、冉启慧:《韩国旅游者对中国旅游目的地满意度调研与分析》,《旅游论坛》2010 年第 3 期。

[48] 保继刚:《城市旅游:原理、案例》,南开大学出版社,2005。

[49] 马耀峰、李天顺:《中国入境旅游研究》,科学出版社,1999。

[50] 聂献忠:《现代城市旅游业经营》,社会科学文献出版社,2003。

[51] 谌贻庆、毛小明、甘筱青:《旅游吸引力分析及模型》,《企业经济》2005 年第 6 期。

[52] 王海鸿:《旅游吸引力分析及理论模型》,《科学·经济·社会》2003 年第 4 期。

[53] 郭美斌:《城市感观形象与旅游吸引力研究》,《经济师》2006 年第 2 期。

[54] 章尚正、余佳:《旅游资源非优型省会城市的旅游吸引力提升——以合肥市为例》,《安徽大学学报(哲学社会科学版)》2008 年第 2 期。

[55] 罗光华:《大连旅游吸引力的影响因素及其创新研究》,《哈尔滨商业大学学报》(社会科学版)2006 年第 3 期。

[56] 保继刚:《引力模型在游客预测中的应用》,《中山大学学报》1992 年第 4 期。

[57] 马玥:《旅游吸引力系统评价与规划设计研究》,同济大学,2004。

[58] 宋婷:《风景旅游地吸引力组织研究》,同济大学,2005。

[59] 李云娣:《民族旅游地吸引力研究——以广西龙胜龙脊梯田景区为例》,桂林理工大学,2009。

[60] Alan A. Lew, Bob McKercher, "Trip Destinations, Gateways and Itineraries: The Example of Hong Kong", *Tourism Management*, 2002 (6).

[61] Alexander K. , Anton K. , "Tracking the Salzburg Tourist", *Annals of Tourism Research*, 1997 (24).

[62] Antonio P. , Priscilla B. , " Tourism Management in Heritage Cities", *Annals of Tourism Research*, 2001 (28).

[63] Antonio P. Russo, Jan van der Borg, "Planning Considerations for Cultural Tourism: A Case Study of Four European Cities", *Tourism Management*, 2002 (6).

[64] Barry P. , "Tourismand The Economic Development of CornWall", *Annals of Tourism Research*, 1997, 24 (3).

[65] Bertram M. , " Warf are and Tourism: Paris in World War II", *Annals of Tourism Research*, 1998, 25 (3).

[66] Bill B. , Shffield H. , "Tourism Marketing I Mages of Industrial Cities", *Annals of Tourism Research*, 1996, 25 (3).

[67] Bill B. , " Managing Urban Tourist Numbers", *Annals of Tourism Research*, 1997, 24 (1).

[68] Boris V. , Drangan T. , "Tourism and Urban Revitalization: A Case Study of Porec, Yugoslavia", *Annals of Tourism Research*, 1984, 11 (4).

[69] Dennis R. Judd, "Promoting Tourism in US Cities", *Tourism Management*, 1995, (3).

[70] Dimitrios Bubalisa, Maria Cristina Licata, " The Future Tourism Intermediaries", *Tourism Management*, 2002, 23 (3).

[71] Doglas G. , "An Integrative Framework for Urban Tourism Research", *Annals of Tourism Research*, 2001, 28 (4).

[72] Douglas G. Pearce, "Tourist Districts in Paris: Structure and Functions", *Tourism Management*, 1998, (1).

[73] Douglas G. , "Tourism Development in Paris: Public Intervention", *Annals of Tourism Research*, 1998, 25 (2).

[74] Douglas G. , "Tourism in Paris: Studies at the Microscale", *Annals of Tourism Research*, 1999, 26 (1).

[75] Dwyer L. , Forsyth T. H. P. , Rao P. , "The Price Competitiveness of Travel and Tourism: a Comparison of 19 Destinations", *Tourism Management*, 2000, 21 (1).

[76] Enright M. J. , Newton J. , "Tourism Destination Competitiveness: A Quantitative Approach", *Tourism Management*, 2004, 25 (6).

[77] Frank M. Go, Robert Govers, " Integrated Quality Management for Tourist Destinations: A European Perspective on Achieving Competitiveness ", *Tourism Management*, 2000, 21 (1).

[78] Geoffrey W. , "Atlantic City Tourism and Social Change", *Annals of Tourism Research*, 1983, 10 (4).

［79］Geoffrey W. ,"Quality Management in Urban Tourism", *Annals of Tourism Research*, 1995, 22 (4).

［80］Gooroochurn N. , Sugiyarto G. ,"Competitiveness Indicators in the Travel and Tourism Industry", *Tourism Economics*, 2005, 11 (1).

［81］Huybers T. , Bennett J. ,"Environmental Management and the Competitiveness of Nature-Based Tourism Destinations", *Environmental and Resource Economics*, 2003, 24 (3).

［82］Iain B. ,"Cities and Competitiveness", *Urban Studies*, 1999, 36 (5 – 6).

［83］J. Henderson. ,"Attracting Tourists to Singapore's Chinatown: a Case Study in Conservation and Promotion", *Tourism Management*, 2000, (2).

［84］Jan V. ,"Demand for City Tourism in Europe", *Annals of Tourism Research*, 1994, 21 (4).

［85］Karl W. ,"Standardizing City Tourism Statistics", *Annals of Tourism Research*, 2000, 27 (1).

GⅢ   区域报告

Regional Reports

　　本部分将此次排名涉及的城市分为四个区域，分别是亚太地区、欧洲地区、美洲地区、中东及非洲地区，对各区域旅游城市发展总体特点及各分指数的发展状况进行比较分析，对各区域旅游城市发展的优劣势进行评价，以期有助于区域间及城市间的沟通与合作。

G r . 8
亚太地区旅游城市发展报告

一 总体分析：处于全球中等水平，分项
指数之间存在一定的差异

亚太地区的旅游城市发展指数总体排名处于全球旅游城市的中游水平，平均排名为第 53 位，但不同的指数表现各不相同。旅游景气指数方面，亚太地区的旅游城市平均排名较高，排在第 45 位，说明旅游景气指数水平高于发展指数的平均水平；旅游发展潜力指数方面，亚太地区的旅游城市平均排名为第 36 名，远高于发展指数的平均水平；旅游吸引力指数方面，亚太地区的旅游城市平均排名较低，排在第 65 位，低于发展指数的平均水平；行业支持力指数方面，亚太地区旅游城市的平均排名略低于发展指数的平均水平，排在第 57 位；网络人气指数的平均排名为第 54 位与发展指数的平均排名差距不大。由此可见，虽然亚太地区的旅游城市发展指数总体处于全球的中等水平，但各分项指数之间存在一定的差异。

二 景气指数：整体相对较高，香港、
澳门、新加坡领先

亚太地区旅游城市的旅游景气指数排名结果如表 1 所示。从亚太地区参评的 41 座城市排名结果来看，整体表现相比其他地区较好。亚太地区有 10 座城市进入了前 20 名，约占亚太地区参评城市总数的 1/4，充分说明本年度亚太地区旅游业发展较繁荣。排名较靠前的亚太地区城市主要是来自比较发达的国家和地区，香港、澳门、新加坡市作为世界知名的旅游目的地排名前三，日本东京、韩国首尔、泰国曼谷以及中国的上海、北京、广州等也名

表1 亚太地区城市旅游景气指数排行榜

国　　家	城　　市	区域排名	总排名	标准分
中　　国	香　　港	1	1	100.00
中　　国	澳　　门	2	2	83.92
新 加 坡	新 加 坡 市	3	3	72.18
中　　国	上　　海	4	4	72.04
韩　　国	首　　尔	5	9	62.37
泰　　国	曼　　谷	6	13	57.62
中　　国	台　　北	7	15	53.90
日　　本	东　　京	8	16	53.90
中　　国	北　　京	9	17	53.37
中　　国	广　　州	10	18	53.07
印　　度	孟　　买	11	22	50.19
印度尼西亚	巴 厘 岛	12	25	47.34
中　　国	张 家 界	13	26	46.33
澳 大 利 亚	悉　　尼	14	29	45.41
中　　国	武　　汉	15	30	44.90
中　　国	重　　庆	16	35	43.20
中　　国	杭　　州	17	37	41.81
中　　国	西　　安	18	40	40.58
澳 大 利 亚	墨 尔 本	19	41	40.16
马 来 西 亚	吉 隆 坡	20	43	39.97
中　　国	南　　京	21	44	39.78
中　　国	厦　　门	22	47	38.39
澳 大 利 亚	布 里 斯 班	23	48	38.05
中　　国	成　　都	24	49	37.99
韩　　国	釜　　山	25	50	37.85
印　　度	新 德 里	26	60	35.95
新 西 兰	奥 克 兰	27	61	35.09
越　　南	胡 志 明 市	28	64	34.88
中　　国	洛　　阳	29	65	34.87
印度尼西亚	雅 加 达	30	66	34.71
中　　国	阿 勒 泰	31	68	34.67
中　　国	青　　岛	32	70	34.29
中　　国	太　　原	33	71	34.20
中　　国	昆　　明	34	73	33.38
中　　国	天　　津	35	75	32.89
中　　国	大　　连	36	77	32.65
中　　国	哈 尔 滨	37	79	30.79
澳 大 利 亚	堪 培 拉	38	84	29.81
日　　本	札　　幌	39	92	24.82
中　　国	焦　　作	40	94	23.31
中　　国	牡 丹 江	41	96	21.25

列前茅。

　　亚太地区城市的旅游景气指数在各个区间的分布相对均匀（见图1）。在21～40名、41～60名各有8座亚太地区城市，分别占亚太参评城市总量的20%。还有15座亚太城市分布在排行榜60名以后，约占亚太参评城市的40%，这些城市主要来自发展中国家，例如越南的胡志明市、印度尼西亚的雅加达，中国的洛阳、青岛、大连、昆明等。

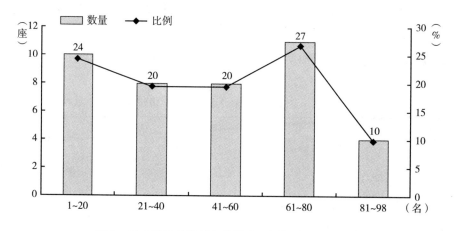

图1　亚太地区旅游城市旅游发展景气排名分布情况

　　从具体的构成指标来看，香港、澳门依托庞大的中国内地旅游市场，入境市场规模最为可观，因此在排行榜上表现突出。曼谷、新加坡市、首尔、东京也是亚太地区较为发达的旅游城市，长期以来吸引稳定的全球客源，该指标的得分较高。中国上海、北京、广州等几座城市，在入境旅游接待规模上距离亚太一流旅游城市还有一定距离，但国内旅游市场规模却是全球之冠。

　　从旅游市场增长幅度来看，亚太地区发展中国家旅游市场总量的增长幅度较大。印度的孟买在入境旅游接待人次和国内旅游人次方面都表现抢眼，不过其旅游收入增长略差。中国一些城市（如上海、重庆、西安等）旅游市场的增长也非常迅速。在增长方面表现较好的亚太城市还包括雅加达、台北、东京等。

　　从旅游企业表现的相关指标来看，澳大利亚及南亚的一些度假城市表现较好。在这些地区，旅游业发展相对成熟，旅游企业发展情况较为景气。澳大利亚的城市客房出租率总体最高，悉尼、布里斯班、墨尔本都进入了前10名。中国香港、中国澳门、新加坡市是传统上旅游企业较为发达的城市，单项得分也较高。在平均房价变动率方面，主要是一些南亚的滨海度假城市（如巴厘岛、吉隆坡）表现较好。

三 潜力指数：整体潜力较大，中国城市潜力突出

亚太地区旅游城市的旅游发展潜力指数排名结果如表2所示。

表2 亚太地区旅游发展潜力指数排行榜

国　家	城　市	区域排名	总排名	标准分
印　度	孟　买	1	1	100.000
中　国	上　海	2	2	87.245
越　南	胡志明市	3	4	78.997
中　国	广　州	4	5	75.868
中　国	北　京	5	6	74.513
日　本	东　京	6	7	73.078
新加坡	新加坡市	7	10	71.178
澳大利亚	悉　尼	8	11	70.069
中　国	台　北	9	12	69.293
中　国	重　庆	10	19	64.270
中　国	成　都	11	21	63.615
泰　国	曼　谷	12	22	63.479
澳大利亚	堪培拉	13	23	62.745
韩　国	釜　山	14	24	62.567
中　国	焦　作	15	25	61.738
中　国	大　连	16	27	60.402
澳大利亚	墨尔本	17	28	59.659
印度尼西亚	雅加达	18	29	57.783
中　国	洛　阳	19	30	57.143
中　国	杭　州	20	31	56.325
中　国	厦　门	21	32	55.809
中　国	太　原	22	34	54.797
中　国	香　港	23	35	54.665
新西兰	奥克兰	24	36	54.499

续表

国　　家	城　　市	区域排名	总排名	标准分
澳 大 利 亚	布 里 斯 班	25	38	54.105
中　　国	武　　汉	26	39	53.740
中　　国	阿　勒　泰	27	40	53.106
中　　国	天　　津	28	41	52.973
中　　国	昆　　明	29	43	52.491
印　　度	新　德　里	30	46	50.281
中　　国	青　　岛	31	47	49.816
中　　国	西　　安	32	48	49.619
印 度 尼 西 亚	巴　厘　岛	33	49	49.456
日　　本	札　　幌	34	59	46.631
中　　国	南　　京	35	62	45.651
韩　　国	首　　尔	36	67	43.630
中　　国	牡　丹　江	37	73	40.809
中　　国	哈　尔　滨	38	78	37.709
中　　国	澳　　门	39	89	32.103
马 来 西 亚	吉　隆　坡	40	93	27.747
中　　国	张　家　界	41	94	26.758

在参评的 41 座亚太地区城市中，有 33 座城市进入前 50 名，27 座城市进入前 40 名，19 座城市进入前 30 名，10 座城市进入前 20 名，特别是 7 座城市占据前 10 名，优势非常明显，分别是孟买、上海、胡志明市、广州、北京、东京和新加坡市。世界旅游城市发展潜力排行榜中，亚太地区表现最为突出，是全球最具发展潜力的区域。

亚太地区城市的旅游发展潜力指数在各个区间的分布不均匀，差异较大（见图 2）。1 ~ 20 名有 10 座亚太地区城市，中国城市占据半壁江山，包括上海、广州、北京、台北和重庆 5 座城市，显示出中国旅游业良好的发展前景。21 ~ 40 名有 17 座亚太地区城市，占据亚太地区参与排名城市的 40%，41 ~ 60 名有 7 座亚太地区城市，占亚太城市总量的 17%，还有 7 座亚太城市在排行榜 60 名以后，约占亚太地区参评城市的 20%。这些城市主要来自发展中国家，例如马来西亚的吉隆坡及中国的南京、牡丹江、哈尔滨、张家界等。

图 3 和图 4 较为直观地反映了亚太地区城市旅游发展潜力排名的总得分情况

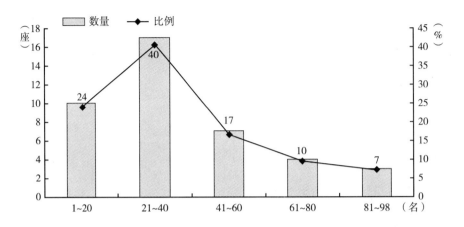

图2　亚太地区旅游城市旅游发展潜力排名分布情况

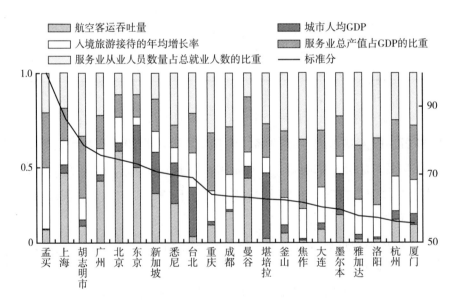

图3　亚太地区旅游城市旅游发展潜力排名分析（1）

注：本图采用百分比堆积柱形图与折线图相结合的形式，直观地对比展示不同城市的旅游发展潜力总得分的差异，以及每个城市的旅游发展潜力各分指标的贡献度。图中横坐标为不同的城市，左侧纵坐标为各分指数贡献度的占比，对应图中的柱形图；右侧为各城市标准分，对应图中的折线图。以上海为例，折线图对应展示出上海的旅游发展潜力得分为87.25，柱状图则反映出在旅游发展潜力的五个分指标中，航空客运吞吐量这一指标对上海旅游发展潜力的贡献度最大。全书其他地区的类似图均用此方法制作。

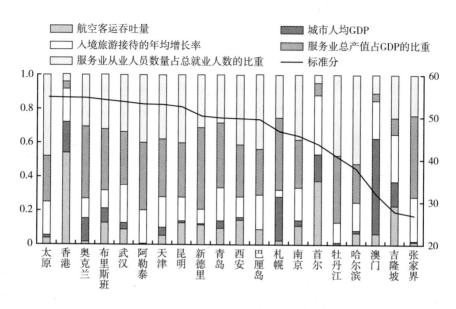

图4　亚太地区旅游城市旅游发展潜力排名分析（2）

以及各子指标对城市排名的贡献度。从亚太地区潜力指数排名前三位来看，孟买、上海、胡志明市三座城市各子指标得分的贡献度差别较大，孟买的入境旅游接待人次的年均增长率贡献最大，而上海在航空客运吞吐量这个指标上优势显著，胡志明市则主要依靠服务业总产值占 GDP 的比重及服务业从业人员数量占总就业人数的比重这两个指标的突出贡献居第三位。

　　亚太地区旅游业发展前景广阔，目前正以每年 6.5% 的增速发展，远高于世界其他地区。亚太地区旅游业收入占全球旅游收入的份额已经超过 20%。亚太地区最突出的特点，是世界上旅游业增长速度最大的旅游大区，随着世界经济重心的东移，亚澳（澳大利亚）陆间海（包括中国沿海）或将成为继地中海、加勒比海之后，新崛起的世界重要的海滨旅游地。

四　吸引力指数：整体吸引力较弱，
成为总指数的掣肘

亚太地区旅游城市的旅游吸引力排名结果如表 3 所示。

表3　亚太地区旅游城市旅游吸引力指数排行榜

国　　家	城　　市	区域排名	总排名	标准分
新　加　坡	新加坡市	1	11	61.30
中　　国	北　　京	2	12	60.22
澳大利亚	悉　　尼	3	15	57.19
澳大利亚	墨　尔　本	4	24	46.80
中　　国	香　　港	5	28	45.69
泰　　国	曼　　谷	6	30	44.59
马来西亚	吉　隆　坡	7	31	44.26
中　　国	台　　北	8	34	43.70
澳大利亚	布里斯班	9	38	43.29
韩　　国	首　　尔	10	44	41.76
印　　度	新　德　里	11	54	35.34
中　　国	上　　海	12	55	33.78
印　　尼	巴　厘　岛	13	57	32.46
日　　本	东　　京	14	58	31.44
中　　国	澳　　门	15	62	29.55
新　西　兰	奥　克　兰	16	63	29.23
澳大利亚	堪　培　拉	17	65	28.21
印　　尼	雅　加　达	18	66	27.74
中　　国	昆　　明	19	68	26.50
中　　国	广　　州	20	69	26.34
中　　国	张　家　界	21	73	24.42
中　　国	洛　　阳	22	74	24.34
日　　本	札　　幌	23	75	23.86
越　　南	胡志明市	24	77	23.01
中　　国	青　　岛	25	78	22.16
中　　国	厦　　门	26	79	21.94
印　　度	孟　　买	27	80	21.17
韩　　国	釜　　山	28	81	20.58
中　　国	重　　庆	29	82	19.69
中　　国	牡　丹　江	30	83	19.69
中　　国	阿　勒　泰	31	86	18.94
中　　国	杭　　州	32	87	18.76
中　　国	大　　连	33	88	17.65
中　　国	成　　都	34	89	16.29
中　　国	南　　京	35	90	14.82
中　　国	武　　汉	36	91	14.78
中　　国	西　　安	37	92	14.51
中　　国	太　　原	38	93	14.08
中　　国	焦　　作	39	94	12.62
中　　国	哈　尔　滨	40	96	11.41
中　　国	天　　津	41	98	10.37

在参评的 41 座亚太地区城市中，有 10 座城市进入榜单前 50 名，9 座城市进入榜单前 40 名，6 座城市进入榜单前 30 名，3 座城市进入榜单前 20 名，没有一座城市进入前 10 名，整体吸引力较弱。一半以上的城市居 60 名开外，而其中大部分是中国的城市，因此增强城市的旅游吸引力成为中国城市发展旅游业的重要方向。

亚太地区城市的旅游吸引力指数在各个区间的分布不均匀，总体排名靠后（见图 5）。1 ~ 20 名有 3 座亚太地区的城市，但都排在 10 名以后。21 ~ 40 名有 6 座亚太地区的城市，占亚太地区参与排名城市总数的 15%；41 ~ 60 名有 5 座亚太地区城市，占亚太参评城市总量的 12%；有 27 座亚太城市分布在排行榜 60 名以后，约占亚太参评城市总量的 66%。

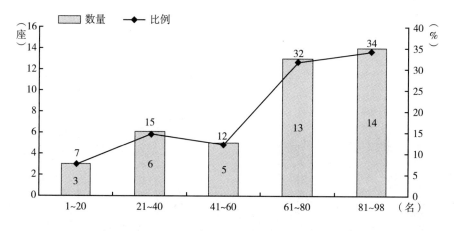

图 5　亚太地区旅游城市旅游吸引力排名分布情况

图 6 和图 7 较为直观地反映了亚太地区城市旅游吸引力排名的总得分情况，以及各子指标对城市排名的贡献度。整体而言，多数中国城市在世界遗产方面具有一定的优势；大洋洲内城市在环境质量方面具有相对突出的优势；而航线和国际会议会展则对亚太区域各国的重点城市具有较大的贡献度。从亚太地区旅游吸引力前三名的情况来看，新加坡市在世界遗产上的缺项并没有影响其在亚太地区榜首的地位，在环境质量、航线数和国际会议会展数上，新加坡市均具有相对较好的表现；而位居第二的北京，则主要以世界遗产和国际会议会展为优势，环境质量的整治与提升是北京日后改进的方向；排名第三的悉尼在环境指数上表现尤为突出。

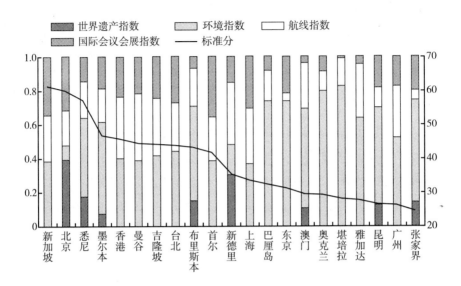

图6 亚太地区旅游城市旅游吸引力排名分析（1）

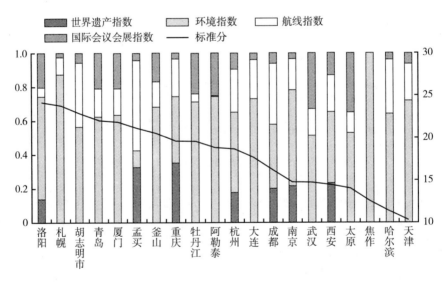

图7 亚太地区旅游城市旅游吸引力排名分析（2）

亚太地区城市的旅游吸引力目前整体排名不靠前，但亚太经济圈内各国经济有很大的互补性，合作的潜力很大。随着近年来亚太经济的不断发展，各国城市的交通体系构建逐步完善，对外交流合作的加强也促使国际会议会展数量增加。与此同时，亚太地区旅游资源基础良好，部分地区更是具备良好的环境优势，以上这些都为亚太地区城市提升旅游吸引力奠定了基础。未来，如果能够以可持续发展思想为指导，在发展中注重经济效益、社会效益和环境效益的协调，亚太地区世界旅游城市的吸引力将得到有力提升。

五　支持力指数：整体处于中等水平，城市旅游功能定位贡献度最高

亚太地区旅游城市的旅游行业支持力排名结果如表4所示。

表4　亚太地区旅游城市旅游行业支持力指数排行榜

国　　家	城　　市	区域排名	总排名	标准分
新 加 坡	新 加 坡	1	2	98.611
中　　国	澳　　门	2	6	83.333
中　　国	香　　港	3	7	81.944
中　　国	北　　京	4	18	72.222
日　　本	东　　京	5	21	69.444
中　　国	上　　海	6	24	66.667
中　　国	成　　都	6	24	66.667
中　　国	厦　　门	6	24	66.667
日　　本	札　　幌	9	29	65.278
马 来 西 亚	吉 隆 坡	10	34	63.889
新 西 兰	奥 克 兰	11	35	62.500
澳 大 利 亚	墨 尔 本	11	35	62.500
泰　　国	曼　　谷	13	44	61.111
澳 大 利 亚	布 里 斯 班	13	44	61.111
澳 大 利 亚	堪 培 拉	13	44	61.111
中　　国	台　　北	13	44	61.111
澳 大 利 亚	悉　　尼	17	52	59.722
韩　　国	釜　　山	18	56	55.556
韩　　国	首　　尔	18	56	55.556
中　　国	杭　　州	20	63	51.389
印　　尼	雅 加 达	21	66	50.000
中　　国	广　　州	21	66	50.000

续表

国　家	城　市	区域排名	总排名	标准分
中　国	大　连	21	66	50.000
中　国	天　津	21	66	50.000
中　国	青　岛	21	66	50.000
印　尼	巴厘岛	26	79	45.833
中　国	西　安	26	79	45.833
中　国	重　庆	26	79	45.833
中　国	哈尔滨	26	79	45.833
中　国	南　京	26	79	45.833
中　国	武　汉	26	79	45.833
中　国	张家界	26	79	45.833
越　南	胡志明市	33	86	44.444
中　国	阿勒泰	34	88	41.667
中　国	洛　阳	34	88	41.667
中　国	牡丹江	34	88	41.667
印　度	新德里	34	88	41.667
中　国	昆　明	34	88	41.667
中　国	焦　作	39	93	37.500
中　国	太　原	40	83	37.500
印　度	孟　买	41	96	34.722

　　亚太地区有 4 座城市进入了旅游行业支持力指数前 20 名，分别为新加坡的新加坡市及中国的澳门、香港和北京。中国上海、成都和厦门进入该指数前 30 名，亚洲城市在前 30 名中占据 1/3 的份额，充分说明亚洲各国政府及旅游相关的行业组织在旅游行业支持力方面发挥了巨大的作用。值得注意的是，中国的太原、焦作、昆明、牡丹江、洛阳、阿勒泰、张家界、武汉、南京、哈尔滨、重庆、西安等城市，总体排名在 70 名以外，说明这些城市的旅游产业未能充分得到相关部门的重视与支持，未来仍有较大的提升空间。

　　从区间分布来看，亚太地区城市的旅游行业支持力指数在各个区间的分布不均匀（见图 8）。亚太地区的城市有 10% 居旅游行业支持力排行榜前 20 名；20% 居排行榜第 21 位至第 40 位；17% 居第 41 位至第 60 位；20% 居第 61 位至第 80 位；而 34% 的参评亚太城市则位于旅游行业支持力排行榜的后 18 名，排名分布相对靠后，旅游行业支持力指数有待提升。

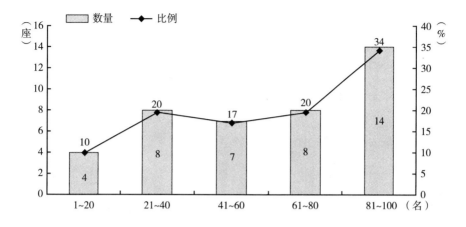

图8 亚太地区旅游城市旅游行业支持力排名分布情况分析

图9和图10较为直观地反映了亚太地区城市旅游行业支持力排名的总得分情况，以及各子指标对城市排名的贡献度。整体而言，多数亚太城市在城市管理机构与行业组织设置方面都具有一定的优势；大洋洲内城市的语言多国性指数得分较高，具有相对突出的优势；而管理机构与行业组织得分则对亚太区域各国的重点城市具有较大的贡献度。从亚太区世界旅游城市旅游

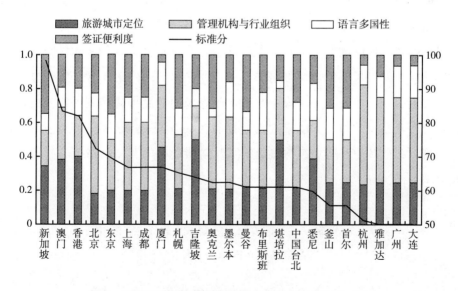

图9 亚太地区旅游城市旅游行业支持力排名分析（1）

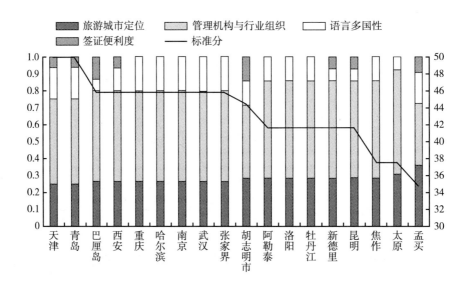

图 10 亚太地区旅游城市旅游行业支持力排名分析（2）

行业支持力排名前三名的情况来看，新加坡签证便利度对行业支持力得分的贡献最为突出；排在第二名和第三名的澳门和香港则以城市定位指数的贡献最大。

近 30 年来，亚太地区经济迅猛发展，地区内涌现出越来越多的新兴工业化国家，亚太民众的生活水平和闲暇时间稳步提高，随之释放出庞大的旅游需求，并形成巨大而完备的旅游市场。目前，亚太旅游经济体已经成为全球最活跃、发展最快的旅游经济体，并有可能在未来 10 年内成为全球旅游经济的新引擎。而亚太区域的旅游产业普遍采用的是推进型发展模式，即重视旅游产业波及的效益，以旅游业全面带动城市国民经济相关产业发展。因此表现城市的政府和行业组织发展旅游业强烈动机的支持力指数未来将会不断攀高。

六 网络人气指数：整体处于中等水平，
澳大利亚城市表现抢眼

亚太地区旅游城市的网络人气指数排名结果如表 5 所示。

表5 亚太地区旅游城市网络人气指数排行榜

国 家	城 市	区域排名	总排名	标准分
澳 大 利 亚	悉 尼	1	2	99.47
中 国	上 海	2	3	98.41
澳 大 利 亚	墨 尔 本	3	4	95.21
新 加 坡	新 加 坡 市	4	5	95.08
日 本	东 京	5	6	94.38
中 国	北 京	6	15	90.45
印 度 尼 西 亚	巴 厘 岛	7	18	89.92
中 国	西 安	8	19	89.72
中 国	台 北	9	21	88.20
新 西 兰	奥 克 兰	10	22	87.25
印 度	新 德 里	11	32	84.69
马 来 西 亚	吉 隆 坡	12	37	82.60
印 度	孟 买	13	38	82.11
中 国	成 都	14	42	80.13
泰 国	曼 谷	15	43	80.08
韩 国	釜 山	16	45	79.55
澳 大 利 亚	堪 培 拉	17	49	78.34
中 国	杭 州	18	52	77.57
印 度 尼 西 亚	雅 加 达	19	54	76.66
中 国	香 港	20	56	76.18
澳 大 利 亚	布 里 斯 班	21	57	75.47
中 国	广 州	22	58	75.43
中 国	澳 门	23	59	75.25
中 国	厦 门	24	62	74.39
中 国	大 连	25	64	73.36
中 国	青 岛	26	66	71.88
中 国	武 汉	27	67	71.28
中 国	南 京	28	70	67.97
中 国	天 津	29	72	65.50
中 国	昆 明	30	79	62.72
中 国	重 庆	31	81	61.80
韩 国	首 尔	32	83	60.21
越 南	胡 志 明 市	33	84	54.56
中 国	哈 尔 滨	34	90	30.21
日 本	札 幌	35	91	18.96
中 国	阿 勒 泰	36	92	18.39
中 国	太 原	37	93	17.73
中 国	洛 阳	38	95	14.80

续表

国　　家	城　　市	区域排名	总排名	标准分
中　　国	张　家　界	39	96	14.55
中　　国	牡　丹　江	40	97	0.36
中　　国	焦　　作	41	98	0.00

　　在参评的41座亚太地区城市中，有17座城市进入榜单前50名，13座城市位居前40名，10座城市进入榜单前30名，8座城市进入前20名，5座城市占据前10名，排名靠前、优势突出，排在前10名的城市分别是悉尼、上海、墨尔本、新加坡市和东京。世界旅游城市网络关注度排行榜中，亚太地区成为受到世界各地网民较关注的区域。

　　亚太地区城市的旅游城市网络关注度指数在各个区间分布较均匀（见图11）。1~20名有8座亚太地区的城市，占亚太地区参评城市总数的20%。21~40名有5座亚太地区的城市，占亚太地区参与排名城市的12%，41~60名有10座亚太地区城市，占亚太地区参评城市总量的24%，有18座亚太城市分布在排行榜60名以后，约占亚太地区参评城市的44%。亚太地区旅游城市网络关注度的前10名城市都是旅游业较为发达的地区，但其间各城市差距较大，悉尼的关注度标准分比奥克兰大约高出12分。澳大利亚城市本指数的表现较为突出，区域前三名中，澳大利亚占了两席，分别为第一名悉尼和第三名墨尔本。中国上海位列亚太地区本指数排名的第二名，世博会的举办使其获得了较高的网络关注度。

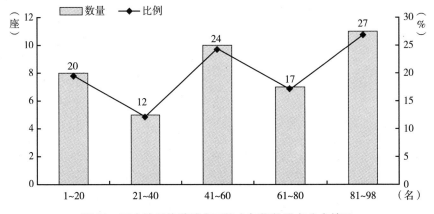

图11　亚太地区旅游城市网络人气指数排名分布情况

亚太地区既是新兴的旅游目的地，又是潜力巨大的客源地，以中国为首的旅游客源地出境需求暴涨，吸引了全世界的旅游目的地、旅游经营商对中国市场展开争夺。随着城市之间旅游活动的增多，文化交流更加频繁，城市间互送客源的合作更加密切，亚太地区会得到更多的关注，也将提升本地区旅游城市在国际上的知名度。

$\mathbb{G}.9$
欧洲地区旅游城市发展报告

一 总体分析：处于全球中上水平，
吸引力指数表现突出

欧洲地区旅游城市总体发展较好，发展水平较高。31 个参评城市平均排名为 42。由于吸引力指数平均排名为 26，与总指数平均排名相差了 16 个排位，从而使得欧洲地区城市分指数的标准差达到了 11.03。如果没有吸引力指数的干扰，其他四个分指数的标准差仅为 5.48，说明分指数的发展水平相对比较均衡。景气指数、潜力指数、支持力指数和网络人气指数平均排名分别为 51、57、42、51。政府支持力指数的平均排名与总指数排名相同，说明欧洲各城市政府支持旅游业的力度相对较高；景气指数、潜力指数和网络人气指数落后于总指数的平均排名，说明这几个分指数所表征的问题在欧洲的这些城市旅游业发展过程中应当引起重视。

二 景气指数：中等水平，但"两极分化"明显

欧洲地区旅游城市的旅游景气排名结果如表 1 和图 1 所示。

表 1　欧洲地区旅游城市景气指数排行榜

国　　家	城　　市	区域排名	总排名	标准分
法　　国	巴　　黎	1	5	70.85
意 大 利	罗　　马	2	6	70.16
奥 地 利	维 也 纳	3	8	62.94
英　　国	伦　　敦	4	11	59.70

续表

国　　　家	城　　　市	区域排名	总排名	标准分
西　班　牙	马　德　里	5	12	57.63
意　大　利	米　　　兰	6	14	56.22
德　　　国	法兰克福	7	19	52.67
荷　　　兰	阿姆斯特丹	8	20	50.72
德　　　国	慕　尼　黑	9	21	50.61
瑞　　　典	斯德哥尔摩	10	23	48.34
西　班　牙	巴塞罗那	11	27	46.11
德　　　国	柏　　　林	12	33	44.56
瑞　　　士	日　内　瓦	13	34	43.38
捷　　　克	布　拉　格	14	36	42.28
俄　罗　斯	莫　斯　科	15	38	41.53
土　耳　其	伊斯坦布尔	16	54	36.67
意　大　利	威　尼　斯	17	55	36.40
波　　　兰	华　　　沙	18	63	35.00
英　　　国	爱　丁　堡	19	67	34.70
匈　牙　利	布达佩斯	20	74	33.29
希　　　腊	雅　　　典	21	76	32.70
俄　罗　斯	圣彼得堡	22	81	30.37
意　大　利	佛罗伦萨	23	83	29.87
比　利　时	布鲁塞尔	24	85	29.69
拉脱维亚	里　　　加	25	86	28.61
葡　萄　牙	里　斯　本	26	87	28.31
挪　　　威	奥　斯　陆	27	89	27.49
白俄罗斯	明　斯　克	28	93	23.43
爱　尔　兰	都　柏　林	29	95	22.81
保加利亚	索　菲　亚	30	97	15.44
荷　　　兰	鹿　特　丹	31	98	11.34

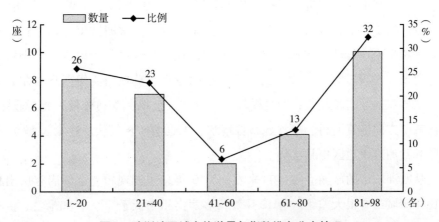

图1　欧洲地区城市旅游景气指数排名分布情况

欧洲地区共计有 31 座城市参与了旅游景气排名。总体来看，欧洲城市在排行榜中表现较好。有 26% 的欧洲城市进入了排行榜的前 20 名，占该区间的 40% 。排名较为靠前的城市主要来自西欧发达国家，如英国、法国、德国、西班牙、奥地利、意大利、荷兰等，大部分城市为所在国的首都或经济、政治、交通、文化中心城市。

欧洲城市的旅游景气指数呈现"两头大、中间小"的格局。有 8 座欧洲城市进入本指数排行榜前 20 名，7 座位居排行榜 21 ~ 40 名，即约有一半的欧洲城市排名较为靠前。但也有 10 座城市落入排行榜最末区间，占欧洲城市的 32% 。排名相对靠后的城市主要位于东欧和北欧地区，如俄罗斯、拉脱维亚、挪威、爱尔兰、白俄罗斯、保加利亚等国的城市。

欧洲城市的排行榜结果，反映了欧洲城市旅游的基本格局。西欧发达国家仍然是欧洲地区的旅游核心区，而东欧、北欧地区属于旅游边缘区域。

从欧洲城市的旅游市场规模来看，由于地缘的因素，欧洲国家国土面积较为狭小，旅游市场主要依靠入境旅游市场。在入境旅游市场规模方面，欧洲城市是全球最为发达的区域，伦敦、巴黎、慕尼黑都是全球接待入境人次排名前五的城市，罗马、米兰、巴黎、马德里是全球入境旅游收入排名前六的城市。但欧洲城市的国内旅游规模大部分都很小，缺乏像印度、中国、日本这样的国内旅游人口做支撑。

从欧洲城市的旅游市场增长情况来看，总体而言，受欧洲主权债务危机的影响，加上其本身发展进入了相对成熟阶段，欧洲国家的旅游城市增长缓慢，大部分都处于零增长或负增长水平。相比亚洲城市，欧洲城市总体增长率较低。一般来说，5% 以上的增长率，在欧洲已经算是较高的。但也有个别城市逆势上扬，表现较好。入境旅游方面，巴塞罗那、莫斯科、伊斯坦布尔、里加、法兰克福等增长较快，而规模较大的伦敦、巴黎、罗马等增长相对较缓。国内旅游方面，莫斯科、华沙、布鲁塞尔、维也纳增长较快。在增长率方面，东欧和欧洲边缘地区更具优势。

从欧洲城市的旅游企业表现来看，2010 年总体表现较差。饭店客房出租率比亚洲城市有很大差距。有 12 座城市客房出租率低于 50% ，如米兰、伊斯坦布尔、威尼斯、雅典、佛罗伦萨、布鲁塞尔、里斯本、奥斯陆、都柏林等。

有22座城市客房平均房价下跌，占欧洲参与排名城市总量的2/3，包括罗马、维也纳、马德里、法兰克福、慕尼黑等。

三 潜力指数：大城市潜力表现突出，航空吞吐量成为重要影响因素

欧洲城市在旅游发展潜力方面排名普遍靠后，仅有伦敦、慕尼黑、马德里、巴黎和法兰克福5座城市入选本指数排行榜前20名，2座城市进入20~40名，大部分欧洲城市的排名在41~80名，如表2和图2所示。

表2　欧洲地区旅游发展潜力指数排行榜

国　　家	城　　市	区域排名	总排名	标准分
英　　国	伦　　敦	1	13	65.710
德　　国	慕尼黑	2	14	65.491
西　班　牙	马德里	3	16	64.742
法　　国	巴　　黎	4	17	64.699
德　　国	法兰克福	5	20	64.209
意　大　利	罗　　马	6	26	61.239
挪　　威	奥斯陆	7	37	54.194
瑞　　典	斯德哥尔摩	8	42	52.845
爱　尔　兰	都柏林	9	45	50.467
比　利　时	布鲁塞尔	10	53	49.115
奥　地　利	维也纳	11	54	48.304
意　大　利	佛罗伦萨	12	55	48.065
德　　国	柏　　林	13	56	47.619
土　耳　其	伊斯坦布尔	14	57	47.460
瑞　　士	日内瓦	15	61	46.140
荷　　兰	阿姆斯特丹	16	64	45.172
意　大　利	威尼斯	17	66	43.766
西　班　牙	巴塞罗那	18	68	43.100
意　大　利	米　　兰	19	69	41.980
俄　罗　斯	圣彼得堡	20	70	41.846
捷　　克	布拉格	21	71	41.225
俄　罗　斯	莫斯科	22	72	40.851
白　俄　罗斯	明斯克	23	75	39.092
希　　腊	雅　　典	24	77	38.010
匈　牙　利	布达佩斯	25	79	36.320

国　　家	城　　市	区域排名	总排名	标准分
波　兰	华　沙	26	81	35.243
葡　萄　牙	里　斯　本	27	84	34.495
拉　脱　维　亚	里　加	28	85	33.694
保　加　利　亚	索　菲　亚	29	86	33.586
荷　兰	鹿　特　丹	30	88	32.786
英　国	爱　丁　堡	31	92	28.134

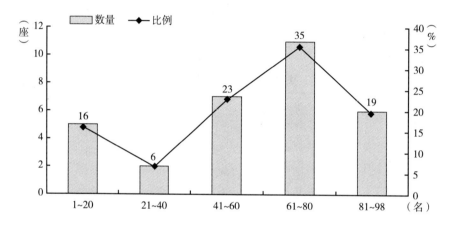

图2　欧洲地区旅游城市旅游发展潜力排名分布情况

　　排名进入旅游发展潜力指数排行榜前40名的欧洲城市都是老牌的旅游城市，如伦敦、巴黎、罗马等。这些城市以强大的旅游吸引力和便捷的航空交通，保证了其旅游发展潜力能够达到全球中上水平。

　　发展潜力整体靠后的主要原因在于欧洲大部分参评城市的航空吞吐量指标较小，影响了发展潜力的整体水平。交通是旅游业发展的重要保证。尤其对于欧洲来说，由于国土面积相比美洲和亚洲而言较小，到达一国之后通过轨道交通或公路交通即可完成一国之内的旅行，从而在航空吞吐量这一指标方面不具有优势。

　　从未来发展潜力来看，欧洲不仅难与亚太地区的城市相比，与美洲地区的城市相比也有一定的差距。

　　图3和图4较为直观地反映了欧洲地区城市旅游发展潜力排名的总得分情况以及各子指标对城市排名的贡献度。从欧洲地区的旅游城市潜力排行榜前五

名来看，5 座城市的综合实力较强，在分数上非常接近，各子指标得分的贡献度几乎均等。

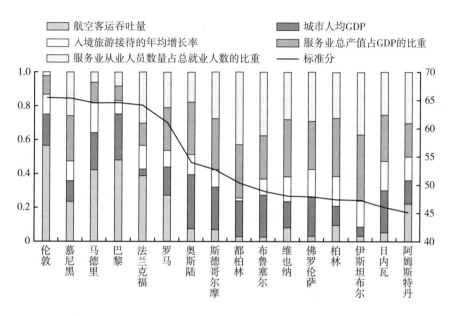

图 3　欧洲地区旅游城市旅游发展潜力排名分析（1）

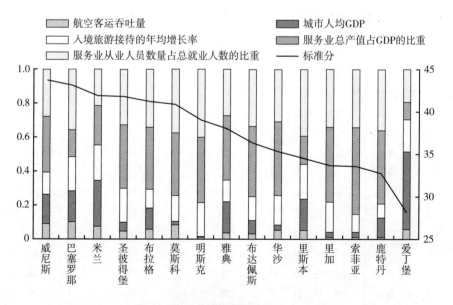

图 4　欧洲地区旅游城市旅游发展潜力排名分析（2）

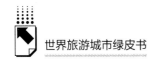

伦敦领衔欧洲地区潜力排行榜，主要得益于在航空客运吞吐量上的相对优势；而慕尼黑则凭借其各指标的整体优势屈居第二，马德里、巴黎和法兰克福也凭在航空客运吞吐量的优势分别排名为第三位、第四位、第五位。

四 吸引力指数：欧洲城市整体表现非常突出

欧洲地区旅游吸引力排名结果如表3所示。

表3 欧洲地区旅游城市旅游吸引力指数排行榜

国　　　家	城　　市	区域排名	总排名	标准分
法　　　国	巴　　黎	1	1	100.00
西　班　牙	巴塞罗那	2	2	99.39
西　班　牙	马　德　里	3	3	96.06
意　大　利	罗　　马	4	4	90.86
奥　地　利	维　也　纳	5	5	82.80
英　　　国	伦　　敦	6	6	73.66
德　　　国	柏　　林	7	7	73.48
荷　　　兰	阿姆斯特丹	8	8	73.43
比　利　时	布鲁塞尔	9	9	67.42
土　耳　其	伊斯坦布尔	10	10	66.57
爱　尔　兰	都　柏　林	11	13	59.69
葡　萄　牙	里　斯　本	12	14	58.86
匈　牙　利	布达佩斯	13	16	56.74
捷克斯洛伐克	布　拉　格	14	17	54.84
德　　　国	慕　尼　黑	15	18	53.63
瑞　　　典	斯德哥尔摩	16	19	53.38
英　　　国	爱　丁　堡	17	20	50.19
瑞　　　士	日　内　瓦	18	23	47.73
德　　　国	法兰克福	19	25	46.63
波　　　兰	华　　沙	20	26	46.52
意　大　利	威　尼　斯	21	27	46.18
俄　罗　斯	莫　斯　科	22	32	44.02
希　　　腊	雅　　典	23	33	43.73

国　　家	城　　市	区域排名	总排名	标准分
挪　　威	奥　斯　陆	24	39	42.76
意　大　利	米　　兰	25	42	41.99
俄　罗　斯	圣彼得堡	26	53	36.21
拉脱维亚	里　　加	27	60	30.74
意　大　利	佛罗伦萨	28	64	28.93
荷　　兰	鹿　特　丹	29	67	26.74
白俄罗斯	明　斯　克	30	70	25.77
保加利亚	索　菲　亚	31	76	23.75

表3清晰地反映了城市旅游吸引力的排名情况，其吸引力排名依次是：巴黎、巴塞罗那、马德里、罗马、维也纳、伦敦、柏林、阿姆斯特丹、布鲁塞尔、伊斯坦布尔、都柏林、里斯本、布达佩斯、布拉格、慕尼黑、斯德哥尔摩、爱丁堡、日内瓦、法兰克福、华沙、威尼斯、莫斯科、雅典、奥斯陆、米兰、圣彼得堡、里加、佛罗伦萨、鹿特丹、明斯克、索菲亚。

图5和图6较为直观地反映了欧洲地区城市旅游吸引力排名的总得分情况，以及各子指标对城市排名的贡献度。从欧洲地区的吸引力排名前三名来看，3座城市的综合实力较强，在分数上体现为各子指标得分的贡献度几乎均等。巴黎国际会议会展数上占优势，在总分数上领先巴塞罗那取得本年度旅游吸引力排行榜的榜首地位。巴塞罗那虽然在世界遗产数及环境质量方面的得分高于巴黎，但在航线数和国际会议会展方面的表现弱于巴黎，排在第二名。第三名的马德里在世界遗产数和环境质量方面的得分甚至高于巴塞罗那，但是由于在航线数和国际会议会展数方面的表现相对较差，只能排名第三。

欧洲区域排名中，有两个显著的分数密集段，第一个分数段是第6名到第8名，依次是伦敦、柏林和阿姆斯特丹，标准分依次是73.66分、73.48分和73.43分，这3座城市均为国家首都。第二个分数集中段是第25名到第27名，依次是法兰克福、华沙和威尼斯，标准分依次是46.63分、46.52分和46.18分。虽然这两个区间的城市旅游吸引力总分相近，但是从具体得分情况来看，每座城市都各有优势。

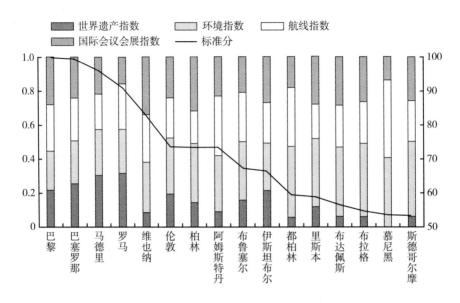

图5　欧洲地区旅游城市旅游吸引力排名分析（1）

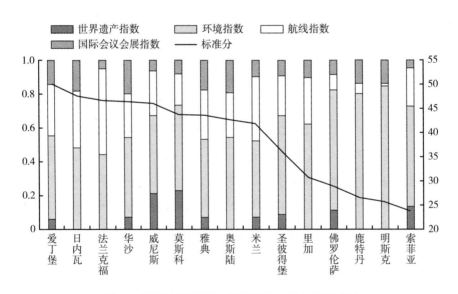

图6　欧洲地区旅游城市旅游吸引力排名分析（2）

就子指数对各城市的贡献度来说，世界遗产指数对马德里、罗马、巴塞罗那的贡献度较大；环境指数对都柏林、爱丁堡和日内瓦、奥斯陆的贡献度较大；航线指数对法兰克福、慕尼黑、阿姆斯特丹的贡献度较大；国际会议会展指数对维也纳、巴黎、巴塞罗那的贡献度较大。

图7显示了欧洲地区旅游城市的旅游吸引力排名的分布情况，旅游吸引力总排名中，欧洲城市分布于前80名，后20名中没有欧洲城市。其中，位于前20名的欧洲城市有17座，占比为55%；居21~40名的欧洲城市有7座，占比为23%；居41~60名的欧洲城市有3座，占比为10%；居61~80名的欧洲城市有4座，占比为13%。也就是说，入选本年度世界旅游城市评选的欧洲城市有一半以上名列吸引力排名的前20位，78%的城市在40名以内，由此，欧洲区域世界旅游城市吸引力表现突出。

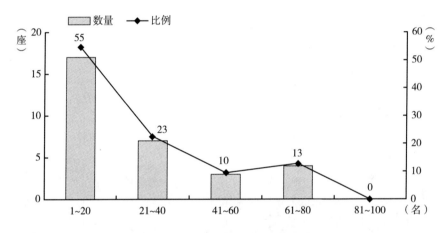

图7 欧洲地区旅游城市旅游吸引力排名分布情况

而旅游吸引力排名前10的城市中，巴黎、伦敦、柏林、阿姆斯特丹和布鲁塞尔为温带海洋性气候，巴塞罗那、马德里、罗马、伊斯坦布尔为地中海气候，维也纳则地处温带海洋性气候和温带大陆性气候的过渡带。如果以上城市的社会经济发展没有对城市环境质量造成一定的负担，那么这10座城市在环境质量方面将会有更好的表现。

五 支持力指数：全球中等偏上水平，
区段内表现比较均衡

表4为欧洲地区参评城市的旅游行业支持力排名结果。

表4　欧洲地区旅游城市旅游行业支持力指数排行榜

国　　家	城　　市	区域排名	总排名	标准分
法　　国	巴　　黎	1	2	98.611
瑞　　典	斯德哥尔摩	2	9	79.167
希　　腊	雅　　典	3	10	77.778
葡　萄　牙	里　斯　本	3	10	77.778
挪　　威	奥　斯　陆	3	10	77.778
荷　　兰	阿姆斯特丹	6	14	75.000
英　　国	爱　丁　堡	7	18	72.222
德　　国	法兰克福	8	21	69.444
奥　地　利	维　也　纳	9	24	66.667
土　耳　其	伊斯坦布尔	10	29	65.278
荷　　兰	鹿　特　丹	10	29	65.278
西　班　牙	巴塞罗那	12	35	62.500
德　　国	柏　　林	12	35	62.500
俄　罗　斯	莫　斯　科	12	35	62.500
德　　国	慕　尼　黑	12	35	62.500
拉　脱　维　亚	里　　加	12	35	62.500
意　大　利	威　尼　斯	12	35	62.500
意　大　利	米　　兰	18	44	61.111
白　俄　罗　斯	明　斯　克	18	44	61.111
比　利　时	布鲁塞尔	20	58	54.167
西　班　牙	马　德　里	20	58	54.167
捷克斯洛伐克	布　拉　格	20	58	54.167
瑞　　士	日　内　瓦	20	58	54.167
意　大　利	罗　　马	24	66	50.000
保　加　利　亚	索　菲　亚	24	66	50.000
波　　兰	华　　沙	24	66	50.000
匈　牙　利	布达佩斯	27	74	48.611
意　大　利	佛罗伦萨	27	74	48.611
英　　国	伦　　敦	27	74	48.611
俄　罗　斯	圣彼得堡	30	93	37.500
爱　尔　兰	都　柏　林	31	97	33.333

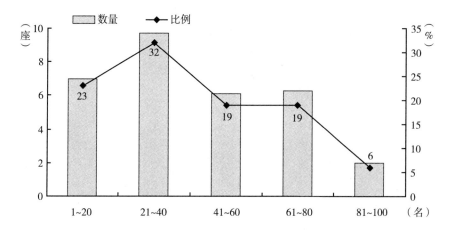

图8　欧洲地区旅游城市旅游行业支持力排名分布情况

图8显示了欧洲地区旅游城市的旅游行业支持力排名的分布情况，旅游行业支持力总排名中，位于前20名的欧洲城市有7个，占比为23%；居21~40名的欧洲城市有10个，占比32%；居41~60名的欧洲城市有6个，占比为19%；居61~80名的欧洲城市有6个，占比为19%；居81~100名的欧洲城市有2个，占比为6%。由此分析，欧洲区域世界旅游城市行业支持力指数平均水平高于亚太区域和中东非洲区域，总排名前40位的城市占比为49%。

图9和图10较为直观地反映了欧洲地区城市旅游行业支持力排名的总得分情况，以及各子指标对城市排名的贡献度。从欧洲地区的旅游行业支持力前三名来看，巴黎的旅游城市定位和签证便利度的贡献都较大，而斯德哥尔摩的优势则体现在旅游管理机构与行业组织及语言多国性方面，第三名雅典的签证便利度贡献度最大，但在语言多国性方面表现较差。

就子指数对各城市的贡献度来说，语言多国性指数对爱丁堡、斯德哥尔摩的贡献度较大；管理机构与行业组织指数对巴塞罗那、马德里、罗马、伊斯坦布尔和布鲁塞尔的贡献度较大；签证便利度指数在慕尼黑、里加、柏林、布拉格等城市的表现力较强。

在全球旅游产业发展历史中，欧洲是最早将旅游活动产业化的地区。与后起的美洲和亚太地区的旅游城市相比，源于产业发展的悠久历史，欧洲旅游城市的政府支持力指数排名较为靠前。

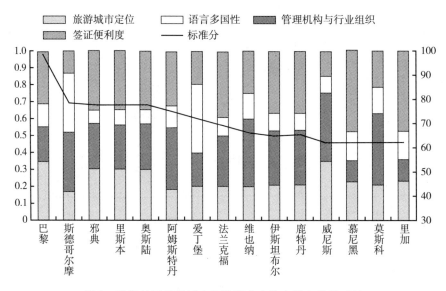

图9 欧洲地区旅游城市旅游行业支持力排名分析（1）

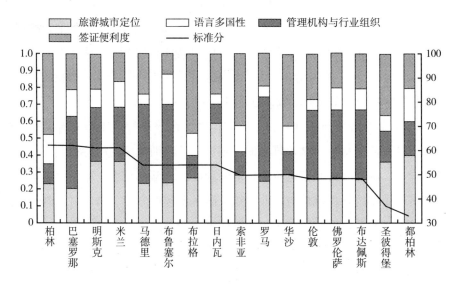

图10 欧洲地区旅游城市旅游行业支持力排名分析（2）

六 网络人气数：欧洲城市"冰"与"火"并存

欧洲地区旅游城市网络人气指数排名结果如表5所示。

表5　欧洲地区旅游城市网络人气指数排行榜

国　　　家	城　　　市	区域排名	总排名	标准分
法　　国	巴　　黎	1	1	100.00
意大利	威　尼　斯	2	9	92.06
意大利	佛罗伦萨	3	10	91.69
意大利	罗　　马	4	13	90.54
荷　　兰	鹿　特　丹	5	16	90.19
英　　国	伦　　敦	6	23	87.16
德　　国	柏　　林	7	26	86.39
捷　　克	布　拉　格	8	28	85.35
瑞　　典	斯德哥尔摩	9	30	84.94
荷　　兰	阿姆斯特丹	10	31	84.72
西　班　牙	马　德　里	11	36	83.04
匈　牙　利	布达佩斯	12	39	82.05
希　　腊	雅　　典	13	40	81.49
白俄罗斯	明　斯　克	14	41	80.41
西　班　牙	巴塞罗那	15	47	78.72
瑞　　士	日　内　瓦	16	50	78.23
土　耳　其	伊斯坦布尔	17	53	76.69
俄　罗　斯	圣彼得堡	18	63	73.97
英　　国	爱　丁　堡	19	65	72.21
奥　地　利	维　也　纳	20	69	69.41
西　班　牙	里　斯　本	21	72	65.50
爱　尔　兰	都　柏　林	22	74	64.64
俄　罗　斯	莫　斯　科	23	76	63.96
意大利	米　　兰	24	78	62.83
波　　兰	华　　沙	25	82	61.20
比　利　时	布鲁塞尔	26	85	52.91
拉脱维亚	里　　加	27	86	51.92
德　　国	慕　尼　黑	28	87	50.00
德　　国	法兰克福	29	88	39.41
挪　　威	奥　斯　陆	30	89	36.83
保加利亚	索　菲　亚	31	94	17.31

本年度网络人气排名首位的是来自欧洲的巴黎，然而进入前 10 名的欧洲城市却较少，仅占三席，分别为巴黎、威尼斯与佛罗伦萨。排名前四十的城市中约 33% 是欧洲城市，而最后 20 名中欧洲城市占了 7 座，旅游城市网络关注度在本区呈现出"冰与火共存"的局面（见图 11）。现阶段，欧洲各国基本都进入了经济发达的后工业社会阶段，多数欧洲城市作为世界著名的传统旅游目的地，一直以来知名度很高，但是自 2009 年遭遇欧债危机的侵袭后开始表现疲软，主要是因为欧洲居民在欧洲的旅行受到了影响。欧洲地区城市旅游业发展基础好、旅游吸引力强，多数属于相对成熟型的旅游目的地，网络关注度不高或许应成为这一区域城市转型或复兴的重要信号和改进方向。

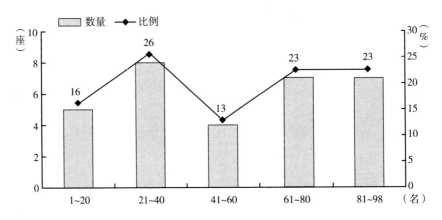

图 11　欧洲地区旅游城市网络人气指数排名分布情况

Ĝ.10
美洲地区旅游城市发展报告

一 总体分析：处于全球中上水平，
分指数的发展水平差异较大

美洲地区的旅游城市发展指数的总体水平位居全球的中上游，平均排名为44名。旅游景气指数的平均排名为52名，落后于总指数的平均排名；旅游发展潜力指数的平均排名为59名，与总指数的平均排名相比落后较多；旅游吸引力指数、支持力指数和网络人气指数则高于总指数的平均水平，平均排名分别是41名、32名和35名。指数平均排名的标准差为10.5，说明分指数的发展水平差异较大。从各分指数的平均排名的比较结果可以看出，美洲地区的旅游城市吸引力水平、网络人气和行业支持力三个方面都已经达到了全球较高的水平，而旅游景气和发展潜力则处于全球中等偏下的水平。

二 景气指数：总体稳居中流，美国独领鳌头

美洲地区城市旅游景气排名结果如表1所示。

表1　美洲地区旅游城市景气指数排行榜

国　　家	城　　市	区域排名	总排名	标准分
美　　国	拉斯维加斯	1	7	62.94
美　　国	纽　　约	2	10	60.66
美　　国	迈阿密	3	28	45.53
美　　国	旧金山	4	32	44.63
美　　国	洛杉矶	5	39	41.37
阿 根 廷	布宜诺斯艾利斯	6	45	39.59
加 拿 大	多伦多	7	46	38.87

续表

国 家	城 市	区域排名	总排名	标准分
巴 西	里约热内卢	8	51	37.18
美 国	芝 加 哥	9	52	36.78
美 国	檀 香 山	10	53	36.72
加 拿 大	温 哥 华	11	57	36.26
巴 西	圣 保 罗	12	59	36.13
美 国	华 盛 顿	13	62	35.04
美 国	奥 兰 多	14	69	34.57
美 国	西 雅 图	15	80	30.64
墨 西 哥	坎 昆	16	82	30.16
墨 西 哥	墨西哥城	17	88	27.82
加 拿 大	渥 太 华	18	90	26.08

美洲地区共有 18 座城市参与排名。根据表 1，美洲地区旅游景气指数前五名的城市均来自美国，拉斯维加斯、纽约、迈阿密、旧金山、洛杉矶排名较靠前。加拿大、阿根廷、巴西等国家的城市排名处于中游，墨西哥城市排名较为靠后。总体来看，美国在美洲地区独占鳌头，是旅游业较为景气的地区。加拿大、巴西、阿根廷等国家表现尚可，墨西哥略差。

从本区旅游景气指数在参与排名城市中的名次分布情况看（见图 1），只有 2 座进入前 20 名，占该区域参评城市总量的 11%；3 座位于 21~40 名，占该区域参评城市总量的 17%；7 座位于 41~60 名，占该区域参评城市总量的 39%；

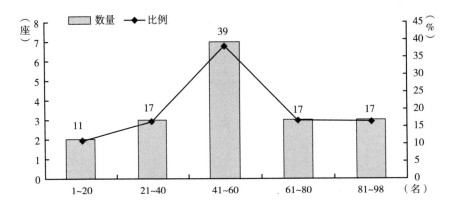

图 1 美洲地区旅游城市景气指数排行分布情况

3座位于61~80名，3座位于81名以后，均占该区域参评城市总量的17%。

在与其他区域的横向比较上，美洲城市景气程度亚于亚太地区和欧洲，占据排行榜中游地位。进入前40名和落入60名以后的都不多。

美洲城市的旅游市场规模。与欧洲和亚洲相比，美洲地区城市旅游市场规模小，入境旅游市场规模小于欧洲城市，国内旅游市场规模小于亚洲城市。美国的几座城市（如拉斯维加斯、纽约等）是美洲规模相对较大的城市，纽约入境旅游接待人次位于全球第9，拉斯维加斯位于全球第18，其余城市均不理想。美国国内旅游人次除了纽约和芝加哥进入排行榜前20外，其余均不理想。

美洲城市的旅游市场增长。美洲城市增长状况尚可，低于亚洲，但比欧洲略高。增长较快的主要是美国城市拉斯维加斯、洛杉矶、檀香山、纽约，增幅在10%以上，其他城市仅有布宜诺斯艾利斯增幅较高，入境旅游市场和国内旅游市场均呈现两位数的增长速度。加拿大与巴西的城市，如圣保罗、多伦多、温哥华，增长率在5%左右。而墨西哥的城市（如墨西哥城和坎昆）则是负增长。

美洲城市的旅游企业表现。美洲城市旅游企业表现较好，尤其是美国城市拉斯维加斯、纽约、华盛顿、旧金山，客房出租率均保持在75%以上，即使是排名相对靠后的城市，大部分客房出租率也保持在60%以上，墨西哥城客房出租率最低但也达到了52%，这些数据全面高于欧洲城市，客房平均房价也大都稳中有升，说明美洲旅游企业经营状况较为景气。

三 潜力指数：总体处于弱势，美国城市表现突出

提取美洲地区城市旅游发展潜力排名结果如表2所示。

表2　美洲地区旅游城市发展潜力指数排行榜

国　家	城　市	区域排名	总排名	标准分
美　国	纽　约	1	3	84.878
美　国	洛杉矶	2	8	73.017
美　国	芝加哥	3	9	73.008
美　国	奥兰多	4	18	64.441

续表

国 家	城 市	区域排名	总排名	标准分
加拿大	多伦多	5	33	54.894
美 国	华盛顿	6	44	51.909
美 国	旧金山	7	51	49.316
巴 西	圣保罗	8	58	46.680
美 国	拉斯维加斯	9	65	44.001
阿根廷	布宜诺斯艾利斯	10	74	40.160
巴 西	里约热内卢	11	76	38.104
美 国	西雅图	12	82	35.214
美 国	迈阿密	13	87	32.983
加拿大	温哥华	14	90	29.316
墨西哥	坎昆	15	91	29.025
加拿大	渥太华	16	95	25.897
美 国	檀香山	17	96	25.536
墨西哥	墨西哥城	18	97	24.793

从美洲地区旅游城市的发展潜力排名来看（见表2），美国的城市表现非常突出，在区域前五名中占了4个席位，分别为纽约、洛杉矶、芝加哥和奥兰多，加拿大多伦多排在第五。排在中间的城市多来自美国、巴西、阿根廷。加拿大的温哥华与渥太华、墨西哥的坎昆与墨西哥城以及美国的檀香山排在后段，旅游发展潜力有限。

根据美洲旅游发展潜力指数在参与排名城市中的名次分布情况（见图2），

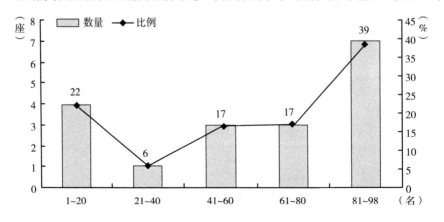

图2 美洲地区旅游发展潜力排名分布情况

4 座城市进入前 20 名，占该区域参评城市总量的 22%；1 座位于 21~40 名，占该区域参评城市总量的 6%；3 座位于 41~60 名，3 座位于 61~80 名，均占该区域参评城市总量的 17%；7 座位于 81 名以后，占该区域参评城市总量的 39%。

在与其他区域的横向比较上，美洲地区在旅游发展潜力方面的排名相对落后，未来发展空间有限。本区域各城市旅游业处于不同的发展阶段，既有处在旅游业较发达的地区的城市，如美国、加拿大、墨西哥、秘鲁等，又有处在上升通道中发展前景良好的城市，因此本区域城市旅游发展潜力指数表现差距颇大。

从旅游发展潜力各指标来看（见图 3），大部分城市的排名均得益于城市人均 GDP 和航空客运吞吐量两个指标的贡献。具体来说，城市人均 GDP 这个指标对纽约、洛杉矶、芝加哥、多伦多、华盛顿等城市的贡献度相对较高；而航空客运吞吐量这个指标则对洛杉矶、芝加哥、奥兰多、旧金山等城市的贡献度较高。

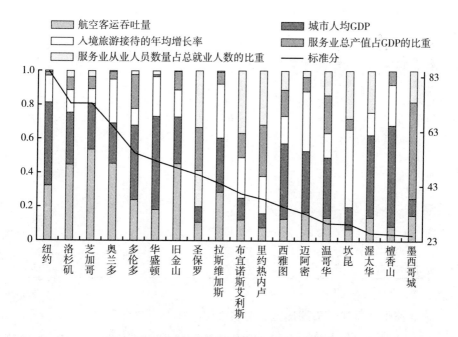

图 3　美洲地区旅游城市旅游发展潜力排名分析

在美洲城市的旅游发展基础上，美洲地区的城市与亚太及欧洲地区的城市相比，处于劣势。

在美洲城市的旅游发展潜力与未来发展空间方面，从近五年的数据分析可知，美洲地区与欧洲地区城市的旅游发展潜力与亚太地区相比，不具有比较优势。

四　吸引力指数：稳居全球中间区段

美洲地区旅游城市旅游吸引力排名结果如表3所示。

表3　美洲地区旅游城市旅游吸引力指数排行榜

国　家	城　市	区域排名	总排名	标准分
墨西哥	墨西哥城	1	21	48.83
美　国	纽　约	2	22	47.99
美　国	华盛顿	3	29	45.33
美　国	旧金山	4	35	43.65
美　国	拉斯维加斯	5	36	43.45
美　国	迈阿密	6	37	43.41
美　国	芝加哥	7	40	42.67
加拿大	温哥华	8	41	42.54
加拿大	渥太华	9	43	41.94
阿根廷	布宜诺斯艾利斯	10	45	41.69
美　国	洛杉矶	11	46	39.88
美　国	圣保罗	12	47	39.75
美　国	檀香山	13	48	38.41
美　国	西雅图	14	49	37.97
美　国	奥兰多	15	50	37.57
加拿大	多伦多	16	51	37.36
巴　西	里约热内卢	17	52	36.57
墨西哥	坎　昆	18	56	32.69

表3清晰地反映了美洲地区旅游城市旅游吸引力的排名情况。墨西哥城表现最好，位居区域排名第一。纽约和华盛顿则均由于其在世界遗产上的弱势，落后于墨西哥城，分列第二和第三名。

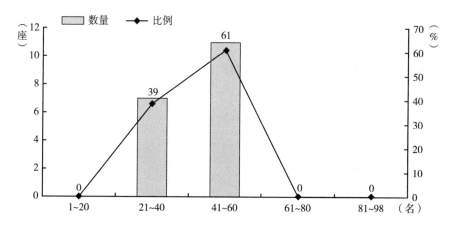

图4　美洲地区旅游城市旅游吸引力排名分布情况

图4显示了美洲地区城市旅游吸引力排名的分布情况，结果表明美洲城市集中分布在旅游吸引力排行榜的21～60名，其中21～40名有7座城市，占比39%；41～60名则有11座城市，占比61%。可见，美洲城市在世界旅游城市的旅游吸引力排名基本稳居全球中间区段。

从各指标对美洲地区旅游城市旅游吸引力指数的贡献度来看（见图5），

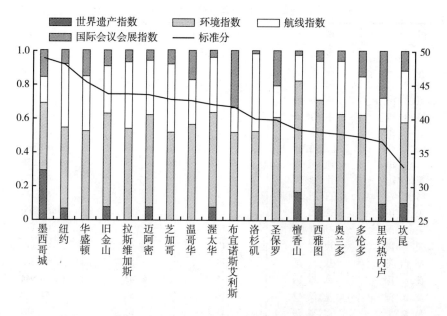

图5　美洲地区旅游城市旅游吸引力排名分析

世界遗产对墨西哥城和檀香山的贡献度相对较高，其余城市在世界遗产指数方面表现相对较弱；环境指数对檀香山、奥兰多和拉斯维加斯的贡献度相对较高；航线指数对洛杉矶、拉斯维加斯和纽约及芝加哥的贡献度相对较高；国际会议会展指数对布宜诺斯艾利斯和里约热内卢的贡献度相对较高。

美洲地区的城市多数在世界遗产方面相对处于弱势，在国际会议会展方面的得分较低似乎令人意外。美洲地区的城市在环境质量和航线数量方面的表现差别较大，奥兰多、檀香山、拉斯维加斯、迈阿密、旧金山等城市的环境质量提升了整个区域的环境指数均值；而里约热内卢、布宜诺斯艾利斯、檀香山、墨西哥城、圣保罗等城市的航线情况整体拉低了美洲区的航线指数均值。

五 支持力指数：美洲地区旅游城市普遍高于其他大洲旅游城市

美洲地区旅游城市旅游行业支持力指数排名结果如表4所示。

表4 美洲地区旅游城市旅游行业支持力指数排行榜

国　　家	城　　市	区域排名	总排名	标准分
加 拿 大	多伦多	1	1	100.000
美 　 国	旧金山	2	3	97.222
加 拿 大	渥太华	3	5	88.889
美 　 国	檀香山	4	13	76.389
墨 西 哥	墨西哥城	5	14	75.000
美 　 国	华盛顿	6	17	73.611
巴 　 西	里约热内卢	7	20	70.833
美 　 国	纽 　 约	8	23	68.056
美 　 国	洛杉矶	9	29	65.278
阿 根 廷	布宜诺斯艾利斯	9	29	65.278
美 　 国	芝加哥	11	35	62.500
美 　 国	拉斯维加斯	12	44	61.111
美 　 国	奥兰多	12	44	61.111
墨 西 哥	坎 　 昆	14	53	58.333
美 　 国	西雅图	15	55	56.944
美 　 国	圣保罗	16	58	54.167
加 拿 大	温哥华	17	63	51.389
美 　 国	迈阿密	18	74	48.611

　　表4清晰地反映了美洲地区旅游城市旅游行业支持力的排名情况。美洲地区排名前10的城市中,多伦多最为突出,旅游行业支持力整体排名第一,旧金山位居美洲地区第二。

　　图6显示了美洲地区旅游城市在旅游行业支持力排名中的分布情况,结果表明居前20位的美洲城市有7座,占比为39%;居21~40名的美洲城市有4座,

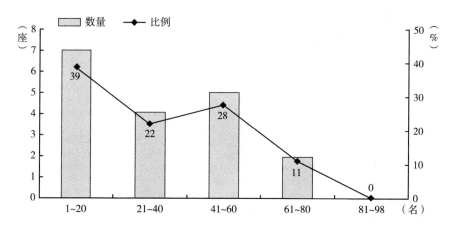

图6　美洲地区旅游城市旅游行业支持力排名分布情况

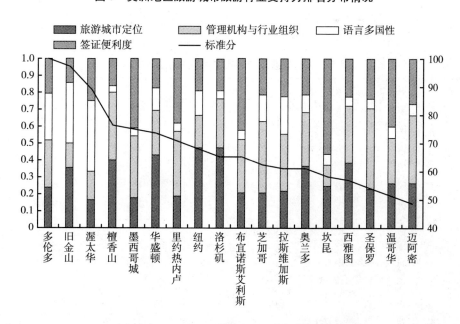

图7　美洲地区旅游城市旅游行业支持力排名分析

占比为22%；居41~60名的美洲城市有5座，占比为28%；位居61~80名的美洲城市有2座，占比为11%。

在与其他地区的横向比较上，美洲区域的旅游行业支持力水平整体高于欧洲和亚太区域，美洲城市行业支持力指数前40位次占比61%，比欧洲区域的前40位次占比高出12个百分点，比亚太区域的前40位次占比高出31个百分点。

从子指数对各城市的贡献度来看，管理机构与行业组织指数对芝加哥、檀香山、布宜诺斯艾利斯等的贡献度相对较高，对其余城市的旅游支持力的贡献相对较小；语言多国性对多伦多、拉斯维加斯、渥太华和旧金山的贡献度相对较高；签证便利度对坎昆、布宜诺斯艾利斯、温哥华、里约热内卢和墨西哥城的贡献度相对较高；城市定位指数对檀香山、纽约、洛杉矶和西雅图的贡献度相对较高。

六 网络人气指数：普遍较高，稳居全球排行榜中上游

美洲地区旅游城市网络人气指数排名结果如表5所示。

表5 美洲地区旅游城市网络人气指数排行榜

国　　家	城　　市	区域排名	总排名	标准分
美　国	洛杉矶	1	7	92.85
美　国	拉斯维加斯	2	8	92.13
美　国	纽　约	3	12	90.56
美　国	檀香山	4	14	90.52
美　国	旧金山	5	17	89.94
加拿大	多伦多	6	20	89.06
加拿大	渥太华	7	24	87.03
美　国	华盛顿	8	25	86.83
墨西哥	墨西哥城	9	29	84.96
美　国	西雅图	10	33	83.70
美　国	芝加哥	11	34	83.59
巴　西	里约热内卢	12	44	79.77
阿根廷	布宜诺斯艾利斯	13	46	79.53

国　　家	城　　市	区域排名	总排名	标准分
美　　国	迈阿密	14	51	77.94
美　　国	奥兰多	15	60	74.70
墨西哥	坎　昆	16	61	74.57
加拿大	温哥华	17	71	65.68
巴　　西	圣保罗	18	77	62.99

　　从网络关注度排名的整体结果来看（见表5），参评的18座城市中，有13座城市位于总排名的50名之前，且没有城市排在80名之后（见图8）。美洲旅游城市的网络关注度整体上靠前，对超级大国的崇拜与向往、神秘的玛雅文化，是该地区城市具有高网络人气的主要原因。从局部情况来看，阿根廷、巴西、墨西哥等发展中国家的旅游城市在全球关注度方面与美国城市之间存在一定的差距。

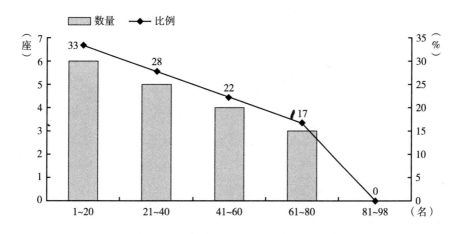

图8　美洲地区旅游城市网络人气指数排名分布情况

　　从国家层面来看，美国参评的10座城市中，6座排在总排行榜的前30名，总体上说表现最好。以拥有诸多世界遗产著称的墨西哥城在网络人气排行榜中表现不是上佳，而美洲地区经济发达的城市所受的关注较多，体现出美国作为世界经济中心的向心力要远大于世界遗产的吸引作用。

　　美洲地区旅游城市网络人气指数在参与排名城市中的名次分布情况如图8

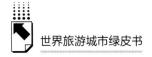

所示，有 6 座进入前 20 位，占该区域参评旅游城市总量的 33%；5 座位于 21~40 名，占该区域参评旅游城市总量的 28%；4 座位于 41~60 名，占该区域参评旅游城市总量的 22%；3 座位于 61~80 名，占该区域参评旅游城市总量的 17%。

从与其他区域的横向比较来看，美洲地区旅游城市网络人气指数排名与欧洲地区不分伯仲，属中上游水平，且无城市进入本指数排名后 20 名。

Ⓖ.11
中东及非洲地区旅游城市发展报告

一 总体分析：整体水平相对比较落后，
分指数发展水平不均衡

中东及非洲地区共有 8 座城市参与世界旅游城市发展指数排名，发展指数的平均排名为 70 名，说明中东及非洲地区旅游城市的发展水平在全球处于比较落后的水平。分指数之间的发展水平也呈现不均衡的特点。高于总指数平均水平的分指数有旅游景气指数、潜力指数、政府支持力指数和网络人气指数。吸引力指数排名最低，平均排名为 78 名；网络人气指数排名最高，平均排名为 50 名，说明这一地区的旅游城市网络人气还是很高的。

二 景气指数：较其他区域差距明显，但保持稳定增长

中东及非洲地区旅游景气排名结果如表 1 所示。

表 1　中东及非洲地区旅游城市景气指数排行榜

国　　家	城　　市	区域排名	总排名	标准分
阿 联 酋	迪　　拜	1	24	48.05
沙特阿拉伯	麦　　加	2	31	44.67
阿 联 酋	阿布扎比	3	42	40.14
埃　　及	开　　罗	4	56	36.29
以 色 列	特拉维夫	5	58	36.20
巴勒斯坦	耶路撒冷	6	72	33.80
南　　非	约翰内斯堡	7	78	32.33
南　　非	开 普 敦	8	91	25.47

参评的中东及非洲地区的城市共有 8 座，其中有 3 座城市进入榜单前 50 名，2 座城市位居前 40 名，1 座城市进入榜单前 30 名，没有城市进入前 20 名，排名依次为：迪拜、麦加、阿布扎比、开罗、特拉维夫、耶路撒冷、约翰内斯堡、开普敦。世界旅游城市景气指数排行榜中，中东及非洲地区总体排名靠后。

中东及非洲地区参与排名的城市较少，在 20 名以后的各区间分布较平均（见图 1）。没有城市进入前 20 名，进入前 40 名的城市仅有 2 座，占中东及非洲地区参评城市总量的 25%；有 3 座城市位于 41～60 名，占中东及非洲地区参评城市总量的 38%；另有 3 座城市在 60 名以后。

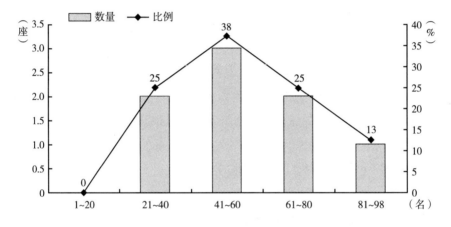

图1　中东及非洲地区旅游城市景气指数排名分布情况

整体来看，中东及非洲地区旅游城市在排行榜表现较差，和亚太、欧洲、美洲地区差距明显。在该区域中，中东地区旅游城市表现略强，非洲地区旅游城市表现较差。中东地区的迪拜、麦加、阿布扎比分别居该区域的前 3 名。这种格局也反映了全球旅游格局的整体情况，中东及非洲地区是全球旅游发展水平较低的区域，除了个别城市（如迪拜等），其他城市比起发达城市差距较大。

在旅游市场规模方面，中东及非洲地区的旅游城市除了麦加、迪拜、开罗入境旅游接待人次在全球城市中排名较为靠前，其中麦加入境旅游接待人次排在全球第 4 名、迪拜第 20 名、开罗第 25 名，其余城市市场规模都很小，在排行榜居末位。

在旅游市场增长方面，中东及非洲地区的旅游城市增长状况尚可，除了个别城市有负增长以外，大部分都保持了可观的增长率。特拉维夫、阿布扎比、耶路撒冷、约翰内斯堡都保持两位数增长，迪拜入境旅游增长率也达到5%以上，国内旅游增长率达到15%以上，较为可观。

在旅游企业表现方面，中东及非洲地区旅游城市的大部分客房出租率都保持在60%以上，表现尚可。平均房价变动率则出现两极分化趋势，迪拜属于全球平均房价增长较高的城市，而耶路撒冷、约翰内斯堡、开普敦是全球房价下滑幅度最大的城市。

三 潜力指数：整体排名靠后，区间差异较大

中东及非洲地区旅游城市旅游景气指数排名结果如表2所示。

表2 中东及非洲地区旅游城市发展潜力指数排行榜

国　　家	城　　市	区域排名	总排名	标准分
阿　联　酋	迪　拜	1	15	65.367
巴勒斯坦	耶路撒冷	2	50	49.434
阿　联　酋	阿布扎比	3	52	49.311
以　色　列	特拉维夫	4	60	46.301
沙特阿拉伯	麦　加	5	63	45.495
南　　非	约翰内斯堡	6	80	35.777
埃　　及	开　罗	7	83	34.909
南　　非	开普敦	8	98	20.314

参评的中东及非洲地区的8座城市中，其潜力排名依次是：迪拜、耶路撒冷、阿布扎比、特拉维夫、麦加、约翰内斯堡、开罗、开普敦。有2座城市进入前50名，1座城市进入前20名，没有城市进入前10名。世界旅游城市发展潜力指数排行榜中，中东及非洲地区旅游城市总体排名靠后。

中东及非洲地区参与排名的城市在各区间分布不均匀（见图2）。进入前20名的城市占到本地区所有参评城市总数的13%，21～40名没有中东及

非洲地区的城市，有 3 座城市位于 41～60 名，占参评总量的 38%，另有 4 座城市在 60 名以后。潜力指数最后一位也来自本区域，城市之间表现差异明显。

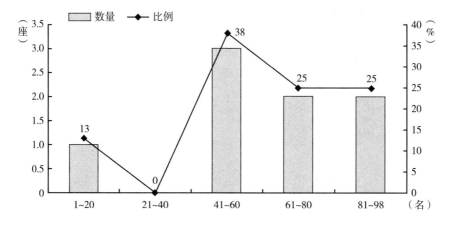

图2　中东及非洲地区旅游发展潜力排名分布情况

图 3 反映了中东及非洲地区入选的世界旅游城市在旅游潜力排行榜中的得分情况及各子指标的贡献度。其中，航空客运吞吐量对迪拜的贡献度较高，而入境旅游接待的年均增长率和服务业总产值占 GDP 的比重则对耶路撒冷的贡献度则更大，城市人均 GDP 则对阿布扎比的贡献度相对较大。迪拜位列中东与非洲地区发展潜力榜首。迪拜国际机场是中东地区最大的航空港，2010 年的旅客吞吐量为 4718 万人次，因此航空客运吞吐量这个指标方面得分在中东和非洲地区高居榜首，在所有参评的 98 座城市中名列第 15 位，这是提升迪拜发展潜力排名的最主要因素。另外，2010 年迪拜的人均 GDP 高达 35276 美元，不仅居本区域第一位，在所有参评城市中也居前列，充分显示出了迪拜较强的综合优势。

中东地区是联系三大洲、沟通两大洋的世界海陆空交通要冲，有"三洲五海之地"的美称，是伊斯兰教、基督教和犹太教等世界性宗教的发源地。而尼罗河流域是世界文明的发祥地之一，闻名世界的金字塔显示了古埃及人民惊人的创造力。该区域由于长期遭受侵略，文化落后，经济不发达。在旅游业方面，非洲是一个发展中的大陆，许多资源有待进一步开发。

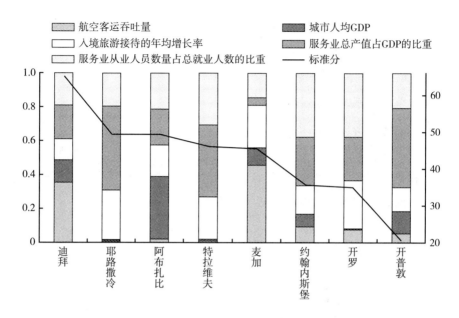

图3 中东及非洲地区旅游城市旅游发展潜力排名分析

四 吸引力指数：旅游吸引力较弱，
但有很大的上升空间

中东及非洲地区旅游城市旅游吸引力排名结果如表3所示。

表3 中东与非洲地区旅游城市旅游吸引力指数排行榜

国 家	城 市	区域排名	总排名	标准分
南 非	开 普 敦	1	59	30.79
以 色 列	特 拉 维 夫	2	61	30.26
阿 联 酋	迪 拜	3	71	25.75
南 非	约翰内斯堡	4	72	24.49
埃 及	开 罗	5	84	19.24
巴 勒 斯 坦	耶 路 撒 冷	6	85	19.19
阿 联 酋	阿 布 扎 比	7	95	12.06
沙 特	麦 加	8	97	10.60

中东及非洲地区共有 8 座城市参评，其吸引力排名依次是：开普敦、特拉维夫、迪拜、约翰内斯堡、开罗、耶路撒冷、阿布扎比、麦加。没有城市位居榜单前 50 名，整体排名偏后，一定程度上表明这一地区受制于自身的自然环境条件，整个区域的旅游吸引力较弱。

图 4 反映了中东及非洲地区城市在旅游吸引力排名各区间的分布情况。参选本年度世界旅游城市排名的 8 座中东及非洲城市中，有 7 座排在后 40 位，仅有开普敦一座城市进入 41~60 名，然而也仅排在第 59 位。中东和非洲地区城市在自然条件和城市发展程度上与其他地区城市具有较大差距，同时也说明本地区在旅游吸引力方面可做的事情很多，具有极大的上升空间，可成为今后旅游业发展的重点。

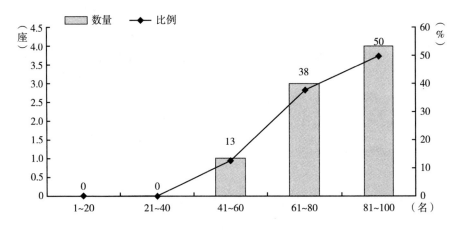

图4　中东及非洲地区旅游城市旅游吸引力排名分布情况

图 5 反映了中东及非洲地区城市在旅游吸引力评价中的得分情况及各子指标的贡献度。其中，世界遗产指标对开罗的贡献度较高，在世界遗产子指标全体城市排名中，开罗排名第 15；航线指标对迪拜的贡献度较高，通达的航线使迪拜在航线指标单项总排名中位居第 7；中东及非洲地区城市在国际会议会展方面处于相对弱势地位。

中东及非洲地区在旅游吸引力方面表现不佳，表面看来自然环境条件是最大的瓶颈，但从更深层次和更长远来看，和平安定的环境和可持续的发展理念对该区域的整体发展也将产生重大影响。

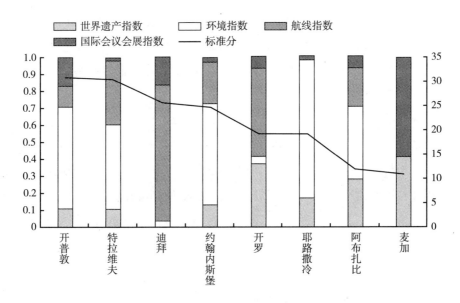

图5 中东及非洲地区旅游城市旅游吸引力排名分析

五 支持力指数：整体支持力较强，
语言多国性指标处于弱势

中东及非洲地区旅游城市旅游行业支持力排名结果如表4所示。

表4 中东与非洲地区旅游城市旅游行业支持力指数排行榜

国　家	城　　市	区域排名	总排名	标准分
以 色 列	特拉维夫	1	7	81.944
南　　非	开 普 敦	2	14	75.000
埃　　及	开　罗	3	24	66.667
南　　非	约翰内斯堡	4	53	58.333
巴勒斯坦	耶路撒冷	5	63	51.389
阿 联 酋	迪　拜	6	74	48.611
阿 联 酋	阿布扎比	7	86	44.444
沙　　特	麦　加	8	98	25.000

参评世界旅游城市排名的中东及非洲地区 8 个城市的支持力排名依次是：特拉维夫、开普敦、开罗、约翰内斯堡、耶路撒冷、迪拜、阿布扎比和麦加。6 座城市的支持力排名位居前 50 名，表现出该区域对旅游业整体较强的支持力。

图 6 反映了中东及非洲地区入选的世界旅游城市在旅游行业支持力评价中的得分情况及各子指标的贡献度。其中，城市定位对开罗和麦加的贡献度较高；管理机构与行业组织在约翰内斯堡、耶路撒冷和麦加、开罗表现较差；语言多国性对耶路撒冷和迪拜的贡献度较高；签证便利度在约翰内斯堡和特拉维夫表现较为突出。总体而言，中东及非洲区域城市在语言多国性指数上相对较弱。

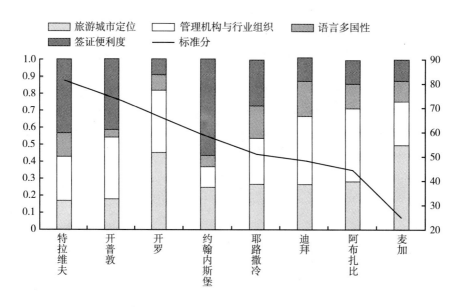

图 6　中东及非洲地区旅游城市旅游行业支持力排名分析

中东及非洲地区城市的旅游产业正处于迅速发展阶段，在旅游行业支持力指数排名中，有 4 座城市排在前 60 名，2 座城市排在 61～80 名，2 座城市排在 81～98 名。旅游行业支持力指数在非洲区域的发展差异性显著（见图 7）。

近年来，虽然赴非洲的游客人数不断增加，但总体数量还不到全球游客数

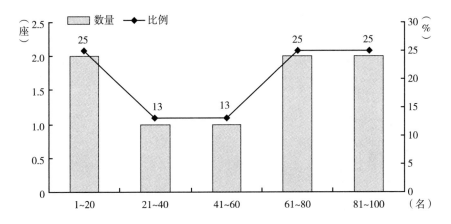

图7　中东及非洲地区旅游城市旅游行业支持力排名分布情况

量的5%，面对全球经济危机对旅游业的冲击，中东及非洲地区国家正采取措施积极应对，通过大力改善基础设施、提高旅游业服务质量、加大非洲旅游形象宣传，以吸引更多外国游客。因此，中东及非洲区域的旅游行业支持力指数未来有很大的提升空间。

六　网络人气指数：整体处于全球中等水平，发展较稳定

中东及非洲地区旅游城市网络人气指数排名结果如表5所示。

表5　中东与非洲地区旅游城市网络人气指数排行榜

国　　家	城　　市	区域排名	总排名	标准分
埃　　及	开　罗	1	11	91.16
南　　非	开普敦	2	27	86.17
以色列	耶路撒冷	3	35	83.33
阿联酋	迪　拜	4	48	78.45
以色列	特拉维夫	5	55	76.53
沙特阿拉伯	麦　加	6	68	71.15
阿联酋	阿布扎比	7	75	64.29
南　　非	约翰内斯堡	8	80	62.06

中东与非洲地区的参评城市最少，不足10座，所有城市的网络关注度排名均在前80名，一半的城市排名在前50名，网络关注度整体排名处于中等水平，区域内排名依次为：开罗、开普敦、耶路撒冷、迪拜、特拉维夫、麦加、阿布扎比、约翰内斯堡。

由图8可以看出，中东及非洲地区参评的所有城市的网络关注度落在前4个区间，各区间分布较均匀。开罗排名在前20；21～40名与41～60名分别有2座城市，各占该区域参评城市总数的25%；另外的3座城市排名在61～80名。

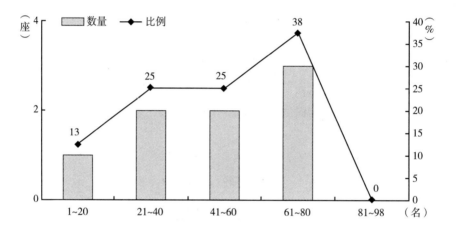

图8 中东及非洲地区旅游城市网络人气指数排名分布情况

区域内网络关注度冠军是开罗。开罗是世界文化古都，是阿拉伯世界最大的城市，摘取区域桂冠当之无愧。南非开普敦在本区中排名第二，作为南半球航运中转站，开普敦拥有南非最繁忙的机场。在旅游、贸易、经济发展等方面，对周边区域具有较强的辐射能力。排名第三的是宗教问题上争议不断的耶路撒冷。考虑到参评城市总体的一致性与可比性，为了体现出旅游城市网络人气指数的真实情况，项目组选择英语作为关键语种。这对麦加与耶路撒冷以阿拉伯语为母语的宗教圣地而言，可能有失偏颇，但是这仍然不能遮挡这两座城市作为宗教旅游胜地的光芒。从排名来看，耶路撒冷比麦加受到更多的关注，这也符合实际预期。

参考文献

［1］ Kim S. S. , Guo Y. Z. , Agrusa J. , "Preference and Positioning Analyses of Overseas Destinations by Mainland Chinese Outbound Pleasure Tourists", *Journal of Travel Research*, 2005, 44 (11).

［2］ Marion J. , "Urban Tourism", *Annals of Tourism Research*, 1997, 24 (1).

［3］ Martin K. , Mike R. , "Measuring Tourist Destination Competitiveness: Conceptual Considerations and Empirical Findings", *Hospitality Management*, 1999, 18.

［4］ Maurice R. , "Mega-Events and Urban Policy", *Annals of Tourism Research*, 1994, 21 (1).

［5］ Michael H. Leisure, "Recreation and Tourism in Inner Cities", *Annals of Tourism Research*, 1988, 15 (1).

［6］ Mike W. , "Managing Tourism in Cities", *Annals of Tourism Research*, 2000, 27 (2).

［7］ Muzaffer Uysal, Joseph S. Chen, Daniel R. , "Williams, Increasing State Market Share through a Regional Positioning", *Tourism Management*, 2000, 21 (1).

［8］ Myriam J. , "Tourismification of Historical Cities", *Annals of Tourism Research*, 1988, 25 (3).

［9］ Myriam J. , "Urban Tourism City Trips", *Annals of Tourism Research*, 1995, 22 (3).

［10］ Myriam J, Johan V. , "Scanning Museum Visitors: Urban Tourism Marketing", *Annals of Tourism Research*, 1996, 23 (2).

［11］ Myriam J. , "Inner-City Tourism: Resources, Tourists and Promoters", *Annals of Tourism Research*, 1986, 13 (1).

［12］ Neil L. , "The Hajj, The Muslim Pilgrinage to Mecca and the Holy Places", *Annals of Tourism Research*, 1999, 26 (3).

［13］ Nina S, Marat M. , "Tourism and Environmental Degradation in Sochi, Russia", *Annals of Tourism Research*, 1996, 23 (3).

［14］ Noam S, Kobi C. , "Urban Hotel Development Patterns in the Face of Political Shifts", *Annals of Tourism Research*, 2001, 28 (4).

［15］ Paul C. , "Cities in Competition: Articulating the Gains from Integration", *Urban Studies*, 1999, 36 (5 - 6).

［16］ Peter Murphy, Mark P. , "Pritchard, Brock Smith. The Destination Product and its Impact on Traveler Perceptions", *Tourism Management*, 2002, 21.

［17］ Pierre L. , Jorge F. , "Tourism and Nativistic Ideology in Cuzco, Peru", *Annals of*

Tourism Research, 2000, 27.

[18] Reiner Jaaksom, "Tourism in Transition in Post-Soviet Estona", *Annals of Tourism Research*, 1996, 23 (3).

[19] Ritchie JR B., Crouch G. I., "Tourism Destination Competitiveness and Societal Prosperity", *Journal of Business Research*, 1999, 44.

[20] Sidey C., "The Meaning of Heritage Trail in Hong Kong", *Annals of Tourism Research*, 1999, 26 (3).

[21] Stephen J. Page, "Urban Tourism in New Zealand: The National Museum of New Zealand Project", *Tourism Management*, 1993, (3).

[22] Stephen L., "Location Patterns of Urban Restaurants", *Annals of Tourism Research*, 1985, 12 (4).

[23] Stephen W. Litvin, Sharon Ng Sok Ling, "The Destination Atttibute Management Model: an Empirical Application to Bintan, Indonesia", *Tourism Management*, 2001, (5).

[24] Stuart M., Erlet C., "Tourist Typology: Observations for Belize", *Annals of Tourism Research*, 1998, 25 (3).

[25] T. C. Chang, Simon M., "Urban Heritage Tourism: The Global-Local Nexus", *Annals of Tourism Research*, 1996, 23 (2).

[26] Tanja Mihalic, "Environmental Management of a Tourist Destination: a Factor of Tourism Competitiveness", *Tourism Management*, 2000, 21 (1)

[27] Tom S., "Tourism in Islands, Cities and Small States", *Annals of Tourism Research*, 1994, 22 (4).

[28] V. Seaton, "War and Thana-tourism: Waterloo 1815 – 1914", *Annals of Tourism Research*, 1999, 26 (1).

[29] Yong Kun Suh, William C., "Gartner. Preferences and Trip Expenditures: a Conjoint Analysis of Visitors to Seoul, Korea", *Tourism Management*, 2004, (1).

[30] Katz J., Aspden P., "Motivations for and Barriers to Internet Usage: Results of A National Public Opinion Survey", *Internet Research: Electronic Networking Applications and Policy*, 1997, 7 (3).

[31] Peter J. Ellery, William Vaughn, Jane Ellery, Jennifer Bott, Kristin Ritchey, Lori Byers, "Understanding Internet Health Search Patterns: An Early Exploration into the Usefulness of Google Trends", *Journal of Communication in Healthcare*, 2008 (4).

[32] Pizam A., Neumann Y., Reichel A. "Dimentions of Tourist Satisfaction with A Destination Area", *Annals of Tourism Research*, 1978, 5 (3).

[33] Beard J. B., Ragheb M. G., "Measuring Leisure Satisfaction", *Journal of Leisure Research*, 1980, 12 (1).

[34] Tse D. K., Wilton P. C., "Models of Consumer Satisfaction: An Extension", *Journal of Marketing Research*, 1988, 25.

［35］ Mazursky，"Depart Experience and Future Tourism Decisions"，*Annals of Tourism Research*，1989，16.

［36］ Pizam A.，Neumann Y.，Reichel A.，"Dimensions of Tourist Satisfaction with A Destination Area"，*Annals of Tourism Research*，1978，5.

［37］ Hughes K.，"Tourist Satisfaction's Guided 'Cultural' Tour in North Queensland"，*Australian Psychologist*，1991，26（3）.

［38］ Oliver R. L.，"A Cognitive Model of the Antecedents and Consequences of Satisfaction Decisions"，*Jurnal of Marketing Research*，1980.

［39］ Chon K.，"Understanding Recreational Travelers'Motivation，Attitude and Satisfaction"，*The Tourist Review*，1989，44（1）.

［40］ Oliver R. L.，Swan J. E.，"Consumer Perceptions of Interpersonal Equity and Satisfaction in Transactions：A Field Survey Approach"，*Journal of Marketing*，1989（53）.

［41］ LaTour S. A.，Peat N. C.，"*Conceptual and Methodological Issues in Consumer Satisfaction Research*"，Indiana University Press，1979.

［42］ Yooshik Yoon，Muzaffer Uysal，"An Examination of the Effects of Motivation and Satisfaction on Destination Loyalty：A Structural Model"，*Tourism Management*，2005，26.

［43］ Noam Shoval，Adi Raveh.，"Categorization of Tourist Attractions and The Modeling of Tourist Cities：Based on the Co-plot Method of Multivariate Analysis"，*Tourism Management*，2004，25.

［44］ Debbage K. G.，"Oligopoly and the Resort Cycle in the Bahamas"，*Annals of Tourism Research*，1990，17.

［45］ Lundtorp S.，Wanhill S.，"The Resort Lifecycle Theory Generating Processes and Estimation"，*Annals of Tourism Research*，2001，28.

［46］ A. K. Bhatia，"*Tourism Development Principles and Practices*"，Sterling Publishers Private Limited，1982.

［47］ Chacko H. E.，"Positioning a Tourism Destination to Gain a Competitive Edge"，*Asia Pacific Journal of Tourism Research*，1997，1（2）.

［48］ Darnell A. C.，JohnsonP. S.，"Repeat Visits to Attractions：A reliminary Economic Analysis"，*Tourism Management*，2001，22.

［49］ Weaver D. B.，"LawtonL J. Overnight Eco-tourist Market Segmentation in the Gold Coast Hinterland of Australia"，*Journal of Travel Research*，2002，40（2）.

［50］ Piece E.，Mbaiwa，"The Socio-economic and Environmental Impacts of Tourism Development on the Okavango Delta，North-western Botswana"，*Journal of Arid Environments*，1992，54.

［51］ Leonard J. Britton，"Making Mourism more Supportive of Small State Development：The case of ST. Vincent"，*Annals of Tourism Research*，2002，4（5）.

Gr IV　案例报告

Case Reports

　　本部分主要选取全球 7 个代表性旅游城市进行案例研究，试图从发达国家、发展中国家、新兴国家等不同经济发展阶段，从世界城市、国际性城市、区域性城市等不同尺度，来分析它们促进旅游发展的具体举措及其发展的推动因素，从而得出有益的经验与启示，以期为有类似旅游发展资源或以此为发展目标的城市提供借鉴和参考。

ⓖ.12

伦敦：不断探索的老牌世界旅游城市

一 伦敦旅游发展概况

1. 旅游业综合状况

伦敦是全球最繁忙的旅游城市之一。在伦敦所有产业中，旅游业是仅次于金融服务业的第二大产业。2007 年，伦敦旅游业产值达到 320 亿美元，占地区生产总值（GDP）的 1/10 以上。2011 年，赴伦敦旅游的国内外游客共 2630 万人次，总消费高达 118 亿英镑。2012 年，由于举办奥运会和女王登基 60 周年庆典，伦敦旅游业进一步发展，在万事达卡公司发布的"2012 年全球最佳旅游城市"中被评为全球最受欢迎旅游城市第一名。

2. 旅游市场

（1）旅游人次。

2006~2011 年，伦敦年均接待旅游总人数维持在 2500 万左右。其中，2007 年、2009 年较上一年有所下滑，分别下滑 4.5%、4.6%；2010 年增幅最大，较 2009 年增长 5.2%。国际游客人数所占比重较高，2011 年达到 1520 万人次，较 2010 年增长了 4.1%；而国内游客人数在 2007 年、2010 年有所增长，基本维持在 1100 万人次左右（见图 1）。

（2）游客特征。

①按客源市场。

美国是伦敦最大的客源国，占入境旅游市场的 1/10 强；随后依次为法国、德国、意大利和西班牙（见图 2）。但从地区来看，超过一半的国际游客来自欧盟国家；北美洲市场约占 15%；增长最快的市场为拉丁美洲，2011 年增长了 29%，主要来自巴西；约有 7% 的市场来自亚洲，2011 年增长了 8%（见图 3）。

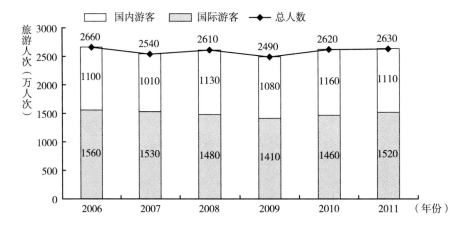

图1 2006～2011年伦敦旅游总人数

资料来源：伦敦发展促进署。

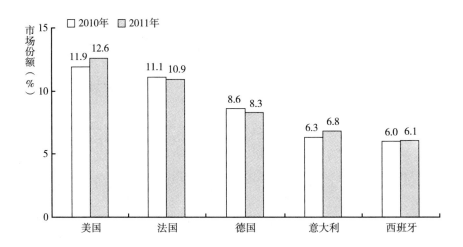

图2 2010～2011年伦敦客流量排名前五的客源国入境旅游市场份额

资料来源：伦敦发展促进署。

②按出游目的。

按国际游客出游目的分，休闲度假所占比重最高，已经接近50%；其次为商务，接近三成；探亲访友等所占比重最低（见图4）。休闲度假及商务已成为国际游客到访伦敦的主要目的。

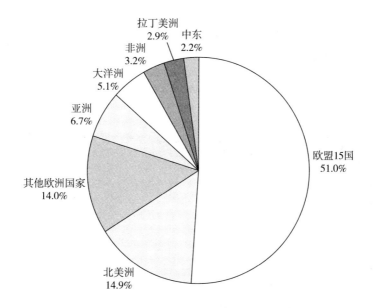

图3 2011年伦敦旅游客源市场分布（按大洲分）

资料来源：伦敦发展促进署。

图4 2006～2011年伦敦国际游客出游目的份额

资料来源：伦敦发展促进署。

3. 旅游消费

（1）总体旅游消费。

2006～2011年，伦敦旅游总消费保持平稳增长。其中，2008年、2009年基本持平，保持在105亿英镑；2011年达到最高值118亿英镑。其中，2006年国际游客消费占到总消费的78%左右，是旅游消费的主力（见图5）。

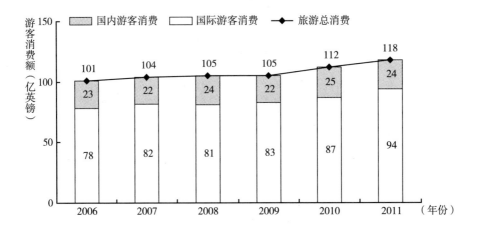

图5　2006～2011年伦敦全年旅游消费总额

资料来源：伦敦发展促进署。

2010～2011年旅游消费排名前五的客源国分别是美国、意大利、法国、澳大利亚与德国，其中美国所占国际消费比例最大，2011年达到15.9%（见图6）。

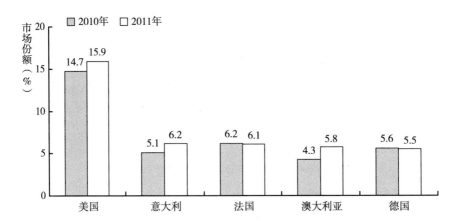

图6　2010～2011年伦敦旅游消费排名前五的客源国国际市场消费份额

资料来源：伦敦发展促进署。

（2）旅游消费结构。

游客主要花费类型中，在餐饮方面花费最高，达 1.73 亿美元，占比达 35.3%；其次分别为交通、购物、住宿、娱乐（见图7）。其中，交通花费中私家车所占比重最高，其次为公共交通。购物方面，购买衣物花费占购物总花费的66%。住宿花费占12.1%。

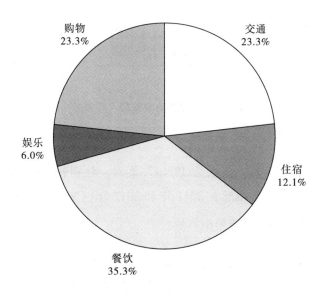

图7　2010 年伦敦到访游客花费类型

资料来源：伦敦发展促进署。

从国际旅游消费结构来看，按旅游目的来分，休闲度假类消费最高，占到总消费的40%左右，2011年占43.9%；其次为商务类，其消费也已达到30%左右（见图8）。休闲度假与商务旅游成为伦敦旅游消费的主要来源。

4. 饭店业

伦敦饭店业发达，截至 2011 年共有 909 家饭店，超过 10 万间房间。根据价格不同，饭店分为不同类型，奢侈型饭店 69 家，占 7.6%，房间 13225 间，占饭店总数的 13.2%；中等价位饭店居多，共 477 家，占 52.5%，房间 52240 间，占饭店总数的 52.2%；经济型饭店数则占 39.9%，房间数占 34.5%（见表1）。2010 年、2011 年饭店平均入住率为 82.1%、80%。伦敦举办奥运会期间，许多饭店价格涨幅较大，饭店平均入住率为 88.5%，平均每日房价为

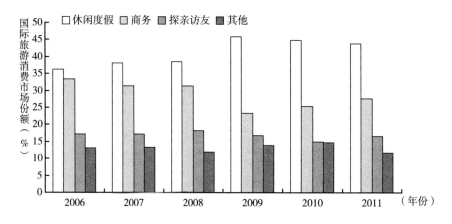

图 8　2006 ~ 2011 年旅游消费份额（按旅游目的分）

资料来源：伦敦发展促进署。

212.22 英镑，每间可租房收入为 187.77 英镑，分别较 2011 年同期增长了 4.8%、86.1% 和 95%。虽然在 2011 年和 2012 年已新增饭店 25 家，但 2013 年、2014 年伦敦计划将继续新增饭店。

表 1　2012 年伦敦饭店类型（按价位分）

类　　型	饭店	客房
奢侈型饭店	69	13225
中档型饭店	477	52240
经济型饭店	363	34535
总　　计	909	100000

资料来源：Visit London，Euromonitor International。

二　伦敦旅游发展的特点

英国旅游业发展历史悠久，是世界近代旅游的发源地，并诞生了旅游之父托马斯·库克。首都伦敦在长期发展过程中，也逐渐成为欧洲乃至世界的旅游中心。作为老牌的世界旅游城市，伦敦近年来也在不断探索旅游发展新路径。

1. 旅游发展定位：商务会展与休闲购物结合发展

伦敦景观资源丰富，白金汉宫、大本钟、大英博物馆、威斯敏斯特教堂、伦敦眼等，曾经吸引了大批国际观光旅游者。随着国际游客消费需求的转变，观光旅游的市场逐渐萎缩。为了进一步推动旅游业的新一轮发展，伦敦对旅游业发展重新定位，即打造以商务会展与休闲购物为主题的城市目的地。这个定位十分符合伦敦的发展历史和现状。1851年，在伦敦海德公园举行的万国工业博览会使英国成为现代会展业的起源地。作为英国的首都和政治、经济、文化中心，伦敦在举办会展方面具有明显的优势，据统计，英国每年超过30%的展览会在伦敦举办。与此同时，伦敦也是一个购物天堂，为英国皇室提供服务的老店吸引了众多国内外旅游者慕名前往消费，大大小小的百货公司、专门商店、超级市场、街边小店、集市、唐人街商店等包罗万象，良好的购物环境、每年两次的大减价活动以及优惠的免税政策为购物旅游的发展创造了良好的条件。商务会展与休闲购物结合发展，有力地推动了伦敦旅游业的大发展。

2. 旅游发展理念：城市旅游与乡村旅游共同发展

伦敦在重视城市旅游发展的同时，对乡村旅游的发展持同等态度。英国人历史传统的观念认为，他们不适合自己居住的城市，而是属于自己并不居住的乡村，因此，除了一些重要的大都市和工业中心之外，整个英国始终保持着一派田园景象。英国目前是欧洲唯一一个人口从城市向农村逆向流动的国家，奥运会开幕式上重点展示的乡村风光正契合了伦敦的流行趋势，被视为一次经典的伦敦乡村旅游的推广案例，并充分表达了伦敦城市旅游与乡村旅游共同发展的理念。

3. 旅游发展新契机：2012年奥运会

奥运会对于深化城市形象营销，促进旅游发展意义重大。伦敦为了应对奥运会带来的机遇，于2005年制定了《伦敦旅游业行动计划（2006~2016）》。十年计划共分为三个阶段。2003~2009年建立旅游基金，为2012年奥运会提供相关保障；2009~2013年侧重于提供必要的旅游产品，迎接奥运旅游潮的到来；2013~2016年，将充分利用后奥运效应，确保旅游产业持续高速发展。同时，伦敦旅游发展局也提出了未来的旅游发展愿景，即在2016年，将伦敦

建成全球领先的旅游城市和一个不断发展的旅游目的地，并通过发展旅游促进城市经济发展，提高伦敦人民生活质量。

三　伦敦旅游发展的经验与启示

1. 制定明确的城市旅游发展定位

伦敦将商务会展与休闲购物作为主攻对象，城市旅游发展定位明确，从而形成了稳定的客源市场。明确旅游发展定位是发展城市旅游的关键，应结合城市本身的优势和特色，制定发展目标，明确发展方向。在此基础上，对旅游基础设施、旅游交通、旅游公共服务体系与城市公共休闲娱乐设施等进行配套建设，以保证目标的实现。

2. 设计符合城市精神的城市品牌

伦敦在建立城市品牌识别系统的过程中，通过初步分析、建立品牌核心价值、根据核心价值创建识别符号三个阶段，找到品牌生根的"土壤"即旅游、商业、体育、文化以及教育业。从这些行业中提炼出伦敦"开放、迷人、自信和动力无限"的品牌格调，并在此基础上凸显伦敦"文化多元化、无限创造性、充满机会及无穷积极的推动力"等品牌价值，然后找到伦敦的核心价值——"不断探索"。此外，品牌的展现上，紧扣伦敦"不断探索"的主题特征，以一个活力无限、变化无穷的万花筒的形象将伦敦经济、文化、生活等五彩斑斓的一面生动地表达出来。良好的城市品牌将为提高城市旅游的吸引力起到积极的作用。

3. 利用大型节事平衡旅游淡旺季

伦敦作为盛事之都、国际性体育城市，每年均会举办各种大型节事活动，包括体育盛事、文化艺术盛事、娱乐盛事等，且大部分节事已在国际或洲内、国内等诸多范围内形成品牌，在节事策划、营销、运作等方面形成了一定的模式。目前伦敦大型节事活动丰富多彩（见表2），且举办时间较为均匀地分布在一年四季，因此可以达到淡季吸引旅游者的目的，从而减弱淡季对旅游业发展的不利影响。节事活动有利于展现城市的活力与文明，促进城市相关产业尤其是旅游业的发展，对于平衡旅游淡旺季意义重大。节事应突出综合性、多样化、品牌化、专业化、集约化、高效化等特点。

表2　伦敦主要节事活动一览

主要类型	代表性节事活动
体育运动类	伦敦奥运会、伦敦马拉松、温布尔登网球锦标赛、英国超级足球联赛、牛津剑桥划船比赛、河王之争
文化、艺术、娱乐类	伦敦国际旅游展（WTM）、伦敦文化嘉年华、伦敦时装周、伦敦冬季游乐会、BADA古董与艺术博览会、伦敦船展、户外探险展、全国婚礼展、伦敦艺术品和古玩展、诺丁山狂欢节、伦敦美食节、伦敦无线音乐节、儿童游乐节、圣帕特里克节、欧洲大团圆、中国新年庆祝活动

G . 13

柏林：引领高端与时尚的国际旅游大都市

一 柏林旅游业发展概况

1. 旅游业综合现状

旅游业是柏林最重要的产业之一，近年来发展迅速，越来越多的游客把柏林作为旅游目的地。作为德国国内到访外国人最多的城市，柏林成功地坚守了其在国际城市和会展旅游方面的传统优势，与伦敦和巴黎共同构成了欧洲旅游业三国鼎立的局面。经过过去几年不断的追求探索，如今柏林已确立了其"欧洲首都城市之旅"的旅游概念。在过去的 10 年里，柏林游客数量翻了两番之多。据统计，2012 年游客过夜量增加了 11.3%，达到了 2490 万次，游客的人数也增加了 10%，超过了 1000 万人，再创历史新纪录。2011 年，旅游行业销售总额约为 9 亿欧元，这一成就还带动了就业市场的巨大发展。客源市场方面，目前柏林数量最多的境外旅游客户来自英国，紧随其后的分别是荷兰、美国和意大利。饭店业方面，就过去几年的饭店过夜量而言，柏林凭借其每年7% 的平均增长率位居欧洲榜首，成为欧洲发展最快的城市。此外，未来柏林新的基础设施会为柏林的旅游业发展提供更大潜力，即将运营的柏林勃兰登堡国际机场将成为柏林重回世界城市之列的重要里程碑之一，新增的长航线将促使这座城市成为一个更加成功的旅游会展城市。正是成熟的旅游战略和政治与商业之间的精诚合作促成了柏林在旅游业中取得的辉煌成绩。预计 2013 年柏林的旅游市场具有较好前景。未来，柏林议会会不遗余力地促进柏林旅游业的发展，继续提高对该领域的重视程度。到 2020 年，旅游行业将争取实现 3000万过夜游客的目标。

2. 旅游市场

（1）旅游人次。

在 2000～2012 年，柏林旅游人次总体呈上升态势，仅 2001 年与 2002 年分别较前一年有 0.6%、2.9% 的降幅外，其余年份均为上升，增幅最显著的为 2004 年、2012 年、2005 年、2010 年，分别较前一年增长 17%、11.3%、10.3%、10.2%（见表1）。2011 年，尽管其他欧洲国家纷纷陷入债务危机，选择再来柏林旅游的外国游客依旧是稳中有升，柏林向世界展示了其在危机来临之时强大的抗压能力。此外，过夜量增长较快，2004 年、2012 年增幅较高，分别为 17% 和 11.3%，2012 年游客过夜量达到历年来新高（见图1）。在游客构成方面，国内游客占总人数的 60%～70%，国内外旅游人数均有不同程度增长，国外旅游人数增幅普遍高于国内旅游人数，其中 2004 年较 2003 年国外旅游人数增幅高达 25.9%。

表1 2001～2012 年柏林旅游人数统计

单位：人次

年份	总人数	国内游客	国际游客
2000	5006235	3792252	1213983
2001	4929578	3766737	1162841
2002	4750107	3550277	1199830
2003	4952798	3675433	1277365
2004	5923793	4277931	1645862
2005	6464522	4507877	1956645
2006	7077275	4755206	2322069
2007	7585027	5029588	2555439
2008	7906637	5152408	2754229
2009	8263171	5382512	2880659
2010	9051430	5777183	3274247
2011	9866088	6266515	3599573
2012	10848797	6764186	4084611

资料来源：柏林旅游会议局。

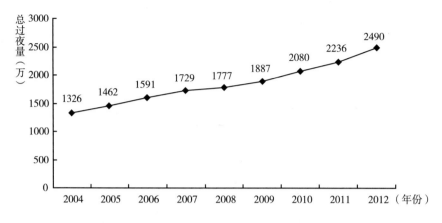

图1 2004～2012年柏林游客总过夜量

资料来源：柏林旅游会议局。

（2）客源市场及消费特征。

在游客中，约670万人次游客来自德国本土，其中来自北莱茵—威斯特法伦州的游客人数最多。2012年来柏林旅游的国外游客约有408万人次。国外游客中，英国游客最多，达40.6万人次；其次是美国游客，达到31.3万人次；意大利、荷兰、法国和西班牙游客紧随其后，分别为29.5万、28万、23.2万、23万人次。增长幅度最大的是俄罗斯游客和瑞典游客，2012年的游客增长率分别达到了30%和22%。在亚洲客源市场中，中国与日本等是柏林的主要客源国。2012年有6.98万人次的游客来自中国，超过了日本游客数量（6.55万人次）。此外，"金砖四国"（巴西、俄罗斯、印度、中国）也表现出了对柏林旅游的极大兴趣，这些国家中新崛起的中产阶级对旅行抱有极大热忱，对比以往，他们更是表现出了对柏林更为浓厚的兴趣。欧洲和"金砖四国"市场继续成为柏林的重点营销对象。

过夜量方面，国内游客过夜量接近60%，国外游客中欧洲其他国家过夜量所占比例较高，约占30%（见表2）。国外市场中英国、意大利、美国、荷兰市场过夜量较高，俄罗斯过夜量增幅最高，达到32.2%（见表3）。

在消费特征方面，游客在柏林平均停留时间约为2天（见图2）。2012年、2011年过夜游客在柏林人均每天花费分别约为205欧元、197欧元，其主要消费领域为住宿、餐饮、博物馆参观与购物。

表2　2011～2012年柏林过夜量排名前10位的客源国

单位：人次，%

国　家	2011 年	2012 年	增长率
德　国	13108932	14306277	9. 1
英　国	880517	1002175	13. 8
意大利	763220	858137	12. 4
美　国	651423	758168	16. 4
荷　兰	702510	749145	6. 7
西班牙	699562	662619	- 5. 3
法　国	522974	609706	16. 6
丹　麦	514494	606542	17. 9
瑞　士	459440	521849	13. 6
俄罗斯	315172	416490	32. 2

资料来源：柏林旅游会议局。

表3　2009～2012年柏林游客过夜量比例

单位：%

年份	2009	2010	2011	2012
国内游客	60. 5	59. 1	58. 6	57. 5
国外游客	39. 5	40. 9	41. 4	42. 5
欧洲其他国家	30. 3	31. 0	31. 0	31. 3
海外国家	9. 2	9. 9	10. 4	11. 2

资料来源：柏林旅游会议局。

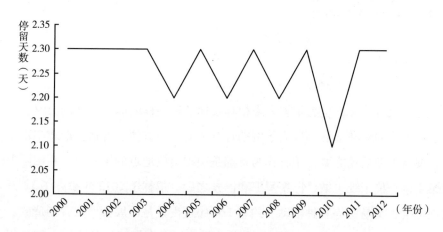

图2　2000～2012年游客平均停留天数

资料来源：柏林旅游会议局。

3. 饭店业

近年来，柏林的饭店过夜数量持续上升，2012 年的过夜量较 2011 年相比增加了 253 万人次。柏林 772 家住宿供应商共提供有 125569 张床位，较 2011 年增加了 3.9%，床位出租率也较上年有小幅增长（6.4%），达到 54.5%。住宿设施主要以饭店、旅馆为主，数量占到 80.4%，床位数占到 83.4%，其中饭店供应商量占 67%，床位数占 80.8%，床位出租率为 55%，其他住宿设施和露营地也提供有一定的住宿机会（见表 4）。

表 4 2010～2012 年柏林饭店业情况一览

设施类型	设施数量（家）			可用床位数（个）			床位出租率（%）		
	2010 年	2011 年	2012 年	2010 年	2011 年	2012 年	2010 年	2011 年	2012 年
所有住宿设施	747	762	772	112387	120805	125569	51.0	51.2	54.5
饭店、旅馆类设施	605	612	621	94135	101752	104663	50.9	51.4	55.1
饭店	203	210	218	59436	64364	65977	51.5	52.0	55.9
饭店（含早餐）	297	298	299	31605	34260	35456	51.5	51.7	55.2
家庭旅馆	11	10	9	241	267	252	22.8	24.0	29.1
寄宿公寓	94	94	95	2853	2861	2978	35.4	36.0	41.0
其他住宿设施	142	150	151	18252	19053	20906	51.4	50.4	51.5
露营地	4	7	6	1700	3140	2560	10.0	9.0	7.6

注：所有住宿设施不包含露营地。
资料来源：柏林旅游会议局。

4. 会展业

（1）会展业综合现状。

除了旅游之外，也有很多人来柏林参加各种各样的国际、国内会议。柏林旅游局下属的柏林会展部致力于将柏林打造成一个方便、舒适且形式丰富多样的会展与大型活动之城。柏林作为首都是德国会议地点的第一位，在国际上排在第 4 位，位于维也纳、巴塞罗那和巴黎之后。柏林于 2012 年举办了 12 万多次展览会、交易会等各种活动。约有 1/4 的过夜量是由展会参加者创造的。会议参加者们给柏林带来了近 20 亿欧元的收入，也为保证柏林旅馆、饭店行业里的 27.5 万个工作岗位做出了贡献。仅 2012 年上半年，柏林就举办了 57800

场活动，参加人数达460万，与上年同期相比增加30万，增幅达7%，间夜量为310万（见表5）。

表5　2012年1月至6月柏林举办会议数量、参加人数

指　　标	2011年上半年	2012年上半年	增幅(%)
会议数量(个)	53450	57800	8.1
参加人数(人次)	4278400	4570900	6.8
间夜量(间·夜)	3000000	3100000	3.0

资料来源：柏林—布兰登堡统计局。

其中柏林的会议饭店起到了至关重要的作用：280万人参加了在柏林举办的50300场活动。众多独具特色的会议场所，如Bcc、Tempodrom、Kalkscheune吸引了大批参加者，参加人数创历史新高，较上年增加20万，增幅达20%。

柏林举办场数最多的会议是医疗会议（占18%），政治活动次之（占16%），银行、商业、保险领域会议共占14%。

（2）展会硬件条件。

柏林会展业的成功发展得益于柏林完善的硬件条件和良好的社会环境。柏林饭店设施质量好，而价格却相对较低，在170多家会议饭店中有53%的饭店可以提供会议场所，这些都成为活动组织者选址柏林的一个重要因素。而便捷的交通、发达的餐饮业和丰富的文化及娱乐设施则可充分满足活动参与者业余生活的需求。

2013年底，位于柏林会展中心的德国馆将改建完成。届时，柏林最大的会展中心ICC也将得到现代化的改造。目前，仅在柏林展览中心和会展中心，每年举办的大型活动就有530多项，参加人数近24万，其中包括柏林旅游交易会、柏林国际电子消费品展览会等大型国际盛事。

二　柏林旅游发展的特点

柏林深厚的文化积淀、浓郁的文化氛围，以及独特的历史造就了其独特的"性格"。经过一个世纪的变迁，柏林拥有了更深的内涵、更丰富的文化和更

为宽容与开放的性格。作为欧洲中心的时尚之都,旅游与文化深度融合,旅游业态丰富,旅游服务个性化,设计与生活理念富有创意,以及开放、多元、创意的城市特征,使其引领传统与时尚的国际一流旅游大都市的地位不断凸显。

1."奢华之旅"凸显城市旅游高品质

从高档餐饮到高级时装,从时尚文化到高端文明,光彩与奢华一度成为柏林的代名词。高档饭店与特色美食、高雅文化与奢华购物、高尔夫与马术运动,构成柏林奢华之旅的主体内容。第一,柏林形成了亚历山大广场购物区、栗树大街、库达姆大街和陶恩沁恩大街购物区、弗里德里希大街购物区等主要购物区,分布有大型百货公司、各种档次的品牌专卖店与各类精品小店。第二,堪称完美的服务水平、无与伦比的舒适感以及独一无二的建筑风格让柏林的豪华精品饭店与众不同。对于追求奢华享受的顾客,柏林拥有 10 家五星级饭店与 12 座豪华建筑可供入住,均提供有一流的豪华服务。第三,柏林不仅有各类美味快餐,高端餐饮同样享有盛誉,这些餐馆大多位于五星级饭店内,同时也分布于柏林各区的街巷中,其中有 13 家餐厅凭借其独特的美食获得了"餐饮界米其林之星"的称号。第四,柏林也是高尔夫与马术爱好者的乐园,有众多一流水平的乡村休闲活动可供选择。柏林近 20 个高尔夫球场中不乏世界名家设计的球场与荣获世界旅游大奖的现代化度假设施,近郊也有能够满足各种喜好的高标准马场与马术运动设施。柏林从食、住、行、游、购、娱等各要素入手,致力于打造高品质旅游产品。

2."文化之都"彰显城市旅游文化品位

拥有精彩纷呈的文化生活是柏林能够吸引旅游者到来的主要原因之一,目前柏林仍然保持了以往的文化传统,并引领着时尚的潮流,构成柏林城市旅游的核心吸引力。无论是博物馆、歌剧、话剧,还是音乐会,柏林都为所有游客提供了不同档次的消费选择。第一,柏林堪比古典艺术之园。柏林是世界上唯一一座拥有三家顶级歌剧院的国际大都市,三大歌剧院及各类剧场常年上演 80 多出歌剧、10 多出芭蕾舞剧和众多音乐会,现代室内歌剧与古典歌剧相得益彰,柏林已成为整个欧洲乃至全世界在歌剧与其他传统舞台艺术方面最具影响力的城市之一。第二,柏林已成为现代艺术之圣殿。与纽约百老汇、伦敦西区相对应,柏林东区成为现代艺术集聚区,150 多座剧院每天均上演 1500 余场从形式到风格各不相同的各类节目，成为旅游休闲的一大亮点。第三，柏林堪称博物馆之都。柏林拥有180所博物馆和收藏馆、440家画廊，每天均可欣赏到著名艺术大师及艺术新秀的作品。被列入世界文化遗产名录的博物馆岛是世界上规模最大的博物馆建筑群。每年两次的博物馆长夜、柏林双年展、柏林艺术论坛等经典活动使柏林在每个季节均呈现有艺术亮点。第四，柏林是电影人的家园。柏林拥有130多家电影院，可满足各类电影爱好者的不同需要，原版电影、历史经典、全球首映大片均可看到。柏林是众多电影的拍摄地，游客可在旅游途中寻找电影场景及影星踪迹。此外，柏林电影节等不同主题和规模的电影节进一步扩大了柏林电影文化的影响力。

3. "创意时尚"激发城市旅游新活力

柏林是第一座被列入全球创意城市联盟的德国城市，同时也荣获了联合国教科文组织授予的"设计之城"的称号，在建筑、艺术与时尚领域走在时代前沿。柏林为各类非凡创意、创新理念与不拘一格的生活方式提供了土壤与空间，众多闻名世界的艺术家与设计师纷纷前来探寻艺术创作灵感，展现柏林的多姿风采，柏林已成为现代设计中心。每年一度的DMY国际设计节作为重要创意类节事活动也会展现最新设计思潮。柏林不仅是创意之城，也是前卫时尚之都。不管是博物馆还是画廊、饭店或娱乐场所、音乐或时装，每天都可在柏林找到新鲜的体验与感受。例如柏林旅游购物设施种类繁多，不论是大型购物中心还是小型商店，商品琳琅满目，紧跟时尚潮流。尤其是设计类型多样的服装款式，从个性到流行，从高级时装到休闲街头便装，应有尽有。此外，柏林夜生活极为丰富，市民及游客均可在酒吧、俱乐部或舞厅等多样别致的活动场所感受大都市动感时尚之夜。创意与时尚共同为柏林城市旅游增添了几份活力与激情。

4. 柏林国际旅游交易会（ITB）引领旅游市场新潮流

ITB是国际旅游界公认的规模最大、层次最高、成果最为显著的国际旅游盛会，有着"世界旅游业奥林匹克"的美誉。它引导着旅游市场的最新潮流，持续不断地进行突破与创新。随着市场需求的不断变化，商务旅行、旅游职业培训、旅游科技等均成为交易会的重要课题。而在互联网和数字化的引入给旅游业带来重大变革之际，柏林旅游交易同样从容应对，为行家里手创造了共同迎接新挑战的平台。2013 年，ITB 总面积达 16 万平方米，设立了 26 个展馆，共有来自 188 个国家和地区的 10086 家参展商与会，展出了国际旅游行业的最新产品和创新成果。参观人数超过 17 万人次，其中总共约有 11 万名贸易参观者，其中有 43% 来自境外。共有 21000 人参加了 200 场会议，较 2012 年增长了 25%。参展门类涵盖旅游产业链的各个环节和行业，按照洲际地理位置划分各展览区域，同时涵盖旅游产品供应商、文化旅游产品展、流行主题及演出展、旅游培训与就业、旅游科技、疗养旅游、游船旅游等。参展商包括政府旅游部门、旅游批发商、航空公司、宾馆饭店等各个领域。

5. 会展节事共促城市旅游经济快速发展

柏林高度重视节事活动的打造，已形成商务会展类、文化艺术类、体育娱乐类等主要节事活动。作为五大国际会议中心之一的城市，柏林是德国举办会议活动的首选城市。仅 2010 年，柏林就召开了 11.31 万场会议，来自世界各地的与会者人数高达 910 万。柏林会展涉及医疗、政治、银行、商业、保险、旅游、交通、艺术等各个领域。世界级别的大会和会展在柏林占有一席之地，一些会展发展成为年度性活动，在整个欧洲或国际都享有盛誉。同时柏林为参展和与会的众多国际代表提供了风格各异的会议中心、周到细致的饭店服务与丰富多彩的日程安排，让每位来柏林参会的人都能满意而归。其他大型节事活动及文化盛事贯穿全年，这些活动多以艺术交流类为主要内容，包括音乐、戏剧、舞蹈、电影、设计、绘画、时装、游戏、当代艺术等多种主题。同时，柏林还举办有柏林半程马拉松、ISTAF 柏林国际田径运动会、DFB 德国足协杯决赛等体育盛事。柏林各类节事活动主题突出、公众参与性强，社会效益及经济效益等综合效益明显，构成了城市旅游产品体系的有机组成部分，促进了城市旅游基础设施的完善，优化了城市旅游环境，促进了相关产业的发展，有效地提高了城市知名度与美誉度，节事旅游已经成为柏林城市旅游业新的增长点。

三 柏林旅游发展的经验与启示

1. 公共交通系统助力城市旅游内循环

旅游者涌入是检验一个城市通达性的重要衡量指标，而城市通达性是一个成熟的城市旅游体系的核心要素之一。柏林公共交通系统对城市旅游发展作用显著，不但真正解决了城市旅游的通达性问题，而且以其优良精准的服务促进了柏林城市旅游的内循环；不仅起到了引导旅游客流的作用，而且在城市整体旅游形象方面发挥了均衡城市旅游资源布局的作用。第一，短途公共汽车服务于城市核心旅游区。在柏林市中心区域，旅游巴士除为柏林市内主要景点提供了地铁外的交通便利外，还将区内景点线性串联形成旅游廊道，在方位上强化了各旅游景点之间的联系，为旅游者提供了一条城市旅游线路，同时提升了柏林城市的整体旅游形象。第二，城市轻轨环线方便城市外环体验。轻轨与地铁的方便接驳，将柏林市中心区与城市外环联系起来，城市轻轨环线为柏林城市旅游提供了骨架支撑，城市不同风格的建筑景观以及街道风貌可通过轻轨环线一览无余，成为旅游者短时间内获得柏林城市印象的重要方式。第三，短途火车与城市地铁接驳方便城市近郊旅游。短途火车与柏林城市地铁的无缝接驳，使得市郊的旅游景点可于一日内往返，大大扩大了柏林城市旅游圈的范围，也使城市核心区的旅游者在一定程度上得到分流。

2. 城市遗产保护与利用再造城市文化品牌

文化遗产是城市的历史见证，也是城市特色的独特体现。在城市遗产保护与利用方面，柏林从尊重历史的价值观出发，面对历史并未全盘推陈出新，而是选择了继承与发展的态度。主要特点及做法如下：第一，尊重历史遗迹，柏林常用的整体保存历史遗迹的方法为整体修缮式、遗迹残存式、整体平移式等方式，这充分体现出柏林人对历史文物的高度尊重；第二，延续历史使命，对于许多历史文物，柏林采用新旧拼贴式、功能替换式、风格统一式等与现代相结合的保护方式让这些历史文物延续其历史使命；第三，尊重历史事件，德国的历史夹杂着复杂的政治斗争，基于对历史事件的尊重，柏林保留或建设专门的场所来纪念历史事件并表达对历史的反省；第四，在与城市旅游融合中，在建立有遗产保护体系前提下，柏林找准城市遗产与旅游、市场的对接点，进一步挖掘其文化内涵，将遗产优势转化为产业优势，进而转化为城市品牌优势。此外，柏林对于历史文物的价值有着完善的评估体系，并有专门针对历史文物改造的法律条文，保证了对历史文物的任何改动都能够处于理性的分析和公众的监督之下，确保了城市遗产的合理、有效利用。从柏林城市遗产保护中可得到如下基本启示：城市的发展要充分尊重历史，它是历史延续的过程；合理、有效地利用并更新历史遗产，在新的历史环境中重新激发出历史文物的价值，将其真正变成"活的历史"，是保护遗产的一条有效途径；城市文化品牌的成功再造，得益于对城市遗产的有效保护与利用。

3. 文化创意旅游构建城市特色化转型

在柏林后工业化的都会环境中，创意产业的兴起为城市的创意转型提供了一个别致的视角，即利用文化创造力驱动城市新发展，建设具有个性特色的国际化创意大都市。而在创意浪潮的背景下，创意产业与旅游产业的融合发展不仅构成了柏林城市独具吸引力的文化风景线，也形成了其城市旅游发展的新模式。文化创意旅游日益成为构建世界城市综合影响力、输出文化价值的重要方式，有效地推动了城市特色化转型。作为世界一流的旅游城市，柏林充分发挥独特的文化优势与智力资源优势，把发展文化创意旅游和打造创意城市作为城市发展的战略选择，目前已形成以设计为主题的特色创意产业体系，成为文化创意旅游的重要突破点。通过层次丰富的创意旅游产品载体，尤其类型多样的节事活动载体，探索将文化创意产业生产系统与旅游系统相结合，构建了一种符合柏林城市个性的生产与生活模式，有效地促进了城市的主题化、个性化、品牌化的转型，促进传统产业升级，形成城市的特色产业体系，推动了城市产业特色化，为柏林城市发展注入了持续的活力，进一步提升了城市的综合竞争力与文化感召力。

4. 旅游公共服务一体化提升旅游服务品质

柏林凭借一流的旅游要素和服务设施、高效的旅游服务运行机制、丰富的旅游信息咨询服务构成了一流的城市旅游公共服务体系。其旅游公共服务一体化主要突出表现为旅游服务官方机构与"柏林欢迎卡"一卡通服务两方面。旅游服务官方机构方面，柏林旅游会议局是柏林旅游业的官方机构，致力于柏林旅游业的发展，为世界各地提供到柏林旅游的落地服务。该局与柏林的饭店、文化娱乐以及交通运输等行业的服务供应商密切合作，为商务旅行、大型会展以及团组旅行等各类旅游形式提供方便。同时为旅游业及柏林游客提供信息中介服务。其主要任务包括：提供有关柏林的各类信息，帮助柏林人及游客加深对柏林的了解；为旅游业的合作伙伴、媒体以及会展客户提供柏林服务信息；展示柏林作为旅游之城，在经济上富有吸引力以及富有创新和创意的大都市的形象；为柏林的服务业供应商，如饭店、旅行社、餐馆、策展人和大型会议组织者以及在艺术、文化、科学和体育界的企业和机构提供咨询，并在新产品开发和拓展市场方面提供帮助。柏林欢迎卡为官方旅游卡，为游客在柏林旅游提供了极大的便利，使用该卡是柏林旅游的最佳选择。除具有车票功能外，游客可使用欢迎卡附带的优惠券在 150 多项旅游或文化活动中获得从 25% 到 50% 不等的优惠，包括城市观光游、参观博物馆、观看话剧演出、餐馆进餐、健身及优惠购物等主要活动。同时欢迎卡还附有各类旅游信息服务指南，突出了旅游服务的便利化。

5. 整合营销推动城市旅游品牌形象塑造

城市旅游整合营销是构筑城市旅游品牌形象的直接有效形式，是提升城市旅游业竞争力的重要选择。柏林积极整合旅游资源、城市旅游形象，形成整体竞争力，拓展一体化营销思路，致力于打造城市旅游整体品牌形象。在整个旅游业推广中以旅游者为导向，重视与旅游者的双向沟通，根据旅游市场特点，对人、财、物等资源要素系统规划与整合，整合多种传播媒介，在国内外开展了广泛营销，实现营销传播的动态优化。柏林目前已形成多层次、全方位的立体传播渠道。如利用现代传媒，全方位进行旅游信息传递；整合大事件营销，积极发挥各类节事活动的聚媒效应、口碑效应、名片效应、改善效应等多项效应，通过举办柏林国际电影节等各类节事活动积极宣传城市和传播城市形象，吸引国内外公众眼球；积极参加海内外交易推介会、专题讨论会、社交媒体活动，邀请海内外业界来柏林考察，不断强化柏林在会议和奖励旅游等领域的专业化营销优势；与相关企业合作营销，结合双方各自优势，通过丰富多彩的营销计划，共同开发旅游市场。

G.14

香港：独具魅力的亚洲都会

一 香港旅游发展概况

1. 旅游业综合现状

旅游业是香港经济的四大支柱产业之一，也是香港第二大创汇产业，每年为香港GDP的贡献超过5%，每年提供超过5%的就业岗位，是香港提供就业岗位最多的行业之一，带动了香港旅游、零售、餐饮及住宿等行业的发展，推动了香港整体经济的发展。香港政府高度重视旅游业的发展，20世纪70年代后，香港旅游业进入快速发展时期。2012年，全年访港游客实现4861.51万人次的历史新高，较2011年大幅上升16.0%。其中，过夜旅客占整体访港旅客的48.9%，约2377万人次，较2011年增加6.5%。旅游消费方面，2012年与入境旅游相关的总消费预期将达3065亿港元，较2011年增长16.5%。初步估计，过夜旅客的人均消费约为7819港元，较2011年增加4.7%，全港旅游业发展势头强劲。

2. 旅游市场

（1）旅游人次。

如图1所示，除2003年外，2000～2012年访港旅游人数呈整体增长态势。受SARS影响，2003年访港人数比上年下降6.2%，相比亚洲其他城市旅游目的地两位数的跌幅，这一表现较为理想，证明香港旅游业具备稳健的根基。2003年7月启动中国内地居民"港澳自由行"后，次年访港的内地游客便首次突破千万大关。2009年，面对国际金融危机的威胁，全年访港人数增幅较小，较2008年仅增0.3%，但从2009～2012年的年均增长情况来看，旅游人次呈大幅增长态势。

依据游客停留时间，分为过夜游客与一日游（香港称"不过夜"）游客。

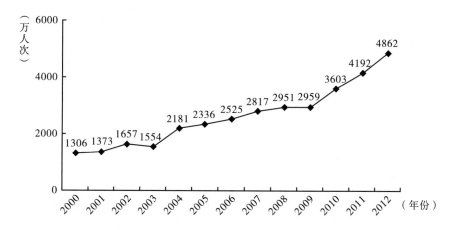

图1   2000~2012年香港全年访港游客人数

资料来源：香港旅游发展局。

从旅游人次来看，2000~2012年，香港过夜游客与不过夜游客的数量皆呈较为稳定的上升态势，2012年，不过夜游客人次超过了过夜游客人次（见图2）。自2003年内地居民"港澳自由行"启动后，不过夜游客的比重开始呈现平缓波动式的增长；2005年迪斯尼乐园开园后，呈渐进增长的态势；至2012年超过了访港总人次的50%，充分体现了中国内地居民强大的出游能力与愿望（见图3）。

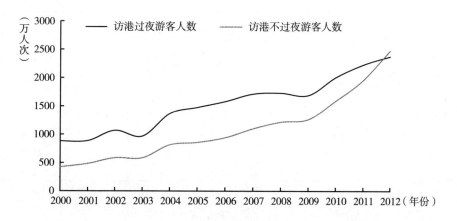

图2   2000~2012年香港过夜游客与不过夜游客人数趋势

资料来源：香港旅游发展局。

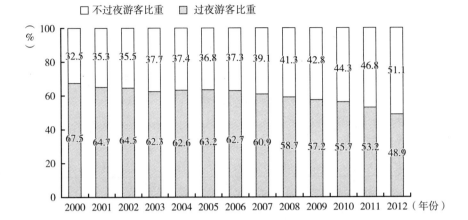

图3 2000~2012年香港过夜游客与不过夜游客比重

资料来源：香港旅游发展局。

（2）旅游客源市场分析。

①按客源地分类。

从客源地来看，香港地区的主要客源来自亚洲，其中前三大客源地为中国内地、中国台湾及日本，各年份均以中国内地市场占比最高（见表1）。

表1 2007~2011年访港市场占有率

单位：%

年 份	2007	2008	2009	2010	2011
美 洲	6.3	5.7	5.3	4.9	4.3
欧洲、非洲及中东	7.8	7.1	6.7	6.0	5.2
澳大利亚、新西兰及南太平洋	2.7	2.6	2.4	2.1	1.8
北 亚	7.8	7.6	6.2	6.1	5.5
南亚及东南亚	10.3	10.0	9.7	9.7	8.9
中国台湾	7.9	7.6	6.8	6.0	5.1
中国内地	55.0	57.1	60.7	63.0	67.0
中国澳门	2.2	2.4	2.3	2.2	2.0

资料来源：香港旅游发展局。

2010~2011年连续两年排名前五位的客源地国家与地区依次为中国内地、中国台湾、日本、美国、韩国（见图4）。

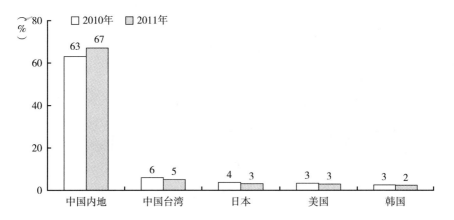

图 4 2010～2011 年香港五大主要客源地的市场占有率

资料来源：香港旅游发展局。

按照与客源市场的距离，香港将旅游客源市场分为短途市场（不含中国内地）、长途市场与内地市场，从 2012 年的情况来看，中国内地市场在访港总人次（包含过夜游与不过夜游）中所占的比重超过其他长途及短途市场的总和（见图 5）。

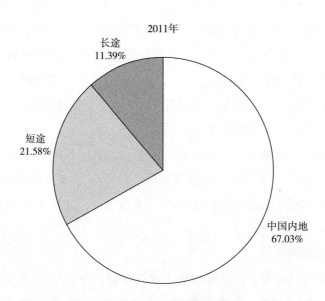

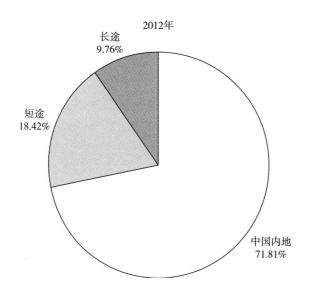

图5　2011 年、2012 年香港客源市场百分比

资料来源：香港旅游发展局。

短途市场方面，由于 2011 年日本发生"3·11 地震"及相关事故，不少区内度假旅客当年取消赴日并转而来港，以致 2011 年短途市场的旅客基数稍高，2012 年升幅收窄。但个别短途市场旅客数量依然有增幅，韩国及菲律宾市场增幅分别达到 5.6%、7.6%。中国台湾市场除了以上因素外，亦受到"两岸"直航影响，致使商务旅客减少，整体旅客总数出现跌幅。

长途市场方面，则受欧美经济表现疲弱影响，整体旅客数量轻微下跌，但个别市场如英国则有 5.3% 的增长，达到 53 万人次。

新兴市场中，以俄罗斯的表现最为理想，访港旅客达 18 万人次，增幅高达 41.8%，并已成为继英国、法国及德国后的欧洲第四大客源市场。但印度等其他新兴市场则受各种客观因素影响，表现各异。2012 年新兴市场总体较上年减幅 6%。

②按出游目的分类。

就游客出游目的而言，访港目的主要以度假、商务/会议为主，其中度假游客比例占 50%～60%。说明香港旅游业已经进入以休闲度假为主体的发展阶段（见图6）。

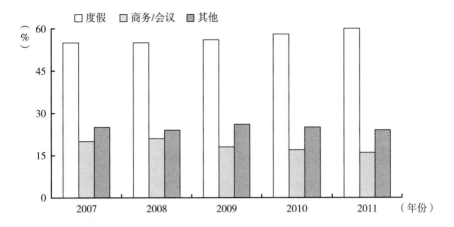

图6　2007～2011年香港游客主要访港目的

资料来源：香港旅游发展局。

（3）旅游者人口统计特征。

就总体游客而言，访港游客平均年龄为37岁，以女性居多，占游客总数的50%左右，呈现这种特征的原因之一在于香港的购物旅游发展较好，购物天堂往往能吸引较多的女性旅游者。

从过夜游客来看，仍以女性旅游者为主，平均年龄为39岁，较受其欢迎的景点包括星光大道、太平山顶、女人街、香港迪士尼乐园、海洋公园等。主要活动为购物，受欢迎的商品依次是现成服装（购买游客比重为45%左右）、化妆品、小食/糖果、鞋类、手袋/银包/皮带等。

就不过夜游客而言，大多为男性，平均年龄为38岁，已婚比例高达70%，来港主要目的为购物，最常购买的物品为小食/糖果、个人日用品及现成服装。

3. 旅游消费

自2009年后，香港与入境旅游相关的总消费大幅提升，2010年突破2000亿港元，2012年突破3000亿港元。其中与入境旅游相关的总消费占较高比重（见图7）。

其中，过夜游客消费占总消费的六成左右。2007～2011年，过夜游客消费中最高的五个市场分别为中国内地、美国、日本、中国台湾与澳洲，且以中国和美国过夜游客消费最高，中国内地过夜游客消费比重独占鳌头，已接近70%（见表2）。

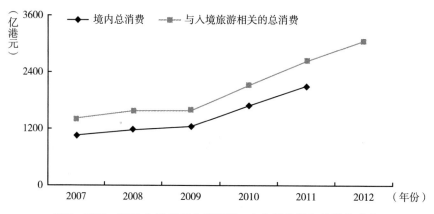

图7 2007～2012年香港境内总消费、与入境旅游相关的总消费

注：未获取2012年境内总消费数据。
资料来源：香港旅游发展局。

表2 2007～2011年香港过夜游客消费前五名市场消费比例

单位：%

年 份	2007	2008	2009	2010	2011
中国内地	53.7	56.5	65.5	64.4	67.1
美 国	6.1	5.3	3.8	3.9	3.7
日 本	4.1	3.7	3.2	3.2	2.7
中国台湾	4.0	3.5	3.2	2.8	2.7
澳 洲	3.3	3.4	2.6	2.8	2.4

资料来源：香港旅游发展局。

图8、图9显示，无论是过夜游客还是不过夜游客，消费热点主要集中在购物方面，购物旅游收入成为香港旅游业最主要的收益。有所不同的是，过夜游客还有一笔大的支出用在饭店住宿方面。

4. 饭店业

从基础设施增加的情况看，香港饭店业呈现出良好的发展态势，饭店及房间数目均有所增加，香港的饭店业主要由饭店和旅客宾馆构成，饭店主要分为高级甲级、乙级高价、中价饭店和未能分类四大门类。据统计，截至2012年，饭店及旅客宾馆总数已达929家，房间数突破70000间（见图10）。2007～2012年，客房平均出租率保持在85%左右，各类饭店中以中价饭店、乙级高价饭店入住率表现良好，达到90%左右。在各地区中，位于油麻地旺角的饭

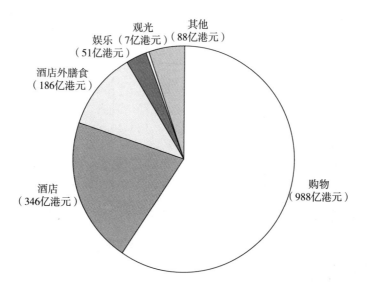

图8　2011 年香港过夜游客消费情况

资料来源：香港旅游发展局。

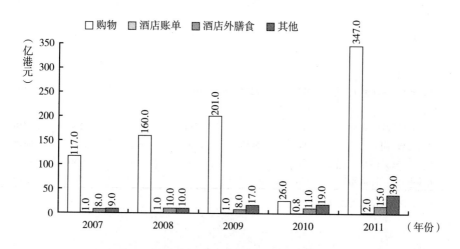

图9　2007～2011 年香港不过夜游消费情况

资料来源：香港旅游发展局。

店入住率最高。饭店实际平均价格总体呈现上升态势，2008～2010 年略有下降；且旅客宾馆平均价格增幅普遍高于饭店，2011 年增幅高达 20.5%。饭店开支较大的主要为饮食部门开支、房间部门开支及固定费用。2009 年、2010年饭店利润占总收益的比重分别为 26.9%、34.6%（见表 3）。

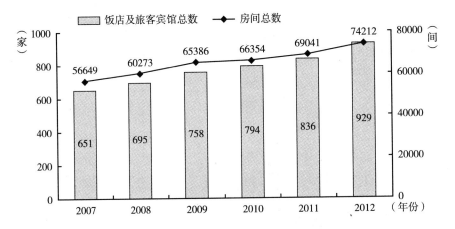

图10 2007～2012年香港饭店及旅客宾馆、房间总数

资料来源：香港旅游发展局。

表3 2007～2012年饭店业主要指标

年　份	2007	2008	2009	2010	2011	2012
饭店						
饭店数目(家)	140	149	167	175	190	211
房间总数(间)	51581	54804	59627	60428	62830	67394
出租率(%)	86	85	78	87	89	89
实际平均房价(港元)	1215	1222	1023	1165	1356	1489
旅客宾馆						
旅客宾馆数目(家)	511	546	591	619	646	718
房间总数(间)	5068	5469	5759	5926	6211	6818
入住率(%)	73	78	70	82	86	85
实际平均房租(港元)	296	352	330	351	423	510

资料来源：香港旅游发展局。

二　香港旅游发展的特点

香港地理面积狭小，传统景观资源匮乏，十分不利于观光旅游的发展。但是，香港地理位置优越，交通便利，商品经济发达，是发展休闲购物旅游、商务会展旅游的理想之地。近年来，香港大力推广"购物天堂"、"亚洲盛事之都"等城市形象，吸引世界各地游客纷至沓来，形成了香港以入境旅游为支

撑的旅游发展格局。

1. "购物天堂"成为旅游核心吸引力

香港着力打造"购物天堂"，政府采取低税率政策，在香港出售的大部分商品都不征税，因此在香港购物，货品价格相应较低，普遍低于其他国家地区，加之香港的零售商铺每年都有多次换季减价促销活动，为顾客提供额外的优惠。截至 2011 年，香港共有 102 条公众街市 14452 个档位（熟食档位 1027个）售卖各种货品，市内众多高级商场、百货公司、露天市集、超级市场及便利店，以及多条主题购物街，主要购物区分布于香港岛及九龙等地段，主要种类包括中式食品、计算机及电子产品、时装及美容、家具饰品、珠宝及钟表、眼镜用品、特色购物、传统工艺等。此外，香港许多地区都有大型购物综合体，如太古城、沙田新城市广场等，其内除有大型百货公司之外，还有各类商店和餐饮店及一些游乐设备。在服务品质提升方面，香港的服务员大多受过专业的优质顾客服务训练，且通过"优质旅游服务"计划获得认证的商户，均会获发"优质旅游服务"标志，表明其产品和服务已达明码实价、资料清晰、优质服务等标准。此外，为了方便购物，还建设有拼港网、莎莎网、草莓网、香港购物网等购物网站。

国际消费公司环球蓝联于 2012 年 10 月发表的全球购物者指数调查结果显示，根据全球购物者的购物体验，从商店、价格、便利性、饭店与交通及文化与气候 5 项指标考察，香港位居亚太区最佳购物城市榜首。

2. "亚洲盛事之都"推动商务会展旅游大发展

香港是全球公认最佳的会议、展览及奖励旅游以及商务旅游城市之一。2011 年，香港共举办了逾 110 项展览，吸引超过 150 万名会议、展览及奖励旅游过夜旅客。数据显示，参加大型会展的游客在香港逗留的天数及人均消费水平均是所有游客类别之首，能够带来巨大的旅游经济效益。

为了发展商务会展旅游，2008 年 11 月，香港旅游发展局成立香港会议及展览拓展部，为选择在香港举办会议及展览活动的机构提供一站式的专业支持服务，包括宣传推广、旅客宣传、为主要决策人协调场地考察安排、协助邀请主礼嘉宾及与政府部门协商等。香港会议及展览拓展部曾在 CEI Asia 杂志举办的"最佳会议局"奖项中名列第二。香港有超过 50 个大小不同的会展场

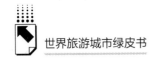
地，其中位于市中心的香港会议展览中心以及毗邻香港国际机场的亚洲国际博览馆，规模庞大，在香港数一数二。目前，香港可提供的总展览面积已超过150000平方米，并正计划进一步增加展览面积。

同时，为了应对周边日益激烈的会展竞争，香港举办的各类会议或展览活动开始朝着高端方向发展，如珠宝展、国际房地产展、香港及国内商机及特许经营展等，这些展览对主办场地、配套、保安及其他专业服务的要求较高，令香港在举办这些活动时仍具一定优势。

3. "亚洲邮轮枢纽"成就旅游经济新增长点

香港具有发展邮轮旅游的港口优势，近年来正着力打造"亚洲邮轮枢纽"，寻求旅游经济新增长点。2013年，启德邮轮码头的建成是香港邮轮旅游大发展的一个重要里程碑。目前，香港政府与旅游发展局一直通过不同方法致力于向外推广，以巩固香港"亚洲邮轮枢纽"的形象。2012年，首度推出400万港元的市场推广合作基金，与邮轮公司一对一配对，与邮轮公司各付对等金额作推广及宣传，以助邮轮公司加强宣传，并可鼓励邮轮公司增加在港的停泊次数，以及选择香港作为母港。此外，还成立"新旅游产品发展计划"，鼓励发展有创意的崭新陆上观光，入选计划每个可获50万港元发展资金。2013～2014年，增拨资源加强推广邮轮旅游，金额由2012年财政年度的1340万港元，增至2013年财政年度的1560万港元。此外，2013年1月，还在香港首次举办名为"香港邮轮论坛"的大型区域性邮轮论坛，邀请全球多家船公司赴港参与，共同商讨香港邮轮业的发展机遇，并研究于2014年再次在港举办大型区域性邮轮会议。

三　香港旅游业发展的经验与启示

香港旅游业发展的成功历程，为类似城市的发展发挥了借鉴作用，从以上分析中，得到香港在旅游城市发展建设中主要有以下几方面的经验与启示。

1. 构建专业的旅游综合管理体系

香港旅游业是一个社会化的行业，在发展过程中有关机构发挥了较好的组织、协调和管理作用，旅游业市场运作与管理的水平较高，涉及旅游业的政府部门主要有三个，即香港特区政府旅游事务署（政府部门）、香港旅游发展局（法定机构）和香港旅游业议会（行业组织）。此外，还有一个由政府、旅游发展局和业界代表组成的非常设性机构——旅游业策略小组，从策略部署的角度，研究并向政府提出促进旅游业发展的建议，旅游事务署则参照建议拟订发展计划，制定短期和长期措施。

旅游行业管理体制由政府主导型向市场主导型的转变是未来发展的必然趋势，符合市场经济发展的客观要求。香港旅游管理体制主要有以下几个优点。

第一，政府、协会彻底分开，旅游行业协会作为政府与企业之间的中介组织，应充分发挥政府主管部门与企业间的协调和服务的作用，并将逐渐取代目前政府所承担的部分职能。

第二，政府主管部门、法定派出机构、行业组织各司其职，任务明确，相互配合，将城市作为一个整体的旅游目的地来打造，形成了完整的旅游管理体系。香港特区旅游事务署作为政府部门，主要规划旅游业整体发展方向、实施重大项目和协调部门及行业共同推进旅游业发展。香港旅游发展局作为政府出资的法定机构，开展具体的实施工作，通过国际化、专业化的运作方式在全世界推广，香港成为亚洲地区一个具有领导地位的国际城市和位列世界级的旅游目的地。旅游业议会作为行业自律组织，主要负责对旅行社业进行日常规管。

第三，健全的旅游政策法规是政府主管部门执法、旅游行业组织实施有效管理、旅游企业经营活动的法律保障。

第四，充足的行业组织资金为行业组织正常运转和专业化管理提供必要的资金保障。

2. 打造完善的城市旅游公共服务体系

第一，香港形成了多元化的公共交通系统，主要由港铁、电车、专营巴士、公共小型巴士、非专营公共巴士、的士、缆车及渡轮等组成，服务范围遍及全港，还设有复康巴士服务，供行动不便的人士使用。采用"八达通"电子车票兼具货币智能卡系统，此外还有专门的旅游观光巴士。

第二，建立有全方位的游客咨询服务，包括旅游咨询中心、电话咨询服务热线以及以游客为对象的香港旅游信息网等。

第三，推行"优质旅游服务"计划，帮助游客识别出值得信赖的零售商

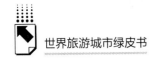

户、餐馆、旅客住宿服务及发型屋等，通过标准化建设、信息化技术应用等举措，提升旅游服务水准和品质。

第四，散客权益维护服务的职责由多部门共同承担，其中包括香港旅游发展局、消费者委员会、公共执法机构（如警察局、海关等）等，这些机构都可为游客提供相应的维权服务。

第五，在智能城市建设方面，被评为"全球十大智慧城市"，突出表现在其数字化管理方面，在使用和采用智能卡方面已经处于领先地位，如公共交通、图书馆查阅、建筑、商场、停车场等。

第六，注重无障碍服务。在观光旅游景点、交通工具（入境交通设施、市内交通设施、公共交通服务等）、商场、饭店、餐馆及其他场所，以至于电话亭和洗手间，均设有专用的无障碍辅助设施，并提供《香港无障碍旅游指南》、《无障碍旅游指南地图》、《无障碍去街 Guide》等无障碍旅游设施资讯、景点和行程图册，方便游客。

第七，注重公共博物馆的建设。各博物馆每年均举办大型专题展览，一连串的推广活动，包括讲座、课程、电影、导赏参观、示范、工作坊及巡回展览，进一步推广博物馆服务，吸引市民和旅游者参观，且部分博物馆内的设施可供市民租用。

3. 策划提升国际知名度的大型活动

香港推出了一系列的艺术节、文化展、戏曲节、电影节等文化演艺活动与具有香港特色的马术、壁球、高尔夫公开赛等，并重视通过大型主题活动推广营销，采用了多种方式、全方位地向海内外游客进行推介，大大提升了香港的国际知名度，塑造了香港旅游城市形象的另一个维度。香港注重中国传统的节庆活动，尽管是国际化的都市，但这里的春节却是传统年味十足，融合了东方西方文化氛围，处处张灯结彩，鲜花盛开，赛马、花市、烟火、巡游等让海内外游客感受到中国农历新年的喜庆气氛。

香港大型活动不仅主题丰富，而且形式多样，经过多年的积累与发展，业已成为具有中国传统特色与现代文化结合的亚洲盛事之都。香港旅游发展局策划的节庆活动主题鲜明、层次清楚，根据时间分散于各个季节，使香港一年四季都有主题节庆，既发挥了调节旅游淡旺季的作用，又避免了节庆聚群的现象。

Gr . 15
北京：稳步迈向国际一流旅游城市

一 北京旅游发展概况

1. 旅游业综合现状

改革开放以来，北京旅游业一直处于全国龙头地位。作为世界著名的历史文化名城和世界七大遗产所在地，北京的旅游业形成了独特的发展优势，是首都经济的重要支柱产业和新的经济增长点。经过多年的发展，北京市内交通等基础设施不断改善，旅游基础设施、旅游标识系统与公共服务体系逐渐建成、完善。2008 年奥运会的成功举办，整体提升了北京旅游产业，极大地提高了北京的国际知名度。北京旅游总人次于 2000 年超过 1 亿人次，至 2012 年，来京旅游总人次已达 2.31 亿人次，旅游业增加值达到 1336.2 亿元，占全市 GDP 的比重达 7.5%；同年完成旅游特征产业投资额 681 亿元，占全社会固定资产投资的比重达 10.5%。《北京市"十二五"时期旅游业发展规划》提出，围绕建设中国特色世界城市的目标要求，将北京建设成为我国入境旅游者首选目的地、亚洲商务会展旅游之都、国际一流旅游城市，不仅明确了旅游业发展的定位，也确立了北京作为旅游城市的发展目标。

2. 旅游市场

（1）入境旅游接待人次。

①总体情况。

2000~2011 年，来京旅游总人次呈整体增长态势。受 SARS 影响，2003 年来京人数比上年下降 12.16%，但次年即迅速反弹并超过 2002 年的水平；此外，2008 年受奥运会限制游客流入政策的影响，入京旅游总人次较上年略有回落（见图 1）。相应的，2000 年以来北京入境旅游接待人次整体上呈上扬态势，但在 2003 年、2008 年形成了两个凹点（见图 2）。为了促进入境旅游的发展，北京从 2013 年 1 月 1 日起，对美国、英国、法国等 45 个国家实行 72 小时过境免签政策，这一政策的出台将大大便利国外旅游者来京旅游，加速国际一流旅游城市目标的实现。

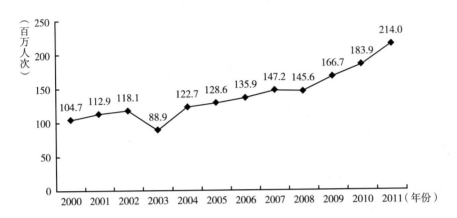

图1 2000～2011 年北京旅游总人次

资料来源：北京市统计局。

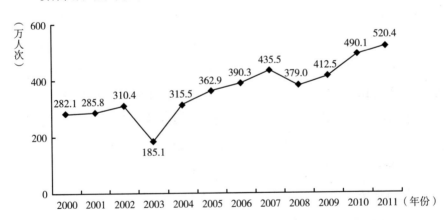

图2 2000～2011 年北京入境旅游接待人次

资料来源：北京市统计局。

②游客特征。

按客源市场分，北京的入境旅游客源主要来自中国港澳台地区、亚洲其他国家、欧洲、美洲（见图3），大约一半的客源来自亚洲地区，约占总份额的 49.5%，来自欧洲地区的客源约占入境旅游总人次的 24.8%，美洲地区的占 20.2%。细分到国家与地区层面，从 2010 年、2011 年的数据来看，美国、日本、韩国是北京的三大客源国，再者是中国的香港，除日本外，2011 年前其他几个客源市场都较上年有一定增长，增幅最大的是美国，增幅超过 10%（见图 4）。

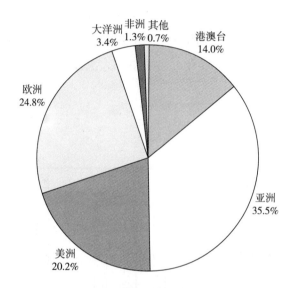

图 3　2011 年北京入境旅游客源市场分布（按大洲分）

资料来源：北京市统计局。

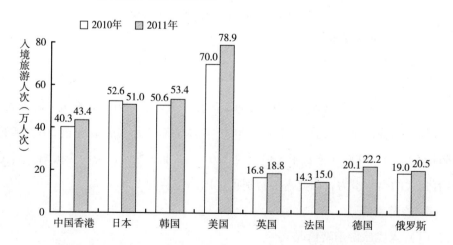

图 4　2010～2011 年北京前八位的客源市场情况（按国家与地区分）

资料来源：北京市统计局。

（2）国内旅游人次。

从总体上看，北京市国内旅游人次呈现上升态势，以2009年之后更加明显，受SARS和奥运会限制进京的影响，2003年、2008年国内旅游人次有一定程度的回落，以2003年更为明显。2008年之后，面临国际金融危机的不利形势，在入境旅游接待人次大幅回落的情况下，北京市出台了一系列的国内旅游促进政策，大力发展国内旅游并倡导北京市民游北京，来弥补入境旅游发展的不足，因此，2009年北京旅游总人次较上年有较大提升，且呈现出较好的持续性（见图5）。

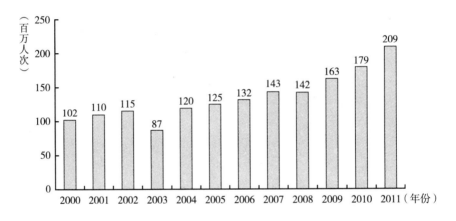

图5 2000～2011年北京国内旅游人次

资料来源：北京市统计局。

3. 旅游收入

北京的旅游外汇收入从2000年的2.7亿美元增至2011年的5.4亿美元，大约翻了一番，而国内旅游收入从2000年的683亿元人民币增至2011年的2864亿元，比2000年增长了3倍（见图6）。以上数据足以说明中国国内居民具有强大的出游潜力，因此需要特别重视国民旅游的发展。

4. 旅游消费

（1）入境旅游消费情况。

2005～2011年，入境旅游消费所占份额最大的是长途交通；其次是购物；再次是住宿与餐饮（见图7）。其中，长途交通费用所占比例有下降趋势，而

图 6　2000～2011 年北京旅游外汇收入与国内旅游收入

资料来源：北京市统计局。

购物方面的消费比例有较大提升，尤其是 2010 年之后。此外，文化娱乐方面的消费比例有小幅提高。

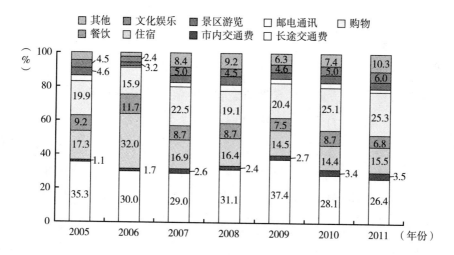

图 7　2005～2011 年北京入境旅游消费情况

资料来源：北京市统计局。

（2）国内旅游消费情况。

国内旅游消费类别中，购物花费所占份额最大，并呈逐年增加趋势，至 2008 年之后趋于稳定，占 1/3 强；其次是餐饮和住宿；再次是长途交通（见

图8）。餐饮所占份额相对稳定，约占20%；住宿所占比重有增加的趋势；随着铁路建设提速及航空运输业的发展，长途交通在国内旅游中所占的份额稳中有降。

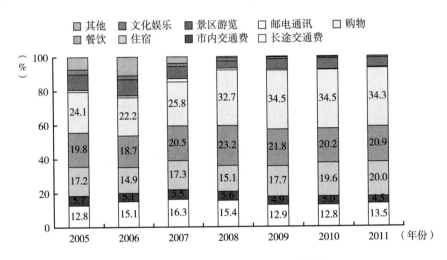

图8　2005～2011年北京国内旅游消费情况

资料来源：北京市统计局。

5. 饭店业

截至2011年底，北京共有星级饭店598家（除社会旅馆与经济型饭店外），客房数量超过11万间。根据2000～2011年的数据，从主要的经营指标来看，除2003年、2008年、2009年、2010年外，星级饭店的出租率大都维持在60%以上；平均房价一路攀升，2008年因奥运会举办达到峰值，达到605元/间夜。各项指标2003年、2008年、2009年有所偏离，说明SARS、国际金融危机等特殊事件对旅游业的影响较大（见表1）。

表1　2000～2011年北京星级饭店主要经营指标

年份	星级饭店数（个）	饭店客房数（万间）	接待住宿人数（万人次）	出租率（%）	平均房价（元/间夜）
2000	294	8.40	854.5	61	394
2001	363	9.30	1038.5	62	384
2002	390	10.30	1071.2	62	392
2003	441	10.90	1007.4	52	389

续表

年份	星级饭店数 （个）	饭店客房数 （万间）	接待住宿人数 （万人次）	出租率 （%）	平均房价 （元/间夜）
2004	464	9.10	1270.8	65	409
2005	594	10.97	1543.6	62	425
2006	597	11.20	1578.5	61	460
2007	638	13.00	1664.2	60	494
2008	694	13.40	1566.1	52	605
2009	815	12.95	1827.3	49	430
2010	729	13.05	2125.4	56	450
2011	598	11.64	2111.1	60	482

资料来源：北京市统计局。

6. 旅行社业

2000年北京市旅行社数量仅127个，至2011年已增至919个，组团人数、接待人数、营业收入、利润总额整体上呈增长态势，国内居民出境人次增长迅速，尤其是2009年之后，每年以超过40万人次的速度增加（见表2）。

表2　2000~2011年北京旅行社经营状况

年份	旅行社数量 （个）	组团人数 （万人次）	接待人数 （万人次）	国内居民出境 （万人次）	营业收入 （万元）	利润总额 （万元）
2000	127	123.7	101.0	13.7	576244.6	28744.7
2001	140	143.4	130.1	21.9	700529.0	18682.5
2002	151	179.4	176.3	28.5	823551.0	23362.0
2003	147	80.2	82.4	31.9	553787.0	-11829.0
2004	147	274.8	252.6	51.4	1059989.0	11444.0
2005	147	308.4	278.2	51.7	1316063.0	10240.0
2006	147	343.9	315.7	79.2	1610265.0	7012.0
2007	189	424.1	377.9	100.2	2101874.5	28409.2
2008	245	359.6	310.1	102.0	2166898.1	18121.6
2009	265	370.6	306.6	84.9	2134058.8	5904.6
2010	819	538.1	542.2	149.6	3517099.4	22636.2
2011	919	593.9	552.3	184.3	4436713.3	20879.2

资料来源：北京市统计局。

二 北京旅游发展的特点

1. 明确的旅游城市发展目标

为实现北京建设世界城市的目标,北京市政府提出,要建设世界城市必先建设国际一流旅游城市。纵观世界城市发展历程,伦敦、纽约、巴黎、东京等城市无不首先是国际一流旅游城市,因此,北京确定了建设国际一流旅游城市的发展定位,围绕"一、十、百、千、亿"的目标,将旅游业打造成北京重要的支柱产业。良好的产业基础,先进的发展理念,为北京发展全域旅游创造了条件,城市建设与发展以旅游业为先导,将推进入境旅游、国内旅游、市民出游共同发展,从关注旅游经济功能向关注民生转变,并推动"资源多样化、服务便利化、管理精细化、市场国际化"的旅游城市发展方向。在旅游发展理念上,"三个转变"引导了北京市旅游发展,即首先,从发展旅游事业向开拓旅游产业转变;其次,从社会发展配角向战略产业主角转变;最后,从单一部门推动向部门综合联动转变,为落实"大旅游"理念的贯彻实施,引导各种资源向旅游资源转化。

2. 通过奥运会等大型活动提升城市国际形象

2008 年,北京奥运会不仅带来了巨大的经济回报,对北京甚至中国在国际地位上的进一步提升发挥了重大作用,向全世界展示了"新北京、新奥运"的时代风尚,并在更长的时期内增强中国在国际上的影响力。奥运会的举办提升了城市体育场馆、交通设施等城市硬件设施的配备等级,并且改善了环境、规范了城市礼仪等。为迎接奥运会期间激增的国内外游客,北京主要旅游景区完成了多语种标识牌、无障碍坡道、停车场、公共商亭、银行卡刷卡无障碍服务等基础设施的建设,从根本上提升了国际友人对北京城市建设与未来发展的信心。新奥运场馆的建设,为北京依托奥林匹克公园、国家会议中心、国家体育馆和国家科技馆等设施,完善商业以及休闲功能,发展展览、高端会议、赛事、文化娱乐、运动休闲等后奥运时代城市旅游功能区奠定了坚实的基础。

3. 发展高端旅游产品体系

高端旅游是一种高品质、个性化、充满人文关怀的旅游形式,是大众旅游发展到一定阶段后的必然产物。提升游客旅游体验的高附加值和高生态质量的高端旅游产品在北京蓬勃发展。依托丰富的高端旅游资源，北京市目前已初步形成 4 个大类 21 个亚类的高端旅游产品体系，包括葡萄酒庄园休闲度假、品牌会所、顶级展览、高端培训、文化旅游、深度修学、高端医疗、奢侈品购物、高规格婚庆等新型的特色旅游。多点支撑、融合发展的高端旅游发展格局已然形成。

4. 注重旅游业社会功能

除了充分利用、发挥旅游业的经济作用，北京市十分重视旅游业的社会功能。发展旅游业能为社会提供大量的直接与间接的就业机会，对社会稳定的贡献巨大。北京市旅游直接从业人员 2010 年底达 33.93 万人，如果再加上旅游间接从业人员，那么旅游从业人员数量总计约占全市就业总量的 15.9%。面对国际不利因素影响例如金融危机等，北京各旅游部门和各旅游企业积极应对，旅游业率先回暖，国民旅游计划的推行不仅加速了旅游业的恢复与发展，而且是对《国务院关于加快旅游业发展的意见》中将旅游业建设成为人民群众满意的现代服务业这一战略定位的落实，是政府了解民生、关注民生、落实民生工作的重要体现。此外，旅游是和平的使者，对增进国际交流、提升城市形象、提高国际知名度、提高居民文明程度、创造宜居宜游环境等都发挥着重要作用。

三 北京旅游发展的经验与启示

1. 对内积极推进旅游管理体制机制改革与政策创新

北京市委市政府 2011 年做出创新旅游管理体制的重大决策，重大决策就是将原市政府直属机构——旅游局改为旅游发展委员会，并且纳入市政府组成部门，旅游委兼职委员体制从此建立起来。2012 年，设立北京旅游产业发展促进基金，首期投入 10 亿元人民币。《国务院关于加快发展旅游业的意见》明确提出要制定"国民旅游休闲纲要"并将旅游业发展上升为国家战略，这为北京旅游业发展提供了政策支撑。旅游便利化方面：对在京举办的各种国际会议、国际赛事、会奖旅游、大型展会、重大演出等项目，北京市积极争取海关、边防和卫生检验检疫等部门在其通关、入境签证等方面给予简化手续等支持；积极研究宽松签证政策，在出入境口岸争取设立旅游团队快速通道、重大会议及活动快捷通道。为促进旅游消费，北京在"十二五"发展规划中提出：研究实行境外旅客购物离境退税的可行性和具体办法，制定境外旅客在景区、饭店外币结算的有关措施等对加快入境旅游发展的政策。从 2013 年 1 月 1 日起，北京开始对 45 个国家实行 72 小时过境免签政策，对扩大北京入境旅游市场将产生巨大影响。体制机制的改革与政策创新是未来我国旅游产业向纵深发展的重中之重，需要持续不断地深入探索、实践。

2. 积极推进国际交流与合作

北京市于 2012 年 9 月成立了世界旅游城市联合会，这是北京积极探索、构建与世界旅游城市的联盟体系的重要一步，以期建立城市间的旅游发展互惠机制，开展国际交流合作，促进城市间、区域间旅游产业的互动，创新会员协作机制；促进各成员扩大旅游经济规模，提升旅游产业品位，提高旅游产业效益；建立权威评价体系，为制定旅游产业政策提供有价值的理论依据；策划宣传推广活动，加强旅游相关信息的相互交流，推动旅游服务水平和接待能力的提升，并且互推旅游服务行业标准及认证；建立全球旅游资源信息库，从而为旅游城市管理提供信息服务及智力支持。

3. 重视城市旅游功能的完善

按照北京的城市功能定位，北京划分了首都功能核心区、城市功能拓展区、城市发展新区和生态涵养发展区四大功能区。在此基础上，依据四大功能区不同的旅游资源特点，创建了 19 个各具特色的旅游功能区。旅游功能区的设立着眼于解决北京建设世界一流旅游城市和巨大的社会需求之间存在的矛盾，通过整合食、住、行、游、购、娱等要素，协调环境、设施、服务等各方面的问题，打造休闲都市、特色城郊旅游特色功能区，从而促进北京由观光旅游向观光与休闲度假相结合的深度体验游转型。同时，北京市着手落实和实施旅游观光巴士项目，进一步按照世界城市旅游观光车服务标准和服务体系，完善导游服务、解说服务等相关配套设施。完善城市的旅游功能是创建旅游城市的重要内容之一，需要在综合平衡市民与旅游者需求的基础上全面深入推进。

4. 重视开发休闲购物、商务会展等高端、特色旅游产品

近年来的发展实践表明，北京在提高旅客弹性消费比重方面取得了一定的成效。北京十分重视休闲娱乐、特色商品购物、商务会展、旅游演艺、节庆活动等高端、特色旅游产品的开发。具有北京特色的老字号、传统京城小吃等饮食文化以及世界各地的特色美食要着重发展，努力将北京打造成餐饮文化荟萃的世界美食之都；同时重视设计与游览相配套的夜间休闲活动；深度开发具有京味文化特色的旅游体验项目，对老北京民俗文化、北京皇城文化等传统文化旅游资源深入挖掘开发；对具有北京地域特色的文学、戏剧、绘画、音乐以及传统商业、传统民俗、传统娱乐等京味文化主题旅游项目适度开发；以名人故居、胡同、会馆以及传统街区为核心的历史文化旅游街区鼓励开放，从而将老北京深度体验游与北京胡同游以及生活社区参与紧密结合；借助国家动画产业基地、中国动漫游戏城、798、国家演艺中心等一批骨干文化项目的规划建设优势和北京奥林匹克公园、首钢等特色旅游资源，着力发展特色文化旅游产品和项目创新，并且建设大型文化创意旅游产业功能区；创新开发符合北京城市和旅游发展总体定位，符合社会政策趋势、主题鲜明、突出特色、带动性强、包容性强的引擎性旅游项目建设。

𝔾 . 16

上海：全力打造世界著名旅游城市

一 上海旅游发展概况

1. 旅游业综合现状

上海旅游业紧扣"以人为本、关注民生"的时代主题，在强调经济功能的同时，不断注入"民生"理念，发挥其作为民生产业的社会现实意义和综合优势，提出了新时期发展的新目标，为未来旅游业的全面提升开创更好的局面。上海旅游业在"十一五"期间蓬勃发展，通过旅游资源的不断整合，旅游规模的不断扩大，旅游消费的不断增加，并且旅游产业地位的不断提升，更加积极打造区域旅游品牌。上海旅游业产业增加值增长率高于同期上海第三产业和 GDP 的年平均增长率，达到年平均增长率为 24.3%。2010 年上海世博会的盛大举办使得上海都市旅游发展进入一个新的阶段，2010 年上海接待国际旅游入境人数比上年增长 35.3%，为 851.12 万人次，其中过夜旅游人数 733.72 万人次，比 2009 年增长 37.6%。2010 年接待国内旅游者 21463.16 万人次，比上年增长 73.6%。全年国际旅游外汇收入 64.05 亿美元，比上年增长 33.5%；国内旅游收入 2522.94 亿元，增长 31.8%。2012 年来沪旅游总人次达到 2.59 亿人次，实现旅游产业增加值 1497.68 亿元，比上年增长 4.9%。至 2012 年末，全市已有星级宾馆 278 家，旅行社 1183 家，A 级旅游景区（点）82 个，红色旅游基地 34 个。上海在 2009 年底被世界品牌组织等机构评选为 2009 年度"世界特色魅力城市 200 强"之一，上海也被《纽约时报》推选为"31 个必到旅游胜地"；在 2010 年上海获选 TTG 中国最佳会议商务旅游城市。"十二五"期间，上海旅游发展的总体目标和定位是：将上海基本建成魅力独具、环境一流、集散便捷、服务完善、旅游产业体系健全、旅游产品丰富多样、旅游企业充满活力的世界著名旅游城市，打造国际都市观光旅游目的地、国际都市时尚购物目的地、国际都市商务会展目的地、国际都市文化旅游目的地、国际都市休闲度假目的地以及国际旅游集散地。

2. 旅游市场

（1）旅游总人次。

上海市旅游市场规模呈现出快速壮大的特点，国内、国际市场全面发展。2000～2012年来沪旅游总人次整体呈上升趋势，在2006年首次突破1亿人次大关，而在2010年出现大的上升拐点，得益于2010年上海世博会的举办，来沪国内游客由2009年的1.24亿人次，上升到2010年的2.15亿人次，同比增长73.6%。2012年来沪旅游总人次更是突破了2.5亿人次，达到了2.59亿人次（见图1）。

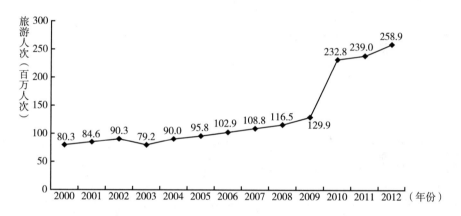

图1　2000～2012年上海旅游总人次

资料来源：上海市统计局。

（2）入境旅游接待人次。

2000～2012年上海入境旅游接待人次总体呈上升趋势。图2显示，2008年、2009年入境旅游接待人次有所回落，2010年上海世博会的举办使得入境旅游接待人次上升至851.1万人次，2011年降落到817.6万人次，同比下降3.9%。2012年，东南亚、欧美主要客源国游客明显减少，入境旅游人数出现小幅下降，入境旅游者降到800.4万人次，同比下降2.1%，入境外国人为633.03万人次，下降2.4%，其中入境过夜游客数为651.23万人次，同比下降2.6%，我国港、澳、台同胞为167.37万人次，下降1.1%。

上海主要入境游客市场为日本、韩国、中国台湾、中国香港、美国等。2012年上海入境市场中，日本游客所占比例最大，为21%，其次为美国和中国台湾游客，占到总比例的12%，韩国游客也达到11%，中国香港游客占到8%。

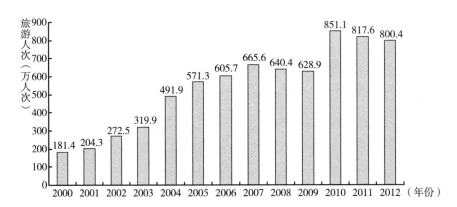

图2　2000～2012年上海国际入境旅游接待人次

资料来源：上海市统计局。

（3）国内旅游人次。

图3显示，2003～2012年来沪国内旅游者人次逐年增长，2010年前增长平稳，年均增长率达到5%左右；到了2010年，上海世博会的召开，吸引了

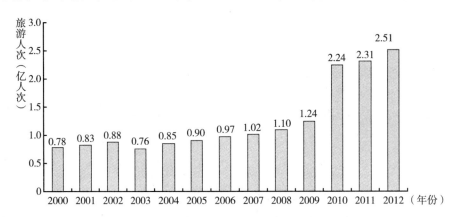

图3　2000～2012年上海国内旅游人次

资料来源：上海市统计局。

大批国内游客前来参观游览，国内旅游者较 2009 年增长 80.6%，达到 2.24 亿人次。而国内游客的热情并没有因为世博会的结束而减弱，相反，在 2011 年仍然有 2.31 亿人次来沪旅游。2012 年来沪旅游的国内游客突破 2.5 亿人次，达到 2.51 亿人次，同比增长 8.7%，其中外省市来沪旅游者达 11495.91 万人次，增长 5.7%。

（4）出境旅游人次。

在人民币升值、国内旅游产品价格走高等因素推动下，上海出境旅游人数持续高速增长。2012 年，上海市公民出境人数达 549.24 万人次，比上年增长 20%。经旅行社组织出境人数达 175.4 万人次，比上年增长 32.4%。出境旅游目的地前 10 位的国家和地区依次是：泰国、日本、韩国、中国香港、中国台湾、美国、法国、印度尼西亚、新加坡、马来西亚。

3. 旅游收入

（1）旅游总收入。

上海旅游经济呈现快速增长的特点。图 4 显示，2000～2012 年上海市的旅游总收入呈稳步上升态势，2010 年首次突破 3000 亿元大关。2012 年更是突破 3500 亿元，达 3650.55 亿元，比上年增长 13%。旅游产业增加值由 2000 年的 236.37 亿元上升至 2011 年的 1411.26 亿元。2008 年旅游产业增加值占全市 GDP 比重已经升至 7%。这些都说明旅游业作为上海的重要产业，在上海国民经济中的地位不断提升。

（2）旅游外汇收入。

图 5 显示，2005～2012 年上海市旅游外汇收入在 2010 年已突破 60 亿美元大关，在 2011 年稍有回落，2012 年受全球经济恢复乏力、局部地区政局动荡等因素影响，旅游外汇收入降到 55.82 亿美元，同比减少 4.3%。人均花费为 843.51 美元，平均逗留天数为 3.34 天。

（3）国内旅游收入。

如图 6 所示，来沪旅游所创造的国内旅游收入在 2000～2012 年持续稳定增长，在 2010 年首次突破 2500 亿元，在 2012 年更是达到了 3224.39 亿元，同比增长 15.7%。人均旅游消费总支出为 1284.94 元，比上年增加 77.56 元，国内游客在沪平均逗留天数为 4.1 天。

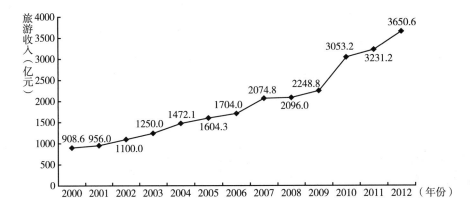

图4 2000～2012年上海市全年旅游收入

资料来源：上海市旅游局、上海市统计局。

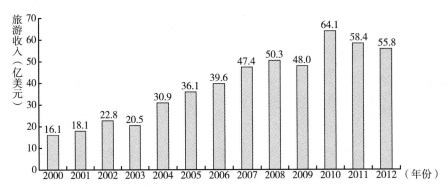

图5 2000～2012年上海市旅游外汇收入

资料来源：上海市统计局。

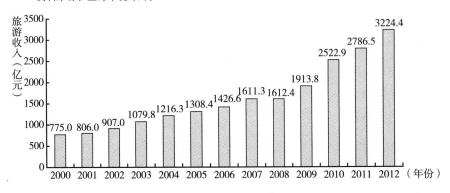

图6 2000～2012年上海市国内旅游收入

资料来源：上海市旅游局。

4. 饭店业

表 1 显示，在上海市 2005～2012 年饭店业入住情况中可看到两个节点：一是 2010 年上海世博会带来的大量国内外游客，使得饭店业入住率稳步提升；二是 2012 年的饭店业入住率同比增长 1.67%。截至 2012 年末，上海市拥有星级宾馆 278 家，其中：五星级宾馆 55 家，四星级宾馆 66 家，三星级宾馆 108 家，二星级宾馆 48 家，一星级宾馆 1 家。2012 年星级宾馆实现营业收入 180.89 亿元，比上年增长 2.8%。其中，客房收入 89.13 亿元，下降 0.1%；餐饮收入 71.18 亿元，增长 2.5%；商品收入 4.71 亿元，增长 41%；其他收入 21.87 亿元，增长 5.4%。

表 1　2005～2012 年上海市饭店业入住率情况

单位：%

年份	饭店入住率	饭店入住率同比增长率	五星级	四星级	三星级	二星级	一星级
2005	66.43	-2.31	72.33	68.70	63.23	60.06	59.44
2006	64.24	-2.20	72.59	66.74	60.02	57.65	64.89
2007	61.35	-2.89	68.23	63.47	56.89	57.37	65.93
2008	56.53	-4.82	59.89	55.24	51.96	55.56	60.49
2009	52.68	-3.85	53.49	50.21	47.43	49.60	44.94
2010	67.22	4.54	68.12	66.81	63.28	62.31	51.58
2011	55.26	-10.44	59.94	55.81	49.21	55.77	55.52
2012	56.93	1.67	59.08	59.61	49.81	60.38	57.26

资料来源：上海市旅游局。

表 2 显示，饭店业的平均房价在 2010 年达到近年的最高，显示了上海世博会对饭店业的贡献显著。2011 年相较于 2010 年有回落；2012 年受国际次贷危机的影响，平均房价仍有小幅度下降。

表 2　2005～2012 年上海市饭店业平均房价情况

单位：元/间·天，%

年份	饭店平均房价	饭店平均房价同比增长率	五星级	四星级	三星级	二星级	一星级
2005	553.08	8.41	1362	640.76	334.71	210.33	184.57
2006	565.58	2.30	1406.4	656.49	333.92	221.63	174.89
2007	577.42	2.09	1335.7	648.09	325.52	211.82	153.87

年份	饭店平均房价	饭店平均房价同比增长率	五星级	四星级	三星级	二星级	一星级
2008	561.38	-2.78	1233	618.45	324.46	211.89	105.26
2009	470.36	-16.21	1009.60	508.35	297.41	209.29	126.06
2010	565.14	20.15	1151.00	612.19	327.87	261.11	184.57
2011	627.30	-8.12	1038.79	526.17	325.88	218.19	118.93
2012	627.25	-0.01	955.71	533.53	321.68	217.15	111.00

资料来源：上海市旅游局。

5. 旅行社业

面对金融危机，上海旅行社业调整自身发展思路，不断提升品牌竞争力。随着世贸规则的执行，外资旅行社和中资旅行社将站在同一起跑线上，内外资旅行社同台竞争，上海旅游市场的国际化程度进一步加深。截至2012年末，上海市拥有旅行社1183家，其中，具备经营出境旅游业务的旅行社46家。2012年共接待境内外旅游者1018.27万人次，比上年增长5.8%，累计接待入境过夜旅游者人数占全市接待总人数比重为12.6%，上年同期为12.7%。经旅行社组织出境人数达到175.4万人次，比上年增长32.4%。旅行社从出境业务中获得了可观的经济效益，2012年旅行社共实现营业收入574.28亿元，比上年增长32.4%；利润总额8.34亿元，比上年增长30.5%。表3显示了2010~2012年上海市旅行社行业外联人数、接待入境人数、出境旅游人数、出国游人数、香港游人数、澳门游人数、台湾游人数以及国内自组团人数、接待人数数据。

表3　2010~2012年上海市旅行社行业情况

指　　标	2010 年		2011 年		2012 年	
	人次	同比增长（%）	人次	同比增长（%）	人次	同比增长（%）
旅行社外联人数	1055637	68.17	681483	-3.92	610943	-10.35
接待入境人数	1517006	71.52	919436	-41.97	928489	0.98
入境过夜人数	1277785	58.97	848105	-36.94	819540	-3.37
出境旅游人数	1093261	27.06	1324445	13.33	1728163	30.48
出国游人数	916286	15.63	1136576	16.77	1779291	56.55
香港游人数	135023	-15.19	176091	24.05	155688	-11.59
澳门游人数	39049	-40.14	56434	37.03	57677	2.20
台湾游人数	81293	88.18	95261	5.18	123840	30.00
国内自组团人数	12209269	24.78	11458951	-10.76	12200268	4.68
接待人数	10162815	28.03	8447938	-21.85	9148442	3.83

注：出境游人数按旅游者出境次数统计；出国游或港澳台游人数按抵达目的地次数统计。

资料来源：上海市旅游局。

6. 旅游景区（点）

截至 2012 年底，上海市共有 A 级旅游景区（点）82 个，其中 5A 级景区（点）3 个，4A 级景区（点）41 个。红色旅游基地 34 个，其中全国红色旅游基地 9 个（见表 4）。旅游咨询服务中心 45 个，旅游集散中心站点 6 个。

表 4　2012 年上海市旅游景区（点）情况

单位：个

指　标	个　数	指　标	个　数
A 级旅游景区（点）	82	红色旅游基地	34
5A 级景区（点）	3	全国红色旅游基地	9
4A 级景区（点）	41		

资料来源：《2012 年上海市国民经济和社会发展统计公告》。

上海旅游景区（点）类型较为丰富。图 7 显示，上海市历史保护建筑类景区（点）数量占全市景区（点）总数的一半以上，体现了上海悠久的历史文化底蕴和丰富的观光旅游资源。同时，上海还具有一定比例的创业产业等新兴旅游资源。2010 年上海旅游景区（点）营业收入达到 240095.1 万元。

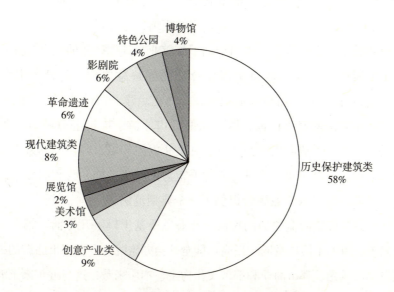

图 7　上海市各景区（点）类型比例

资料来源：上海市旅游局。

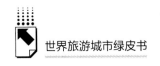

二 上海旅游发展的特点

上海是国际知名的大都会，是一座在中国近现代史上积淀了深厚文脉和革命传统的城市，是我国和世界重要的旅游目的地，是国内发展都市旅游的典型代表，其最具吸引力的资源是海派文化和都市气质。2010 年上海世博会的成功举办，使得上海世界旅游城市的形象进一步树立。近些年，上海旅游业紧紧把握奥运、世博契机，依托城市发展，确立了都市型旅游格局，进一步实现了旅游经济的平稳、健康发展。融合、辐射、扩散、现代已成为上海旅游业发展的主要特点。

1. 举全市之力发展都市旅游目的地

借鉴国内外旅游城市发展经验并结合地域特色，1997 年上海市做出了总体部署——成立新的旅游事业管理委员会并且发展"都市型旅游产业"，自此，"都市旅游"被推上了历史舞台，上海旅游业的改革创举在全国起到了示范性和引领性的作用，同时也是全国旅游业发展理念的重要突破。对传统"产品旅游"模式的创新就是"都市旅游"，它打破了产业之间的界限和原有的狭窄产业格局，拉近了城市与产业之间的距离，这是对上海旅游资源、旅游产业、旅游城市的重新认识，进而推动了旅游业与其他产业的融合，并且为上海开启了发展第三产业、增强城市综合功能的智慧之门。从此，上海跳出"做景区、卖产品"的旅游业发展误区，上海立足建立国际性旅游目的地以及世界著名旅游城市的宏伟目标，以"做好都市旅游，推销上海城市"为旅游发展战略。上海市把旅游发展纳入社会和文化发展、城市经济的体系之中，通过都市旅游业的发展，进一步强化与提升上海的城市功能，为我国城市的产业链延伸、产业联动以及产业融合提供了一个典型范例。

关于提升都市旅游竞争力的做法，上海主要基于以下几方面。第一，旅游与城市发展、市民生活质量同步提高，即全社会办旅游。上海都市旅游的核心吸引力是以都市风光、都市商业和都市文化为主，本质来看，这与近年来上海的旧城改造、城市扩展与城市发展同步。上海既是为游客建设也是为市民现实生活而建设的休闲娱乐场所、商业与文化活动设施、购物超市休闲街区等，上海的旅游发展与城市发展同步，市民生活质量也得到了提高。第二，"城市，让生活更美好"的上海世博会主题将都市旅游发展和旅游可持续发展提升到了新的高度。都市旅游与城市建设、城市发展同步，在城市建设和发展的大前提下，旅游扩容与旅游可持续发展间的矛盾得到相应的解决。第三，以时尚会展演出与大型活动作为上海都市旅游的吸引物，这样可以使上海都市旅游这一特色不断凸显。每年、每季都有新奇、流行与时尚是上海都市旅游的特点，旅游者常游常新，这样从根本上解决了对固定景观和建筑观光型游客带来的审美疲劳问题。

2. 深化发展产业融合

上海都市旅游发展的一大特点是产业融合。上海都市旅游业在加强产业渗透、延伸和优化旅游产业链、集聚旅游产业群等方面不断努力，逐步形成了旅游业与民生、工业、农业、创意产业、商业、交通、会议展览、金融和信息服务业等业态的互动双赢的局面，已成为上海旅游的一个优势。具体而言，工业旅游层级进一步提升，《上海工业旅游景点服务质量要求》的全面实施丰富了既有工业旅游产品的内涵；在充分展现红色革命纪念地、上海近现代建筑等传统文化旅游资源魅力的同时，文化旅游品牌逐步树立，旅游节庆、演艺产品的创新与开发得到加强，从而形成了一批旅游节庆品牌与旅游演艺品牌，例如上海旅游节、ERA——时空之旅等；频现体育旅游亮点，紧密结合体育活动与旅游景观；会展业与旅游业携手并进，上海会展场馆不断扩容，办展社会环境不断改善，已在世界上强化了城市品牌，对境外参展企业的吸引力日益增强，上海国际艺术节、上海国际电影节、上海国际服装文化节等也已走向国际；旅游金融发展迅猛，上海都市旅游卡、上海旅游卡等旅游金融产品先后推出，旅游金融业务，例如商务旅行管理结算、旅游消费贷款、旅游担保、旅游保险等日渐成熟，上海逐步形成集聚效应明显的商务旅行管理公司和旅游保险公司。

3. 世博会提升上海国际形象

上海旅游业还有一个不容忽视的特点——现代性。城市地位的重要衡量标准之一，即是否举办过国际性、区域性、国内性的大型展会。2010年举办的世界博览会，就是上海旅游业朝着现代化发展的经典例证。世博会是上海成为"世界级大都市"的重要契机，加快推动了上海城市功能的转型，建设其成为服务全国乃至全世界的现代化国际经济、金融、贸易和航运中心之一，与巴黎、纽约、东京、伦敦等世界级大都市比肩而立。世博会深深影响上海旅游业的发展,使其产生了巨大的旅游效应,助推了上海旅游业的发展。第一,世博会提高了中国和上海的知名度和美誉度。世博会极大地提升了中国与上海的国际地位与影响力,有助于增进国际间、地区间的交流与合作,提升其在国际旅游市场上的旅游形象与竞争力,对上海旅游业发展发挥了巨大的品牌效应。第二,世博会为旅游业提供了独特的旅游资源。一方面上海世博会大量的文化活动构成其独特的旅游资源,另一方面上海世博会代表性建筑将会成为永久性旅游资源,共同组成代表上海新时代风貌的人文旅游资源。第三,旅游业的客源市场因为世博会而更为广大。巨大的信息、技术、财富和商品聚集在世博会,尤为重要的是世博会能为上海旅游业带来大量旅游者。第四,世博会为上海旅游业带来巨大的经济效益。世博会的直接旅游收入超过800亿元人民币,更为明显的是对长三角地区旅游及相关产业产生了拉动作用,与此同时也带动了旅游相关产业发展,例如公路、铁路、航空客运量、住宿和餐饮业等实现了20%以上的增长。第五,上海旅游环境因为世博会而改善。上海不仅改善了公共服务设施,优化了旅游业发展所需要的外部环境,而且改善了旅游行业内部环境。第六,世博会加快了上海旅游人才平台的建设。

世博会以举办一届"成功、精彩、难忘"为目标,上海旅游业以"上海都市游,精彩每一天"为目的地形象核心理念,并且结合世博主题与时代特色,促进上海进一步创新和发掘城市吸引力。在上海提出"中国·上海,发现更多·体验更多"的创造性形象口号,以及原有形象内涵被丰富的同时,清晰明了地勾勒出上海旅游业发展的时代特色,进而使得上海世界著名旅游城市的形象定位初步确立。

4. 打造辐射长三角区域的旅游中心城市

上海旅游业发展的另一大特点为扩散。长三角地区不仅是我国经济发展速度最高和经济规模最大的地区,是我国现代城市发育最早、城市化水平最高、大中小城市齐全、城市体系最完备的地区之一,也是我国旅游业最为发达的地区,近几年来国内旅游收入约占全国的60%,国际旅游收入约占全国的20%,是我国主要的客源地和旅游目的地。长三角区域各城市地域相近、血缘相系、文脉相连、旅游资源有很强的关联性和互补性,旅游合作与一体化基础强劲、优势明显。近年来，长三角区域旅游经济一体化通过不断实践，日益发挥强劲的组合发展优势，获得了长足发展。上海地处长三角的中心地带，其腹地广阔，地理位置优越，是连接苏锡杭的核心之地，拥有丰富的旅游资源和便利的交通设施，因此具有旅游业不可多得的发展优势。加之上海拥有国际大都市一体化交通体系——出行距离长、出行总量大、出行方式多和出行质量高，雄厚的经济实力、强大的凝聚力和辐射力，发挥着地区经济、科技、文化等方面"发动机"的功能，可以带动整个长三角地区成为中国乃至东亚的经济增长极。总体来看，上海作为目前国内最具发展后劲的大都市，是长三角都市圈的中心城市，也是长三角地区的旅游中心城市。上海都市旅游经济增强了与长三角其他城市的旅游联系，在长三角旅游合作进程中，发挥"龙头"作用，引领跨区域旅游合作。

上海经济的发展辐射带动了整个长三角地区，使得整个长三角地区的景点，早已被纳入上海旅游业的范围之中。生态、园林、古镇，这些空间上组合具有优势的区域，有着非同一般的集群状况，为长江三角洲旅游一体化提供了得天独厚的条件。

5. 提升旅游业的社会价值

上海旅游业发展方向为逐渐突出民生取向、不断提升民生功能。不断加大市民旅游休闲产品开发力度，不断完善市内旅游公共服务体系，促进市民旅游的蓬勃发展，上海市民分享改革成果的重要途径之一即为旅游业。目前，与世界著名旅游城市相适应的公共信息服务网络已在上海形成，这对于上海旅游业咨询服务系统起到极大的提升作用。该公共信息服务网络由三级纵向信息网络和五项横向信息网络组成。三级纵向信息网络包括：旅游咨询服务中心、上海旅游热线、旅游触摸屏；五项横向信息网络包括：上海旅游网、上海旅游政务网、上海旅游会展网、上海旅游人力资源网、上海旅游集散网。建设旅游集散中心并健全旅游应急机制，组织近10万人参加世博旅游知识和服务技能培训，重点提升旅游服务人员素质。进一步加快农旅一体化步伐，并且进一步凸显旅游富农、旅游强农、旅游兴农作用。发展新型旅游业态和中小旅游企业，更加丰富旅游就业岗位的层次与种类，并且进一步释放旅游就业功能。这样一来，上海旅游业便成为促进社会和谐进步的民生事业。

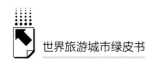
三 上海旅游发展的经验与启示

上海发展都市旅游的基本经验即整合共赢、融合共生。其中，手段和途径是整合、融合；基础和目标是共赢、共生。首先，上海都市旅游摈弃传统的"资源旅游"、"产品旅游"，这样拉近了城市、旅游与产业之间的距离。其次，上海的都市旅游跳出了狭隘的"做景区、卖产品"的误区，众多特色产业以及多方共赢的局面在整合资源过程中被创造出来。最后，上海都市旅游走出了一条有自身特色的产业发展新路，进而形成了都市旅游共生局面——以市场为导向、以强化行政服务管理为主线、以信息化网络技术为平台、以现代企业经营方式为特色，进而实现了由政府主导下的旅游发展模式向市场经济下产业主导型模式的转变。

1. 旅游节——打造旅游城市名片

已举办了 23 届的上海旅游节，扮演着在都市旅游产业发展中日益重要的角色。上海旅游节的办节宗旨为"人民大众的节日"，在充分汲取国际知名旅游节庆活动举办经验基础上挖掘上海本土特色和资源，形成了涵盖近 40 项的观光、会展、休闲、娱乐、文体、美食、购物等旅游节庆活动，吸引 800 多万人次/年参与其中，50% 以上的参与者来自海外和国内其他省市。上海通过市场化运作，形成"旅游节庆经济"，进而拉动一大批相关产业的发展。在旅游节的带动下，逐渐成长起来一批反映上海城市风貌、展现人文风情的节庆品牌。一批特色节庆活动，例如上海桃花节、菜花节、樱花节以及茶文化节等，不仅带动了区域旅游经济的发展，同时也加速了文、商、体、旅的产业融合。有资料显示，上海当地消费被旅游节以每年 10% 的速度拉动增长，国内外游客在旅游节期间的人均消费高出非节庆日的 7 个百分点，旅游总消费高达百亿元。2012 年，上海旅游节突出以下五大特点打造节庆旅游精品：关注产业发展；关注民生需求，借旅游节感受上海无限魅力；关注区域合作，借旅游节提升上海国际影响力；关注时尚热点，借旅游节助推上海产业融合；关注欢乐健康，借旅游节打造上海节庆盛宴。目前，上海旅游节成为增进各国友谊、推动文化交流的重要窗口，美誉度日益提高，成为国内外游客及上海本地市民感受现代魅力和体验上海风情的喜庆节日，以及旅游业与各行各业融合发展与合作共赢的广阔平台。因此，打造符合市场需求的高品质节庆是提高旅游目的地知名度与美誉度的重要途径之一。

2. 旅游卡——优化旅游支付环境

为提高上海旅游业服务品质、优化上海支付环境，并且对上海旅游经济形成一个长期持续的拉动，上海发行了上海都市旅游卡、上海旅游卡（银联卡）。

上海都市旅游卡涵盖了"食、住、行、游、购、娱"六大领域，未来可覆盖上海各个小额支付消费领域，并逐步向长三角地区延伸。这张可储值的都市旅游卡为持卡人提供了诸多便利与实惠，优化了支付环境，特别适合来沪旅游的散客。更重要的是在拉动消费和带动旅游产业链的发展方面发挥了积极作用。

上海旅游卡（银联卡）作为由金融业与旅游业联手打造的拉动内需、服务旅游、推动"两个中心"建设、提升上海城市形象、方便社会民生的公益性综合服务平台，是第一张上海城市形象卡、上海旅游主题卡及海派文化认同卡，创下了全国第一个统一卡面设计、境内外同步发行、参与发卡机构数量最多的历史记录。为了确保旅游卡的受理，上海市旅游局与银联联合启动刷卡无障碍景点景区创建活动，组织银行及专业化服务机构对景点景区、旅游集散中心、重点商区分片包点、逐一突破。根据境外发卡的需求以及境外发卡国家的文化和需求，制作有针对性、个性化的特惠商户名单和服务手册，完善对境外游客的特惠服务。同时，通过强大的银联电子支付网络及各金融机构庞大的后台服务系统，形成了上海旅游卡综合服务体系，并制作了上海旅游卡详尽的服务手册、完善的服务网页、周到的服务热线，为中外游客全程提供上海旅游和世博信息，保证专业、规范、一流的世博旅游综合服务。此外，还建立了强大的服务咨询及投诉处理系统，由上海旅游热线、中国银联及各金融机构服务热线整体联动，制定统一的咨询投诉处理流程，确保提供上海旅游卡全方位的后续服务，从而更大程度地保障上海旅游的服务品质。旅游行业与金融行业的强强联手，优化了旅游支付环境，为旅游者提供了便利。但一些地方的旅游卡往往流于形式，没有实质内容。所以，旅游卡要真正获得旅游者的认可，需要认

真研究旅游者的需求并完善相关配套服务。

3. 旅游集散中心——散客旅游服务的优秀范本

上海旅游集散中心作为国内"交通＋旅游"创新模式的优秀范本，不仅迎合了散客旅游时代的需求，而且将公益性和经营性巧妙地有机结合，成为满足游客短途出游需要的政府支撑、自我发展结合的成功典范，走出了一条上海特色之路。上海旅游集散中心具有"专业散客旅行社"功能，但是颠覆了传统旅行社包团组织模式，形成了一种"行政＋事业＋企业"的混合式组织结构和管理模式。集散中心以"班次频、线路广、景点多、购票便、车况好、服务优、价格惠"和无须预约、随到随走的自助旅游形式为特点，立足于上海旅游市场，以上海市和江浙等周边地区的短、中途游线为主，设有"一日游"、"二日游"、"三日游"线路和"汽车班"、"火车班"旅游线路170余条，涉及景点约270余个，每天总发车次数达300余次，成为散客出游首选。集散中心把旅游线路和经营模式延伸到长三角，大大推进了江浙沪的旅游合作。集散中心到2020年将发展成为由主站—分站—停靠点构成的相互协调、均衡分布的三级站点网络。旅游集散中心将结合上海虹桥综合交通枢纽建设，建成便于三地居民出游、辐射江浙沪的大型旅游客运综合服务中心。

该集散中心为政府主导模式，是目前国内政府主导型、政府引导型、市场化模式中较为成功的模式，也最符合旅游集散中心的准公共产品属性。其本质为政府直接主导的旅游服务机构，是政府工程代表政府形象，而非普通国有旅游企业；优先实现社会目标，以实现经济目标为次；政府的事业化使命与企业化运作方式并行不悖，各自选取最优方案运行。它的运营为上海旅游经济的发展做出了重要贡献，较好地发挥了旅游交通支持、旅游资源整合、旅游组织、高峰期游客分流等多种功能，成为完善城市服务功能和发展都市旅游的重要组成部分，是推动长三角旅游合作的重要平台，并能促进旅游业与相关产业的融合发展。由此可见，旅游集散中心是构建旅游目的地体系的重要因素之一，其管理和运营模式的创新是成功的关键。

4. 旅游标准化建设——旅游产业提速发展的技术支撑

旅游标准化建设对上海旅游行业的发展、产业的升级、企业的壮大起到了较好的积极作用，旅游标准化建设是提速发展上海旅游产业、做大做强的技术支撑以及重要保证。上海的旅游标准化建设以全国旅游标准化示范试点作为其工作的契机。第一，上海旅游标准化建设稳步推进，标准化观念深入人心。上海市旅游局在积极贯彻国家及行业标准的基础上，依据上海都市旅游发展的实际情况，成立上海市旅游标准化技术委员会，并且开展了旅游标准化工作，积极探索标准化建设新领域，加强部门合作和省际协调，在旅游公共服务、都市旅游产品及新型业态等领域进行了有益尝试，旅游企业能够自觉推进标准化，行业管理"标准化"的理念逐步深入人心。第二，持续提升的上海旅游标准化水平，显著增强的产业发展引领能力。主要表现为：重视系统性，旅游标准化工作有序开展的基础是构建科学的标准化体系；重视科学性，旅游标准制定与实施的前提保障是科研工作；重视参与性，旅游标准化工作不断深化的智力支撑是人才建设；重视示范性，旅游标准化工作普及的有效途径是品牌建设。

5. 服务世博会贡献突出

上海在世博会筹办与举办期间，紧紧围绕"城市，让生活更美好"的世博主题，坚持以"服务世博、服务游客"为指导原则，以提升旅游综合服务能级为重点，以构建世博旅游公共服务体系为抓手。上海为配置充足、完善的世博旅游设施，通过部门协调、市区联动、社会参与等多种方法实现；并且以提供规范化、国际化、现代化、人性化的世博旅游服务为己任；努力开发丰富多彩、吸引力强的世博旅游产品；为向游客奉献精彩难忘的"发现更多、体验更多"的"世博之旅"和上海深度游，为成功演绎"城市，让生活更美好"的世博主题，更为了创造一个热情友好的城市氛围，展现上海的秀丽风光与都市风情，营造安全、便捷、舒适的旅游环境；并且为举办一届成功、精彩、难忘的世博会提供设施支撑、服务支撑、客源支撑、效益支撑和后续利用支撑。

上海在世博会后将继续利用已有的世博营销平台，继续扩大和提升良好的旅游形象。上海为集聚国际旅游项目、企业等资源，将充分利用世博期间积累和沉淀的国际网络资源举办各类节庆、演出等旅游合作交流活动。进一步固化和深化"世博之旅"国内旅游线路，上海在国内旅游市场的号召力和影响力将不断得到巩固和加强。形成世博旅游效应圈——以上海为核心，苏浙皖赣为近辐射，环渤海湾、珠三角和中西部地区为远辐射。在世博场馆的后续利用上，场馆与旅游产业的融合发展将作为主要方式；上海将开发旅游新线路，如

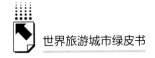

城市新地标等，以世博旅游产品为核心的专项促销活动将继续开展，世博品牌效应将继续得到巩固，并且要促进上海后世博旅游市场的稳步增长。

6. 国际旅游营销效果突出

上海的入境旅游在国内处于领先地位，而入境旅游市场的蓬勃发展，见证着上海建设世界著名旅游城市的脚步越来越稳健。除了受后世博的强大带动效应影响，更与上海市旅游部门不断加大宣传力度，强化城市旅游形象推广，全面推进世界著名旅游城市建设的努力息息相关。作为国内主要的入境口岸城市之一，上海在巩固国内和出境市场的同时，多年来始终重视入境旅游市场的发展，积累了丰富经验。上海市旅游部门开拓创新工作模式，通过多元手法，深化海外游客对沪的认知。将细腻、传神的海派文化，多样性的城市特质，以及优质周到的服务等城市特色营销得淋漓尽致。第一，加强区域市场的多元化营销。例如针对日本市场，借鉴卡通图案开展因地制宜的形象化推广；参加节庆活动和举办专业说明会，成为开拓韩国入境游市场的最佳模式；针对北美市场，与航空公司联手合作的创意化推广成为一大亮点；面向港澳市场，上海主推文化旅游体育盛事。第二，拓展其他针对性营销推广。旅游宣传手册的制作方面，内容丰富、形式多样，力求创新思路、体现上海的城市文化特质；会务旅游市场开拓方面，充分利用了大力发展的先进制造业和现代服务业为会务旅游带来的多重商机，由国际知名专家担任"会议大使"，争取诸多国际会议的举办权；注重"走出去，请进来"的都市旅游宣介实效，积极组织赴其他国家和地区开展旅游推介，参加国际旅游展，邀请境外媒体和旅游买家来沪考察，开展旅游双（多）边交流，着手拓展俄罗斯、印度等新兴入境游市场国的合作交流，与日本、加拿大、美国、韩国、巴西等国家的部分城市旅游部门建立旅游交流合作机制。

G V

旅游城市发展专题研究

Monographic Studies on the Development of Tourism Cities

G.17

促进世界旅游城市联合会发展

魏小安*

摘　要：

本文探讨了由北京这座中国首都城市发起成立世界旅游城市联合会（WTCF）的重要意义，回顾了世界旅游城市联合会（WTCF）成立一年来所进行的工作，并从专家学者的角度指出了对待这一系列工作和努力的正确认识和看法。笔者提出 WTCF 未来的发展关键在于为会员和其他成员带来实实在在的利益，要努力实现理念的领先和组织的世界化。

关键词：

世界旅游城市联合会　发展　国际组织

---

* 魏小安，世界旅游城市联合会专家委员会主任。

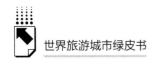

中国的奋斗，就是世界的奋斗。改变中国，就是改变世界。

——罗纳德·科斯

世界旅游城市联合会（以下简称 WTCF）的成立和发展，开创了一个新局面，即由一个发展中国家的城市发起，形成世界性的呼应，以共同推动发展。另外，这又是中国旅游世界化的表征。中国旅游的世界化，是一个新视角，中国旅游的发展，也需要一个新平台。多年以来，我们一直在谈国际化，以推进改革开放，现在来看，已经不够了。国际化的概念可大可小，只要是跨境行为都可以称国际，国际的行为多些，且在扩大之中，则可以称国际化。而世界化则是在全球范围之内，在全球一体化的背景之下，涵盖了国际化，又超越了国际化。今天，我们应当在世界化的视角之下，重新定义中国旅游的发展，研究中国旅游发展对世界旅游的推动。

从发展过程来看，我们一开始强调的是与国际接轨，其中隐含的是弱势向强势的学习。之后是进入国际，有所提升，是非主流向主流的进入，但仍然是自我边缘化。现在则应当是融入，形成交互作用，从而形成中国旅游的世界化。经过 35 年的发展，与中国经济纳入世界经济体系同步，中国旅游也纳入了世界旅游经济体系。一是在规模上，中国已经成为世界旅游大国，形成世界第一位的国内旅游市场，世界第三位的出境旅游市场，世界第四位的入境旅游市场。二是在结构上，从以入境为主导的单一市场格局转换到三大市场三足鼎立。三是在世界旅游经济的分工体系上，中国已经和发达国形成了水平分工格局，世界各个大型旅游企业集团纷纷进入中国，不仅提高了中国旅游产品与服务的水平，也形成了规模，从而形成世界旅游经济的重要现象。四是在产品建设上，中国除了相对垄断性的资源之外，也创造了一大批精品景区、精品酒店、精品文化，产生了较大的吸引力。五是在世界影响上，中国旅游的发展同样拉动了亚洲和世界旅游的发展，总体评估，其贡献率当在 1/3 以上。作为一个有 13 亿多人口的大国，中国又进入了中等收入国家行列，意味着中国旅游消费进入了喷发期，增长的每一个百分点里都包含着巨大的绝对数，都会对世界旅游经济发生重大的影响。

从城市角度来看，1978 年，中国的城市化率只有 19%，经过 25 年狂飙猛进式的城市化发展，2012 年，达到了 53%，在世界上，仍然是低的。意味着城镇化在中国还有相当大的发展余地。北京在中国城市中率先进入后工业化发展阶段。奥运之后，北京提出建设世界城市的总体目标，在旅游发展方面采取了一系列战略举措。世界城市需要世界组织，而正是在全球一体化的大背景之下，2012 年 9 月，在北京成立了 WTCF。

一年以来，WTCF 致力于推广会员旅游资源，促进会员间的交流与合作，积极开展媒体合作宣传，开展了一系列工作。一是发展会员。WTCF 秘书处以此作为重点，北京市领导出访也带上这项工作，北京市旅游委员会领导专门出访发展会员，从成立时的 50 多个会员增加到近百个。二是开展活动，组织城市旅游博览会。三是组建专家委员会，由世界各国的 15 名专家组成。四是研究制定旅游城市评估体系，由 WTCF 专家委员会发布世界旅游城市排行榜和世界旅游城市基本服务规范框架文件。五是筹建世界旅游城市体验中心，为会员单位开拓市场，展示形象，提供一个永久性平台。

如何看待这一系列工作和发展呢？

第一，作为一个旅游领域的世界组织，又是由北京市发起组织的世界组织，对我们是个新事情，对世界也是个新事情。需要一个发展过程，也需要一个理解和接受的过程，还需要一个磨合过程。在世界上，现在有三大旅游组织。一是世界旅游组织（UNWTO），这是联合国官方旅游组织，1975 年成立，已经有近 40 年的历史。二是亚洲太平洋旅游协会（PATA），这是市场性的组织，1952 年成立，有 60 多年的历史。三是世界旅游与旅行理事会（WTTC），这是世界大的型旅游和运输企业组建的研究性组织，也已经有 20 多年的历史。历史作用是由历史形成的，伟大都是熬出来的，因此，一个刚刚成立的世界组织不必过急，但我们中国人做事情习惯于着急，追求效率，因此会有相应的摩擦。

第二，关键在于能否为会员和其他成员带来实实在在的利益。目前，大家看好中国市场，尤其是看好发展的潜力，这也是 WTCF 能够一呼百应的重要原因。但是，作为世界组织，一定是多边运作，达到互惠互利，所以也需要"做大蛋糕"，促进世界旅游经济一体化格局的完善。因此需要从客源互动、管理提升、技术交流等各个方面推进。

第三，理念的领先。形成理念的领先，保持理念的领先，是一种软开发，但是灵魂性的工作。在这方面，发达国家的城市和专家已经习惯于主导话语权，而我们往往习惯于以中国的方式看待，以中国的思维对应，这样就会被动。以世界视角、世界视野对应，才能把握主动权。

第四，组织的世界化，应当在发展过程中，按照世界性机制，开展国际化运作，吸引世界性人才，发挥作用，扩大影响，提升品牌。

第五，对 WTCF 的挑战，仍然是世界化。影响的提升，组织的扩大，发展的动力，开放的持续，都需要在世界平台上。摆脱传统思维方式，又要在现有的框架之内，一个非政府组织，又是在政府主导下运行，需要更高的智慧，也需要内外结合。

人类几千年都在追求家园，向往诗意地栖居。农业社会是家园一体，心物一体，既是物质的家园，也是精神家园，心灵家园。工业化的狂飙猛进，产生了家园分离，提升了我们的家，摧毁了我们的园，这是社会进步中的悲哀，也是无可奈何之举。

但是，旅游的发展，使城市有了活力，有了性格，有了个性，有了心灵的飞扬。旅游是用大园弥补小家，用质量替代距离，在大尺度空间上构建了新的一体家园。

世界旅游城市联合会，丰富城市的物质家园，圆融我们的精神家园，展示心灵家园。而专家委员会的专家，不仅是政策设计师、空间规划师、经济分析师，也应当是社会艺术家、生活创想家、城市旅游家，中国的一位哲人费孝通先生曾经说过：各美其美，美人之美，美美与共，天下大同。这是我们的责任，也是一种使命，由此来对应发展，迎接未来。

Ｇ.18
发展——旅游与城市的永恒主题

陈怡宁　张　辉　范容廷 *

摘　要：

　　本文分析了旅游业与城市互动发展的关系，认为旅游是城市持续发展的重要驱动力，未来的城市发展方向必然是宜业、宜居、宜游的共享空间。本文认为旅游城市发展可以从五个层面来理解：第一，发展是由小变大，由一个层次进入另一个层次的变化，不仅包含量的变化和质的提升，更强调量与质的和谐统一；第二，旅游城市的发展是人类提升生活质量、创造美好城市生活的实践活动；第三，旅游城市的发展既是一个过程，又是一种结果；第四，旅游城市的发展是旅游和城市两个系统，居民和旅游者两个群体相互联系、相互作用的对立统一的运动过程；第五，旅游城市的发展是可持续的发展。此外，在此基础上，本文还提出世界旅游城市发展指数研究的重要意义。

关键词：

　　旅游　城市　发展

一　旅游：城市持续发展的重要驱动力

旅游业是世界经济中发展势头最强劲、规模最大的产业之一。从全球范围看，现代旅游业开始于 19 世纪中期，到 20 世纪 50 年代，世界旅游业开始具有一定的规模；从 20 世纪 60 年代开始，旅游业提高了发展速度，成为世界上

---

* 张辉，世界旅游城市联合会专家委员会主任，教授，博士生导师；陈怡宁、范容廷，北京交通大学经济管理学院。

最重要的经济活动之一。

　　根据联合国世界旅游组织（UNWTO）的统计数据，从 1950 年至 2012 年，全球国际旅游人次从 0.25 亿增加到 10.35 亿，首次突破 10 亿人次大关，增长了约 40 倍。随着社会和经济的发展，旅游业已成长为世界经济中发展势头最强劲和规模最大的产业之一。据世界旅游业理事会（WTTC）《2013 旅游业经济影响》报告显示，2012 年世界旅游业对全球经济的贡献占近 1/10，仅次于银行业（约占全球 GDP 的 11%），成为全球最大的产业之一。旅游业对世界 GDP 总量的直接贡献为 2.1 万亿美元，全部贡献（包括直接、间接和引致贡献）为 6.6 万亿美元，约占全球经济总量的 9.3%，上升 3%，高于全球经济增速。此外，2012 年，旅游业还直接创造了 1.01 亿个工作岗位，而与旅游业相关的岗位更高达 2.6 亿个，相关投资达 7600 亿美元。

　　到 2020 年，全球国际旅游消费收入将达到 2 万亿美元，国际旅游业人数和国际旅游收入将分别以年均 4.3%、6.7% 的速度增长，高于同期世界财富年均 3% 的增长率；到 2020 年，旅游产业收入将增至 16 万亿美元，相当于全球 GDP 的 10%，提供工作岗位达 3 亿个，占全球就业总量的 9.2%。旅游业关联度大，经济带动性强，已然成为世界经济社会发展的重要因素。

　　从经济学角度来看，旅游产生于工业化时期，工业化发展推动了城市化进程。工业化虽然实现了物质文明前所未有的超越，城市工业化带来的城市病则促使人们产生暂时性的离开城市、回归自然的愿望（谢彦君，2010）；同时，工业化发展积累下的社会财富和对劳动力的解放，也从资金和时间方面为人们的旅游提供了可能。因此，旅游与城市在工业化社会实际是相互背离的。城市旅游功能退居工业、居住、商业、交通等基本城市功能之后，城市更多的是扮演客源地的角色。

　　第二次世界大战结束至 20 世纪 80 年代，城市化进程加快，一些城市也呈现了后工业化时代的特征，工业生产中心的地位不断下降，服务业成为经济发展的主导产业，产业结构转向以服务业为主，城市功能也由以生产功能向消费功能转变。旅游作为一项国际交流活动和消费产品，在大多数国际化城市发展起来，并得到重视，使得这些城市成为具有世界吸引力的旅游目的地，并形成最早一批世界知名的旅游城市，如纽约、东京、巴黎、伦敦等。此外，旅游业不仅催生了一些"因旅游而兴起"的城市，如美国拉斯维加斯、中国张家界等，也为传统工业化城市、资源型城市的转型提供了新的发展动力，将旅游开发作为城市复兴的重要战略，一些城市也因此作为新型旅游地而复苏，如中国焦作、英国伯明翰、加拿大蒙特利尔等。

从某种意义上讲，城市成为后工业时期旅游业发展的重要空间实体（geographical entity），成为旅游目的地的核心部分和旅游产业集中分布的区域，有些城市还兼具集散地的功能。世界旅游组织在1999年就曾预言城市旅游会史无前例地推进全球化的发展。数据显示，美国前十大旅游目的地城市接待的国际旅游者人数超过了全美总数的50%（Hwang，et al.，2006），半数以上的赴英游客都以伦敦作为旅游目的地。2010年，全球国际旅游收入最高的城市是罗马，达到340亿美元，共有11个城市国际旅游城市超过百亿美元，

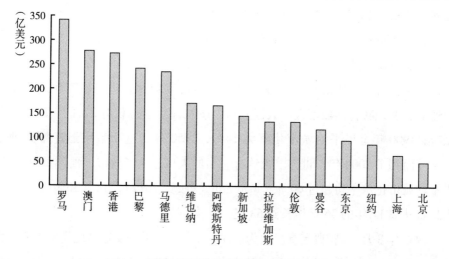

图1 世界重要旅游城市国际旅游收入比较

资料来源：中国大陆及港澳城市数据由地方旅游部门提供，其他城市数据来自咨询公司。

其中既有伦敦、巴黎、中国香港、新加坡等综合性大都市，也包括拉斯维加斯、中国澳门等国际化特色旅游城市，相比较而言，与综合性大都市相比，上海、北京2010年的国际旅游收入不及罗马的1/5、约为巴黎的1/4，不及伦敦的1/2，与纽约、东京的国际旅游收入同属50亿～100亿区间，仍存在较大的发展空间。旅游对城市的经济贡献有目共睹，但更为重要的是发挥其对城市文

化、社会生活方式的传播与传承，使旅游业真正成为城市持续发展的动力源泉，这是未来旅游城市的发展重点，也是难点之一。

二　城市：宜业、宜居、宜游的共享空间

经济学家 Hirsh 认为，城市是具有相当面积、经济活动和住户集中，以致在私人企业和公共部门产生规模经济的连片地理区域。城市的出现，是人类走向成熟和文明的标志，也是人类群居生活的高级形式。纵观中国和世界其他国家的古代城池，起初，都是为了人们聚居而建设的。更为准确的说法是城池是不同国家和地区在中古和上古时代为统治阶级而建设的居住场所，当然也有军事防御的需要（戴斌，2012）。学者们普遍认为，真正意义上的城市是工商业发展的产物。如 13 世纪的地中海沿岸、米兰、威尼斯、巴黎等，都是重要的商业和贸易中心。可见，城市的首要功能在于"市"，即为工商业发展提供场所。工业革命之后，城市化进程大大加快了，由于农民不断涌向新的工业中心，城市获得了前所未有的发展。20 世纪中后期以来，世界城市化进程持续快速的发展，联合国城市人口数据显示，1800 年，全球仅有 2% 的人口居住在城市，1900 年世界平均城市化率为 14%，1950 年，这个数字迅速攀升到了29%，而到了 2000 年，世界上大约一半的人口迁入了城市。预计 2030 年世界平均城市化水平将超过 60%（Ashworth，Page，2011），到 2050 年世界城市人口将从 2011 年的 36 亿增长到 63 亿。

1933 年 8 月，《雅典宪章》认为居住、工作、游憩和交通是现代城市的四大功能。城市的发展不仅为当地居民的生产和生活带来了极大的便利，吸引了异地人向往的目光，而且随着信息技术、交通技术的快速发展，跨国贸易日益频繁，国际经济关系越来越密切，为商旅人士提供服务已经成为城市的重要职能之一。

然而，随着经济的进步和交通的发展，大量旅游者穿梭于城市之间，单纯按照本地居民的需要去建设的城市，已经无法满足城市发展的需要。正如前文所述，当社会发展到一定阶段，人们离开惯常的生活环境，去旅游感受不一样的风情，正在成为人们的一种生活方式。城市公共服务体系的供给如果只是按照常住人口的需要来配置，大量游客进入该城市之后，由于总需求量的增加，

必然导致公共服务供给不足等直接问题。这些问题的产生，不仅旅游者难以实现满意的旅游体验，而且容易引发本地居民对旅游者的不满与对立，一种均衡的打破意味着要建立新的均衡。高度开放的城市，已经不再是当地居民的专属福利，而是居民与旅游者的共享空间。旅游作为城市演化的全新视角，应将游客需求纳入城市规划与运营体系中去，与此同时，旅游业发展所带来的多元共生的价值观和生活方式，也应成为引领城市运营特别是公共空间的现代化转型，让旅游成为城市化全新的发展引擎（戴斌，2012）。事实上，旅游与城市的融合发展在理论上是可言的，在现实中也是可行的。宜业、宜居、宜游是城市的基本功能，需要协调发展，不可偏废。宜居是宜业、宜游的基础，宜游是城市功能的一个重要扩展，宜游必定将带动宜居、宜业，一座宜游的城市，才能是一座能够为商旅客人提供良好服务的城市，也会促进城市宜居目标的建设。绝大多数情况下，一座城市能够成为世界瞩目的旅游目的地，是由于它的地理位置、商业、经济、政治地位，然而更为重要的是旅游者对城市生活和城市文化的体验和满足感的实现。城市是生产与消费的共享空间，也是居民、旅游者和从业者的共享空间，如何寻求共享空间下各自利益的最大化，是旅游城市发展的难点之二。

三　发展与旅游城市发展

发展是自然界与人类社会永恒的主题。探索人类社会发展的规律，为社会发展确立正确的目标和道路，是人类历史上任何一个民族都在孜孜以求的古老而又常新的课题。

发展的拉丁文词根是"舒展""展开"的意思。从词源学上考察，发展（Development）是一个生物学概念，代表一种自然而然的生命演变过程，它被广泛用来表示动物的胚胎在孕育和成长过程中，胚胎的大小、构造、功能、性状逐渐变化的过程。

人们从不同的视角来看待发展就会得出不同的结论。有的学者从哲学角度来理解发展，哲学境场中的发展是指事物由小到大、由简单到复杂、由低级到高级的变化。亚当·斯密在《国富论》中首次把发展定义为国民财富的增长。

达尔文和斯宾塞的进化论开启了发展的实证研究先河，以西方经济学和社会进化论为基础的现代发展理论把发展等同于经济增长，对个体而言就是财富的增加。

随着人类对客观世界认识的逐渐深刻和价值观念的改变，这个概念也有了更为深入、丰富的内涵。《大英百科全书》对"发展"的解释性定义是"虽然该术语有时被当成经济增长的同义词，但是发展被用来描述一个国家的经济变化时，一般来说包含了数量上与质量上的变化"。联合国开发计划署（UNDP）在1990年定义"发展"为："发展的基本目的，就是创建一种能够使人长期地享受健康和有创造性的生活。"1993年UNDP进一步明确："发展是人的发展，为了人的发展，由人去从事的发展"。1998年，诺贝尔经济学奖获得者阿马蒂亚·森则以"自由"为中心来定义发展，他认为自由是发展的首要目的，发展是扩展人们享有真实自由的一个过程。以发展与环境为主题的《2000年世界发展报告》表达了世界银行的观点"发展就是改善人民生活"。

本文认为旅游城市发展可以从五个层面来理解：第一，发展是由小变大，由一个层次进入另一个层次的变化，不仅包含量的变化和质的提升，更强调量与质的和谐统一；第二，人类是旅游城市发展的主体，也是发展的客体，旅游城市的发展是人类提升生活质量、创造美好城市生活的实践活动；第三，旅游城市的发展既是一个过程，又是一种结果。发展是在过程中实现突破，在结果中获得积累，旅游城市的发展表现为城市居民和旅游者满意度的不断提升；第四，发展的本质是排除不利因素，提升有利条件。旅游城市的发展是一个耦合的过程，是旅游和城市两个系统、居民和旅游者两个群体相互联系、相互作用的对立统一的运动过程。第五，旅游城市的发展是可持续的发展。

旅游作为人类长存的生活方式，得到了各国政府和产业界的高度重视。美国政府1995年就召开白宫旅游会议，制定了21世纪旅游发展战略。日本政府自2003年推行并实施观光立国战略，2007年对稳定运行了33年的《观光基本法》进行修改，并更名为《观光立国推进基本法》，目标是促进国民取得合理的休假权，以旅游拉动内需，改善民生。法国则专门成立旅游战略委员会，以确保其世界第一旅游目的地国的地位。中国于2013年1月1日正式颁布实施《旅游法》，从法律的层面肯定了"旅游"在国民社会经济生活中的重要地位，各国及城市政府对旅游业的重视不仅体现在城市及旅游战略规划的制定上，也体现在政府在目的地营销、可持续发展等方面所做出的努力。

中共十八届三中全会指出，发展是解决中国所有问题的关键。发展是时代的主题，也是时代的难题。发展是一个很广泛的概念，它不仅指涉经济的增长，国民生产总值的提高，人民生活水平的改善；而且指涉文学、艺术、科学的昌盛，道德水平的提高，社会秩序的和谐，国民素质的改进等。发展观念由最初的"经济发展＝经济增长"到"经济增长＋社会变革"，再到后来的"经济增长＋社会变革＋保护环境"，反映了发展的内涵不断深化。西班牙学者费德里科·马约尔（Federico Mayor）认为，发展是经济的、社会的、科技的、文化的……它具有一种综合的特点。发展经济学家汉斯·辛格指出，不发达国家存在的问题不仅是增长问题，还有发展问题。发展是增长加变化，而变化则不仅在经济上，而且还在社会和文化上，不仅在数量上，而且还在质量上。

四 世界旅游城市评价体系研究的重要意义

自20世纪90年代以来，中国已有百余个城市以建设"国际旅游城市"作为发展目标，然而，与国外一流旅游城市相比，还存在一定的差距。受早期团队、观光和报价为主要特征的入境旅游的影响，"吃、住、行、游、购、娱"六要素被视为旅游业的基本范畴。在国民大众越来越成为消费主体、散客化和自由行越来越成为主要消费模式的当下，旅游活动已经与城市的交通基础设施、生产服务、生活服务和社会服务的每一个要素相关联。城市旅游主管部门的管理模式、城市旅游规划、城市公共服务体系建设等也应在学习和借鉴世界一流旅游城市先进经验的基础上，建设具有中国特色的旅游城市。

从发展过程来看，旅游城市从改革开放之初的几个热点城市，逐渐向板块式、群落式发展；从发展目标来看，从最初以服务入境旅游者为导向、以旅游城市的"国际化"为目标，逐渐转向促进国民旅游、入境旅游、出境旅游的共同发展，以游客福祉的实现和满足为导向。从发展心态来看，随着中国旅游业在世界舞台上发挥越来越重要的作用，旅游城市的发展心态也从最初的弱势、非主流，逐渐转向积极参与、融汇发展。

已有研究中存在的概念混淆、考量维度单一、测评方法具有较强主观性等问题，在指导实践中也会造成认识的偏颇和片面性。因此，受世界旅游城市联合会（WTCF）委托，北京交通大学研究团队作为其学术平台，展开对旅游城市评价体系的研究，对拓展理论认识和为指导城市管理实践都具有重要意义。旅游城市发展指数的评价动态地反映了世界范围内的城市旅游业发展状况，从服务于旅游者的视角，探讨了旅游与城市协同发展的方向和路径。从旅游城市发展指数的不同维度分析，可以发现旅游城市的薄弱环节，有助于挖掘各城市旅游业发展的潜力，从而为各城市制定发展政策提供一定依据。了解区域之间以及区域内部旅游城市发展的差异性，有助于推进区域间的竞争与合作，有助于城市管理者有的放矢地制定旅游政策、营销策略，全面提升旅游城市的持续发展水平和发展质量。

参考文献

[1] 谢彦君、余志远、周广鹏：《中国旅游城市竞争力评价理论与实践中的问题辨析》，《旅游科学》2010年第1期。

[2] Y. H. Hwang, U. Gretzel, D. R. , "Fesenmaier. Multicity Trip Patterns：Tourists to the United States", *Annals of Tourism Research*, 2006, 33 (4).

[3] S. Sassen, *Cities in A World Economy*, CA：Pine Forge Press Thousand Oaks, 1994.

[4] 冯云廷：《城市聚集经济》，东北财经大学出版社，2001。

[5] G. Ashworth, S. J. Page, "Urban Tourism Research：Recent Progress and Current Paradoxes", Tourism Management, 2011, 32 (1).

[6] D. Edwards, T. Griffin, B. Hayllar, "Urban Tourism Research：Developing an Agenda", *Annals of Tourism Research*, 2008, 35 (4).

[7] 牛文元：《中国可持续发展战略报告》，科学出版社，2004。

[8] 麦克尔 P. 托达罗：《经济发展与第三世界》，中国经济出版社，1992。

G.19
政府在城市旅游的可持续发展和
竞争中的作用

摘 要：

本文指出城市要通过发展旅游业在世界舞台上获得竞争力，不仅需要大量的项目投入、基础设施建设以及产品的创新，更要注重提升对于复杂的旅游产业体系进行有效管理的能力。作者通过对不同城市旅游行政管理的深入分析，总结了当今世界旅游行政管理的一般模式，提出了旅游管理委员会（Municipal Tourism Leadership Council）这一管理模式的运行方式和有效性。强调了旅游管理委员会在利益相关者分配、提升游客满意度、促进旅游可持续发展等方面的积极作用。

关键词：

旅游管理 城市旅游 竞争力

The Role of Governance in Sustainability and
Competitiveness of City Tourism

Larry Yu [*]

Abstract：

The article points out that not only lots of investment projects, infrastructures and innovative products are required when a city strives to be competitive on the world stage through tourism development, but improving the ability to manage the complicated tourism industry systems effectively should be paid more

* Larry Yu, Professor of Management & Tourism Studies, School of Business, The George WashingtonUniversity.

attention to. With a depth analysis on tourism administration of different cities, the author summed up a general pattern of the world's tourism management model, the Municipal Tourism Leadership Council, and proposed its running way and effectiveness. What's more, its positive effects on stakeholder distribution, improving visitor satisfaction and promoting tourism sustainable development are also emphasized in this paper.

Keywords:

Tourism Management; City Tour; Competitiveness

Cities around the world increasingly leverage tourism as a means to promoting economic prosperity, social progress and place branding. The role of tourism intersecting policy, business and society is recognized by cities for its complex and complementary nature of governance which calls for engaging multiple stakeholders to form strong and effective partnerships for building a sustainable tourism destination and maintaining competitive advantage. Cities must keep a balance in building prosperous and socially harmonious environments for their residents while providing tourists with authentic and unique experience. They also need to adapt to the changing global tourism markets, technological innovations and human capital development to generate enduring growth.

However, in the race to become a world tourism city, most cities have been investing in massive projects, e. g. , international airports, and convention and exhibition facilities, to improve tourism infrastructure, accessibility and capacity for appealing to differentiated market. Most cities have been also actively developing new tourism products that encapsulate the diverse attributes of the city embodied in cultural, natural assets as well as sport and special events. It is understandable that city tourism competes on the qualities of tourism infrastructure, tourism products and excellence of service provided by tourism professionals. One other dimension of city tourism as a competitive advantage also deserves more attention and discourse by cities in the world-the effective governance of tourism at the city level. It is believed that cities adopting innovative and effective governance for tourism development and management can gain advantages on competitions. These essays thus attempts to provide a framework for defining a governance model for city tourism development and generate a dialogue among cities to search for effective governance in sustainability and competitiveness of city tourism.

Due to multiple dimensions and the complexity of city functions and rich contextual variables, the challenges for city tourism development is to create a unique and unforgettable identity and experience by integrating various characteristics of the city. This complexity of city tourism therefore has to be approached and managed by the interaction of multiple stakeholders with direct and indirect interests in the city. In addition, city tourism is also characterized as complementarity since no single agency or service provider can handle the entire visit of tourists to the city. Each service provider is only one part of the city tourism value chain and contributes its share to the total experience of the tourists to the city. City tourism governance is thus about relationship management of multiple stakeholders and the effective ways they interact with and complement one another. Effective governance will clearly define who the stakeholders are, what functions and responsibilities they have, what rules are used for the interactions of the multiple stakeholders, and how the rules are implemented and evaluated (Baggio, Scott and Cooper, 2010). Therefore, different approaches in city tourism governance will affect the effectiveness in leadership and strategy for facilitating multiple stakeholder interactions and, as a result, affect the competitiveness and sustainability of city tourism (Beaumont and Dredge, 2010).

Therefore the core objectives of city tourism governance boil down to managing its sustainable growth and maintaining competitive advantage-increases in both demand and supply. This means managing the expansion of tourism where growth is sought, managing the quality of tourism where that is a priority, and managing the location of new tourism project where it strongly impacts the local population's quality of life. This is a complicated but necessary task that has to be performed jointly by public and private sector stakeholders as well as local communities in a clearly defined governance

217

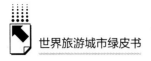

framework.

Governance for the city as tourism destination is therefore vitally important for the success of tourism development as the institutional set-up for tourism governance varies markedly from city to city due to the differences in political and economic systems in the world, such as governance by government playing the leading role in some cities while a consensus-building approach by multiple stakeholders in others. In most cities, the basic functions of tourism management institutions, including planning, regulation, investment, marketing, training, statistics and coordination, are shared among the government, the industry associations and a number of specialized agencies.

Such coordination and interaction between different government agencies (within the same jurisdiction or across jurisdictions) and between the government and the industry are important element of city tourism governance. Effective governance at the city level can reduce unnecessary duplications of similar work and conflicting interests by different stakeholders, such as development plans (tourism and other) prepared by one agency without consulting other agencies which may be negatively affected; regulations are introduced to address a specific problem in isolation of others; attractions are developed without considering their impact on the municipalities/counties where they are located; tourism marketing and promotion are staged by public civil servants without drawing on the professional expertise from the industry. Poor coordination is a major reason for the poor implementation record of most development plans and the non-enforcement of many rules and regulations.

Without the coordinated and effective tourism institutional structure for governance, the line between the government's regulatory functions and the tourism industry's business functions is often blurred which results in the public sector overstretching to take responsibilities ranging from leadership to funding, staffing, marketing, and other operational functions, some of which could be effectively performed by the tourism industry and its various professional trade associations. The missions of the government, the industry and the public-private partnership are thus not clearly defined, nor are their functions separated.

Based on international good practice in tourism governance and institutional realities of cities, a tripartite institutional structure is proposed to address the efficient governance issue facing city tourism development. As shown in Figure 1, this governance structure separates and delineates the functions of the public and private sectors and embraces all stakeholder interaction in developing and managing city tourism in the world.

It is noted that, in the Chinese context, considering China's transitional economic system and that government still plays dominant role in industry businesses, this institutional structural reform will take time to implement. However, efforts in implementing such institutional change for city tourism governance will pay dividends for improving regulatory environment and market efficiency.

At the highest level, Municipal Tourism Leadership Council provides the overall policy guidance and coordinates among all public agencies with jurisdiction over tourism development matters. This provides a forum where different parties can sit together to address tourism related issues of the day and assign the specific duties to specialized working groups to examine and propose recommendations for implementation. It is important that the industry is adequatelyrepresented at the Municipal Tourism Leadership Council and the specialized working groups to ensure that the proposed solutions have the support of the tourism service providers.

A Technical Secretariat comprising a competent should then support the Municipal Tourism Leadership Council and dedicated staff which follows up tourism facilitation activities, prepares the agenda for meetings, negotiates with authorities on behalf of the Municipal Tourism Leadership Council, organizes workshops and prepares documentation. In order for the Technical Secretariat to act as a neutral party in the discussions, it should be an independent entity and not related to any representative agencies in the Leadership Council.

Under the overall guidance of the Municipal Tourism Leadership Council, three tourism management institutions should exist in parallel, each with its own clearly

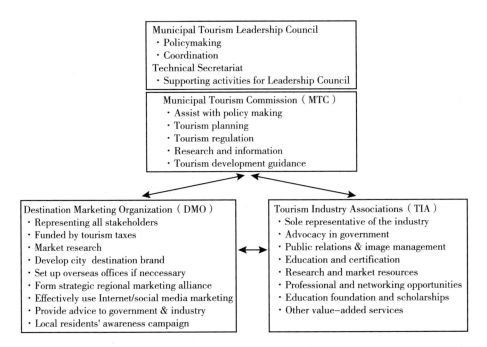

Figure 1   Suggested Institutional Structure of City Tourism Governance

defined objectives and functions, none is subordinate to another, and they work closely with each other. As the primary tourism management agency, the Municipal Tourism Commission should concentrate on the following main functions: (1) develop city-wide mid to long-term tourism development strategy such as the Five-Year Development Plan and strictly enforce the implementation of the plan, (2) compile and publish tourism statistics, and other economic and market intelligence, such as the tourism satellite account, (3) facilitate in the reduction of administrative barriers to tourism development in the city, (4) facilitate and enhance product development by providing technical assistance, education and resources for local communities, (5) advocate for entrepreneurial and sustainable development by awarding development grants, (6) sponsor Mayor's Conference on Tourism, and (7) develop and oversee a city-wide tourism information centers and related facilities.

To perform its functions effectively, the Municipal Tourism Commission should be relieved of the diverse functions that are best performed by other government agencies, industry associations, commercial entities, or civil societies. It may retain certain regulatory functions such as licensing and inspection, but should delegate setting industry standards and monitoring industry performance to business associations. In formulating tourism strategies and master plans, it is important that all the stakeholders are involved and interacted in the decision making process. By engaging all the relevant stakeholders from both the government and the industry as well as the civil society, the resultant strategies and plans will not only be better balanced and more relevant, but also have greater chance of being implemented. Given sensitive and fragile tourism asset, greater emphasis should be given to the long-term sustainability of the tourism industry. That is, tourism development should be pursued on the basis of resource protection and support the objectives of resource protection.

A Destination Marketing Organization (DMO) promotes city destination for leisure and business tourists, convention and exhibition business, and sport tourism. It is often a public and private partnership representing multiple stakeholders of the tourism industry, such as hotels, travel services, attractions, restaurants, transportation, retailing and other providers serving travelers. Tax revenues generated from tourism expenditures in lodging, food and beverage or tourism development fund normally fund its operations. Its main challenge is to formulate an effective and attractive brand for promoting the long-term development and marketing of the city. It performs market research to identify new travel trends and consumer behaviors for market development and service improvement. If financial resources permit, the DMO also establishes overseas sales offices or share office with other trade missions or business companies from the same city to target the major source markets, or retain international marketing firm to promote the city in target source markets, such as retaining the Annapolis, Maryland-based Partner Concepts promoting Beijing on behalf of Beijing Municipal Travel and Tourism Bureau in the U. S. Effective use of traditional media and social media to feature specific tourism attributes of the city for targeting differentiated market segments will greatly enhance the visibility of city image in the international tourism markets the DMO will also attend the major international and national travel trade shows and develop a network of international and domestic tour operators, and meeting and event planners. Another major function of the DMO is to be an advisor to the Municipal Tourism Commission on travel market intelligence. It also conducts backdoor marketing campaigns to increase the awareness of the local residents about the positive impact of the tourism industry on the host city.

Finally, Municipal Tourism Commission and its sector-specific industry associations should be separated from the government so that they can play their roles effectively. The independent industry associations should assume as their primary functions (1) policy advocacy to improve the policy, legal and regulatory framework for the tourism industry, (2) upholding industry standard to ensure professional and ethical business conduct among tourism service providers, (3) provision of professional education and certification programs to train and certify competent tourism sector professionals, and (4) building industry cohesion among all sectors of the tourism industry to influence tourism policies and legislation; and support education and research.

The operations of any business is managed by internal leadership, regulated by laws at national, provincial/state and city levels, judged by consumers' satisfaction and regarded by its peers in the same industry. Industry trade association thus serves as the sole representative of a particular industry and fosters a business and ethical climate that supports and promotes its members' financial success. The members of the association will therefore negatively regard companies violating professional and ethical codes established by the association. In a city industry associations need to be separated from the government. These industry trade associations should resume its function as the lead advocate of the tourism industry in communicating with the government, the consumer public, and other stakeholders and interest groups. Its main function is to ensure a responsible and ethical business climate for the tourism industry and project a positive image of the tourism industry. The cultivating of the professional and ethical business climate can be developed through a code of industry standards accepted by all members of the association. Members who violate the code will be censured, or suspended or expelled from the association.

Tourism industry associations should also build industry cohesion among all sectors of the tourism industry by working closely with the associations of different tourism sectors and through a forum for industry leaders across the industry to communicate, so the association can pursue and influence policies and legislation responsive to the tourism industry.

Industry sector specific associations, such as travel services, hotels, attractions, foster a professional and ethical business climate within its own industry. Other main functions include government relations, industry image management, market information, education programs, networking opportunities and foundations for scholarships to support management education programs. One of the major services provided by industry association is an education program to train and certify competent professionals for various positions in the industry to promote standard industry knowledge and excellence. Most of the industry associations require certain levels of knowledge and expertise to perform various jobs in the industry, such as Certified Travel Associate (CTA), Certified Travel Counselor (CTC) and Certified Travel Industry Executive (CTIE) by The Travel Institute, Certified Hotel Administrator (CHA) by American Hotel and Lodging Association, Certified Meeting Professional (CMP) by Convention Industry Council, to name just a few. With the separation of the government and industry association, professional and continuing education and certification functions, such as tour guide certification, can be handled by the industry associations. Different industry associations act as political liaison between the industry and the government to pursue public policy and programs that will be conducive to the needs of the industry.

This tripartite institutional arrangement can effectively balance city government and industry functions to better develop and manage the tourism industry in a city. Municipal Tourism Commission now focuses on long-term, strategic and sustainable planning and development of tourism resources and formulation of regulations for the tourism industry. The destination marketing organization of a public and private

partnership can assume the global marketing and promotion of the city by projecting an appealing brand image and coordinating with other DMOs throughout the city and region. The industry associations are charged with the fostering of a professional and ethical business climate in all tourism sectors. Highest standards of business conduct and excellence of service through education and continuing training are the respected norm of each industry profession. Therefore, the tourism industry can be truly self-disciplined and respected by the public.

It is true that the institutional structure for tourism governance involves not just the city but the whole country. However, any city can be the first mover in some areas such as reforming the tourism association mechanism and strengthening the function of the tourism associations. In tourism destination marketing, cities can also start from public-private cooperation and further utilizing the functions of tourism associations. One of the best practices in city tourism governance can be found in Hong Kong, a Special Administrative Region of China. The Hong Kong Tourism Commission (HKTC), under the Commerce and Economic Development Bureau, is charged with policy formulation, strategic planning and coordination of policy implementation. It leads and coordinates the policies and indicatives of other government agencies that may have implications on tourism development. Hong Kong Tourism Board (HKTB), a destination marketing organization, is responsible for marketing and promoting Hong Kong to overseas markets. The 20-member board is appointed by Hong Kong SAR Government and represets a cross-section of the tourism industry: airlines, hotels, restaurants, travel agencies, tour operators, retails, etc. The HKTB, funded primarily by Hong Kong SAR Government with 16 overseas offices and eiight representatives, monitors global travel market trends, tracks competitions, conducts research, formulates destination marketing strategy and promotes Hong Kong worldwide. Finally, various tourism industry associations in Hong Kong set industry standards and code of conduct to keep market order. They enhance professionalism of the tourism workforce by certification programs and continuing education and training.

Though missing in the tripartite governance framework, one major stakeholder in city tourism, universities and research institutions, must be recognized because its role can be found in any of the three dimensions. Cities with a concentration of universities and research institutions are recognized as centers of innovation and knowledge management. Academic research and applications of cutting edge research in city tourism development can contribute to public policy, effective marketing, and improved market efficiency manifested in human capital development performed by academic programs. It is therefore rewarding to note that the role of university in city tourism is prominently recognized when the World Tourism City Federations established an Expert Committee consisting of many scholars from universities in different countries.

In conclusion, while cities in the world strive to gain competitive advantages in city tourism development by investing in mega projects and new innovative products, they also need to focus on the governance of the complex tourism system as competitive advantage. Effective governance for city tourism can stimulate all stakeholder interactions, which lead to market efficiency, customer satisfaction, sustained growth and social wellbeing of the local residents. Therefore, the governance of city tourism should be considered as competitive strategy for enduring success. It is thus intended that this essay, though with its many limitations, serve as a springboard to generate a forum for exchanging ideas and best practices in city tourism governance among world tourism cities.

参考文献

[1] Baggio, R., Scott, N., Cooper, C., "Improving tourism destination governance: A complexity science approach", *Tourism Review*, 2010, 65 (4).

[2] Beaumont, N. & Dredge, D., "Local tourism governance: A comparison of three network approaches", *Journal of Sustainable Tourism*, 2010, 18 (1).

[3] World Toruism Organization, *Global Report on City Tourism-Cities* 2012 *Project. Madrid*, UNWTO.

Gr.20
城市化和城市旅游

戴学锋*

摘　要：

　　本文通过上海以城市旅游为核心建立起新型旅游业这一案例，以及对上海旅游业大发展的根本原因的分析，探讨了城市化与城市旅游的关系。作者提出了应把城市本身作为旅游吸引物、旅游业要融入城市的各个方面、要深度挖掘城市的文化特征、注重培养热情好客居民、给旅游市场充分自由生长的空间等城市旅游发展方式。本文批判了关于城市旅游的一些错误认识，并指出了城市旅游发展应避免节庆化、舞台化、博物馆化、景区化等问题。

关键词：

　　城市化　城市旅游　上海

一　问题的提出

　　进入 21 世纪后，人类文明早已进入了一个全新的发展阶段。贝尔（1986）使用"后工业社会"这一术语，来描述当今文明的特点。他着重指出，如果工业社会是以商品数量来定义社会质量的话，后工业社会就是以服务和舒适——休闲和艺术——来定义社会质量。托夫勒 1970 年所出版的《未来的冲击》和此后的《第三次浪潮》等书中，将现代文明描述为第三次社会革命。到 21 世纪，吉尔摩（Gilmore）与派恩二世（PineII）认为，人类社会进入了体验经济时代。但如果从城市发展角度看，自从人类社会从自然经济进入

---

　　* 戴学锋，中国社会科学院旅游研究中心。

工业化生产的商品经济阶段，人类社会就不可扭转地进入了城市化发展阶段。笔者认为，无论是何种文明，不管是农业文明，还是草原文明、狩猎文明，在现代发展阶段都会无可避免地进入城市文明阶段，而一旦进入城市文明阶段就走上了一条城市化发展的不归路。

2012年中国科学院发布的《2012中国新型城市化报告》显示，2011年中国城市化率首次突破50%。与2000年第五次全国人口普查相比，城镇人口增加207137093人，乡村人口减少133237289人，城镇人口比重上升13.46个百分点。该报告主编——中国科学院可持续发展战略研究组组长牛文元教授表示，城市化率首次突破50%意味着城市人口超过了农村人口，这必将引起未来深刻的社会变革，在中国发展进程中是一个重大的指标性信号，将大大促进五项重大转折：发展结构将出现重大转折，内需拉动将成为主导动力；经济结构将出现重大转折，创新产业必然迈上新台阶；社会结构将出现重大转折，中等收入阶层将走上社会前台；人力结构将出现重大转折，由体能向智能的转换加速；管理结构将出现重大转折，建成智慧城市与幸福城市。

在2012年5月3日于布鲁塞尔举办的中欧城镇化伙伴关系高层会议开幕式上，时任副总理李克强在会上的讲话中明确表示，"中国致力于推动科学发展，加快转变经济发展方式，把城镇化作为现代化建设的重大战略"。

人，一旦被称为"城里人"，就很难再离开城市返回乡村。"文化大革命"时期，组织知识青年上山下乡，尽管有从上到下的严密组织，从思想到宣传的系列推进，本意是要逆转这个规律，最终仍以失败告终。因此，我们只能适应这个规律，旅游业发展是社会文明发展的必然结果，更是只能适应这个规律。

二 城市化与城市旅游的关系

正因为城市是现代文明的载体，现代人尽管对田园生活非常向往，但除了极个别的案例外，对于城市之外的世界，大都只是"叶公好龙式"的爱好。曾记得对草原文明心向往之的我，一旦真正住到蒙古包中，似乎一天都不能忍受，即便是我的同伴——蒙古族朋友也如同城里的汉族再次住到农村一样的不适。因此，无论现代旅游业如何发展，城市旅游仍然是旅游业最重要的方面，即便是以传统观光、休闲度假为核心的旅游业，也必然以城市为依托才能建立起旅游业产业体系。

（一）上海以城市旅游为核心建立起新型旅游业的案例

改革开放以后的很长时间里，无论从旅游业的管理水平还是从旅游市场占有率来看，北京都曾是中国旅游业的首善之区，1988 年，北京踌躇满志地接待第 100 万入境旅游者时，上海的入境旅游者连 50 万都不到，直到 2000 年北京接待的外国旅游者人数仍为全国之冠，是年，北京接待外国游客 238 万人次，而上海接待外国游客为 144 万人次。21 世纪以后，上海旅游发展异常迅速，在入境旅游者人次和外国旅游者人次上均超过了北京。北京的旅游外汇收入在 2007 年也被上海赶上。2010 年上海接待入境旅游者人数达到 700 多万人次，而北京还不到 500 万人次；同年上海旅游外汇收入接近 600 亿美元，北京仅仅为 400 多亿美元。上海把北京远远地甩在了后面。

表 1 1995～2010 年北京、上海城市入境旅游

单位：万人次，%

年份	北京入境	环比增长	上海入境	环比增长	北京接待外国人	环比增长	上海接待外国人	环比增长
1995	207		137		167		108	
1996	219	5.8	143	4.38	176	5.39	115	6.48
1997	230	5.02	165	15.38	187	6.25	130	13.04
1998	220	-4.35	153	-7.27	178	-4.81	118	-9.23
1999	252	14.55	166	8.5	205	15.17	129	9.32
2000	282	11.9	181	9.04	238	16.1	144	11.63
2001	286	1.42	204	12.71	240	0.84	152	5.56
2002	310	8.39	273	33.82	266	10.83	216	42.11
2003	185	-40.32	245	-10.26	153	-42.48	199	-7.87
2004	316	70.81	385	57.14	268	75.16	339	70.35
2005	363	14.84	571	48.4	312	16.28	380	12.07
2006	390	7.55	606	6.01	338	8.56	485	27.76
2007	436	11.58	666	9.89	383	13.1	443	-8.82
2008	379	-12.97	640	-3.79	336	-12.26	442	-0.22
2009	413	8.83	629	-1.8	343	2.1	439	-0.58
2010	490	18.8	733	37.56	422	23	593	35%

资料来源：根据历年《中国旅游统计年鉴》整理。

（二）上海旅游业大发展的根本原因

上海面积为 6340.5 平方公里，还不到北京总面积 16808 平方公里的一个零头，上海也不像北京有故宫、十三陵、颐和园等文物古迹，更没有太行山脉构成的复杂地形及壮观的长城，上海除了都市几乎什么都没有，甚至在很长一段时间里，被认为不具备开发旅游业的基本条件，然而，事实是上海在很短的时间里赶超了北京，此中的"奥秘"值得深入分析。

1. 确立都市旅游的战略地位

早在 20 世纪 80 年代中期的 1986 年，上海就在全国率先提出了"都市旅游"的概念。1997 年，上海已经系统地阐述了旅游业的战略："上海旅游业发展的定位，应该是都市型旅游；上海旅游业发展的特色，应该是融都市风光、都市文化和都市商业为一体的特色旅游"；为此，上海"一要充分利用人文资源和经济中心城市资源的优势，二要充分发挥城市新景观的作用，三要充分发挥城市的综合服务功能"。上海明确地将自己的都市旅游定位于适合自身历史和潮流的海派文化上，依靠多元化的海派文化样式、多形态的城市建设风格、多业态的商业购物氛围、多元投资主体以及社区的积极参与，形成了大都市的整体形象和综合实力。

首先，深挖海派文化，并将都市旅游与城市建设结合在一起，一大批标志性的重点工程建设都考虑到了都市旅游的需要，如举世瞩目的东方明珠电视塔、南浦和杨浦大桥、陆家嘴金融贸易区、虹桥开发区、上海博物馆、上海图书馆、地铁、越江隧道、商业街改造、外滩改造等。

其次，扎根历史，对历史文脉作充分发展和演绎。特别是近年来，将历史遗存和创意产业相结合，先后开发出如新天地（原为石库门里弄）、8 号桥（原为旧工厂）、同乐坊（原为"弄堂工厂"集中区域）、M50（原为苏州河畔的民族纺织工业建筑群）、1933 老场坊（原为工部局宰牲场）等一大批创意产业区，形成上海都市旅游的新动力。

再次，嫁接产业，企业成为城市更新及都市旅游发展的根本动力。南京路上，大光明电影院、亨达利、老凤祥、张小泉、美丽华、朵云轩、冠龙、新雅饭店、小杨生煎，各有吸引力。此外，融入社区，纳入更多都市旅游的利益相

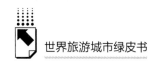
关者,体现都市生活的丰富性和多样性。现在,老上海弄堂风情游,成为上海的主打旅游线路。可以说,上海的都市旅游形态,正在将越来越多的城市生活者、中小经营者纳入其利益相关者行列中来。

上海都市旅游的发展,依托这些有活力的群体,并能使这些群体直接受益。这样的一种都市旅游生产和利益格局,使上海的都市旅游越来越丰富和多样,也越来越具有自身的个性。

2. 把整个城市作为旅游资源看待

北京拥有太过丰富的自然和祖先的馈赠,以及广阔的京畿腹地,20 世纪末,北京制定了《北京市旅游发展总体规划(2000~2010 年)》,在此规划中提出了三个圈层发展北京旅游业的战略思路,即"中心城区观光商务娱乐旅游圈""近郊平原康体娱乐旅游圈"和"远郊山地长城文化及自然观光度假旅游圈"。此后,北京几乎并重地发展这三个圈层,很长时间内都没有现代意义上的都市旅游理念,仅仅规划出的"中心城区观光商务娱乐旅游圈",说白了还是都市观光的老套形式。从金准博士对北京的分析可以看出,即便在北京都市区旅游的旅游者也仅仅是沿着中轴线观光祖宗留下的文化遗产,旅游者并没有像上海那样完全融入城市的街巷中去。

都市旅游不同于传统的城市观光旅游,它更注重经济、文化、社会方面多元化的内涵和底蕴,它包括文化性旅游产品、休闲度假、康体娱乐、都市风光风貌、会展节庆以及社区旅游等多元的旅游产品。尽管北京"十一五"旅游规划中提出了都市旅游的概念,并试图推进,但是从现实情况来看,北京的都市旅游还仅仅是停留在城市观光的层面上,而且城市观光也仅仅是皇城的观光,金准博士在分析北京旅游的现状中指出,"北京旧城区内旅游者的流动方向几乎与传统的中轴线重合",他在分析这种旅游流的成因时写道:"北京的旅游热点很少是由分散型的散旅游流形成的,一个旅游节点能否形成有意义的旅游流,与之能否与主要的旅游节点有较为直接的空间关系极为相关,而城市更新运动对曾是传统格局的碎片化影响,割裂了次节点和主节点之间的关系,从而逐渐使这些节点从总体旅游格局中退出去。"

毋庸讳言,简单的城市观光与深入体验的都市旅游是两个完全不同的概念,而目前北京的旅游发展方式与真正意义上的都市旅游还有很大的差距。以

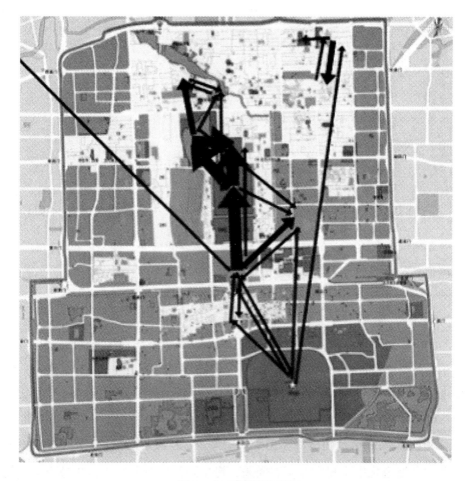

图 1　北京旅游流示意

资料来源：金准：《我国现阶段城市化对城市旅游的影响》，经济管理出版社，2012。

传统观光旅游占主导的旅游方式与《北京市"十一五"时期旅游业及会展业发展规划》中提出的"充分挖掘都市旅游资源的开发潜力，大力推进商务旅游、购物旅游、文化旅游、科技旅游、都市休闲娱乐旅游、体育旅游等城市旅游功能建设，适应国际化大都市的发展需求"存在一定的差距，影响了北京都市旅游的发展。新制定的《北京市"十一五"时期旅游业及会展业发展规划》特别强调了都市旅游的重要性，并试图将旅游发展的重点从京畿地区转移到首都核心区。尽管北京逐渐意识到发展都市旅游的重要性，并在"十一五"期间提出了都市旅游的概念，积极调整战略思路，将旅游发展的重点转向都市旅游，但是，成功的都市旅游并不是一蹴而就的，它需要综合地看待都市资源，要将旅游业嵌入都市生活的方方面面，它要依赖于大规模目标化城市景观的兴起、城市基础设施的配套完善以及各种服务行业的繁荣和精细化，从这方面看，它还有很长的路要走，不仅如此，作为中国政治文化中心的首都，北京如何将传统的京味文化与现代首都文化结合，打造都市旅游的新亮点也还有很长的路要走。

三 城市旅游如何发展

要研究城市旅游，首先必须弄清楚城市发展的理念，因为只有符合城市化发展理念的城市，才能嫁接上城市旅游。

（一）城市发展的理念

人们对城市的认识是逐步深入的，20世纪初人们首先认识到城市的问题，提出城市发展要有理念，此后城市发展理念逐步回归到为人服务的本源上来。城市发展最重要的理念体现在三份城市发展宪章上。

1.《雅典宪章》

1933年国际建筑师协会（UIA）提出了《雅典宪章》，该宪章针对早期工业化和城市化中出现的一系列问题，提出降低人口密度，强化城市分区的理念，扩大城市公共空间，包括拓宽道路、建设更多更大的公共绿地等理念。客观地讲，这些理念对于改进农业社会向工业社会过渡中的城市发展，起到了积极的作用。然而，这份充满理性主义思想的宪章，也深深地带着那个年代人定胜天的烙印。该理念基于物质空间决定论，认为可以通过物质空间的有效控制解决城市的基本问题，最突出的就是其"功能分区"的思想以及宽马路、大广场的规划等，这种设计牺牲了城市内部各个部分的有机联系。因此，按照《雅典宪章》理念规划的城市遇到了越来越多的问题，该宪章初衷是解决城市病，然而由于过度分区，临街商户的消失，过宽的马路、过少的路口等，强迫人流每日没有意义的过度流动，反而加重了"城市病"。

2. 《马丘比丘宪章》

1977 年，国际建筑师协会提出了《马丘比丘宪章》，对《雅典宪章》进行了修正，提出人是社会的人，人与人的和谐关系对于城市和城市规划的重要性。《马丘比丘宪章》摒弃了《雅典宪章》机械主义和物质空间决定论的理念。试图把城市中各类人群的文化、社会交往模式和政治结构作为核心问题。《马丘比丘宪章》首次提出了从系统论的角度来看待城市，认为城市是一个综合的动态系统，要求"城市规划师和政策制定人必须把城市看作在连续发展与变化的过程中的一个结构体系"。该宪章否定了为了追求清楚的功能分区而牺牲城市的有机构成和活力的做法，强调综合性社区的重要性，提出警惕过渡技术运用，同时提出了诸如文物保护、城市独特性等问题，认为人与人之间的宽容和谅解精神是城市生活的首要因素。

3. 《北京宪章》

1999 年，国际建筑师协会通过了《北京宪章》，该宪章继承了《马丘比丘宪章》系统性的思想理念，特别针对发展性破坏提出了批评，在此基础上提出了可持续发展的理念。该宪章认为，21 世纪是一个城市化大发展的时代，同时也是技术高度进步的时代，要防止技术这个"双刃剑"的过度使用，要保持城市与历史的有机联系，尊重各个不同城市业已形成的个性，以及产生个性的历史脉络，从更广阔的视角看待城市，达到可持续发展的目标。

4. 小结

上述三个城市发展宪章反映了近百年来城市发展理念的变化，即从人定胜天的机械化功能分区，到系统化的思路，再到可持续发展的理念。从城市旅游发展的视角看，这实际上为城市旅游奠定了最为坚实的基础。

（二）城市发展理念与城市旅游

研究表明只有那些具有历史文化传承性，具备《马丘比丘宪章》和《北京宪章》倡导的城市复合功能和城市可持续发展的理念的城市，才是能真正发展旅游的城市旅游业。这样的城市大都有以下特征。

1. 具有鲜明的个性

无论是一个传承千年的城市，还是一个新兴的城市，都可能成为发展旅游的城市，但是这个城市必须是具有鲜明个性的城市。巴黎、伦敦、东京这样深具历史文化特征的城市当然具备发展旅游的必要条件，但纽约、中国香港甚至深圳同样可以发展旅游。具有历史文化积淀的城市当然具有良好的先决条件，但是新型的城市同样具有竞争力，此中关键在于这个城市具有鲜明的个性。现在中国在加速城市化，在城市化过程中必然对历史遗留有所扬弃，这本身无可厚非，然而最可怕的是中国的城市越来越缺乏个性，所有城市千篇一律。因此，保持城市的特征和个性是城市本身发展的需要，也是发展旅游的必要条件之一。

2. 具有简·雅各布斯描绘的复杂性

作为发展旅游的城市必须具备符合功能，城市必须是具有广泛的包容性，同时城市具有复杂性。当前中国的城市以及城市内新区发展中，最突出的问题就是缺乏城市本应具有的复合型。比如，很多城市建会展中心，并以会展中心为核心扩展一片城市新区。很多城市都希望在这样的新区发展现代都市旅游（即旅游），然而，由于城市功能过于单一，在会展举办期间人满为患，在非会展期间又门可罗雀，城市服务功能难以自发形成发展。这些地区仅仅具备发展会展旅游的条件，而不可能发展现代意义的城市旅游。还有类似北京望京这样的"卧城"，这些地区由于缺乏城市应具备的复杂性，嵌入城市的城市旅游也难以发展。因此，城市的复杂性是城市发展的需要，也是城市旅游发展的必要条件之一。

在这方面中国澳门老城区最具代表性，澳门面积不大，仅为29.7平方公里，却接待了2000多万入境旅游者，此中奥秘绝非"赌城"这唯一的吸引力，而是澳门这个城市，特别是澳门半岛具有高密度的复杂性。仅以澳门半岛绿地为例，绿地斑块量多体小，分布均匀，半岛拥有多达2259个绿地斑块（含水系景观），平均斑块面积只有669.73平方米，平均每平方公里有多达230个，为城市休闲提供了便利的休憩空间，也为发展城市慢游提供了良好的基础条件，而澳门离岛绿地斑块连绵成片，聚集分布，本身可以成为休闲的目标，也能成为澳门城市休闲的重要补充。澳门城市公共旅游休闲场所密集丰富，在澳门集约的城市空间里，有丰富的公共旅游休闲场所，公园、餐饮、舞厅、酒吧、蒸汽浴室、按摩院、博物馆、图书馆等林立，体验丰富、浓缩性强。澳门城市公共休闲要素空间分布密集、丰富、合理，城市中交通、餐饮、宾馆、休闲娱乐、旅游资源等公共服务设施密布全城，高空间效益的区域分布均衡，游客在澳门城市的每个空间都能享受到充分的公共服务，这体现了澳门密集便利的公共服务设施及其对旅游服务需求的巨大潜力。这便是在澳门这一不大的地方能容纳那么多旅游者的根本原因。

3. 城市具有新业态自由生长的空间，给外地人融入本地的机会

城市如何才能具有丰富性，其中一个关键就是给予新业态自由发展生存的空间，而这种业态，最为重要的是中小企业，只有丰富的中小商业服务业，以及现代的文化创意产业，一个城市才有活力，这个城市的街巷才是能"逛"的街巷。否则必然成为上海浦东或北京亦庄这样的没有生活气息的城市（街区）。而新业态要更好地生存发展，就必须给予外地创业者一个良好的生存空间。北京大栅栏一带在早已成为北京代名词的老字号，但其中除了回民马庆瑞创办的月盛斋外，几乎都是外地人创业的产业（见表2）。这些外地人创业的过程，很多都是从摆地摊开始，逐步发展起来，最终在这里置办房产，成为落户的北京人。因此，给予小型商业、服务业、文化产业生存发展的空间至关重要。

表2 北京前门地区老字号的创建人籍贯及创建时间

老字号名称	创建人	籍　贯	创建时间
同仁堂	乐显扬	浙江宁波	康熙八年(1669)
张一元	张昌翼	安　徽	清光绪三十六年(1910)
全聚德	杨全仁	河北冀州市	清同治三年(1864)
都一处	王瑞福	陕西省浮山市	清乾隆三年(1738)
内联升	赵　廷	天津武清区	清咸丰三年(1853)
瑞蚨祥	孟洛川	山东省章丘市	清光绪十九年(1893)
正明斋	孙学仁	山东莱州市	清同治三年(1864)
马聚源	马聚源	直隶马桥	清嘉庆十六年(1811)
通三益	李某等	山　西	清嘉庆二十年(1815)
一条龙	韩　某	山　东	清乾隆五十年(1785)
谦祥益	孟　氏	山东章丘市	清同治(1862～1874)
月盛斋	马庆瑞	北　京	清乾隆四十年(1775)
王致和	王致和	安　徽	清康熙十七年(1678)
大北照相馆	赵雁臣	通　县	"民国"十一年(1922)
亨得利	王惠椿	浙　江	"民国"十六年(1927)

各级政府千方百计想恢复北京大栅栏地区曾经的繁荣昌盛，然而至今未达目的，不仅如此，至今这里的假冒伪劣商品仍没有得到根本杜绝，其重要原因就是外地商贩已经不能再在这里生根，仅不能购置房产一项就限制了其发展，因此，对外地谋生商贩来讲，几乎唯一的选择就是，在这里赚点钱回家置业。同时，人们对这里的老旧房屋也没有了自发进行改造更新的动力（当然现在的房地产管理制度也有责任）。在这种情况下，北京的大栅栏一带只能走下坡路了。

前门东部地区又是一个良好的案例，由于这里不是自发生长的业态，而是"瓦砾明珠一律抛"后，推倒重来的建设后的招商，因此，重建了三四年以后，这里还没有恢复此前的生气，由于简单地搬迁了原住户，这里的"酱缸"效益和"里仁"效应皆无，在新入住的商业中，怎么也找不到老北京的感觉。同时，这里一到晚上，就变成了"鬼市"，由于没有住户，就会一片黑暗。

4. 城市的街巷肌理发展良好，没有被大街"隔断"

城市作为一个有机体，其内部的有机联系极为重要，这种有机联系为旅游者提供了在城市中漫步的可能。旅游者在巴黎街巷中漫步，有混迹于巴黎人中的感觉，往往比游历卢浮宫更回味隽永。这便是城市旅游的魅力，也是旅游者能嵌入城市，与城市融为一体，形成城市旅游的最基本的特征。大、宽的马路不仅造成城市交通的拥堵，隔断了城市各区域之间的有机联系，也限制了发展旅游的可能。北京前门是一个很好的例子，当前门大街被规划成为步行街时，煤市街和前门东街隔断了进入前门地区的通道，本应成为北京最为重要的城市旅游核心区的前门地区因此只能发展传统的观光旅游了。相反，未经城市快速道隔断的地安门外一直到鼓楼一带却因没有被规划的大街隔断，自发形成了北京最大的一片城市旅游区。

以澳门为例，澳门半岛的城市道路密集交错、宽度宜人，街道景观曲折缠绕、转折偏移、高差错落，视觉形象生动又富有变化，随着空间的延展层次迭起，构成了精致宜人的旅游休闲空间的骨架（见表3）。

因此，保持城市街巷的自然肌理，在城市规划中尽可能不去"隔断"城市街区的联系，保留城市步行的空间和街巷，是发展城市旅游的必要条件之一。

表3　澳门半岛主要城市基础设施指标

指　　标	数值	指　　标	数值
面积(平方千米)	9.39	地均道路交叉口(个/平方千米)	159.86
道路面积(平方千米)	1.68	道路交叉口平均间距(米)	129.39
平均道路宽度(米)	9.7	绿化面积(平方千米)	1.51
道路覆盖率(%)	20.7	斑块数目(个)	2259
道路长度(千米)	173.13	平均单个绿地斑块面积(平方米)	669.73
地均道路长度(千米/平方千米)	20.74	绿化覆盖率(%)	15.43
道路交叉口(个)	1338	地均绿地斑块数量(个/平方千米)	230.51

5. 城市的发展充分考虑到旅游者的需求

发展旅游的城市要能够容纳比城市原住民多得多的旅游者，这就为城市规划提出了更高的要求。现在的城市规划往往仅考虑常驻居民，城市的服务设施是为常驻居民配套建设的，这样的城市就不具备发展旅游的可能性，甚至旅游者在这样的城区找不到如厕的地方，找不到休息的场所。因此，那些要发展旅游的城市就必须为旅游者规划出"额外"的服务设置，以便胜任接待旅游者的需要。在城市规划过程中应进行动态的规划，并按照有机更新的原则，对城市进行渐进式的规划，在保持城市原有风韵的同时，增加旅游服务设施等。

在城市规划中，20世纪90年代以来的上海，就比较好地考虑了旅游发展的需要，在城市建设规划中，将都市旅游与城市建设结合在一起，一大批标志性的重点工程建设时考虑到了旅游的需要，如举世瞩目的东方明珠电视塔、南浦和杨浦大桥、陆家嘴金融贸易区、虹桥开发区、上海博物馆、上海图书馆、地铁、越江隧道、商业街改造、外滩改造等，在老城区的更新改造中更融入了旅游产业，先后开发出如新天地（原为石库门里弄）、8号桥（原为旧工厂）、同乐坊（原为"弄堂工厂"集中区域）、M50（原为苏州河畔的民族纺织工业建筑群）、1933老场坊（原为工部局宰牲场）等一大批创意产业区，形成上海都市旅游的新动力。

6. 应具有相当的经济基础

城市的旅游要求旅游业与城市密切地结合在一起，而一般来讲，旅游者的需求相对较高，这就要求发展旅游的城市具有一定的经济基础。如果一个城市的经济发展非常落后，那么这个城市如果发展旅游，就只能为旅游者单独提供更好的旅游接待服务设施，专门为旅游者开设旅游景区，专门为旅游者提供旅游车辆等，如此，旅游者不可能融入当地社会生活中，旅游只能是游离于当地社会经济生活之外的奢侈品。这样的城市或者蜕变成为观光旅游目的地，或者变成度假区等，而不可能成为旅游城市。在这方面比较典型的案例是马来西亚的关丹，即便珍拉丁湾就在城市附近，然而，铁丝网却把地中海俱乐部与周边的城市隔开，其中最主要的原因是关丹的经济发展比较落后，度假旅游者的需求远远高于当地人的生活。因此，开发旅游的城市必须是具有相当经济基础的发达城市。

总之，只有文化个性鲜明、业态丰富、街巷有机联系未被割断、城市制度便于新型中小企业落地且经济基础雄厚、城市规划中为旅游者留有余地的城市才具有发展旅游的基础。

（三）城市的旅游应如何发展

即便对于那些适宜发展旅游的城市来说，也很有可能会发展成为城市的狭义旅游，20世纪八九十年代的北京最为典型，作为六朝古都和极具京味文化风韵的城市，北京具有发展旅游的最好条件，但是很长一段时间，北京都仅仅有城市观光。相反，那些不一定具有良好禀赋的城市却有可能发展有非常好的旅游产业，上海就是典型的案例。因此，有必要研究如何更好地发展城市旅游。

1. 应把城市本身作为旅游吸引物

城市的方方面面都可作为旅游吸引物，将城市的什么作为旅游吸引物是判别是否开发旅游的关键。如果仅就传统建筑、博物馆、城市的街区、城市的商业区、城市的小吃、城市会展等单一方面开发旅游业，即便做得再好也仅仅是狭义旅游。旅游把整个城市看成是旅游吸引物，旅游无所不在，只有这样才能开发出城市的旅游。因此，在开发城市旅游时不能有过多的限制，这些年北京越来越开始意识到旅游对城市发展的重要性，比如对旅游者开放政府管理部门等，这些做法将大大改善北京的管理，甚至对北京的民主进程起到一定的推动作用。

2. 旅游业要融入城市的各个方面

把城市整体作为旅游吸引物，就要把旅游融入城市的方方面面，甚至融入城市居民的生活工作中。到巴黎、伦敦等大城市旅游的旅游者，往往希望能有一天坐坐当地的地铁、在当地居民日常休憩的咖啡馆小憩，甚至探望市议会的工作场所等。上海的田子坊已经成为城市旅游的成功典范，在田子坊街区的改造中，把城市居民的生活与旅游业开发密切地结合在一起，坚持所谓"三不变，六改变"的原则，即原住民房屋产权不变、原建筑结构不变、原里弄风貌不变；变住户为租户、就业者，变原住户人口为国际化就业人口、变居住功能为综合商业功能、变居住社区为国际化休闲区、公共资源的配置从少数人选择走向多数人选择、政府由领导经济变为服务经济。政府重点解决了里弄的基础设施等硬件改造工作，在房屋产权制度上做大胆突破，如允许老房屋作为商业地产登记注册等，并引入了黄永玉等大师级人物，通过给里弄生态系统注入活力，使该地成为上海都市旅游的著名景区，同时使原住民、政府、投资者、旅游者等各方利益相关者受益。这样，旅游业不仅使得像城市田子坊这样的老城区有了继续存在的理由，而且通过旅游开发，解决了原住民的生活难题和就业难题，这便是旅游业融入城市最基层的微观方面的成功案例。

3. 要深度挖掘城市的文化特征

发展城市的旅游，就必须深入挖掘所在城市的文化特征，并且通过旅游开发继承、捍卫和发展城市的文化特征。特别是在当今的中国，由于"文化大革命"以及改革开放以后的大拆大建等，很多城市的固有风貌正在迅速消失。20世纪80年代，北京曾提出"夺回古都风貌"，其实古都风貌岂能"夺回"，这从一个侧面反映出人们对城市固有风貌的偏爱。发展城市的旅游，就必须深挖一个城市的文化特征，在新的形势下采取新的方式展示其特有文化。在这方面比较成功的是上海通过深挖海派文化，使得城市旅游找到发展的"根"，反过来，旅游业的发展也极大地促进了海派文化的复兴。上海在20世纪90年代后期城市旅游发轫阶段，明确地将自己的都市旅游定位于适合自身历史和发展潮流的海派文化上，依靠多元化的海派文化样式、多形态的城市建设风格、多业态的商业购物氛围、多元投资主体以及社区的积极参与，形成了大都市的整体形象和综合实力，其中重点就是深挖海派文化，并将都市旅游与城市建设结

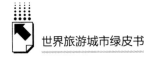

合在一起，形成了一大批传承着海派文化的新型建筑。由于旅游业的综合性、旅游业的发展，文化本身也得到复兴，这是一个双赢的过程。

4. 注重培养热情好客居民

"不论在哪个城市，对于旅游者和居住者来说，真正要紧的是与之接触的人。"林语堂先生写到，对于那些到老北京旅游的外国人，很多人会爱上北京，甚至愿意留在北京居住，"他们的妻子则不愿离开北京发展，也不愿离开那些待他们的孩子如同己出的保姆"。人才是一个城市的真正魅力，才是一个城市具有不同特质的关键，也是一个城市具有"酱缸"效应，能起到"里仁效应"改变外来者的关键。发展城市旅游，一个重要的内容就是把旅游者引入社区，提高旅游者与城市居民深度接触的可能性，让旅游者通过对城市居民的认识和了解进一步认识这个城市。

中国城市的居民曾经是最为好客的居民，这从老舍的《四世同堂》中可以清晰地了解到，但是随着"与人奋斗"哲学的普及，以及现代生活方式对人的隔离，城市居民似乎变得越来越不好客，甚至认为外来旅游者打扰了他们平静的生活。因此，在当前这个时代，发展城市旅游一个重要的方面就是要重新"拾起"我们中华民族的温良恭俭谦让和热情好客的传统。

同时，要让人民参与到旅游开发中来，引入西方"社区规划"、"邻里保护"、"社区发展"、"居民自助"、"住户参与"、"社区合作"、"社区技术协助"等运动，促进社区中的人成为环境的创造者与经营的推动者，让人们在旅游的参与中改造社区，改造自己的生活环境。

5. 给旅游市场充分自由生长的空间

旅游者的需求是千变万化的，就如同自然生态一样，人不是上帝，不可能预见到市场变化，在这方面最好的办法是让市场那只"看不见的手"去规划未来。北京较为成功的城市旅游区几乎无一例外的都是由市场推动的，从什刹海的酒吧再到南锣鼓巷的旅游街，均为市场自发发轫，管理者因势利导，充分给予市场自发发展的空间，最终形成了极具北京文化特色的城市旅游区。当然，这种文化特色与真正的老北京文化风味并不完全一致。事实上，那些一味想原汁原味地恢复北京传统风貌旅游区的无一不以失败告终。因为，市场是变化的，即便没有革命的洗礼，没有"文化大革命"，完全自然地发展，北京的天桥也不会还是原来的摆地摊的经济状态。因此，保留原住民、街巷肌理、老商业，同时让市场那只"看不见的手"按照有机更新的方式去接纳新兴的业态、新的居民，是城市旅游能真正发展的不二法门。

总之，并非具有良好条件的城市就能发展起城市的旅游，在旅游开发过程中，还要把整个城市看成是旅游吸引物，将旅游业全面融入城市的方方面面，充分挖掘利用、继承发扬城市的文化品位，同时培养居民的好客精神，给旅游新业态自由的生长空间等，只有这样才能发展起真正的城市旅游。

四　城市旅游发展展望

在未来城市旅游的发展中，要完善城市的功能，这绝不仅仅是发展旅游的需要，也是城市本身的需要；同时，要注重旅游业自身的发展，主动融入城市发展中，成为推动城市化有机发展的力量。

（一）对城市旅游的一些错误认识

当前，对城市旅游普遍存在不同程度的误解，这些误解突出地表现在以下几方面。

1. 旅游仅仅是城市的附属功能

当前，最典型的错误认识是把旅游与城市发展割裂开，认为旅游仅仅是依附城市发展的，而不对城市发展具有积极的作用。在这种思路影响下，很多旅游城市的规划开发根本不屑于考虑旅游专家和旅游行政管理方面的意见，甚至在一些已经组建旅游委的城市里，旅游委依然是一个"弱势部门"，是一个城市发展中没有话语权的部门。与此相反，城建部门、土地部门，甚至安全部门都有更大的话语权，很多地区就是打着安全的旗号任意隔断城市联系，造成人为的不便。

2. 城市旅游即城市观光

与上述错误认识相对应的是认为城市旅游就是城市观光。正是在这种思路影响下，加重了拆了老的建新的，建了新的想老的，想了老的仿老的，赝品充斥全中国的问题。整个中国变成一个"山寨"，一方面是对欧美国家的"山寨"，一方面是对明清历史的"山寨"，现在的许多垃圾建筑，将来就是建筑垃圾。

3. 只有历史文化名城才能发展旅游

还有一种错误认识，认为只有历史文化名城，如平遥、丽江等城市才能发展旅游，一般城市只能发展旅游服务接待。这种错误认识不值一哂，上海以一个现代化都市开发旅游的案例充分说明了一个缺乏历史文化遗产的城市，只要发展得当，照样可以发展起现代意义的旅游。

4. 任何城市都能发展旅游

与上述观点相对应的另一种错误认识，就是所有城市都能发展旅游。通过上述分析，可以看出，一个缺乏文化品位的城市，一个缺乏好客居民的城市，一个缺乏经济基础的城市，一个经过不负责任规划造成城市有机功能被割断的城市等，都不具备发展城市旅游的基本条件。而一个不具备发展旅游的城市，大都是居民生活非常不便的城市。

5. 城市发展更新与旅游发展无关

还有一种错误认识，认为旅游业的发展不会对城市更新有作用，城市的旅游仅仅是充分渗透到城市中去而已。其实，城市的旅游发展不仅是利用城市，更重要的是改造城市，这从上海田子坊、北京什刹海等地区的旅游发展可以清晰地看出。这也是在城市规划中应吸纳旅游业认真参与的重要原因。

（二）当前城市旅游中应注意的问题

当前城市旅游最大的问题是很多具有发展旅游条件的城市却"抱着金饭碗要饭"，没有充分开发城市发展旅游，而是一味大力发展传统意义上的旅游，这样的旅游业不仅自身得不到长足发展，而且也不能助力城市的发展，终将成为游离在城市发展之外的狭义旅游。

1. 城市旅游节庆化

现在越来越多的城市，将城市旅游节庆化，不去挖掘利用传统节日，而是简单模仿创建一些新的节庆活动，这些新的节庆活动大都由于不接地气，得不到旅游者的青睐，甚至仅仅沦为展示地方领导风采，为领导讲话提供舞台的闹剧。

2. 城市旅游舞台化

很多城市在开发城市旅游时，不是挖掘城市中与居民生活相关的文化，而是把活生生的文化舞台化，变成表演性质的活动，这种表演往往与上述节庆活动结合在一起，最终成为仅取悦旅游者的"演出"。这样的旅游不仅没有促成城市文化的有机更新发展，而且把好端端、活生生的文化给糟蹋了。

3. 城市旅游博物馆化

城市的文化是生活在城市居民中的、活的文化，比如北京的京剧、苏州的评弹等原本是"活"在百姓生活中的，当文化因"文化大革命"等因素被割断后，没有这些文化生存的土壤，而是简单地把这些文化博物馆化，使其成为不能发展变化的僵死的艺术。这些艺术尽管美丽，然而这种美丽却如同博物馆中的蝴蝶标本一样，缺乏鲜活灵动的灵魂，也如同标本一样不能在传承中变异发展。

4. 城市旅游景区化

现在很多城市不是努力建设城市休闲区，将旅游者融入城市中，使其成为城市商业服务业的重要客源，促进城市经济的发展，而是在城市中心大力开发建设旅游区，这些旅游区仅仅为旅游者服务，甚至变成城市中游离于城市功能之外的旅游景区，有些还是按照 A 级景区标准开发建设的。这样的地区对于城市的全面发展作用大大减弱。

（三）小结：城市旅游的未来

中国现在进行的城市化是史无前例的，未来还将有 3 亿～5 亿人从农村涌向城市，这是非常大的变革，这个变革将催生城市的迅速更新建设。老城市更新发展必须要符合有机更新的原则，新城市建设必须遵循《马丘比丘宪章》和《北京宪章》的要求，要把城市作为一个整体来看待，甚至要把城市作为一件完整的艺术品来设计。城市的规划建设中，今天的精品就是明天的文物，就是后天的遗产，我们要给后人多留一点遗产，少留一点垃圾。

如果说过去三十多年旅游城市的发展主要在硬件开发，今后要把旅游的发展与城市的发展更加密切地结合在一起。中国旅游业发轫在经济欠发达时期，那时旅游业的发展水平大大高于城市的发展水平，因此，20 世纪 80 年代的城市旅游区往往是城市中超前发展的"孤岛"。现在，中国已经进入了中高等收入阶段，旅游业不应再成为城市发展中的超前"孤岛"，而应更密切地融入城市发展中，成为推动城市回归为为人服务的重要推手，这也是旅游业支柱地位的重要体现。

参考文献

［1］ 简·雅各布斯：《美国大城市的死与生》，译林出版社，2005。

［2］ 刘易斯·芒福德：《城市文化》中国建筑工业出版社，2009。

［3］ 刘易斯·芒福德：《城市发展史》，中国建筑工业出版社，2005。

［4］ 华揽洪：《重建中国——城市规划三十年》，三联出版社，2007。

［5］ 阿兰·B. 雅各布斯：《伟大的街道》，中国建筑工业出版社，2009。

［6］ 米歇尔·米：《法国城市规划40年》，社会科学文献出版社，2007。

［7］ 侯仁之：《北京城的生命印记》，三联出版社，2009。

［8］ 朱祖希：《营国匠意》，中华书局，2007。

［9］ 芦原义信：《街道的美学》：百花文艺出版社，2006。

［10］ 岳升阳等：《宣南清代京师人士聚居区研究》，北京燕山出版社，2012。

［11］ 张清常：《北京街巷名称史话》，北京语言大学出版社，2004。

［12］ 吴长元：《宸垣识略》，北京古迹出版社，1983。

［13］ 金准：《我国现阶段城市化对城市旅游的影响》，经济管理出版社，2012。

［14］ 林语堂：《大城北京》，陕西师范大学出版社，2008。

［15］ 宛素春：《城市空间形态解析》，科学出版社，2004。

［16］ 戴学锋、金准：《都市旅游：北京旅游业的核心》，《北京旅游发展报告（2012）》，社会科学文献出版社，2012。

G.21
中国快速城市化进程中的旅游与城市融合发展

陈家刚　李天元*

摘　要：

随着城市化的快速发展和旅游业的不断壮大，旅游与城市的融合发展已成为当今中国社会经济的一个重要发展趋势。本文通过回顾中国旅游城市的发展以及最近二十年来整个国家在旅游城市建设中围绕旅游与城市融合发展所推出的重大举措，并结合杭州和成都这两个旅游城市建设成功的例证，从经济贡献、城市发展的国际化导向、关联产业的有机融合、注重对形象的塑造和城市软实力的提升等方面，分析并总结了在有助于促成旅游与城市发展实现良性互动方面的一些共性经验。

关键词：

城市化　旅游城市　城市旅游　融合发展

在现在的中国，工业化、城镇化和旅游化的浪潮正在成为推动城市经济与社会发展的主要力量。特别是在中国经济持续快速发展的推动下，随着城市数量的增多和规模的扩大，城市经济总量迅猛增加。在人们生活水平不断提高的同时，消遣及文化方面的需求市场也在迅速发育和成长。作为区域经济的聚集体，如今的城市发展正在融入更多有关人类实现自身发展所要求的内容，人们对休闲和旅游的追求也因此成为城市中普遍的社会现实。所有这些都使人有理由相信，在中国，随着城镇化和现代化发展目标的逐步实现，

---

* 陈家刚、李天元，南开大学旅游与服务学院。

如何确保未来城市经济与社会持续健康地发展，将成为社会各界普遍关注的焦点。

一 城市化催生城市旅游化

城市化，有时亦被称作城镇化或都市化，通常指通过人口以及产业活动的空间聚集，使乡村转变为城市的过程，从社会经济发展的角度来看，也是一个国家或地区由传统上以农业经济为主的乡村社会，向以工业、服务业经济为主的现代城市社会转化的历史过程。改革开放以来，中国社会稳定、经济快速发展、国家日益繁荣，城市化的发展进程也随之加快。1978 年，中国的城市化率仅为 17.92%。在此后 30 年中，中国的城市化率以 3.2% 的年均速度递增，2008 年已达到 45.68%。根据最新统计，2012 年中国的城市化率已进一步升至 52.7%。按照国际经验，此时已是城市化的加速发展阶段。应当看到，城市化进程的加快在助推经济增长、产业转型与升级、消费需求及投资需求旺盛的同时，也在改变人们的生活环境，并使人们的生活方式随之发生变化。就中国目前的情况而言，其中一个突出的变化，便是城市居民对旅游和休闲娱乐的需求正在增加。与此同时，城市本身发展的成功，也会吸引国内外游客来访。为此，越来越多的城市管理者都已认识到，旅游和休闲娱乐功能对于一个城市的未来发展具有不可忽视的多重作用，从最为直观的视角来看，此举既能有助于满足本市居民日益增长的文化休闲需要，同时也有利于吸引国内外游客来访，从而可借助旅游业的开发去发展和壮大本市的经济，并服务于本市社会发展目标的实现。事实上，在当今世界各国，任何一个经济、社会、文化发达的城市无一不是旅游发达的城市；所有发展成功的旅游城市，也都是那些外向性强、吸引力大、环境优美、经济文化发达的城市。因此，旅游开发与城市发展两者间这种相辅相成的关系，已经成为城市现代化发展的一个规律性现象。①

纵观中国旅游业的成长历程，人们很容易发现，各地的旅游业大都是

---

① 何光暐：《朝阳产业走向辉煌——蓬勃发展的中国旅游业》，中国旅游出版社，2006，第72 页。

以主要城市为依托而逐步发展起来的——尤其是经济条件优越、交通便利、商业发达、人流集中，多为该区域政治、经济、文化中心的那些城市。事实上，长期以来全国旅游发达的城市也大多是这类城市。可以认为，这样一种空间布局的出现，既是城市转型发展的历史需要，也凸显了政府主导下的城市旅游化①特征。作为这一发展特征的佐证，目前中国过七成的省市都已将旅游业列为支柱产业，全国多半城市都已加入争创优秀旅游城市的行列。

二　旅游城市的快速发展

城市既是现代经济的实体、区域发展的中心，同时也是人们开展物质文化生活的最重要的空间，因而也是吸引旅游者来访的重要目的地。尤其是对作为旅游城市的那些城市来说，由于它们具有集旅游客源地、游客集散地和旅游目的地三者于一身的特点，从而在促成旅游业发展方面的作用尤其重要，往往都是区域旅游开发中的重要环节。

对于"旅游城市"，目前尚无权威性定义。在中国，人们一般都是把那些将开发旅游业作为其自身发展目标之一，并且事实上游客接待量相对较大的城市看作旅游城市。

在中国，旅游城市的建设与发展，实际上是伴随着现代旅游业的发展而出现的现象。在改革开放之前，中国的旅游工作主要是依托北京、天津、上海、广州、厦门、福州和西安等少数大城市开展，主要任务为对入境来访的外国游客提供政治性接待。随着改革开放政策的实施和中国经济的腾飞，一个个现代化、国际化的城市开始快速崛起。城市经济的发展，极大地刺激了区域经济的发展，也带动了全国经济的繁荣。富裕起来的城里人开始有条件实现其外出旅游的愿望。于是，那些有着秀美的自然风光、悠久的历史古迹，且交通便利、旅游接待设施完备的外地城市，成为人们普遍首选的出游目的地。这些城市也

---

①　所谓城市旅游化，是指城市经济向以旅游业为龙头的现代服务业转移，城市经济发展主要依靠旅游业的招徕与吸引效应的拉动，城市旅游业成为主导城市经济社会发展的主要推动力。

因此率先开始关注开发旅游业。在这一过程中，随着很多城市旅游功能的发挥，不仅整个城市的经济因旅游业的刺激而增添了活力，而且旅游业对城市经济的贡献也占据了较大的比重。"旅游城市"一词也因此而出现。

实际上，中国旅游城市的整体规模真正壮大，是因 20 世纪后期中国国家旅游局推出的"创建中国优秀旅游城市"这一活动。1998 年底，在经过各地三年多的艰苦努力，并由国家旅游局严格审核之后，上海、深圳、无锡、峨眉山等 54 个城市被命名为第一批"中国优秀旅游城市"。其后，从 2001 年起，国家旅游局每隔一年、两年都会命名一批优秀旅游城市。截至 2010 年 5 月，荣获这一称号的城市已达 339 座，占到全国城市总数的 51.3%。

国内外旅游业发展的实践证明，城市是旅游业发展的主体，旅游城市的建设则是推动国家旅游业发展的强劲动力。中国优秀旅游城市的创建实践正是把握了旅游经济发展的这一基本规律，即以助推城市旅游经济的发展为抓手，带动整个国家的旅游产业走向全面繁荣。

三 旅游与城市融合发展的进程

近些年来，旅游开发与城市建设的融合已成为中国城市发展的重要趋势。这一趋势的形成原因在于，在现代旅游活动的开展体系中，城市所扮演的角色既是重要的旅游客源地，同时也是消费者旅游行程中的中转地和获取旅游体验的目的地；另外，旅游业的开发既是为城市增添经济活力的重要途径，也是促进完善城市建设水平的重要推力。因此，依托城市的便利去开发旅游业，城市建设的规划有意识地去顾及旅游功能的发挥，两者之间的彼此互动和相互融合很大程度上已成为当今世界城市发展的普遍趋势。

如前所述，在中国，旅游开发与城市建设的融合发展，始于 20 世纪末。在促成这一趋势的各种因素中，国家旅游局对推进"创建中国优秀旅游城市"工作的作用可谓功不可没。首先，全国各地"创建中国优秀旅游城市"（以下简称"创优"）工作的开展有效地改善了中国旅游业的发展环境，强化了城市的旅游功能，为加快城市旅游经济的发展积累了宝贵的经验。其次，"创优"活动的开展加快了很多城市朝向国际化、现代化发展的步伐。同时，"创优"

活动的开展还促进了城市社会的精神文明建设，带动了很多与旅游相关行业的发展，大大提高了很多城市的管理工作和公共服务的水平。最后，"创优"活动的开展为各参与城市培养了一大批既懂旅游经济规律又有现代服务意识的管理人才，为培育和建设旅游城市的竞争优势提供了技术基础。

2006年，位居全国城市旅游发展前列的江苏省无锡市，在贯彻该市"转变经济增长方式，构建和谐宜人社会"这一重大战略决策时，率先提出了"旅游即城市"的理念，以及旨在构建"城市即旅游"新格局的城市旅游发展思路，具体做法是：要将旅游发展全方位地融入无锡整个城市的发展，将整个城市的发展放到打造"山水名城"这一大背景中进行规划；将旅游业作为城市发展中新的内在动力和支柱产业进行打造；将整个无锡市作为最大景区、最好的旅游产品、最美的旅游目的地去进行建设和经营；全面提升该市的旅游功能和旅游特色，使无锡市不再是中外游客的过境地，而是中外游客的停留地，不再是中外游客的集散地，而是中外游客的目的地。进而充分发挥旅游业对整个城市发展所产生的品牌效应、拉动作用，推进城市全面协调可持续发展。这种集发展战略、产业政策、文化效应和市政建设于一体的旅游与城市全面融合的发展思路，成为日后中国城市发展与旅游开发良性互动的经典模式。

2008年，国家旅游局推出了"创建中国最佳旅游城市"的活动。此举将城市与旅游的融合与协调发展又向前推进了一步。诚如邵琪伟局长所指出的那样：这一活动的开展实为顺应城市自身发展的需要，既有利于提升城市整体水平，也有助于改善居民工作和生活的环境与条件。众所周知，城市是一个以人为主体，以空间利用和自然环境利用为特点，集聚人口、产业、资金、技术、文化和建筑物的空间系统。城市的整体发展水平，反映了一个国家或地区的综合实力和文明程度，因而也是该国或该地区经济、社会发展的综合体现。中共十七大报告中也指出：积极推进中国的城市化进程，提高城市的综合素质、国际化水平和人民群众的生活质量，是全面建设小康社会、建设社会主义和谐社会，从而实现中国现代化建设总体目标的重要内容。另外，城市又是发展现代旅游业的重要依托。这表现在中国相当大的一部分旅游资源及接待服务都集中在城市，大多数的旅游基础设施也都集中在城市，大部分的旅游经济总量也都要靠城市去创造。例如，全国92%的四星级和五星级饭店都坐落在城市，全国 90% 的旅游创汇都为优秀旅游城市所实现①。旅游在城市经济社会发展中所发挥的作用从未像此时这般显著。

2009 年，我国国务院颁发了《关于加快发展旅游业的意见》（国发〔2009〕41 号文件）。其中明确提出，"要把旅游业培育成为国民经济的战略性支柱产业和人民群众更加满意的现代服务业"。这一对中国旅游业发展具有里程碑意义的战略部署，从贯彻落实科学发展观的高度，提出了加快发展旅游业的新任务、新要求、新内涵，也标志着"消费立国、服务业主导中国产业经济发展"的新经济时代的到来。随之出现的情况是，围绕着贯彻落实国务院 41 号文件的指示精神，全国各地广泛掀起了以城市旅游综合体的开发为载体，建设城市旅游目的地的热潮。其间，中国旅游研究院以 50 个旅游城市为调查样本，开始进行一年一度的"全国游客满意度调查"。这一调研报告的定期推出，从关注游客体验质量的视角来看，将城市旅游的发展与管理推向了又一轮新的高潮。这一调研与评估工作的开展，实际上是从关注民生的角度，通过旅游这一层面，对各地政府的城市管理水平以及各地城市的综合发展质量进行科学诊断，既符合"以民为本"的治国理念，又践行了科学管理的工作作风，事实上也取得了很好的社会效果。

2013 年 2 月，国务院办公厅正式向社会发布了《国民旅游休闲纲要（2013～2020)》。在这份由国家主导的关注国民生活方式和生活质量的全民休闲计划中，其中所提出的任务与措施有 2/3 实际上是面向城市旅游目的地设计的。在这一以提升城市公共服务能力和旅游基础设施建设为依托的国民幸福生活计划中，再次凸显了城市发展与旅游休闲和国民幸福之间的高度相关性，折射出了新一届中央政府的执政理念以及对国民福祉的关注，彰显了国家对加快建成小康社会的坚定决心，是城镇化国家战略和城乡统筹的全局思维在旅游业发展中的具体体现。随着各地对《国民旅游休闲纲要（2013～2020)》的贯彻和落实，旅游业在城市发展中的地位和重要作用必将变得更加突出。

---

① 《邵琪伟在杭州创建"中国最佳旅游城市"动员大会上的讲话》，《中国旅游报》2008 年 6 月 28 日第一版。

四　旅游业与城市发展良性互动的典范

根据中国旅游研究院的最新调研结果，杭州和成都这两个城市在旅游业与城市发展的相互融合方面堪称走在了全国的前面。在实现旅游促进城市发展的道路上，这两个城市在动力和机制上虽然各有不同，所采取的步骤和实施方案也各有侧重，但所取得的效果是高度一致的。在这两个城市的成功经验中，人们不难发现，两者在显著的城市旅游经济效益、国际化的开放导向、关联产业的有机融合、注重城市的形象塑造与城市软实力提升这四个方面的突出表现，可谓是其实现制胜的法宝。

城市经济是区域发展的原动力。在进入 21 世纪后的 10 年中，杭州和成都这两个城市在旅游经济上所实现的收益增幅超过 300%（见表 1）。如此突出的经济成效，无疑有助于彰显和巩固旅游业在该市经济发展中的战略支柱地位。

表 1　杭州和成都两市近年来的旅游收益增幅

单位：%

近十年来(2002 ~ 2011 年)	杭州市	成都市
旅游总收入增幅	350.1	360.0
旅游外汇收入增幅	310.3	219.4
国内旅游收入增幅	316.3	376.3

资料来源：根据中国旅游统计年鉴有关数据整理。

对于杭州和成都这两个城市在促成旅游业与城市发展的良性互动上所采用的做法，我们不妨从战略发展导向、产业发展政策、城市软实力提升这三个方面，对两者的情况作如下比较（见表 2）。

时下，中国旅游业正在进入新一轮的加速发展期，并且在未来相当长一段时间内，仍有望会处于快速增长的黄金时期。面对城市化进程加速、旅游业加快转型升级、旅游业与城市发展相互促进的趋势，包括旅游行政部门在内的各地政府有必要注意总结经验、把握机会，让旅游业在城市化大发展的时代潮流中，发挥越来越显著的带动效应，让"美丽中国"的旅游梦在更多的旅游城市中得以实现。

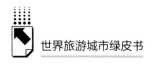

表2　杭州和成都两市的经验比较

	杭州市	成都市
国际化的视野导向	以产品、服务、观念的国际化来提升旅游产业发展的层级与品质,以旅游国际化为先导带动城市国际化发展,将杭州建成"国际风景旅游城市"	围绕充分国际化,继续扩大成都的开发开放,以国际品质来提升旅游产品质量和管理水平,打造世界知名的旅游目的地
关联产业的相互融合	大力培育发展"特色潜力行业",通过旅游产业与特潜行业的融合发展,有效推动杭州城市发展。此外,通过推进旅游与农业、工业、房地产业、创意产业等行业资源的融合与产业协同发展,实现互利共赢	旅游与会展业、观光农业、商务与体育休闲、金融、商贸、创意等现代城市产业融合发展,使成都成为现代、时尚、浪漫的国际休闲大都市
形象塑造与软实力提升	连续八年蝉联"中国最具幸福感城市"桂冠,获得中国民生成就典范城市最高荣誉奖,被世界旅游组织和国家旅游局命名为"中国最佳旅游城市",2012年获得"中国最佳休闲城市"称号,通过发挥旅游业综合功能实现了杭州综合实力和城市形象的全面提升	将历史文化、休闲文化、美食文化与旅游业相结合,使旅游活动成为传承和发扬成都文化的重要载体;通过观光、休闲度假、文化体验、节庆活动等手段,实现文化的产业化发展和文化软实力的硬化发展,推进以文化创意产业为代表的新文化产业与旅游业的融合

　　资料来源:根据中国旅游研究院有关调研报告整理。

　　最后有必要一提的是:面对中国城市化进程加速的大趋势以及旅游业转型升级的关键时刻,旅游城市之间的结构问题及其优化调整,同样也是一个不容忽视的问题。这一结构至少会涉及旅游城市间的经济结构、社会结构和空间结构三个方面。这三大结构的优化调整相辅相成,因此也应实现相互融合。总之,旅游城市间的产业融合,将有利于城市财富的高效积累;旅游城市间的结构调整与合理优化,将有助于城市效益最大限度地发挥。

参考文献

[1] 魏小安:《旅游城市与城市旅游——另一种眼光看城市》,《旅游学刊》2001年第6期。

[2] 张辉、秦宇:《厉新建. 转型时期的中国旅游业》,《中国旅游报》2003年4月23日第7版。

［3］潘建民：《中国创建于发展优秀旅游城市研究》，中国旅游出版社，2004。

［4］保继刚等：《城市旅游原理·案例》，南开大学出版社，2005。

［5］张蕾：《中国优秀旅游城市体系分析》，《城市问题》2005年第5期。

［6］朱弘、贾莲莲：《基于旅游"城市化"背景下的城市"旅游化"——桂林案例》，《经济地理》2006年第1期。

［7］柳振万：《创建中国最佳旅游城市的理论思考与实践探索》，《中国旅游报》2007年1月24日第13版。

［8］陈家刚、李天元：《中国优秀旅游城市空间分布特征及其优化研究》，《华侨大学学报》2009年第1期。

［9］陈家刚、李天元：《从区域差异角度看我国旅游城市体系建设》，《旅游科学》2008年第2期。

［10］陈家刚：《旅游城市空间布局》，南开大学出版社，2010。

G.22
城市旅游和环境可持续发展
议题——以澳大利亚为例

丁培毅　伍　蕾　Noel Scott*

摘　要：

　　在全球经济化背景下，城市旅游可以通过改善环境而提高其竞争力，其对旅游者和居民均是有益的。旅游只是其改善环境的一部分，仅单靠旅游无法改善整个旅游城市环境。本文提出了若干改善旅游城市环境可持续性的建议，并强调促进城市旅游是有益于环境。这些建议包括：旅行计划的信息传播的举措，城市与旅游景点的交通链接，城市居民对旅游发展的影响，对游客行为及环境态度方面的考量等。

关键词：

　　城市旅游　环境可持续发展　澳大利亚

一　前言

　　"城市旅游"所描述的是发生在城市的旅游活动，涉及游客和城市环境的相互作用，其相互影响的关系由该城市的人口聚集密度来体现。游客来到城市的动机是各种各样的，包括商务来往、参加会议、探亲访友、休闲度假以及一些例如体育、教育或文化方面等兴趣的原因。虽然说自有人类文明出现的那一刻起，城市这个概念就已然存在，但是随着对城市工业化的限制以及信息经济时代的来临，城市旅游的兴起和蓬勃发展才真正开始。现在一谈起城市旅游，我们就会联想到那些"后现代主义"的城市奇异的景象，鲜明的映像和独特

---

　　* 丁培毅、伍蕾、Noel Scott，澳大利亚格里菲斯大学旅游研究中心。

的生活方式（King，B & Jago，L，2009）。

根据 2012 年的统计数据，澳大利亚超过 2/3（69%）的人口居住在其各大主要城市里（ABS，2012）。相比之下，居住在偏远或非常偏远地区的人口数只占澳大利亚总人口数的 2%，另外 29% 的居民居住在其他地区城镇里（ABS，2012）。澳大利亚的各大重要城市不仅仅是该国大部分人口的居住地，而且也是国内外游客旅游观光的主要目的地。悉尼、墨尔本和布里斯班已被评为澳大利亚国际和国内游客旅游消费支出排名前三的城市（Access Economics，2009）。

不论是将一座城市当作旅游目的地的中转站，还是将其作为短期停留的居住地，涌入这座城市的一批又一批的游客所构成的"流动人潮"，对该城市人口数的增减都有一定的影响（Edwards，Griffin & Hayllar，2008）。在游客逗留期间，游客对目的地的影响会随着游客与当地（居民）的互动而产生。Edwards，Griffin 和 Hayllar（2008）认为，在城市里的当地居民和游客达成一种辨证的约定——他们想要知道，城市最初作为容纳固定居民的居住地和作为物质和经济活动的集中地被设计出来，是否能够体现有别于乡村环境的那种重要性。

城市旅游的结构要素（包括交通、住宿、景点、娱乐）与旅游产业中利益相关者的权益之间，有着基本而重要的关系。那么在城市建设的进程当中，如果既要维护当地居民的宜居性，又要保持对到访游客的吸引力，就需要对这层关系有充分的理解和认知。如果需要对旅游目的地形成有效的管理，就必须对这层关系有一个全面的理解。

今天，在全球竞争激烈而多变的环境下，城市越来越注重以消费胜地的形象去推销自己。在西方发达国家，经济的迅速增长意味着人们有了可自由支配的休闲娱乐方面的支出，对服务业规模的迅速扩大是一个很大的支持。例如，澳大利亚国内生产总值的 70% 产生于服务业。服务产业的壮大，也体现在城市休闲场所的发展中。例如沿海区域被改建为集居住与商务于一体的综合地区；娱乐场馆、博物馆、会务中心、体育场馆等的建设。

虽然这些都是城市新经济发展浪潮的一些具体表现，城市仍然会专注在遗产、文化和环境方面的保护，这些因素是为创造一个充满活力和吸引力、

宜居的城市的重要基础。一些城市已经改变其过度关注经济基础的发展模式，而越来越重视城市的文化、历史、自然环境和"宜居"性。这不仅发生在西方国家，如伦敦和布里斯班等城市，也发生在亚洲的大城市，如北京和新加坡。

笔者试图通过探讨城市旅游的重要性，以及城市对游客的吸引分析，以确定城市旅游和改善城市环境之间的协同作用，最终促进国家服务经济的发展。

笔者探讨的对象主要是大城市的城市旅游，而非偏远地区的小城市或城镇。这样的大城市有特定的特征，比如具有连接偏远地区景点的交通工具。这种特征非常独特，又很重要。城市之所以重要是因为它们涵盖了大约50%的世界人口，并因此通过改变地方环境而造福于大多数人。笔者认为，城市旅游可以鼓励和促进一定程度上环保措施的施行，并在此过程中带来实实在在的经济利益。因此，城市旅游被认为是可持续的旅游活动之一，应该受到提倡。

二 城市旅游者

在讨论旅游时，很多人只注重国际休闲旅客，但这些国际游客的直接支出只有一部分是用于某个旅游城市。国际游客在澳大利亚不同城市的经济支出各不相同。例如，2012年，到布里斯班市旅游的游客，43%来自昆士兰州州内，40%是州际访客，17%是国际游客。国内游客在昆士兰州的开支（不包括机票和长途运输费）共计97.15亿美元，而国际游客（不包括打包费用）的开支共计31.56亿美元（Tourism and Event Queensland, 2013）。相比之下，例如，悉尼市，2012年共有1030万过夜游客，其中66%是国际游客（Tourism New South Wales, 2013年）。由此可看出，尽管国际游客在悉尼的停留时间长于布里斯班，但一般一个城市的旅游客人主要是以国内游客为主，而国际游客更看重诸如"国家首都"——悉尼这样的城市。

相比于休闲度假旅游目的地，城市旅游完全不同。游客到一个城市的目的是商务旅行、拜访亲友或参加会议等。商务旅游对城市发展的作用非常显著，因为它带来高消费。一些城市历史悠久，有独特的景点，如国家博物馆和一些文化设施，会让游客再次重游。然而，随着低成本航空公司的出现和经济水平的日益提高，城市基础设施的创建，可以提高城市吸引力。一些城市的新景点，如赌场，也可以作为城市旅游的一个细分市场。

城市，尤其是首都城市，对一个国家的旅游系统发挥了重要作用。它们往往是通向其他城市的关口，并且吸引了大批国际游客。此外，首都城市也是交通基础设施良好的城市及机场枢纽中心。其会对所在国家产生影响并促使国家政府采取改善环境的举措。

三 城市吸引力

一个有吸引力的城市是鼓励商业投资，以及吸引艺术家和可以在世界任何地方工作的雇员。对于商务旅游，研究表明：吸引商务旅客的重要因素包括：地理环境、经济活动、商务旅游设施、交通便利度、社会设施、信誉、当地居民特征和目的地大小。商务旅游属性和休闲旅游比较类似（Hankinson，2005 年）。因此，良好的城市形象主要包括有吸引力的自然资源（气候、海滩），良好的城市基础设施、旅游基础设施（如酒店和交通）、休闲和娱乐设施，如公园、咖啡馆、文化景点、政治和经济环境、自然环境、社会环境以及与商务、休闲和居住相适应的氛围（Beerli & Martin，2004）。另外，影响选择国际会议地点的四个最重要因素是：干净、有吸引力、安全的政治环境和良好的公共卫生及具有竞争力的运输成本。

在某些方面，国际旅游人数是衡量一个城市吸引力的一个指标。现在的旅客越来越有经验，主要原因是低成本航空公司的出现，以及预订功能在互联网上的出现。旅客愿意前往时尚的和吸引人的地方。在澳大利亚，低成本航空公司不断增加，也吸引人们在城市之间进行休闲旅行（比如悉尼和墨尔本之间）、购物、餐饮和度假。旅游动机也由简单的浏览风光、参加活动变成期待独特的、世界级的体验。随着消费者的口味和期望的改变，有吸引力的城市旅游成为了竞争优势的源泉。而旅游者更高的期望与城市的优良自然环境相关。全球化的特征之一就是吸引自由的投资和游客。大多数大城市都在积极改善自己的形象和环境以便达到城市"宜居性"的目的。

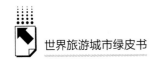
四　布里斯班市居民对旅游影响的反应

布里斯班为澳大利亚昆士兰州首府,包括多个住宅、娱乐和商业区。土地总面积是 1367 平方公里,人口已达 220 万人,是澳大利亚的第三大城市,也是澳大利亚人口增长最快的城市。在文化多元和语言多样化的人口中,21.7% 的人出生在海外,16% 的人在家里说英语以外的语言(Brisbane City Council,2013 年),69% 的人出生在澳大利亚。

在 2001 年至 2010 年的十年中,到布里斯班旅游的国内游客增长率为 22%,国际旅游增长率为 28%(Brisbane City Council,2011)。旅游业的发展已成为布里斯班市经济发展战略的重要组成部分。

正如上面所讨论的,城市对国际游客十分重要。然而,城市同样接待和服务国内游客和当地居民。国际商务和休闲游客正在寻找一个"舒适"的环境和不同的体验。有资料表明,同样的期望和价值观对布里斯班市的城市居民也很重要。

澳大利亚可持续旅游合作研究中心(STCRC)在 2010 年进行了关于城市居民对旅游影响力的感知调查。以下是这个调研的主要成果。

大部分受访的城市居民认为:通过产生消费,旅游业推动经济发展,并通过吸引投资而创造商机和就业机会。居民希望看到旅游业有助于改善他们的社区,特别是在服务和文化活动方面。女性比男性更关注有关旅游业的影响问题。例如,过度饮酒及药物使用所带来的不良后果,是拥挤的公共空间和反社会行为的增加等。

受访者认为旅游最积极的正面影响是:
①为当地居民增加了娱乐和休闲活动;
②旅游提高了商店的质量;
③旅游提高了公共休闲空间的质量;
④旅游促进了自然环境保护;
⑤旅游促进了文化保护;
⑥旅游业增加了商店和服务范围。

受访者认为旅游最不利的影响是：

①旅游鼓励过度饮酒、吸毒；

②旅游使得该地区更不安全；

③旅游增加了垃圾；

④旅游增加反社会行为；

⑤旅游从社区项目建设中挪用了资金；

⑥旅游业导致冲突；

⑦旅游增加商品和服务的成本；

⑧旅游鼓励性行为。

调查还发现：

①布里斯班是澳大利亚对发展旅游最满意的城市，大部分受访者接受旅游业造成的少许不便利影响；

②布里斯班居民相信：旅游业有助于改善公共空间的质量；

③布里斯班居民认为：经济增长，游客人数增加，停留时间加长和新产品开发都是旅游业的成果，极少数人反对旅游业。

在布里斯班，大多数接受调查的居民看见过游客，但通常没有和游客直接交谈，除非游客问路。这表明：大多数居民和游客之间没有互动。只有极少数受访者会使用自己的方式来避开游客，大部分居民认为游客是有益于他们的，所以接受了旅游给他们的区域带来的不便利（Deborah Edwards，Tony Griffin，Bruce Hayllar and Brent Ritchie，2010）。

环境因素对游客出行行为的影响可以从一本"孤独星球"指南上得到反映，这个指南是介绍旅行社如何鼓励可持续旅游。每个指南都有一个环境标题，由专家执笔，强调保护工作，减少侵蚀、砍伐森林、城市侵占、污染与旅游损害等。它还讨论如何降低旅游者对环境的影响，哪种负责任的旅行是可以提倡的。

"孤独星球"指出：整本书涵盖了负责任的旅行议题。由于要保护濒危的动物或植物，应该鼓励游客不吃地方的特色菜。缺乏同情心的旅游发展会给脆弱的环境带来灾难性的后果，我们需要向读者建议让他们远离。我们希望你负责任的思考（Tony and Maureen Wheeler，2013）。

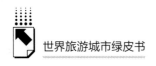
五　城市旅游和环境可持续发展

从可持续发展的角度看待城市旅游业之所以重要，是因为城市是潜在的支持旅游业发展和增长的基石。我们往往是从社会、环境和经济的角度来考虑可持续性。从社会的角度来看，城市有较成熟的基础设施和景点，而游客不多，不像居民具有庞大的人口数量，因此不会产生太过激烈的社会影响。

此外，一个城市的游客有机会使用现有城市内部的交通、电力、水供应和其他资源，对城市具有额外贡献。相比较而言，旅游业在比较脆弱的环境中，如国家公园需要建设新的道路、各种电力线和水务，因此对环境的影响较大。因此，城市旅游比脆弱地区旅游更具有可持续性。然而，尽管城市地区可能被旅游者视为最重要的旅游目的地，然而"它们被排除在可持续旅游之外"（Hinch，1998）。

城市旅游不仅可以提高居民的生活质量，而且可以向游客提供令他们满意的体验。大约50%的世界人口生活在城市中（Smith，2005 年）。对城市而言，城市旅游是其重要产业，不仅增加了城市收入，也支撑城市更新项目。旅游可以帮助保护历史街区、鼓励改善环境和保护文化，加强经济。但它也会破坏"地方感"。然而本文认为旅游是解决社会和环境问题方案的一部分，旅游规划可以促进城市环境改善和城市可持续发展。改善一个城市的自然环境将吸引游客、商业企业搬迁和提高居民的生活质量。

改善城市环境可持续性，不仅能使游客受惠，还能为城市居民提供直接的便利。因而创建新的公园、清理水道、改善空气质量或减少交通堵塞都为当地居民创造了一个更适合居住的城市。此外，直接针对游客的环境教育活动，也将极大改善居民的知识结构，有利于提高游客对城市旅游的示范效应。

六　改善城市旅游和环境

那么如何为一个城市的游客和居民改善其环境并提高竞争力？改善城市的自

然生态环境并不只是旅游利益相关者的责任，而是所有的城市利益相关者的责任。在下面的讨论中会列举一些事例。首先是城市内的交通和运输领域。

为了提高交通运输效率，可以采用相关的旅游策略，如在淡季或非高峰期尽量让游客使用公共汽车和火车，而不是使用汽车，以免造成交通堵塞；检查主要旅游基础设施的位置和可进入性，鼓励使用低影响力的公共交通模式，改进交通和区域之间的接口。

同样的，通过组织"强制性"访客行程和鼓励探索较不知名的旅游景点，来增加参观的景区数目。在设计同城旅游道路时，要考虑制定通过主要景点和非主要景点之间的交通规划。

另一个可以改善环境和游客及居民的行为的有效举措是提供各种可替代性的交通等信息。在旅游者旅行之前，就可以得到各种信息，以便于他们可以决定如何使用低影响力的交通工具。还可进一步告知旅游者，旅游目的地对可持续性发展的重要性。

旅游城市信息发布的有用手段之一是链接相关网站。越来越多的旅游目的地网站开始成为各种旅游信息的重要来源，并提供了有用且成本相对较低的渠道，影响潜在旅游者对目的地的态度及行为。因此，预先提供环境可持续性与旅行计划信息对改善旅游目的地环境（游客行为改变方面）和促进旅游业（吸引力目的地的方面）发展均有益。

这种基于旅游网站上提供的信息而改进的旅游行为可被视为"自由选择学习"（Ballantyne & Packer，2005 年）。城市的博物馆、动物园和艺术画廊等景点，也可以像报纸和互联网一样提供非结构化的学习场所。这种方法可以更有效地引导游客价值观。

另一个改变城市环境交换信息特征的例子是绿色地图系统。游客可以根据城市地图标示的绿色地带来进行旅游，这也促进了城市环境改善（Dodds & Joppe，2001）。

然而，尽管这些举措可以改善一个城市的形象，使它更具旅游吸引力，但更重要的是要确保其改善是真实的。如果其改善离现实太远，吸引访客成功的机会很小。因此所有的图像或新的信息必须是可信的，以确保城市和社区可以找到足够的创新空间来采用真实和独特的办法。

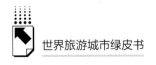

七 旅游区域的设计

区域设计对发展城市旅游与环境之间的协同效应有重要作用。大多数城市都有一个小区域或旅游区，其通常包含许多景点和设施供游客和居民休闲。Savage et al.（2004）认为这种区域的旅游和非旅游资源对游客和当地人具有吸引力。然而，除了这个重点旅游区域，大多数城市也有其他地区和街道对游客产生吸引力。一个城市景观结构（包括工作、消费、休闲和娱乐）越大，越能吸引和满足游客的好奇心。

另一种方法是通过改善这些专用区域的"软景观"，来发展更环保和更多的"自然"环境。Chiesura（2004）就提出城市中的绿色空间可发挥重要作用，它提供了一个放松的空间帮助居民和访客从拥挤的街道和建筑物暂时逃脱。通过引入旅游专用区开放空间和公园，环境得到了改善，城市更具吸引力，丰富了游客体验。

关于如何提高城市区域的可持续性已有了大量的指导方针和标准。例如EC3的区域规划和设计标准（PPDS）允许城市规划人员预测项目产生的潜在影响，并在EC3的指导下确定可持续设计的施工。此外，PPDS还提供可持续发展的规划和设计。PPD系统还开发若干关键指标来评估区域开发项目，从商业、零售业发展到旅游业及混合用途专用区（Earthcheck Pty Ltd，2007）。

八 结论

本文认为：在全球经济化背景下，城市旅游可以通过改善环境而增加其竞争力。其对旅游者和居民均是有益的。旅游只是其改善环境的一部分，仅靠旅游无法改善整个旅游城市环境。

本文提出了若干改善旅游城市环境可持续发展的建议，并强调促进城市旅游是有益于环境的，这些建议包括：旅行计划的信息传播的举措，城市与旅游景点的交通链接，城市居民对旅游发展、游客行为及环境态度方面的考量等。

参考文献

［1］ Access Economics, "Vulnerabilities Study: Regions with a High Dependency on Tourism", Report by Access Economics Pty Limited for Department of Resources, Energy and Tourism, 2012, 2.

［2］ Australian Bureau of Statistics, "Regional Population Growth, Australia, 2012", 2012.

［3］ Ballantyne,R., and Packer, J., "Promoting Environmentally Sustainable Attitudes and Behaviour Through Free-Choice Learning Experiences: What is The State of the Game?", *Environmental Education Research*, 2012, 11 (3).

［4］ Beerli,A., and Martin, J. D., "Factors Influencing Destination Image", *Annals of Tourism Research*, 2004, 31 (3).

［5］ Brisbane City Council, Brisbane Community Profile, 2013.

［6］ Brisbane City Council, Brisbane Long Term Infrastructure Plan 2012 −2031, 2013.

［7］ Chiesura,A., "The Role of Urban Parks for The Sustainable City", *Landscape and Urban Planning*, 2004, 68 (1).

［8］ Dodds,R., and Joppe, M., "Promoting Urban Green Tourism: The Development of The Other Map of Toronto", *Journal of Vacation Marketing*, 2001, 7 (3).

［9］ Earthcheck Pty Ltd., "Precinct Planning and Design Standard", Gold Coast: EC3, 2007.

［10］ Edwards,D., Griffin, T., and Hayllar, B., "Urban Tourism Precincts: An Overview of Key Themes and Issues", 2008.

［11］ Edwards,D., Griffin, T. Hayllar, B., and Ritchie, B., "Understanding Urban Tourism Impacts: An Australian Study", CRC for Sustainable Tourism, 2010.

［12］ Hankinson,G., "Destination Brand Images: A Business Tourism Perspective", *Journal of Services Marketing*, 2005, 19 (1).

［13］ Hayllar,B., and Griffin, T., "The Precinct Experience: A Phenomenological Approach", *Tourism Management*, 2005, (26).

［14］ Hinch,T., "Sustainable Urban Tourist Attractions: The Case of Fort Edmonton Park", In C. M. Hall & A. Lew (Eds.), *Sustainable Tourism: A Geographical Perspective*, New York: Longman, 1998.

［15］ King,B., and Jago, L., "A Tale of Two Cities: Urban Tourism Development and Major Events in Australia", Centre for Hospitality and Tourism Research Victoria University, Australia, 2009,

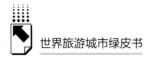
［16］ Smith, A. , "Conceptualizing City Image Change: The 'Re-Imaging' of Barcelona", *Tourism Geographies*, 2005, 7 (4).

［17］ Tony and Maureen Wheeler, 2013, http: // www. lonelyplanet. com/ about/ responsible-travel/.

［18］ Tourism New South Wales, Travel to Sydney Year Ended 2006. Sydney: Tourism New South Wales, 2007.

［19］ Tourism and Even Queensland, Brisbane Region-Regional Update. Brisbane: Tourism and Event Queensland, 2013.

G. 23

发展城市度假旅游，完善都市旅游功能

——以上海国际旅游度假区为例

高峻　诸慧*

摘　要：

　　都市旅游以购物、观光和娱乐活动为主体，随着现代旅游业的深入发展，城市旅游功能完善是现在旅游时代背景下的新要求。城市度假旅游是传统度假旅游产品和都市旅游产品的结合，要求旅游基础设施条件更完备，度假区的通达性和开展旅游活动的便捷性提高。本文立足上海展开论述，认为上海具备发展城市度假旅游的市场条件、城市旅游环境和产品开发空间，并已经初步形成了由观光游憩、康体养生、娱乐节庆、商务会展、运动休闲、美食购物、海派文化、城郊旅游产品组合成的城市度假旅游产品体系。上海审时度势成立的上海国际旅游度假区，采取"1+N"的开发模式，以主题体验文化元素为核心，是结合上海特色、国际化标准的综合度假旅游产品，在打造现代化城市度假旅游度假产品的进程中树立了一个标杆。

关键词：

　　城市度假旅游　都市旅游　上海国际旅游度假区

一　概述

　　《中国城市发展报告 No.5》指出，截至 2012 年底，中国城镇化率已

---

* 高峻、诸慧，上海师范大学旅游学院。

达 52.57%。城市化水平的提高，给大众旅游带来的改变是都市旅游的蓬勃发展。都市旅游是城市旅游的调整和升级。不同于传统城市观光旅游，都市旅游以其现代化的都市文化、都市商业和都市景观为主要吸引物，为城市展现了经济发达、文化繁荣的形象。都市旅游组合了商务会议、探亲访友、文化修学、观光购物以及游乐休闲等多种旅游活动，综合竞争力强。中国目前出现了京津唐、长三角和珠三角三大都市旅游圈。由国家旅游局公布的 2012 年 1 月到 12 月的主要城市接待统计表看出，北京、上海等大都市的旅游接待人数远超过黄山、海口、桂林等旅游城市。可见，大都市旅游业的综合实力基本上都超过了以旅游业为支柱产业的旅游资源型的城市。

传统意义上而言，都市的主要定位是观光游览的目的地，旅游者的活动集中在观光、娱乐和购物方面。都市旅游发展的势头强劲，但是与国际同类大城市相比较，都市旅游发展仍存在不少差距，当然也具备巨大的发展空间。为使都市旅游发展达到新的高度，必须丰富都市旅游产品体系，完善都市旅游功能。因而，将大都市的定位重新调整为重要的度假休闲目的地，是发展都市型旅游产品的战略性策略。在都市旅游活动方面要打造休闲度假产品，言下之意即为开发城市度假旅游。

目前，国内在城市度假旅游方面的研究相对较少。笔者以"城市"、"度假旅游"作为主题关键词检索中国期刊网，共有 408 条记录。以"城市度假旅游"作为关键词进行搜索，记录只有 79 条。有关城市和度假旅游的研究主要集中于城市作为度假旅游的客源市场分析，或者将度假旅游作为城市旅游产品体系中的一项重要产品展开论述。学术界并没有对城市度假旅游产品做出明确的内涵界定，而是将其作为城市旅游研究的焦点主要集中在环城市旅游度假带，以及以滨海城市为代表的、拥有开发传统观光度假旅游产品资源的旅游城市。比较有代表性的理论是吴必虎 1999 年曾提出环城游憩带理论（ReBAM）。他认为 ReBAM 实际上是指发生于大城市郊区，主要为城市居民光顾的游憩设施、场所和公共空间，特定情况下还包括位于城郊的外来旅游者经常光顾的各级旅游目的地，共同形成的环大都市游憩活动频发地带。魏小安于 2001 年提出了环城市旅游度假带理论。他通过对中国环城市旅游带的分析，总结环城市旅游度假带的四个要素、四个原则和三种聚集方式。而大多数研究的内容直接切入度假旅游产品的开发、空间布局以及对城市、旅游业的影响等问题。

（一）城市度假旅游的概念

城市度假旅游是度假旅游产品和都市旅游产品在更新换代的升级过程中，实现双方共同效益的"谋"和"点"。对于旅游者而言，城市度假旅游是在城市的范围内开展旅游活动，旅游目的是达到康健身体，摆脱日常工作和生活环境的紧张压力，放松身心。

首先，"城市"表示度假旅游产品的地理区位是在城市的范畴，是对传统度假旅游目的地的变更。城市度假旅游突破传统度假旅游产品拘泥于远离城市的、自然风光秀丽的滨海、山地和森林的局面，将度假产品搬入现代感极强的大都市，大胆回归到繁华的闹市中，构筑闹中取静的产品理念。其次，"度假"的概念体现在旅游者在城市旅游环境中的活动目的是，摆脱压力，追求舒适和享乐。都市旅游给旅游者的深刻印象是城市的时尚与激情，是快节奏的现代化生活模式。而城市度假，则标榜一种成熟的旅游者心态，即旅游者自由自在、闲适的消费意境。随着旅游的深化，未来成熟的旅游者只要一有闲暇时间，就能在周边的城市环境中养成休闲度假的心情，形成的是休闲的心理需求。这种休闲度假需求的满足，可通过参与式、体验式的旅游活动来实现，都市文化将营造休闲度假的氛围，城市休闲游憩功能逐步放大。

城市度假旅游产品隶属于度假旅游产品体系，按照其依托城市开发的特性，可分为以下三个类型。第一种是环城市旅游度假带。该休闲度假产品将城市作为目标市场，形成了环绕城市的大规模的旅游度假带。度假产品的具体模式以农家乐为代表，单体产品规模或大或小。具体休闲度假产品还包括高科技农业观光园、古村落开发、农业旅游景观、休闲渔业等。第二种是度假村，度假村是为旅游者的较长时间的驻留而设计的住宅群。度假村的旅游功能综合性强。通常是环城市旅游度假带中独立性较强的单体。第三种是度假酒店。度假酒店的地点选择逐渐摆脱郊区的地域限制。城市度假旅游产品

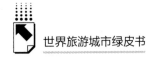

以豪华、高档的设施环境和服务产品为代表,如海南三亚的凯莱、天域酒店等。

(二)城市度假与城市服务业的相互关系

随着中国经济的持续快速发展,人民生活水平迅速提高,消费结构在短期内实现了西方几十年才完成的提升,人们对服务消费的直接需求激增。服务业的发展是人类高质量生活的必然要求。旅游业是服务业的重要组成部分,其对服务经济的贡献与日俱增。《上海市服务业发展"十二五"规划》中提出"十二五"时期是上海形成以服务经济为主的产业结构的关键时期。上海在服务业发展的主要任务中提到,要大力发展支柱服务业,全力推进金融服务、航运物流、现代商贸、文化创意、信息服务、旅游会展和房地产等服务业重点领域的发展。在优化服务业空间布局的过程中,将世博园地区、上海国际旅游度假区这两个城市休闲产品单独列出,作为建设服务业发展的标志性新区域。可见旅游与服务业关系密切,度假产品在旅游发展中的地位逐渐突出。

一方面,旅游经济和产业的转型和升级,使产业融合和分化进一步加快,优化了服务业的产业结构,促进了经济发展方式的转变。度假旅游产品综合性强,能够形成完整的旅游产业链,具有完整的旅游结构体系。度假旅游产品属于集聚型旅游新业态,是旅游服务业进一步分化的结果,也是各产业融合发展的典型代表。它与传统业态相比具有极大的优势,集中了优势旅游企业和产品,具备天然的外部经济环境,并且能有效地整合资源优势。故而是旅游业转变发展方式的重要途径。

另一方面,服务业的升级调整要求旅游业顺应消费者的需求做出调整。当下旅游业发展的趋势是现代服务业比重增加,服务业在产业融合和分工细化过程中发展创新。现代服务业的特征是高文化品位、高知识含量、高附加值和新服务领域、新服务模式、新服务业态。度假旅游产品是传统观光旅游产品的升级,能满足旅游者越发成熟的旅游体验和文化品位,同时其产业集聚度高,综合效益强,具备较高的附加值,是当下旅游市场的新业态,城市度假旅游产品的开发更是度假旅游产品的进一步创新和细化。

二 发展城市度假旅游的可行性和必要性

城市度假旅游不仅是度假产业发展的趋势，也是城市资源有效发挥的新平台，城市度假旅游发展具有一定的科学性和合理性。上海，作为长三角地区，甚至是全国的经济文化中心，城市综合竞争力强。为顺应度假旅游的社会需求，拓展都市旅游的功能，更好地发挥度假旅游在城市产生的经济效益，上海有必要开发新型的城市度假旅游产品。上海发展城市度假旅游产品具有下列三大优势。

（一）上海具备发展城市度假旅游产品的市场基础

在国内旅游市场方面，上海历来是旅游者青睐的旅游目的地。来沪的国内旅游人数由 2009 年的 1.24 亿人次增长到 2011 年的 2.31 亿人次。2011 年的数据显示，本地游客和外地游客所占比重对半，华中地区中江浙皖的旅游者所占比重达 49.7%。可见长三角地区是上海都市旅游产品的主要辐射区域。按照国际经验，旅游市场需求随收入变化而变化。当人均 GDP 达到 3000 美元时，休闲旅游形态开始向度假旅游升级；达到 5000 美元时则进入成熟的度假经济时期；当人均 GDP 达到 8000 ~ 10000 美元时，旅游形态将进一步向主题体验旅游升级。根据 2012 年的国家统计数据，江苏省和浙江省的人均 GDP 都已超过 10000 美元，由此可引申理解为，长三角区域度假旅游市场需求旺盛。同时，根据来沪旅游目的地的调查数据显示，参与观光度假活动的旅游者占的比重达到了 35.3%，度假旅游需求已初显规模。

在国际旅游市场方面，2011 年入境旅游人数达 817.58 万人次，接待来沪入境过夜旅游者 668.61 万人次，虽然 2011 年上海入境旅游市场相比 2010 年世博年，在入境游客数方面出现了回落，但是具有较大的发展空间，总体发展势头良好。

（二）上海具备良好的城市度假旅游外部环境

上海是中国最著名的工商业城市和国际都会，是全国最大的综合性工业城市，亦为中国的经济、交通、科技、工业、金融、贸易、会展和航运中心。上

海完善的旅游配套基础设施和综合服务能力为上海升级都市旅游产品创造了良好的发展条件。

在城市基础设施方面，上海构筑了现代化的交通立体网络体系。目前上海已形成由铁路、水路、公路、航空、轨道5种运输方式组成的，具有超大规模的综合交通运输网络。上海港是中国最大的枢纽港之一，共有35个客运站，长途班线1611条，可抵达全国14个省市的660个地方。全市已形成了由地面道路、高架道路、越江隧道和大桥以及地铁、高架式轨道交通组成的立体型市内交通网络。

在旅游配套设施方面，首先，上海的购物、餐饮环境优越。南京路、淮海路传统商业街已改造成功，徐家汇、五角场等新兴的都市商圈涌现，KⅡ、港汇等世界著名大型商场落户上海，环球星月港、万达广场等综合性旅游购物中心不断崛起，丰富了旅游者的购物和餐饮选择。其次，上海会展企业和国际化展览馆众多，如光大会展中心、国际会议中心等每年都要承担大量会展。最后，上海建立的旅游集散中心，以"班次频、线路广、景点多、购票便、车况好、服务优、价格惠"和无须预约的服务，随到随走的自助旅游形式为特点，成为上海市民及在上海的国内外游客短途出游的首选，成为发展都市旅游和完善城市旅游服务功能的重要组成部分。同时在各区也分别建有多个旅游咨询中心。

此外，上海在为建成世界著名旅游城市的目标的努力过程中，完善了旅游发展机制，制定或出台了多项规范性的指导意见，营造了良好的政策环境。在政策法规、旅游标准化建设方面给出了规范性意见，同时在旅游工作计划、旅游产业发展大会中做出了上海发展旅游业的宏观指导。

（三）上海城市度假旅游产品初具规模

上海在2011年入选了中国最佳休闲城市，同时被评为"2011中国最时尚休闲城市"。上海的休闲度假旅游产品在都市旅游产品体系中占有重要的地位，典型的度假产品有公园绿地、特色休闲街区、郊区旅游度假和邮轮度假。

上海公园绿地中3A级以上的景区超过10家，上海植物园、共青国家森林公园等绿地发挥了良好的城市游憩功能。新天地休闲娱乐街区、南京路步行街、衡山路休闲街等特色街道，融观光娱乐、美食购物和休闲体验于一体。郊区的乡村农家乐和旅游度假区等发展日趋成熟。同时邮轮旅游作为提供高品质的休闲度假体验产品在上海港也悄然兴起。

三　城市度假产品与发展模式

（一）产品体系

城市环境是城市度假旅游产品的载体和依托，城市度假旅游产品开发应当立足都市旅游特色，将都市旅游观光向城市旅游度假升级。旅游者参与度假旅游，主要的动机有三个：休息、放松、娱乐。休息是旅游者身体状况的调节，希望消除疲劳恢复健康。放松是指精神压力的释放。娱乐是指旅游者希望体验富有新鲜感的、趣味性的活动，能够摆脱平日单调乏味的生活。根据这些城市度假旅游的特性，上海在完善的城市旅游环境基础上，可进一步发展观光游憩、康体养生、娱乐节庆、商务会展、运动休闲、美食购物、海派文化、城郊旅游产品八大城市度假旅游产品。

观光游憩类度假旅游产品是传统观光旅游的转型和升级，旅游者的度假活动表现为在公园绿地、现代化城市环境的观光游览。康体养生度假产品依托大型的度假村或良好的城市生态景观，而开发出的专项旅游产品，如温泉、SPA等疗养产品。娱乐节庆满足度假旅游者摆脱乏味生活的旅游需求，大型的旅游节庆或者主题乐园是其主要形式。商务会展是针对来沪的商务旅游者开展的专项旅游产品，在满足企业员工开展大型会议之余，针对商务可开发的度假产品，度假酒店是其主要的载体。运动休闲类产品主要包括打高尔夫球、钓鱼、滑雪、漂流、攀登以及极限运动。美食购物是旅游活动的基础要素，能让度假者感受都市商业的繁华，同时品尝美味佳肴，丰富旅游体验。海派文化是上海城市的底蕴与城市性格的体现，体现了城市度假的深层次内涵。城郊旅游产品以乡村田园风光吸引度假者，以农家乐产品为主打产品。在此，上海具有代表性的，或具有发展潜力的城市度假旅游产品，以及有代表性的 4A 级及以上相对应的景区如表 1 所示。

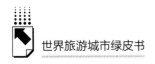

表1 上海城市度假旅游产品体系

旅游产品类别	城市度假旅游代表性产品
观光游憩	外滩游览区、陆家嘴游览区、上海佘山国家森林公园、上海世纪公园、上海野生动物园、上海动物园、上海大观园、东平国家森林公园、上海共青国家森林公园、上海月湖雕塑公园、上海长风公园、上海海湾国家森林公园、上海植物园、明珠湖西沙湿地等
康体养生	上海各类疗养会所、度假村、度假酒店、高星级酒店等
娱乐节庆	上海旅游节、上海豫园新春民俗艺术灯会、上海桃花节、东方绿舟、锦江乐园、碧海金沙景区、上海欢乐谷等
商务会展	上海各大展馆以及度假酒店、度假村、高星级酒店等
运动休闲	上海的运动休闲俱乐部、各大度假村、度假酒店所配备的相关旅游活动场所等
美食购物	老城厢游览区、南京路步行街、新天地休闲娱乐街、淮海中路商业街、徐家汇商城、奥特莱斯,各色美食街或饭店提供的上海本帮菜、上海小吃及其他国内外餐饮产品等
海派文化	以石库门老洋房为代表的历史文化风貌区、沪剧等
城郊旅游	前卫生态村、华亭人家等农家乐旅游,上海鲜花港、上海都市菜园等现代农艺园区,枫泾古镇、朱家角古镇等古镇旅游,以及分布于城郊的大量度假村等

（二）发展模式

中国的度假旅游处于蓬勃发展阶段,但城市度假旅游产品开发却处于初期阶段。就现阶段中国的城市度假产品结构体系可以发现,城市度假旅游产品主要有两种模式:"1＋1"模式和"1＋N"模式。

"1＋1"模式是指,依托一种专项度假旅游产品,加上一个辅助的度假旅游外部环境形成的城市度假旅游产品。常见的模式有温泉度假村,以温泉旅游为核心产品,并以此为基础建造一个环境优良的度假村。还有高尔夫俱乐部,以高尔夫练习场地为核心,在周边建设一个高档休闲会所。该旅游产品的开发模式较为简单,通常将所在城市作为目标客源市场,旅游经营风险较小。这类城市度假旅游产品种类多样,各式休闲会所、俱乐部和主题度假酒店的建设都以此为蓝本,它们在城市中呈散点分布状态。

"1＋N"模式是指,围绕一个度假旅游的核心区域,由多种不同类型的景点景区组成的,具备一定规模和游览条件,旅游功能相对完整独立,为健身、娱乐、休养等目的设计经营的,能够提供足够旅游设施与服务的旅游目的地整体。"1"指主题性的专项度假旅游项目,是整个度假产品体系的核心,也是吸引游客的核心。"N"是与之配套的一系列延伸的旅游产品，产业集聚度高。综合性度假旅游目的地的概念外延更为广泛，涵盖了从旅游度假村到大型综合性旅游度假区的综合性度假旅游目的地。国家旅游局在20世纪90年代推出的12个国家旅游度假区，是这一开发模式的典型。1995年，国务院又批复同意建立"上海佘山国家旅游度假区"，核心区10.88平方公里，同时有效地控制了度假区整体64平方公里的生态空间。旅游产品包括佘山国家森林公园、月湖雕塑公园、上海佘山欢乐谷、佘山国际高尔夫俱乐部、天马乡村高尔夫俱乐部、天马赛车场等。上海佘山国家旅游度假区属国内最成熟的、需求最旺盛的旅游市场之一的上海，客源基础扎实。游客接待量呈逐年上升态势。"1＋N"模式构建的综合性度假旅游目的地，是未来城市度假旅游发展的重要趋势。

四　面向世界的上海国际旅游度假区

2009年10月，经报请国务院同意，国家发改委正式批复核准上海迪士尼乐园项目；2010年底，上海国际旅游度假区成立，并明确度假区应当以上海迪士尼项目为核心，整合周边旅游资源联动发展，建成能级高、辐射强的国际化旅游度假区域和主题游乐、旅游会展、文化创意、商业零售、体育休闲等产业的集聚区域。上海国际旅游度假区在迪士尼项目基础上提出建设国际旅游度假区，是上海着眼新的发展环境做出的重大突破。引进作为世界顶级娱乐品牌的迪士尼项目，上海国际旅游度假区确立了旅游度假区的世界级知名度、国际一流水准和行业引领地位。上海国际旅游度假区的建设是置身于度假旅游产品更新换代的大潮流中，做出的审时度势的重大决策。

上海国际旅游度假区位于上海浦东中部地区，以核心区、发展功能区为基础，着力构建"一核、四片"的空间发展格局。其中核心区约7平方公里，上海迪士尼度假区是核心区的代表项目。发展功能区包围着核心区，约有17.7平方公里，功能定位更加丰富（见表2）。同时上海国际旅游度假区的目标明确：充分放大迪士尼项目效应，立足构筑上海休闲旅游功能核心，将国际旅游度假区塑造成为具有示范意义的现代化"旅游城"，当代中国娱乐潮流体验中心，形成旅游产业发达、文化创意活跃、低碳环保智能、环境优美宜居的大都市新地标,最终发展成为人人向往的世界级旅游目的地。上海国际旅游度假区产品体系,开辟了城市度假旅游开发的新模式,体现了上海建设有特色的、有国际化水准的和度假旅游的城市休闲理念。

表2 上海国际旅游度假区产品体系

空间布局	一核	四片			
定位	核心区:主题游乐项目	南片区:综合娱乐商业区	西片区:生态保护旅游区	北片区:高端总部休闲区	东片区:远期综合开发区
代表项目	迪士尼项目	现代娱乐商业综合体:大型娱乐购物中心、顶级主题酒店群、旅游、文化与会议节庆中心 超级秀场集聚区:海派品牌秀场、文艺演出、歌舞剧、音乐剧、公益秀	横沔古镇:南方古民居博览区、精品酒店、国际创意公社 大型主题婚庆基地:长青树种植、风情文化区、海誓山盟区、永结同心区、婚庆大典主题区 旅游创意产业园区:迪士尼创意制作基地、创意企业、旅游创意博览会	高端总部休闲基地:总部办公楼、高端企业会所	低碳智慧国际社区:高品质国际社区、度假别墅、高端会所和酒店式公寓 国际旅游和文化艺术学院集聚区:国际旅游学院,文化创意学院,影视媒体制作培训基地

(一)度假产品开发"1+N"新模式

上海国际旅游度假区立足于上海,打破传统的海滨、山地、森林的休闲度假模式,转而选择现代化大都市作为休闲度假的目的地,是对传统休闲度假理念的冲击,产品开发的模式另辟蹊径——"一核、四片",以专题度假项目为核心,集聚餐饮住宿、观光购物、商务会展等旅游要素,外围的多功能发展片区联动规划开发,同时用现代城市氛围和主题文化包装度假产品。

上海国际旅游度假区开发的核心和主打产品是迪士尼项目,度假区充分依托迪士尼,着眼于塑造主题旅游消费吸引力,树立良好的国际旅游目的地形象。同时,以迪士尼为文化突破口,在外围发展功能区引入了现代城市文化旅游内涵。现代文化旅游是以现代文化、艺术、技术成果等为代表的现代文化层的旅游。上海国际旅游度假区文化内涵立足现代文化旅游，依托迪士尼这一国际旅游品牌，推广游乐文化，开发创意旅游，运用现代高科技手段营造良好的旅游环境与气氛，关注体验式旅游，全力打造现代文化旅游基地，从而使旅游者在此度假区内，自觉地观察、感受、体验异地或异质的现代艺术和现代文化，深入体验高科技时代下的现代文明，从而得到全方位的精神和文化享受。

外围的发展功能区是国际旅游度假区，是品牌塑造、品牌推广、品牌延伸的重要区域，该区域不仅是迪士尼品牌的延伸区域，同时也是上海创造自身特色旅游品牌的区域。东西南北四个片区的定位分别是远期综合开发区、生态保护旅游区、综合娱乐商业区、高端总部休闲区。其开发规划将充分放大迪士尼的带动效应，构筑与度假区配套的全面、综合性设施环境。同时，这四个片区的旅游功能相对完整独立，能满足度假旅游者健身、娱乐、休养等多种需求。旅游者能在此享受到一站式的综合服务，将上海国际旅游度假区的综合产品提升到旅游产业的制高点。

（二）度假产品的上海特色

上海国际旅游度假区是上海发展都市旅游的创举，都市旅游的购物、娱乐、观光环境在多个大城市广泛存在雷同开发的现象。要使度假旅游产品在丰富都市旅游功能的基础上，在城市中站稳脚跟，抓住本国和当地城市的特点，进行异质性开发是关键。上海国际旅游度假区产品设计，生动地体现了上海文化的真实性和独特性。在南片区的超级秀场项目中，海派品牌文化是主打产品；横沔古镇的规划则以南方民居文化为核心，开发以"住江南、品江南、游江南"为特色的文化产品。上海，素有"东方巴黎"的美誉，创意产业园区和低碳智慧国际社区的打造，生动地展现了上海作为创意城市、时尚之都的城市形象。

（三）度假区的世界眼光和国际标准

1992 年开始，国家旅游局先后培育了 12 个国家级旅游度假区。然而在当时，旅游需求尚缺活力，旅游开发导向作用虽明确，但旅游规划不免急功近利，度假产业发展结果参差不齐。山东青岛的石老人度假区，现在和崂山风景名胜区、青岛科技开发区几区合一，实际上已经完全脱离了旅游度假的概念。不少度假区沦变为房地产开发区，诸如广州南湖国家旅游度假区等。相较于以往的 12 个国家级旅游度假区，上海国际旅游度假区将在度假产品开发层次、旅游服务标准方面实现突破性规划。

以往的度假区最高的定位目标是国家级层面，上海国际旅游度假区刚成立就将标准提升到国际层面。在度假区的发展规划书中，明确指出要把国际旅游度假区作为上海发展服务经济，建设"四个中心"特别是国际贸易中心，以打造世界著名旅游城市为重要突破口，提升旅游产业的国际竞争力。度假区随着时代发展和旅游条件的成熟逐渐升级，培养接待国际旅游者的能力是必然要求也是旅游发展的重要衡量标准，度假区在规划和建设过程中，将形成国际旅游度假区的示范样板和国家公共服务的示范样板。中国国内旅游发展的体制与政策和国际旅游惯例存在不小的差距，国际旅游者的旅游要求与国内差别明显。度假区在向国际化标准靠拢的努力过程中，与各部门相互协调，将形成符合国际旅游标准的示范区。度假区的建设过程中，在与政府的斡旋中，积极争取多项服务政策的支持，争取成为国家服务业综合改革试验区，借鉴世博会经验，争取适当放宽入境限制政策，延长中转逗留时间，优化外币兑换的服务环境，向国家争取试点境外游客离境退税政策等。总之，度假区在为度假旅游产业迈向国际化进程中做出的努力是全国领先的。示范效应一旦形成，将对中国未来度假产业的收入发展提供全面的借鉴。

五 结论

随着中国城市化的演进，都市旅游发展存在巨大的潜力和发展空间。城市度假旅游产品，既满足当下大众旅游对休闲度假产品的需求，又能在城市实现更高的经济效益，进一步提升城市旅游功能。选择城市作为度假旅游目的地，树立城市度假新理念，将实现度假旅游产品和都市旅游产品的双赢局面。上海作为现代化大都市的典型代表，具备发展城市度假旅游的市场条件、城市旅游环境和产品开发空间。目前上海已经初步形成了由观光游憩、康体养生、娱乐节庆、商务会展、运动休闲、美食购物、海派文化、城郊旅游产品组合成的城市度假旅游产品体系。上海审时度势成立的上海国际旅游度假区，采取"1 + N"的开发模式，以主题体验文化元素为核心，进一步提出了在城市内部开展休闲度假的理念，结合上海特色、国际化标准和综合度假旅游产品，在打造现代化度假模式的进程中树立了一个标杆。以上海国际旅游度假区为代表的城市度假旅游产品开发，作为中国度假休闲旅游产品中的领头羊，必将引领度假旅游未来发展的新风尚。

参考文献

［1］王怡然、姚坤遗：《上海都市旅游的理论与实践》，上海辞书出版社，2007。

［2］黄慧明、魏清泉：《大城市边缘小城镇休闲度假旅游开发研究——以高明市杨梅镇为例》，《地域研究与开发》2001 年第 3 期。

［3］胡勇：《南京市环城游憩带旅游开发研究》，南京师范大学，2005。

［4］刘少和、李秀斌、张伟强：《广东休闲度假旅游发展模式探讨——以滨海珠海市与粤北清新县为例》，《热带地理》2008 年第 4 期。

［5］耿逸冉：《青岛市度假旅游空间结构研究》，上海师范大学，2007。

［6］吴必虎：《大城市环城游憩带（ReBAM）研究——以上海市为例》，《地理科学》2001 年第 4 期。

［7］魏小安：《对发展中国环城市旅游度假带的思考》，《中国旅游报》2001 年 9 月 7 日第 C02 版。

［8］张文建：《旅游服务经济与业态创新》，北京大学出版社，2012。

［9］《2012 上海旅游年鉴》，上海辞书出版社，2012。

［10］《上海国际旅游度假区发展规划（2011～2030）》，2012。

G.24
历史文化风貌区旅游可持续开发研究

——以上海衡山路—复兴路历史文化风貌区为例

高　峻　王亚惠*

摘　要：

　　本研究以衡山路—复兴路历史文化风貌区为例，提出了历史文化风貌区旅游资源价值的评估体系，评估体系由资源要素、资源影响、资源保护3个一级因子；观赏性、历史文化价值、规模性等7个二级因子；旅游景点、旅游设施、游客中心、优秀历史建筑等18个三级评价因子所构成。根据评价体系，对于衡山路—复兴路历史文化风貌区进行价值评估，评估结果说明衡山路—复兴路历史文化风貌区具有优先进行旅游开发的价值。在此基础上，提出衡山路—复兴路历史文化风貌区的6种开发模式，包括空间布局模式、产品开发模式、产品宣传模式、交通配套模式、利益协调模式。

关键词：

　　历史文化风貌区　旅游开发　旅游资源评估　开发模式

一　历史文化风貌区的概念内涵与旅游开发意义

（一）历史文化风貌区的内涵

1986年，上海被国务院列为"国家历史文化名城"，随后，市规划局编制了上海历史名城保护规划，在中心城规划了思南路及龙华革命史迹，外滩、人

---

* 高峻、王亚惠，上海师范大学旅游学院。

民广场、茂名路近代优秀建筑、江湾都市计划史迹、旧城厢、南京路、福州路商市、上海花园、虹口、虹桥路住宅等6类11个风貌保护区。2002年,上海市人大立法颁布了《上海历史文化风貌区和优秀历史建筑保护条例》。《上海历史文化风貌区和优秀历史建筑保护条例》对于历史文化风貌区的概念内涵做出了明确规定。

历史文化风貌区就是指历史建筑集中成片,建筑样式、空间格局和风貌区景观较完整地体现上海某一历史时期地域文化特点的地区。

(二)历史文化风貌区的旅游开发意义

目前上海对于历史文化风貌区,重在保护、修复和再利用,较少涉及历史风貌区的旅游开发等方面,同时,上海都市旅游发展中缺少对历史风貌区的旅游规划,对某些历史文化风貌区的价值认识不足,因此,有必要对上海历史文化风貌区进行可持续的旅游开发,从而可以进一步丰富上海都市旅游产品,接轨国际著名旅游城市,推进城市散客自助游和自行车旅游发展,延长旅游者逗留时间,促进人们更好地认识和理解上海的历史底蕴和文化内涵。

上海历史文化风貌区是上海市不可或缺的重要名片,保护和利用好历史文化风貌区旅游资源,构建上海历史文化风貌区旅游开发的产品体系,开发好上海的文化遗产旅游,提高上海作为世界著名旅游城市的文化品位,可以为历史文化风貌区保护与利用的研究,为"世界著名旅游城市"之历史文化风貌区的研究提供理论与实践结合的案例。

二 上海历史文化风貌区的旅游 资源价值评估体系

从历史文化风貌区的定义可以知道,历史文化风貌区的旅游资源与一般旅游资源相比,既有共性又有个性。因此,其旅游价值的评估不仅要考虑风貌区本身的观赏性、历史文化价值、历史性等资源要素,还要考虑风貌区的资源影响力和资源保护程度等其他相关因素。研究通过借鉴已有的旅游资源价值评价标准，并结合风貌区的建筑样式和空间格局等特征以及实际可操作性，构建了上海市历史文化风貌区旅游价值三级层次评估体系。该体系主要由一级因子层、二级因子层、三级因子层三个层次构成。

（一）上海历史文化风貌区旅游资源价值评估体系

上海市历史文化风貌区旅游资源价值评估体系主要由资源要素、资源影响、资源保护3个一级因子；观赏性、历史文化价值、规模性等7个二级因子；旅游景点、旅游设施、游客中心、优秀历史建筑等18个三级评价因子构成。

1. 资源要素

资源要素是指构成历史文化风貌区吸引力的基本因素，主要包括观赏性、历史文化价值、规模性、环境和配套4个二级因子和12个三级评价因子。其中观赏性是指历史文化风貌区在美学观赏、游憩功能、旅游开发和服务方面的特征，主要包括旅游景点数量、区域景观质量两个三级评价因子；历史文化价值是指历史文化风貌区区域范围之内历史建筑的艺术价值、历史意义、建筑时间以及结构材质方面的特征，主要包括优秀历史建筑、风貌保护道路、历史年代三个三级评价因子。规模性是指历史文化风貌区内历史建筑的数量大小和在特定区域范围内的空间分布特征，主要包括密度和集聚度两个三级评价因子；环境和配套是指历史文化风貌区内的交通情况、配套设施和景观环境等方面的特征，主要包括酒店/餐饮及购物设施、公共厕所等服务设施、游客中心、公园绿地、轨道交通及公交线路五个三级评价因子。

2. 资源影响

资源影响是指优秀历史建筑自身的影响力大小如何，主要由知名度和开放性两个二级因子以及三个三级评价因子组成。其中，知名度大小是指优秀历史建筑在历史上是否曾经有名人居住过，是否有不同等级的历史事件发生过，主要包括名人活动、历史事件两个三级评价因子；开放性是指历史风貌区内优秀历史建筑对公众的开放程度，具体指的是风貌区内开放的优秀历史建筑所占的百分比，主要包括开放性一个三级评价因子。

3. 资源保护

资源保护是指对风貌区内历史建筑的保护情况如何，主要包括保护程度一个二级因子，其中又包括全国重点文物保护单位、市级文物保护单位、区县级文物保护单位三个三级评价因子（见图1）。

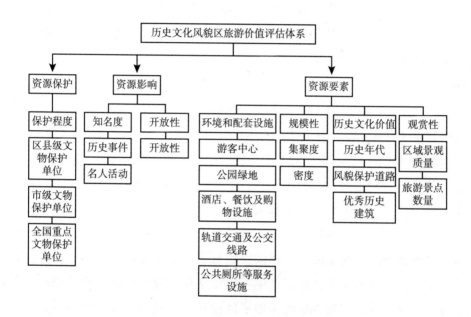

图1　历史文化风貌区旅游资源价值评估体系层次结构

（二）三级评价因子分值的确定

本研究采用定性和定量相结合的方法，对每一个三级评价因子进行评价。在考虑调查的实际情况和评价可操作性的前提下，把历史文化风貌区的旅游景点数量、区域景观质量、风貌保护道路、优秀历史建筑、历史年代、密度、集聚度、酒店/餐饮及购物设施、游客中心、公共厕所等服务设施、公园绿地、轨道交通及公交线路、开放性、全国重点文物保护单位、市级文物保护单位、区县级文物保护单位16个三级评价因子，分为优秀、较好、一般、较差、差5个等级，分别对应5分、4分、3分、2分、1分5个分值；把名人活动和历

史事件两个三级评价因子分为优秀、较好、一般、差 4 个等级，分别对应 5 分、4 分、3 分、1 分 4 个分值。

（三）评估体系权重的确定

研究采用专家打分法的方式来确定上海市历史文化风貌区评价体系每个三级评价因子的权重。通过和专家讨论，让专家通过对每项因子的重要性进行比较，得出各因子的相对重要程度的评分，综合专家的评分得出本评价体系各个三级评价因子的权重分别为（括号内为权重）：旅游景点数量（0.05）、区域景观质量（0.05）、风貌保护道路（0.04）、优秀历史建筑（0.05）、历史年代（0.05）、密度（0.05）、集聚度（0.05）、酒店/餐饮及购物设施（0.02）、游客中心（0.03）、公共厕所等服务设施（0.01）、公园绿地（0.04）、轨道交通及公交线路（0.06）、名人活动（0.075）、历史事件（0.075）、开放性（0.15）、全国重点文物保护单位（0.1）、市级文物保护单位（0.075）、区县级文物保护单位（0.025）。通过用每项三级评价因子的评价得分乘以其权重，得到每个评价因子的实际得分，然后把所有三级评价因子的实际分数相加得到每个历史文化风貌区的旅游价值评估总分。由此得出此次评估每个单项历史文化风貌区可能得到的最高实际总分（假设此建筑每项三级评价因子的评分均为最高分并乘以每项相应的权重）为 5 分，最低实际总分（假设此建筑每项三级评价因子的评分均为最低分并乘以每项相应的权重）为 1 分。由此得到历史文化风貌区旅游价值评估体系见表 2。

三　衡山路—复兴路历史文化风貌区旅游资源评价

（一）衡山路—复兴路历史文化风貌区概况

衡山路—复兴路历史文化风貌区是上海市保护最完整的风貌区，有花园住宅、新式里弄和各式西方风格建筑。此区域原来是上海的法租界，在近代中国的四个法租界中，上海的法租界是面积最大、时间最早和最繁荣的一个。在衡

表1 历史文化风貌区旅游资源价值评估体系

一级因子	二级因子	三级因子	释义	等级及分值					权重
				优秀 5	较好 4	一般 3	较差 2	差 1	
资源要素	观赏性	旅游景点数量	历史文化风貌区平均每平方千米旅游景点的数量	优秀 5	较好 4	一般 3	较差 2	差 1	0.05
		区域景观质量	—	优秀 5	较好 4	一般 3	较差 2	差 1	0.05
	历史文化价值	风貌保护道路	历史文化风貌区平均每平方千米风貌保护道路的数量	优秀 5	较好 4	一般 3	较差 2	差 1	0.04
		优秀历史建筑	历史文化风貌区内优秀历史建筑的数量	优秀 5	较好 4	一般 3	较差 2	差 1	0.05
		历史年代	历史文化风貌区内在1937年前设计建筑的优秀历史建筑所占优秀历史建筑总数的比重	优秀 5	较好 4	一般 3	较差 2	差 1	0.05
	规模性	密度	历史文化风貌区平均每平方千米优秀历史建筑的数量	优秀 5	较好 4	一般 3	较差 2	差 1	0.05
		集聚度	历史文化风貌区内优秀历史建筑的集聚度为优秀、较好的数量占该区优秀历史建筑总数的比重	优秀 5	较好 4	一般 3	较差 2	差 1	0.05
	环境和配套设施	酒店、餐饮及购物设施	历史文化风貌区平均每平方千米酒店等旅游设施的数量	优秀 5	较好 4	一般 3	较差 2	差 1	0.02
		公共厕所等服务设施	历史文化风貌区平均每平方千米公共厕所的数量	优秀 5	较好 4	一般 3	较差 2	差 1	0.01

续表

一级因子	二级因子	三级因子	释义	优秀	较好	一般	较差	差	权重
资源要素	环境和配套	游客中心	历史文化风貌区平均每平方千米游客中心的数量	5	4	3	2	1	0.03
		公园绿地	历史文化风貌区平均每平方千米园林绿地的数量	5	4	3	2	1	0.04
		轨道交通及公交线路	历史文化风貌区平均每平方千米轨道线路和公交线路的数量	5	4	3	2	1	0.06
资源影响	知名度	名人活动	是否有名人曾在此历史文化风貌区内居住或进行活动，名人知名度的高低情况，是否属于地方名人、国内名人或国际名人	优秀 5	较好 4	一般 3	差	1	0.075
		历史事件	是否曾在此历史文化风貌区发生过重要历史事件，事件的重要性程度，是否属于地方性事件、全国性事件或国际性事件	优秀 5	较好 4	一般 3	差	1	0.075
	开放性	开放性	历史文化风貌区内开放的优秀历史建筑所占的百分比	优秀 5	较好 4	一般 3	较差 2	差 1	0.15
资源保护	保护程度	全国重点文物保护单位	历史文化风貌区平均每平方千米属于国家重点文物保护单位的优秀历史建筑的数量	优秀 5	较好 4	一般 3	较差 2	差 1	0.1
		市级文物保护单位	历史文化风貌区平均每平方千米属于上海市文物保护单位的优秀历史建筑的数量	优秀 5	较好 4	一般 3	较差 2	差 1	0.075
		区县级文物保护单位	历史文化风貌区平均每平方千米属于区县级文物保护单位的优秀历史建筑的数量	优秀 5	较好 4	一般 3	较差 2	差 1	0.025

山路—复兴路历史文化风貌区上，能感受到法国浪漫主义气息，特别是各式的西式风格的建筑、花园洋房，以及上海特有的里弄，无论是从旅游开发的角度看还是从文物保护的角度看，都有非常大的挖掘潜力。

衡山路—复兴路历史文化风貌区东界重庆中路—重庆南路—太仓路—黄陂南路—合肥路—重庆南路；南界建国中路—建国西路—嘉善路—肇嘉浜路；西界天平路—广元路—华山路—江苏路；北界昭化东路—镇宁路—延安西路—延安中路—陕西南路—长乐路。其范围大致相当于昔日上海法租界1914年的扩展部分（所谓法新租界）。该风貌区是全市历史风貌保存最完整、以花园住宅为主要特征的风貌区，占地面积7.75平方千米，涉及徐汇、黄埔、静安、长宁四个行政区。区内历史人文荟萃、建筑类型多样、街道尺度宜人、环境优美，体现了上海有趣又独特的历史及海纳百川、包容兼并的海派文化。

1. 路网概况

现在衡山路—复兴路历史风貌区的外边界，是由华山路和肇家浜路大致构成的。由于法租界势力的扩大，1860～1914年，共越界筑路20余条，分别有永康路、淮海路、常熟路、宝庆路、东湖路、汾阳路、武康路、陕西南路、岳阳路、桃江路和高安路等。到1914年法租界以"警权"为名，把租界最后一次（第三次）扩展到徐家汇华山路东肇家浜路以北后，又兴筑了延庆路、永嘉路、衡山路等20多条道路。至此，衡山路—复兴路历史文化风貌区的路网格局基本成形。

2. 万国建筑

不仅只有法国人在法租界建造房屋，许多英美商人也纷纷选择在此处兴建房屋。美国人在贝当路兴建了美童公学和国际礼拜堂。英国人在迈尔西爱路兴建了兰心大戏院。"十月革命"后又有许多俄国人来到法租界，他们建造了两所教堂：圣母大堂和圣尼古拉斯堂。上海最具浪漫色彩的商业街——霞飞路，大多也是俄国华侨开设的情调小店。上海法租界也是帮会组织的大本营，黄金荣和杜月笙的发迹之处。20世纪二三十年代，西部的法新租界住宅区，有不少中国上层人士在此构建花园别墅。

衡山路—复兴路历史文化风貌区内有2000栋历史建筑，占全市历史建筑的40%。这里的历史文化遗产丰富，拥有大量的文物保护单位和优秀历史建筑保护

单位，占上海中心城区文物保护单位和优秀历史建筑保护单位总数的近 1/3。

3. 建筑类型/面积

衡山路—复兴路历史文化风貌区一直被视为上海的高端居住区，所以这里有着数量非常大的花园住宅，风格各异，既有包括法国、英国、德国、西班牙、意大利及美国等各国的传统建筑式样，又有大量装饰艺术派等西方现代建筑风格。衡山路—复兴路历史文化风貌区徐汇区占地 4.3 平方千米，拥有 1949 年之前建造的房屋建筑面积 193 万平方米，其中花园住宅 1450 余幢，建筑面积约 65 万平方米，占上海市 1949 年前建造的花园住宅总面积的 46%；占徐汇区 1949 年前建造花园住宅总量的 97%；除花园住宅外，也有许多老式公寓：枕流公寓、诺曼底公寓、恩派亚公寓、毕卡地公寓、培文公寓等。区内共有公寓 180 余幢，建筑面积约 28 万平方米。此外，该区域内还分布有大量的里弄住宅，既有建业里、步高里等典型石库门里弄，又有新康花园、上海新村等著名新式里弄。新式里弄有 3000 余幢，建筑面积约 66 万平方米；旧式里弄 1550 余幢，建筑面积约 19 万平方米。

4. 人文历史

昔日衡山路—复兴路一带在上海的近现代史上拥有很高的地位，许多历史上赫赫有名的人都曾经在此生活过。历史名人有周恩来、黄兴、蒋介石、宋子文、贺子珍、陈立夫、陈果夫等，实业巨头有盛宣怀、荣德生（荣毅仁父）、杜月笙，文化精英有巴金、贺绿汀、赵丹、刘海粟。这与风貌区内发生过许多与政治、经济、文化有关的名人故事是分不开的。

（二）衡山路—复兴路历史文化风貌区历史建筑旅游资源评估

本次研究主要是利用上述的旅游资源价值评估体系对衡山路—复兴路历史文化风貌区的历史建筑旅游资源进行分析和评估。根据评估结果，分析上海市中心城区的 12 个历史文化风貌区的旅游资源状况。

1. 资源等级

"国家标准"将旅游资源单体分为五级，从高级到低级分为五级、四级、三级、二级、一级。五级旅游资源称为"特品级旅游资源"；五级、四级、三级旅游资源被通称为"优良级旅游资源"；二级、一级旅游资源被通称为"普通级旅游资源"。

衡山路—复兴路历史文化风貌区中共有优秀历史建筑 210 处，本研究分别对这 210 处优秀历史建筑的资源等级进行了综合评估，评估结果显示这 210 处优秀历史建筑在五个级别均有分布，并且多为三级和二级旅游资源。其中资源等级为五级的有 3 处，占总数的 1.4%；四级的 32 处，占总数的 15.2%；三级的 75 处，占总数的 35.7%；二级的 73 处，占总数的 36.7%；一级的 23 处，占总数的 10.9%。属于优良级资源的建筑共 110 处，占总数的 52.9%。

表 2　衡山路—复兴路历史文化风貌区优秀历史建筑资源等级分布一览

单位：处，%

资源等级	五级	四级	三级	二级	一级
数量	3	32	75	73	23
比例	1.4	15.2	35.7	36.7	10.9

2. 资源类型

本次研究工作依据 2003 年国家质量监督检验检疫总局批准发布的《旅游资源分类、调查与评价（GB/T 18972 – 2003）》，本次调查涉及的资源分类为一个主类：F 建筑与设施；3 个亚类：FA 综合人文旅游地、FB 单体活动场馆、FD 居住地与社区；9 个基本类型：FAA 教学科研实验场所、FAC 宗教与祭祀活动场所、FAE 文化活动场所、FAG 社会与商贸活动场所、FBA 聚会接待厅堂（室）、FBC 展示演示场馆、FDA 传统与乡土建筑、FDC 特色社区、FDD 名人故居与历史纪念建筑。在衡山路—复兴路历史文化风貌区中的 210 处优秀历史建筑当中，有 FAA 教学科研实验场所类建筑 10 处，占总数的 4.8%；FAC 宗教与祭祀活动场所类建筑 3 处，占总数的 1.4%；FAE 文化活动场所类建筑 5 处，占总数的 2.4%；FAG 社会与商贸活动场所类建筑 28 处，占总数的 13.3%；FBA 聚会接待厅堂（室）类建筑 1 处，占总数的 0.5%；FBC 展示演示场馆类建筑 2 处，占总数的 1%；FDA 传统与乡土建筑类建筑 107 处，占总数的 51.0%；FDC 特色社区类建筑 37 处，占总数的 17.6%；FDD 名人故居与历史纪念建筑 16 处，占总数的 7.6%；有一处建筑编号 282 的"瑞康洋行买办住宅"被拆除，不能归类。

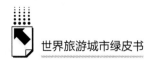

表3　衡山路—复兴路历史文化风貌区优秀历史建筑资源类型一览

单位：处，%

资源类型	FAA	FAC	FAE	FAG	FBA	FBC	FDA	FDC	FDD
数量	10	3	5	28	1	2	107	37	16
比例	4.8	1.4	2.4	13.3	0.5	1	51.0	17.6	7.6

3. 建筑级别

根据实地调研结果，衡山路—复兴路历史文化风貌区区域中的优秀历史建筑的建筑级别可从高到低分为三个级别，依次为：全国重点文物保护单位、上海市文物保护单位、上海市优秀历史建筑。这210处优秀历史建筑中有1处上海市全国重点文物保护单位占总数的0.5%；6处上海市级文物保护单位占总数的2.9%；203处上海市优秀历史建筑占总数的96.7%。

表4　衡山路—复兴路历史文化风貌区优秀历史建筑保护级别

单位：处，%

建筑级别	全国重点文物保护单位	上海市文物保护单位	上海市优秀历史建筑
数量	1	6	203
比例	0.5	2.9	96.7

注：表中全国重点文物保护单位以及上海市文物保护单位同时也是上海市优秀历史建筑。

4. 现在用途

本次研究对衡山路—复兴路历史文化风貌区区域中的210处优秀历史建筑进行了实地调研，并对这210处优秀历史建筑的现在用途进行了分类，即办公、商业、文体娱乐、学校、医院、住宅、宗教建筑、其他和不确定九个类别。其中，目前用作办公的优秀历史建筑38处，占总数18.1%；用作商业用途的29处，占总数13.8%；用作文体娱乐用途的7处，占总数3.3%；还有用作学校的7处，占总数3.3%；医院6处，占总数2.9%；住宅104处，占总数49.5%；宗教建筑3处，占总数1.4%；其他用途4处，占总数1.9%；还有12处由于正在施工或者调查者不可接近，现在用途不确定，占总数5.7%。

表 5 衡山路—复兴路历史文化风貌区优秀历史建筑现在用途分布一览

单位：处，%

现在用途	办公	商业	文体娱乐	学校	医院	住宅	宗教建筑	其他	不确定
数量	38	29	7	7	6	104	3	4	12
比例	18.1	13.8	3.3	3.3	2.9	49.5	1.4	1.9	5.7

5. 建筑风格

衡山路—复兴路历史文化风貌区的优秀历史建筑风格迥异，独具异域风情。本文对这些建筑风格进行了总结，将其分为了四类，即欧式、混合式、现代式、美国殖民地式，还有一些建筑风格不确定。其中这 210 处优秀历史建筑中，欧式风格 115 处，占总数 54.8%；混合式 14 处，占总数 6.7%；现代式 58 处，占总数 27.6%；美国殖民地式 5 处，占总数 2.4%；还有 18 处优秀历史建筑的建筑风格由于调查者因不可进入或建筑正在施工中等，不能确定，占总数 8.6%。

表 6 衡山路—复兴路历史文化风貌区优秀历史建筑建筑风格分布一览

单位：处，%

建筑风格	欧式	混合式	现代式	美国殖民地	不确定
数量	115	14	58	5	18
比例	54.8	6.7	27.6	2.4	8.6

注：建筑风格选自薛顺生、娄程浩编著《老上海花园洋房》，《老上海经典建筑》，同济大学出版社，2002。

6. 建筑结构

衡山路—复兴路历史文化风貌区区域中的 210 处优秀历史建筑结构上大致可分为四类，即砖木结构、砖混结构、混凝土结构、砖结构。其中砖木结构 71 处，占总数的 33.8%；砖混结构 78 处，占总数的 37.1%；混凝土结构 39 处，占总数 18.6%；砖结构 1 处，占总数的 0.5%；还有 21 处建筑由于调查者因不可进入或建筑正在施工中等，结构不确定，占总数的10%。

表7　衡山路—复兴路历史文化风貌区优秀历史建筑建筑风格分布一览

单位：处，%

建筑结构	砖木结构	砖混结构	混凝土结构	砖结构	不确定
数量	71	78	39	1	21
比例	33.8	37.1	18.6	0.5	10.0

7. 标识挂牌

衡山路—复兴路历史文化风貌区一带很多优秀历史建筑目前已引起相关单位和政府的重视，上海市人民政府为本区内目前已公布的四批210处优秀历史建筑都配备了"上海市优秀历史建筑"标识牌，但通过这次实地调研发现，目前只有165处优秀历史建筑扔挂有"上海市优秀历史建筑"标识牌，占总数的78.6%；没有挂牌的目前有28处，占总数的13.3%；还有17处由于施工或不对调查者开放等，无法确定有无挂牌，占总数的8.1%。

表8　衡山路—复兴路历史文化风貌区优秀历史建筑标识挂牌一览

单位：处，%

标识挂牌	有牌	无牌	不确定
数量	165	28	17
比例	78.6	13.3	8.1

8. 开放程度

本研究对衡山路—复兴路历史文化风貌区区域中的优秀历史建筑开放程度进行了实地调查，结果显示210处优秀历史建筑的开放程度不一。大体上可分为三类，即开放可参观、不开放可见、不开放不可见，还有一些建筑正处于施工中或者已拆除。其中开放可参观，包括一些择日开放，如只周日开放的有38处，占总数的18.1%；不开放可见的有130处，占总数的61.9%；不开放不可见38处，占总数的18.1%；还有3处正在施工中分别是编号483的"爱麦虞限路9号住宅"、编号152的法国总会（老）、编号478的花园住宅，占总数的1.4%；有一处建筑编号282的"瑞康洋行买办住宅"被拆除，占总数的0.5%。

表9 衡山路—复兴路历史文化风貌区优秀历史建筑开放程度分布一览

单位：处，%

开放程度	开放可参观	不开放可见	不开放不可见	施工中	拆除
数量	38	130	38	3	1
比例	18.1	61.9	18.1	1.4	0.5

四 衡山路—复兴路历史文化风貌区旅游可持续开发模式

在历史文化风貌区旅游可持续开发与保护协调互利的导向下，衡山路—复兴路的历史文化风貌区应坚持以下几种可持续开发模式。

（一）空间布局模式：扩大风貌区公共使用空间，合理布局空间结构

衡山路—复兴路历史文化风貌区旅游的可持续开发要保证空间布局合理，扩大历史文化风貌区的公共使用空间，特别是城市休闲空间。

上海中心城区现有的历史文化风貌区共分为三大板块，北部板块（虹口—山阴路历史文化风貌区、江湾历史文化风貌区及杨浦—提篮桥历史文化风貌区）、市中心板块（外滩、人民广场、老城厢—南外滩、南京西路—陕西北路、愚园路等历史文化风貌区）、西南板块（衡山路—复兴路、虹桥路、新华路、龙华等历史文化风貌区）。衡山路—复兴路历史文化风貌区属于西南板块。衡山路—复兴路历史文化风貌区主要是依托其良好的居住环境、优秀的历史建筑来进行旅游开发。同时，衡山路—复兴路历史文化风貌区需要扩大公共空间使用面积，这是历史文化风貌区旅游适度开发与保护，合理布局空间结构的优化模式之一。

（二）产品开发模式：以休闲购物为主，与城市休闲购物相衔接

衡山路—复兴路历史文化风貌区旅游的开发与保护要契合上海城市经济建

设社会发展的需要，要符合中国建设世界旅游强国、旅游产业加快转型发展的需要，文化遗产旅游不能仅仅停留在传统的观光旅游或是普通的团队旅游上，而是要和落实国民休闲纲要计划相结合，与城市的休闲购物、会展、节庆等相结合。通过发展文化遗产旅游，开发休闲购物等旅游产品，打造城市休闲购物新形象，让旅游者真正能感受到衡山路—复兴路历史文化风貌区和上海城市的精神内涵和文化气质。

（三）产品宣传模式：以文化遗产为核心资源，突出遗产旅游的开发与保护

文化遗产是历史文化风貌区的开发与保护的核心资源。旅游的可持续开发必须以文化遗产为核心，合理利用，适度地开发与保护，保证文化遗产的可持续发展。并且在旅游宣传与营销中突出文化遗产的价值与作用，将文化遗产与对应的产品与服务进行联合营销，通过新兴媒体与互联网技术全力宣传，即打造文化遗产旅游形象，进行公众文化遗产知识普及，促进衡山路—复兴路历史文化风貌区可持续开发的进程。

（四）交通配套模式：多种交通工具并用，构建城市交通标识系统

城市交通是散客旅游、自助旅游的主要工具。衡山路—复兴路历史文化风貌区旅游的可持续开发与保护需要多种交通工具并用，比如自行车、徒步、观光车、地铁等，合理运用城市现有交通设施，将城市文化遗产旅游与交通系统融合发展，并设计不同系列的标识系统，提出"行走上海"、"自行车游上海"等宣传口号，打造散客旅游目的地。

（五）利益协调模式：关注多维利益相关者的利益协调

衡山路—复兴路历史文化风貌区以及整个上海的历史文化风貌区利益相关者多且复杂的现状，要求旅游的可持续发展与保护需要关注多方利益相关者，特别是风貌区中民宅所有者的利益诉求，以及不同所属单位的职能。通过利益需求的多方考虑，进行利益协调与规划。在国外社区参与规划的方法上，进行鼓励式参与规划等方法增加居民参与旅游的可持续开发与保护的积极性；并通过风貌区

旅游发展规划的制定，明确不同所属单位在旅游的开发与保护中的角色与分工，最大限度地协调多方利益相关者之间的关系，促进旅游的可持续开发与保护的顺利进行。

五　结语

历史文化风貌区是非常重要的历史遗产旅游资源，对其进行可持续的旅游开发不仅仅是城市旅游发展的需求，同时也是风貌区自身保护与发展的需求。对历史文化风貌区的开发要考虑到各个风貌区自身的特点，特别是旅游资源的特色，在对旅游资源进行合理科学的评估基础之上进行可持续的开发，避免对历史文化风貌区造成不可逆的破坏，实现对历史文化风貌区旅游的可持续开发与利用。

参考文献

［1］王骏：《历史街区保护》，同济大学硕士学位论文，1998。
［2］杨宏烈：《广州历史街区的保护性开发探讨》，《城市问题》1998 年第 5 期。
［3］伍江、王林：《历史文化风貌区保护规划编制与管理》，同济大学出版社，2007。
［4］阮仪三、孙萌：《我国历史街区保护与规划的若干问题研究》，《城市规划》2001 年第 10 期。
［5］廉同辉、王金叶、程道品：《自然保护区生态旅游开发潜力评价指标体系及评价模型——以广西猫儿山国家级自然保护区为例》，《地理科学进展》2010 年第 12 期。
［6］王勇：《历史保护建筑适用性评价研究》，《建筑学报》2011 年第 5 期。

Ｇ.25
世界经济版图变革下的旅游发展新动向

岳燕翔　张　辉*

摘　要：

　　本文从国内外理论研究的角度，根据近现代旅游业发展的历史实践，阐明旅游与经济发展间存在的天然和密切的联系。同时，本文分析了第一次产业革命后，在世界经济中心由大西洋向太平洋转移的不同时期，旅游业所表现出的不同发展格局和态势。以此为基础，结合世界经济版图发展的趋势，笔者对旅游业发展的新动向进行了前瞻性预测。

关键词：

　　世界经济　旅游　新动向

　　旅游与经济的发展关系紧密，国内外众多学者已通过多种量化方法得以证实，而近现代旅游业的发展史不仅充分地印证了这一观点，还揭示出世界经济格局变化直接引发旅游供需变动这一规律。那么，在世界经济风云变幻的情势下，未来旅游业将呈现出怎样的发展动向呢？

一　旅游与经济关系紧密

　　旅游与经济的发展有着天然和密切的联系。综观多年来国内外旅游学者对旅游需求因素的研究，可以发现无论从何种角度，旅游者收入和旅游产品价格都是影响旅游需求的重要因素。如 Haiyan Song，Kevin K. F. Wong 和 Kaye

---

*　岳燕翔，北京交通大学经济管理学院；张辉，世界旅游城市联合会专家委员会主任，教授，博士生导师。

K. S. Chon 分析了中国香港的 16 个主要客源国的旅游需求，发现影响旅游者需求的最重要的因素主要是旅游产品价格、客源国的经济条件（以收入水平来衡量）等。Akls 和 Teresa GarinMunoz，以及国内学者谢彦君、林南枝、卞显红等也通过不同的研究模型得出了类似的结论。

从近现代旅游业发展的历史来看，旅游与经济的关联特征更加鲜明。18 世纪 60 年代，以大机器生产取代工场手工业的产业革命率先在英国爆发，之后迅速蔓延至欧洲大陆及北美地区，一直持续到 19 世纪上半叶，各资本主义国家相继完成了产业革命。产业革命使得各国在生产领域和社会关系上发生了根本性变化，也为旅游业的诞生准备了条件——经济发展直接促使工人实际购买力提高，蒸汽机的使用推动了新式交通工具的产生。19 世纪中期，托马斯·库克在受产业革命影响深刻、旅游业发展条件相对成熟的英国创办了世界上第一家旅行社——托马斯·库克旅行社，标志着近代旅游业的开始。现代旅游始于第二次世界大战后，尤其在第三次产业革命的影响下，世界经济开始持续稳定地发展，人们收入的增加和支付能力的提高对旅游的迅速发展和普及起了极其重要的刺激作用。

二 经济格局变化引发旅游供需变动

所谓世界经济格局是指各国在世界上的经济地位及由此决定的相互间经济关系。在近现代经济史中，在世界经济中心由大西洋向太平洋转移的不同时期，旅游业也表现出不同的发展格局和态势。

（一）第一次产业革命与近代旅游业的诞生

英国率先完成第一次产业革命，强大的工业实力促使其成为世界工厂，并成为这一历史时期的世界经济中心国。19 世纪 40 年代，在以纺织为代表的轻工业部门，工厂生产已占据主导地位。1770～1840 年，英国工人的日生产率，平均约提高了 20 倍，棉纺厂工人的生产率高于手纺工人 266 倍。1840 年，英国商船吨位居世界第一；工业生产占世界工业生产总额的 47%；商品出口总额占世界贸易总额的 21%。

这一时期，旅游业在英国也得到了质的发展——近代旅游业诞生。继托马斯·库克在1845年成立世界第一家旅行社之后，到1855年，他已将营业范围扩展到整个欧洲大陆，到1864年，经托马斯·库克组织的旅游人数累计达100多万。19世纪中后期，欧洲成为世界旅游业最为活跃的区域，英国则可谓是当时旅游业的核心国。这种核心力量，体现在旅游需求、旅游供给和产业影响等多个方面。就旅游需求来说，首先，产业革命培育了一个巨大的商务旅行市场。生产效率的提高，极大地丰富了物质产品，贸易输出激增，1818～1836年，英国输往印度的棉纱增加了5200倍，到1850年，英国对印度棉纺织品输出占英国棉纺织品输出总额的65%。其次，工业化加速了城市化的发展，使得人们摆脱枯燥重复的劳动以及逃离城市污染的需求越发迫切，乡村旅游得以发展。在旅游供给方面，与旅游需求相对应，旅游产品逐渐丰富，温泉旅游、滨海旅游、滑雪旅游等盛行。就产业影响来说，自托马斯·库克旅行社成立之后，到19世纪下半叶，欧洲类似旅行社的组织初具规模，旅游经济活动日渐繁盛。世界各地的类旅行社组织也相继成立，如1850年，美国运通公司兼营旅行代理业务；1857年，美国成立"登山俱乐部"；1893年，日本设立专门接待外宾的"喜宾会"（后更名为"日本观光局"）等。

（二）美国经济的崛起与世界旅游核心的流转

在第三次经济长波期间，美国一跃成为世界经济中心国，美国的旅游业也得到极大发展。19世纪末20世纪初，帝国主义的极度扩张最终导致欧洲变为战争策源地，整个欧洲在两次世界大战中遭受了巨大的创伤，欧洲的旅游业也受到了必然的影响。这一时期的美国正处在结束了南北战争的动荡，受惠于两次产业革命的影响下，工业化和城市化进程加速发展，社会生产力得到极大提高，1894年美国的工业总产值已跃居世界第一位，成为世界头号工业强国，1920年城镇居民人口占国内总人口的52%。工业劳动者在与自然的长久隔绝之后，在机器带来的工业污染包围下，往往身心俱疲，渴望假期、渴望休闲，在时间和经济允许的情况下，渴望逃离都市，到自然界放松身心。而社会财富的增加和美国交通的发展均为此提供了可能和便利。19世纪末20世纪初的美国，水、陆、空各线交通都得到极大发展——大西洋沿岸城市和内陆甚至中西部的城镇经由运河已经连接了起来，全国所有铁路轨道开始采用统一的标准规模，到1915年，美国平均每43.1人拥有一辆汽车，汽车工业的发展使普通居民的自由出行成为可能，1903年莱特兄弟制造出第一架载人飞机，拉开了航空运输的序幕。

19世纪末20世纪初，在欧洲和北美社会环境、经济环境等的此消彼长趋势下，世界旅游的核心逐渐转向美国，主要表现几个方面：首先，两次产业革命催生了大量的旅游需求。其次，在旅游供给方面，形成了东部城市观光和温泉旅游产品、西部探险旅游产品、南部海岸度假旅游产品，以及中部自然风光欣赏旅游产品等。最后，三大旅游产业支柱形成——1865年库克把他的理念和经营系统带到美国，1879年，美国人开办的第一家旅行社成立，即雷蒙德和惠特科姆（Raymond & Whitcomb）旅行社；现代饭店业在19世纪的美国产生和发展；交通全面发展，并承载旅游服务。另外，旅游产业体系更加完善，出现了专门的旅游职业培训学校、旅游刊物，并伴随旅游支票的诞生形成了旅游金融的概念。

（三）战后世界经济与现代旅游业的发展

第二次世界大战后，欧洲经济百废待兴，美国则趁机进一步巩固和发展本国经济，并逐步建立起以自身为主导的资本主义世界经济体系，世界经济出现了单极格局。20世纪60年代以后，以苏联为首的社会主义阵营经济实力增长迅速，美苏两大势力相互抗衡的两极格局逐渐形成。"冷战"结束以后，美国一极独大的单极格局一度恢复。随着欧盟东扩，其在国际经济事务中的作用呈现上升趋势，德国经济实力凸显。日本经济复苏，东亚经济合作加强，世界经济格局呈现出多个力量（国家）或力量中心（国家集团）。

这一阶段，世界旅游业由传统旅游向现代旅游过渡发展，大众旅游兴起。自1950年起，国际旅游者以平均每年7.1%的比例从2500万人次增加到1995年的5.65亿人次，国际旅游收入则从21亿美元增长到4060亿美元。从国际旅游市场份额来看，1950年的美洲、欧洲占据绝对主导地位，但东亚及太平洋地区增速显著，到1990年已经基本形成了欧洲、美洲与东亚及太平洋地区的三足鼎立格局（见表1）。

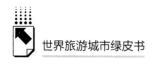

表1　1950～1990年国际区域旅游收入份额比较

单位：%

地　区	份　额				
	1950年	1960年	1970年	1980年	1990年
非　洲	4.19	2.59	2.23	2.65	2.17
美　洲	50.47	35.71	26.82	24.91	28.65
东亚及太平洋地区	1.43	2.84	6.14	7.31	15.81
欧　洲	42.38	57.05	62.57	60.23	50.87
中东地区	1.24	1.30	1.68	3.39	1.52
南　亚	0.29	0.51	0.56	1.51	0.91
全　球	100.00	100.00	100.00	100.00	100.00

资料来源：Unwto, *Tquwbsfm Trends Worldwide and in East Asia and Twe Pagifqc 1950 - 1990*。

三　旅游发展动向前瞻

（一）世界经济发展新趋势

20世纪90年代以来，经济全球化和新科技革命成为推动世界经济持续快速增长的两大"车轮"。然而，由于经济全球化的内在治理矛盾和开放风险与新科技革命的"创造性毁灭"对原有世界治理结构的交织冲击，使近20年来成为全球经济、金融和货币危机的高发时期。20世纪90年代起，世界范围内先后发生了亚洲金融危机、信息技术产业泡沫破灭、美国次贷危机、国际金融危机、欧洲主权债务危机等。世界经济发展中所暴露的一系列危机也不断推动着新的世界经济版图的形成，正在崛起的新兴市场经济体推动世界经济向多极化迈进，全球增长将呈现更加多元化的特点，全球经济局势不再由单一经济体主导。世界银行发布的《2011全球发展地平线——多极化：新的全球经济》中，对15年后的世界经济前景进行了预测，预计15年后世界经济将呈现三大方面的变化。

第一，在全球增长动力上，新兴经济将成为全球经济的主要增长来源。报告预测，新兴经济体作为一个整体在2011～2025年年均增长速度将达到4.7%。发达经济体的同期增长速度预计为2.3%。数据显示，在人民币汇率逐步升值的基础上，中国经济总量到2020年将居世界首位，到2025年，六大新兴经济体——巴西、中国、印度、印度尼西亚、韩国和俄罗斯——将占全球增长总量的一半以上。成功的新兴经济体还将通过跨境商业和金融交易助推低收入国家增长。

第二，在投资来源上，来自新兴市场的跨国公司将成为全球投资流向的主要来源和推动力。

第三，国际金融多极化，主要体现在国际货币体系的变革。尤其引人注意的是，报告预计到2025年，人民币将与美元和欧元一道，成为全球货币中心。

（二）旅游发展新动向

1. 旅游需求全球性、持续性增长

从世界经济的走势来看，虽然近期增速相对较小，但整体向着利好的方向发展，新兴经济体发展潜力显著，预计2011～2025年，新兴市场国家的平均经济增长率为4.7%，同期发达国家的平均经济增长率仅为2.3%。新兴市场国家的发展，以及世界经济多极化的加强，意味着世界更多地区社会财富的积累，人民可支配收入的增加，为旅游业的发展提供了必要的条件。在旅游观念广泛渗透的前提下，经济的发展将有效刺激人们将旅游动机转化为旅游行为，而这一次的旅游发展浪潮将是更大范围和更大强度的。据UMWTO的预测，2020年，国际游客将达到约16亿人次，国际旅游收入将达到2万亿美元（见图1）。此外，国内旅游，尤其是发展中国家的国内旅游将取得蓬勃发展。

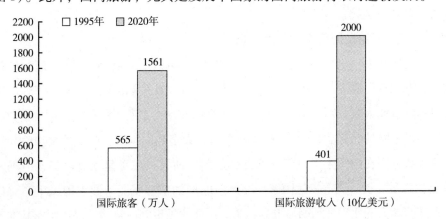

图1 国际旅游发展预测

资料来源：UNWTO, *Tourism 2020 Vision*。

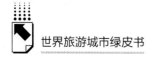

世界旅游城市绿皮书

2. 国际化程度加强

随着经济全球化的深入发展，旅游发展的国际化程度将进一步加强，这种趋势是显然和必然的。

首先表现在旅游市场范围的进一步扩大化。世界经济的多极化发展中，更多的经济体参与到国际贸易中来，由此将产生庞大的商旅市场需求，而未来的商旅市场需求将来自更多的国家和地区，活动范围也将扩展到全球范围内。与此同时，由于经济发展而带来的人们可支配收入的增加也推动人们走出去，向着更为广阔的空间去选择旅游目的地。

其次，旅游需求的国际化将推动各国旅游企业走出国门，开展海外投资，跨国旅游投资将得到显著发展。世界范围内的旅游投资活动将推动旅游金融概念向着一个新的目标发展，将由旅游金融产品逐步完善为旅游金融体系。

3. 与科技成果紧密结合

从旅游发展的历史可见，旅游业每一次质的飞跃都得益于当时科技的发展。未来旅游业的发展与科技成果的结合将更加紧密。科技成果将广泛应用于旅游的各个阶段和领域，如旅游者从获取旅游信息、形成旅游决策到整个旅游活动的开展；旅游目的地、旅游企业将更加注重网络和新媒体在市场营销中的应用；科技成果在旅游景区、旅游饭店和旅游交通等方面的应用，将给游客带来新的旅游体验等。UMWTO预测到2020年，人类将有可能实现低轨道太空旅行，月球观光之旅有望实现。

4. 在产业结构调整中的作用加强

产业结构调整仍是当今各国发展经济的重要课题，调整和建立合理的产业结构，有利于促进经济和社会的发展，人民物质文化生活的改善。第一产业的增加值和其就业人数分别在国民生产总值和全部劳动力中所占的比重，在大多数国家呈不断下降的趋势。20世纪60年代以前，大多数国家第二产业的增加值和其就业人数分别在国民生产总值和全部劳动力中所占的比重呈上升趋势，但进入60年代以后，美、英等发达国家第三产业的增加值和就业人数占国民生产总值和全部劳动力的比重开始明显上升，第二产业比重下降。目前，发达国家基本完成了工业化向后工业化的转型，进入后工业社会的提升和完善阶段，而发展中国家正在经历工业化向后工业化的过渡时期。由此，作为第三产业支柱的旅游业将在未来发达国家和发展中国家的产业结构优化和调整中发挥更加积极的效用。

5. 环境问题受到更高的重视

从未来旅游市场来看，发展中国家的出境旅游市场将是一支不容小觑的力量，以中国为例，2011 年中国出境游客规模已经达到 7025 万人次，同比增长 22%，是美国出境游客规模的 1.2 倍，日本出境游客规模的 3.5 倍。发展中国家庞大的出境旅游市场是社会经济发展的有力反应，但同时，我们也不得不反思本国的旅游环境是否出现了问题。经济发展和环境保护是相伴生的两个问题，历史已经告诫我们不能以牺牲环境为代价来谋求一时的经济发展。如果发展中国家一味追求在世界经济格局中的地位而忽视环境保护的话，将会推动更多的国内居民选择出境旅游，同时降低自身的入境旅游市场吸引力，从而影响本国旅游业的发展。对于已经步入后工业社会的国家来说，则面临着旅游业蓬勃发展中巨大的游客接待量所引发的环境挑战。

6. 旅游服务的"CHINA STYLE"

从世界银行对未来经济的预期来看，在《2011 全球发展地平线——多极化：新的全球经济》报告中多处强调了中国经济发展的巨大潜力，提出了在人民币逐步升值的基础上，中国经济总量到 2020 年将达到世界首位，到 2025 年，人民币将与美元和欧元一道，成为全球性货币。而从近年来中国出境旅游市场的发展势头来看，2000 年中国出境旅游首次突破 1000 万人次；2011 年中国出境游客规模已经达到 7025 万人次，成为世界第一大旅游客源国；2012 年中国出境游客规模已超过 8000 万人次，出境旅游消费达 1020 亿美元，成为世界第一大出境旅游消费国。社会财富的增加、人民币汇率的上升等因素未来将进一步大力推动中国出境旅游市场的发展。而在利益的驱使下，世界各旅游目的地在旅游服务上也将更加注重与"CHINA STYLE"的匹配。

参考文献

[1] Kevin K. F., Wong, Haiyan Song, Kaye S. Chon, "Bayesianmodels for Tourism Demand Forecasting", *Tourism Management*, 2006, (27).

［2］Sevgin Akls，"A Compact Econometricmodel of Tourismdemand for Turkey"，*Tourism Management*，1998，19（1）.

［3］Teresa Garinmu. OZ.，"German Demand for Tourismin Spain"，*Tourism Management*，2007，28.

［4］谢彦君：《基础旅游学》（第一版），中国旅游出版社，1999。

［5］林南枝、陶汉军：《旅游经济学》，南开大学出版社，2000。

［6］卞显红：《旅游者目的地选择影响因素分析》，《地理与地理信息科学》2003 年第 6 期。

［7］《世界历史》，岳麓书社，2005。

［8］蔡来兴：《国家经济中心城市的崛起》，上海人民出版社，1995。

［9］斯坦利·英格曼、罗伯特·戈尔曼：《剑桥美国经济史（第二卷）：漫长的 19 世纪》，王珏、李淑清译，中国人民大学出版社，2008。

［10］王旭：《19 世纪后期美国西部城市化道路初探》，《世界历史》1991 年第 1 期。

［11］王旭：《美国城市史》，中国社会科学出版社，2000。

［12］邓银颖：《19 世纪末 20 世纪初美国旅游业的兴起》，东北师范大学硕士学位论文，2012。

［13］Unwto，Tquwbsfm Trends Worldwide and in East Asia and Twe Pagifqc 1950 – 1990，1991.

［14］李慧勇、徐有俊、张承启：《以史为鉴——金融危机与世界经济格局变迁》，《银行家》2012 年第 4 期。

［15］世界银行：《2011 全球发展地平线——多极化：新的全球经济》，王辉、朱振鑫译，中国财政经济出版社，2011。

［16］Word Tourism Organization，Tourism 2020 Vision，2001.

［17］中国旅游研究院：《2012 中国出境旅游发展年度报告》，旅游教育出版社，2012。

［18］中国旅游研究院：《2013 中国出境旅游发展年度报告》，旅游教育出版社，2013。

GREEN BOOK OF
WORLD TOURISM CITIES

ANNUAL REPORT ON DEVELOPMENT OF WORLD TOURISM CITIES

(2013)

EDITOR–IN–CHIEF / LU YONG   ZHOU ZHENGYU   SONG YU

EXECUTIVE EDITOR / ZHANG HUI

EXECUTIVE VICE EDITOR / CHEN YINING   BAIKAI

社会科学文献出版社
SOCIAL SCIENCES ACADEMIC PRESS (CHINA)

Abstract

Tourism is one of the world's most powerful development momentum with the largest industrial scale. The World Travel and Tourism Council (WTTC) report shows that the contribution of tourism industry to the world's economy was nearly one-tenth in 2012. With the acceleration of urbanization process, cities perform features of the post-industrial era-service becoming the leading industry in the economic development, function of cities' gradually shifting from production to consumption. In a sense, citiesare increasingly becoming important spatial carrier in tourism development. The subject of this study is to choose a scientific and rational path of city tourism development and promote the common prosperity of the world's tourism industry through guiding a harmonious and sustainable development between tourism and cities. This report includes theoretic studies, specific index studies, regional studies, case studies and monographic studies. Part one is General Report, it mainly introduces framework design and evaluation system, and comprehensive evaluation and analysis of worldwide tourism cities. Part two is Reports on Specific Index, it analyzes five sub-indexes' ranking situation and explanatory indicators respectively. It is the highlight of this report, every tourism city can not only to understand the development of world's tourism cities, its own location and the gap with first-class tourism cities, but also helps city and tourism authorities to understand their tourism development, thereby taking effective measures to promote their construction and development. Part three is Regional Report, it divides 98 cities involved in this ranking into four major areas, evaluates

the features, advantages and disadvantages of tourism cities in every region, in order to facilitate communication and cooperation between cities and inter-regional.

As the evaluation covers nearly 100 cities in the world, another outstanding feature of this report is in Chinese and English bilingual mode, in order to better serve readers and member cities of the World Tourism Cities Federation.

CONTENTS

G I   General Report

G Ⅱ   Reports on Specific Index

GⅢ   Regional Reports

General Report

G.1
World Tourism City Development Index:
Theoretic Framework and Index System

1. Connotation of "World Tourism City"

The concept of "World Tourism City", which comes from "World City", is put forward by Beijing Tourism Administration (previously Beijing Municipal Tourism Bureau).

(1)Theory development and practice of "World City"

World City, also called Global City, refers to cities that could have a direct effect on global affairs through socioeconomic, cultural and political means. The phrase first came out as early as in the 1700s, when the poet Goethe acclaimed Rome and Paris as "world cities". In 1966, Peter Hall, a British geographer and planner, defined world cities as first-class international megacities that exercise global economic, political and cultural influences on the whole world or most countries of the world. In 1986, Friedman, from a new perspective of international division of labor, summed up the characteristics of world cities as: important financial articulations, headquarters of multinational companies (including regional headquarters); international organizations; fast growth of the service sector; key manufacturing centers; major transportation hubs and population size. In 1991, American sociologist Saskia Sassen, defined world cities asglobally developed centers of finance and highly specialized services. In the eyes of Westerners, London, New York City, Paris and Tokyo are the traditional four "world cities". Today, people usually agree that, world cities are the advanced form of international cities and symbolize the extent of a city's internationalization; they refer to cities that have global influence, that are clusters of high-end company headquarters and talents, and cities where international events and conferences are convened.

As a goal in China's urban construction, "world city" first appeared in *The Greater Beijing Urban Space Development Planning Report*, also called *Beijing-Tianjin-North Hebei Province (Greater Beijing Region) Urban-Rural Space Development Planning Report*, adopted on Oct 12th, 2001. Moderator of the report, professor Wu Liangyong, put forward in it that, Beijing should seize favorable opportunities in its future urban construction, namely looking at the urban-rural space development in Beijing-Tianjin-North Hebei region from the perspective of world cities and sustainable development, and in a holistic manner, so as to adjust Beijing's urban development strategically.

In late December, 2009, Mr. Liu Qi, Secretary of the Beijing Municipal Party Committee, brought forward that, Beijing should "aim at building a world city". Then *The Twelfth Five-Year Plan of Beijing Municipal Economic and Social Development* put forward that, we should adapt to and deepen the strategic requirements posed by opening up and building a world city with Chinese characteristics, create new competitive advantages, strengthen Beijing's function as an international exchange center, be vigorously committed to public diplomacy, bolster Beijing's international position and influence in service. Related authorities gave detailed explanation of "world city", and defined it in *Explanation of Terminologies in Government Work Report, Planning Report and Financial Report*: world city is the advanced form of international metropolitan, and has global influences in economic, political, cultural and other ways. Currently, world cities widely recognized are New York, London and Tokyo; to be specific, they are international financial centers, decision-making controlling centers, clusters of global events, information release centers, high-end talent clusters, and international tourist destinations.

(2)Appearance of world tourism cities and the necessity to do research on them

Since the late 20th century, global urbanization has been maintaining a fast pace. The average global urbanization rate has exceeded 50%, a level that Asian region is predicted to reach by 2020 and African region by 2035. By 2050, the world urban population will rise from the 3.6 billion in 2011 to 6.3 billion, when there will be a surge in both the number and types of cities; thus the 21st century is called "century of cities". With global economic integration furthered, cities take a direct part in the global division of labor and economic competition, and are critical to raising national competitiveness, thus the modernization and internationalization of cities become the focus of many countries, especially developing ones.

A result of the joint development of tourism industry and cities' internationalization, world tourism cities are in line with development laws of tourism industry and cities' internationalization as an important type of world cities. On the one hand, technological advance helps the world to bid farewell to the era when the economy depended on natural resources and manufacturing, and embrace the post-industrial economy which features information source and service. Correspondingly, the rise of cities from the new world is all based on highly developed tertiary industry. As an open service industry, tourism not only increases foreign exchange income, but brings in a large volume of technologies, information, and new ideas to step up applying international standards; what's more, since tourism is a driving force on related industries, it contributes to coordinated industrial development and becomes an engine in pushing ahead urban development. As a result, tourism has become not only a necessary function of many cities, but also an effective way to go to the world stage.

On the other hand, the laws of world tourismindustry development show that, with the international tourist market maturing, tourism demands more comprehensive and quality service, and directs more attention to the added value of tour products. As many scholars who study tourism have recognized, developing urban tourism is becoming the synonym of "holistic urban operation". Thus, the integrated improvement and development of tourism cities is necessary for the growth of world tourism industry. Thereby, studying international tourism cities for their development laws is indispensable for studying world cities and the development of tourism.

(3)How the concept "World Tourism City" comes along

Against the background of building world cities, Beijing Tourism Administration (BJTA) put forward the objective timely that Beijing should be built into a world tourism city. The BJTA holds that, highly developed tourism industry is an important indicator of world cities, as New York, London, Paris, and Tokyo are all world-renowned tourism cities. BJTA's future goal for the development of Beijing's tourism industry is to build it into a world tourism capital that matches its future status as a world city, that is, while heading towards a world city, Beijing's tourism industry would most likely be the first to break through, and be the impetus in Beijing's growth into a world tourism city.

Tourism has become one of the leading industries supported to help build Beijing into a world city. During the 12th Five Year Plan period, Beijing will step up efforts in realizing diversified resources, convenient service, fine management, and an international market of its tourism industry to have all-around opening-up and upgrading, and then, a world tourism city.

2. Establishment of World Tourism Cities Federation (WTCF)

On April 19th, 2012, with the Beijing's advocacy and the echo from nearly 50 famous tourism cities including Barcelona, Berlin, Dubai, Los Angeles, Moscow, Ottawa, and related agencies, World Tourism Cities Federation was founded in Beijing. WTCF is a UN-endorsed non-governmental, non-profit international organization on tourism, the first international tourism organization that is settled in Beijing, China, and also the first international tourism organization that focuses on cities. Its establishment changed the history that there wasn't any international cooperative organization of tourism cities.

WTCF upholds its mission "Better city life through tourism" in building platforms for the mutual benefit, win-win result, cooperation, and development of world tourism cities, and commits itself to exchanges and cooperation among member cities, such as experience-sharing on tourism development, discussion on urban tourism development, and stepping up joint market development, and aims to boost tourism development and promote the coordinated socioeconomic development of world tourism cities.

3. Birth of World Tourism City Development Index

At WTCF's initial preparation, an academic team headed by Zhang Hui, a professor from Beijing Jiaotong University and vice-chairman of the Expert Committee of WTCF, carried out an in-depth research on "evaluation of world tourism cities" at the request of WTCF. By building on opinions from experts home and abroad and some member cities and learning from influential international rankings, this team established a 3-tier evaluation system of "aggregative index-single index-characteristic indicator" covering tourists, tourism industry, and city management, to evaluate the performance of tourism development, socioeconomic development, and city development of tourism cities.

Tourism City Development Index (TCDI), an aggregative index on the tourism development level of cities, could be used to generally evaluate and compare the tourism development level and progress of cities across the globe. Similar to other indexes, TCDI combines economic indicators, social indicators and other related indicators to reveal the balance or imbalance between tourism development and the general socioeconomic development; evaluation results on different cities could reflect the depth and scope of tourism development in different tourism cities.

The five single indexes are the tourism prosperity index, tourism development potential index, tourism attraction index, support for tourism index, and Network popularity index. The tourism prosperity index and tourism development potential index focus on the current and future development of tourism industry and related industries, including industry development level and potential; while network popularity index and tourism attraction index look at the interaction between cities and tourists and factors that affect the behaviors of tourists, measure the extent of association between tourism city development and tourists; the support for tourism index directs more attention to how much city governments or related organizations support the tourism industry.

G.2
Theoretic Framework

1. Theoretical Model

The World Tourism City Development Index is a complicated system of many sub-systems; at the same time, it is a sub-system of City Development Index (or City Competitiveness Index or other indexes). Therefore, there are correlations between the index and its 5 sub-systems, and also among the sub-systems. While sub-systems rely on their indicators, thus there are correlations between sub-systems and their indicators.

The tourism attraction index and support for tourism index measure the conditions a city could offer to its tourism development. The tourism attraction index prescribes the objective infrastructure, including the environment, resource of attraction and transportation. The support for tourism index describes the subjective conditions of a city's support to its tourism development, including the support and opening level of government and industry associations. Those objective and subjective tourism development conditions have direct influence on the market size and potential market size of a city's tourism. Network popularity index could better reflect the market size of a tourism city. While tourism development conditions and market size directly affect the present and future of city tourism development. A chronological order could also be found since the tourism prosperity index describes the present of city tourism development, and the tourism development potential index reflects the future of city tourism development.

World tourism city index focuses on the present of tourism development, considers the relationship between tourism development, infrastructure and market

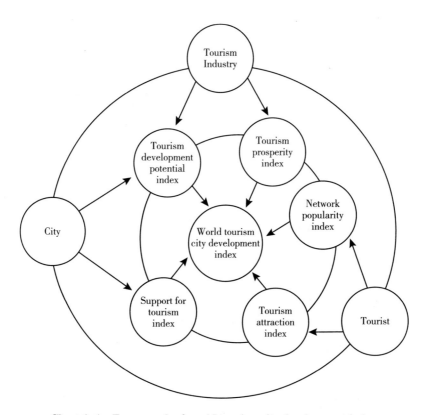

Chart 1–1   Framework of world tourism city development index

size, and studies the present and future of tourism development following a time order. Its analysis framework is shown in Figure 1-1.

2. System of Indicators

Although work has been done to effectively differentiate the concepts of each term, there are still many difficulties including index repetition, fixed or flexible indicators, data access through statistics or on-site research. The project team applied the following principles while implementing the evaluation indicator system.

Firstly, concerning the balance between absolute and relative indexes, sum and per capita indexes, stock and flow indexes;

Secondly, including only a limited number of variables to facilitate data collection and management;

Thirdly, including data from credible sources, avoiding sensitive and immeasurable indicators;

Lastly, in the case of repeated indexes, the one of the most convincing higher-level index ought to stay.

Based on the four principles above, the index system is established as shown in Table 1-1.

Table 1-1   Evaluation indicator system of world tourism cities

Index	Sub-index	Indicator
World tourism city development index	Tourism prosperity index	A1 Inbound tourist number
		A2 Inbound tourism revenue
		A3 Domestic tourist number
		A4 Domestic tourism revenue
		A5 Hotel room occupancy rate
		A6 Average hotel price fluctuation rate
		A7 Inbound tourist growth rate
		A8 Inbound tourism revenue growth rate
		A 9 Domestic tourist growth rate
		A10 Domestic tourism revenue growth rate
	Tourism development potential index	B1 Annual growth rate of inbound tourists
		B2 Ratio between the service industry output value and GDP
		B3 Per capita GDP
		B4 International air passenger population
		B5 Proportion of the service industry workers to workers in all industries
	Tourism attraction index	C1 Number of world heritage sites
		C2 Number of international conventions and exhibitions
		C3 Environment quality
		C4 Number of air traffic routes
	Support for tourism index	D1 City positioning
		D2 Tourism authority formation
		D3 Multi-lingual
		D4 Visa issuance facilitation
	Network popularity index	E1 Web search flow

(1) Tourism prosperity index

The tourism prosperity index reflects the current development situations and the trends of the tourism industry in cities, and can be accounted for the overall prosperity of tourism during certain period. This index encompasses two dimensions: the tourism development scale and growth rate, measured by industry indicators such as the international tourists arrivals, tourism revenue and its growth, domestic tourists volume, tourism revenue and its growth, and hotel room occupancy rate. The international tourism indicators are considered more important than the domestic ones, so as to underline the international feature of the tourism cities. Generally speaking, the greater the tourism reception scale, the faster the growth rate, the higher the hotel room occupancy rate, and the faster the hotel room rates increase—the higher the city tourism prosperity index.

(2)Tourism development potential index

The tourism development tourism development potential index reflects the city potential of sustainability of the tourism industry's development, the growth space and the development prospect of tourism. The measurement is determined by the annual growth rate of the inbound tourists, the ratio between the service sector output and GDP, the ratio between the service sector employment and total employment sectors. Normally, lower ration between the service sector output and GDP and between the service sector employment and total employment in all industries mean greater space for development. Newly emerging tourism cities usually have greater development potential than international metropolitans with a mature tourism industry.

(3)Tourism attraction index

The tourism attraction index reflects the attractiveness of a city to the tourists in terms of tourism resources, infrastructure and environment, which represents a city's tourism charm. The measurement is performed by three dimensions: resource, vitality, and supporting facility system, and indicators such as the number of the world heritage sites, the number of international conventions, the international air traffic routes and the environmental quality. The tourism attraction index is usually higher when a city has rich tourism resources, quality environment, and greater international accessibility.

(4)Support for tourism index

This index reflects how supportive and open the local government is for city tourism, indicating the degree of convenience and hospitality the tourists would face in the destination. The measurement is done according to the examination of the public tourism information service, the positioning of tourism in the local development strategies, and visa issuance facilitation. If a city positions tourism very high in its local development strategies, offers a good public information network, and its visa issuance is convenient, its support for tourism index tends to be high.

(5)Network popularity index

Network popularity index mainly reflects the popularity of city tourismdestinations; it illustrates how frequent tourists and potential tourists follow related tourisminformation on web media. Through Google gadgets, this index could determine the number of times that largest tourism cities are searched for tourism information. Generally, bigger web search flow for tourism information of a city means larger number of people are expecting, are to tour or are touring the city, and of course higher Network popularity.

(6)World tourism city development index

World tourism city development index is calculated by weighting tourism prosperity index, tourism development tourism development potential index, tourism attraction index, support for tourism index and Network popularity index. This research mainly adopts Delphi method to determine weights, that is, experts take a major role in making subjective decisions referring to their experience. Specifically, the project team solicits opinions of many experts from the industry and the academic circle; experts determine weights according to questionnaires, and determine the weight structure by weighted average.

G.3
Ranking and Analysis of World Tourism City Development Index

1. Selection of Cities

This study conforms to four principles when selecting cities: (1) full coverage of continents. (2) full range of economic development level, cities from developed, developing and emerging economies are all represented. (3) quantitative indicators as benchmarks:This study uses the top 100 international cities of in-bound tourist volume published by Euromonitor, a world-known consulting company. (4) member cities of WTCF are listed. Based on the principles above, the project team selects 98 cities, of which 47 are WTCF member cities (Gwangju and Victoria are not listed since most data are unavailable) and 51 non-member cities, covering Asia, Africa, Europe, North America, South America, and the Atlantic.

Among the 98 cities selected, 41 are from the Asia-Pacific region, accounting for 41.8%; 31 from Europe, accounting for 31.6%; 18 from the Americas, accounting for 18.4%; 8 from the Middle East and Africa, accounting for 8.2%.

2. Overview of Evaluation Results of 2013 World Tourism City Development Index

The ranking of world tourism city development index is a comprehensive evaluation based on 5 single indexes (tourism prosperity, tourism development

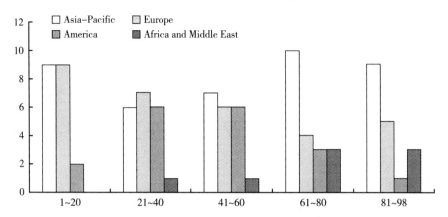

Chart 1–2   Distribution of cities in different regions and of different rankings on the

2013 world tourism city development index rank

potential, tourism attraction, industry support, and Network popularity index).

The top 20 cities on the ranking could also be called the first tier of world tourism cities, which own the most coordinated tourism industry and are equipped with the best factor distribution among tourism cities. Among them, Asia-Pacific and European cities take up 9 seats respectively, implying the importance of the two regions in world tourism development. Europeans cities occupy the majority of the top 10: cities with a long tourism history such as Paris, Rome, Madrid, Vienna, London, Barcelona all stand out. Even Amsterdam (capital of Holland), Stockholm (capital of Sweden), and Berlin (capital of Germany) find themselves among Top 20. That fully demonstrates the traditional advantage of Europe in tourism development. The garden city of Singapore and the dynamic metropolitan Hong Kong number among Top 10 counting on their status as world economic and trade centers. Shanghai, the economic center of Chinese mainland, and Beijing, national capital and cultural center both come out top. Moreover, the fact that Macao, Sydney, Bangkok, and Tokyo in Asia-Pacific region all rank among Top 20 fully proves their comprehensive strength in tourism development and the momentum of rapid growth of tourism industry in Asia-Pacific. New York from the Americas, as the largest economic center and leading financial and cultural center of the world, is also an important tourism center around the world for half a century, thus it makes into Top 20. Las Vegas, with its pillar industry, destination marketing, and remarkable tourism service, become a key world tourism destination.

Cities that rank from 21st to 40th are the second tier of world tourism cities. As world-famous tourism cities and destinations, they are advantageous in certain aspects and have the potential to race ahead into the first tier. In this group, there are 7 European cities, similar to 9 European seats in the first tier, and once again proves the comprehensive strength of European tourism industry. 6 American cities in the group demonstrate the advantage of regional cluster and the overall level of American cities' tourism development. Asia-Pacific takes up 6 seats too, of which Taipei, Guangzhou and Seoul rank high. It indicates that the tourism of Asia-Pacific region is to race upwards collectively. The world luxurious capital Dubai is also in this group, the first time a city from Middle East and Africa appears.

In the last 18 cities, 9 come from Asia-Pacific, of which 8 are from China since many Chinese cities are included; 5 from Europe, mostly eastern Europe, which tells the comparative weakness of eastern Europe to western Europe in tourism development. Only 1 city is from the Americas, and the other 3 from Middle East and Africa.

Generally speaking, of the top 50 cities, Europe takes up 21 seats thanks to its traditional tourism advantages; Asia-Pacific follows closely with 18 seats due to its strong growth in recent years; 10 seats of Americas show the temperate tourism development there (see Fig. 1-4); while only 1 city from Middle East and Africa makes it to the Top 50, accounting for 12.5% of participating cities in this region, to some extent shows that tourism is generally lagging behind in this region

3. Comparison and Analysis on Key Tourism Cities This Year

As shown in Fig. 1-5, Europe and Asia-Pacific make up the top 10 cities this year. This shows that, on the one hand, tourism cities have agglomeration effects in a region; on the other hand, regional economic development holds sway over tourism development.

By "agglomeration effects in a region", it means the common tourism prosperity of tourism cities in a region thanks to the agglomeration of resource advantage, transportation advantage, facility advantage, and service advantage. This agglomeration not only pulls in tourists from outside of the region, but also contributes to inner-region tourist flow. Europe is a typical example.

At the same time, the overall economic development level of a region affects its citizen travel frequency, influences its tourist reception capacity through input on tourism infrastructure, and in turn affects the development of tourism cities in this region. Though troubled by debt crisis, Europe is still a gathering place of developed countries, ahead of other regions in terms of overall economic development. While the Asia-Pacific region represented by China, has experienced rapid economic growth in recent years, thus spurred tourism consumption increase in the region. So it's fair that the top 10 world tourism cities are divided by Europe and Asia-Pacific.

(1)International metropolitan: Paris&London

London and Paris are two of the largest international metropolitans, and both rank among top 10 in this year's tourism development index, but London, as a European economic center, is no more advantageous than Paris in tourism development. Thus it can be seen that, city tourism development level is not only highly related to a city's economic strength, but also affected by many other factors.

With every index except its tourism development potential index ranking among top 10, Paris almost has no weak points in tourism development. Extremely strong tourism attraction, industry support and Network popularity make it No. 5 on the tourism prosperity index rank. Whereas London only sees its attraction index in the top 10 thanks to its advantage as a traditional tourism city. Its prosperity index and tourism development potential index rank among top 15, but its Network popularity is low, not to mention its industry support that couldn't bolster tourism development there. These are all constraints in city tourism development.

As the capital of UK, London falls far behind other European tourism cities regarding visa issuance convenience. At the same time, London lies in a corner of Europe, and could barely enjoy the agglomeration effect of convenient transportation and shared tourist source as other European tourism cities do. The tourism prosperity of London is mainly relying on business tourists as it's an economic center; once this advantage is weakened, tourism recession will be inevitable, and the driver effect of tourism to the economy could hardly be brought into play. Therefore, London should follow the example of Paris in giving more support to tourism.

From details, Paris and London both have a large in-bound tourist volume and in-bound tourism revenue, but rank low on hotel room occupancy rate, respectively 81st and 70th; their in-bound tourist growth rate rank 78th and 73rd. This means that the tourism development of the two famous tourism cities have entered a stable period with slow growth. To maintain their preeminence and ward against recession, they must further explore their potential, raise industry support and marketing capacity.

(2)Asian fashion cities: Singapore & Hong Kong

Both "Asian Tigers", Singapore and Hong Kong are remarkably similar and comparable in geographical location, city function, political system. They are both top 10 cities in this year's index rank as port cities and fashion cities.

Singapore, a shining pearl at the Strait of Malacca, is one of the key financial, service and transportation hubs, and also the world's 4th largest financial center. Since Singapore is the most globalized city, no wonder its tourism prosperity index comes out top. As a city state, Singapore attaches great importance to preserving urban environment, and has been touted "garden city", thus with quality environment, it still ranks top on the attraction index although there is no "world heritage site" as tourist attraction. At the same time, its government upholding "state capitalism", Singapore pays great attention to the promotion of its tourism industry: its industry support ranks 3rd and Network popularity 5th, all proof of Singapore's priority given to tourism development.

As a world financial center and duty-free shopping heaven, the Oriental Pearl Hong Kong tops the prosperity index. Chinese mainland, Hong Kong's hinterland, is the world's largest tourist market; as visa application procedures of Hong Kong tour for mainland citizens become more simplified, Hong Kong's tourism industry are booming. But the building of Shanghai Free Trade Zone and Disneyland will undermine Hong Kong's major advantage of shopping and theme park. Hong Kong's rank of industry support and tourism attraction is lower than 20, its Network popularity lower than 50. This means that, to sustain the current prosperity of tourism, Hong Kong needs to pay more efforts on government support, marketing, and service quality.

Another world financial center and Asian port city, Singapore City also enjoys great tourism prosperity, but it tries to achieve overall and coordinated tourism development, so it maintains a balanced performance on different rankings. Singapore's strong support to tourism and attention on marketing is worthy to be borrowed by Hong Kong.

(3)Cultural cities: Rome&Vienna

Rome and Vienna are both European capital cities and famous cultural cities. One is a world-famous historical and cultural city, the other is a music capital: they all appeal to tourists.

Except the Network popularity index, they have similar ranking and trend in terms of other single indexes. They have overwhelming advantages on prosperity and attraction index, and perform average on industry support and development potential. The Network popularity of Vienna is lacking especially behind.

Though both cultural cities, ordinary tourists would rather tour around ruins of ancient Rome that are thousands of years old, than go to a concert in Musikverein. Moreover, the agglomeration effect formed by Rome and other Italian cities like Venice and Milan helps bring in large numbers of tourists. This is what a single Vienna couldn't compete with. The interaction and contrast of history and fashion, culture and passion in Rome make Rome more popular online than Vienna.

However, Vienna devotes more to the cultivation and support of tourism, and comes among top 10 with remarkable industry support. In the future, Vienna will need to do more in resource integration with cities in the vicinity, transferring intangible culture into concrete form, and marketing.

(4)Spanish cities: Madrid&Barcelona

On this year's rank, Spain is the only European country with two cities in the top 10. This fully demonstrates the overall strength of tourism of Spain, a southern Europe country. Madrid and Barcelona, home courts of two famous football teams, both rank among top 10 with amazing tourism attraction.

Great tourism attraction is the common feature of them. Madrid, capital of Spain, is a famous historic city in Europe and has been called the "Gate of Europe". It's a tourism and cultural center in southern Europe, with abundant historical and cultural sites and well-equipped modern tourism facilities. Barcelona, the second largest city of Spain, not only owns more historical and cultural buildings, but is situated by the Mediterranean, called "Pearl of the Iberian Peninsula", and has attracted large influx of visitors.

However, cities with such considerable appeal don't have satisfactory performance in other indexes. To some extent, this is attributable to the sluggish economy in recent years and the worsening social security of Spain. But the major player is insufficient industry support and insufficient popularity brought about by low marketing capacity. The two factors jointly affected the prosperity level of the two cities. Thus, great progress of their tourism should be achieved by raising industry support and marketing capacity on the basis of their advantage of tourism attraction.

(5)Post-industrial cities of developing countries: Shanghai&Beijing

With the rise of BRICS, developing countries are playing more and more important role in the development of the world. China's GDP has overtaken Japan, second only to the United States. Despite a low per capita GDP, China's large economic size still offers enough market for its tourism development. Shanghai and Beijing from Chinese mainland, outstanding representatives of developing country cities, are included in the top 10.

Though Chinese mainland is still a developing country, its political and cultural center Beijing and economic center Shanghai have become post-industrial cities. While enjoying huge tourist influx of China's domestic market, both cities have opened up 72-hour visa-free transit policies, a convenience to international tourists.

The two cities didn't follow the same path in their tourism development. Beijing has a balanced situation, while Shanghai has outstanding advantages and disadvantages. Beijing has abundant world heritage sites and its government is prioritizing tourism unprecedentedly, but its marketing capacity and overall prosperity are still to be improved. Lack of key appeal is a critical hindrance to Shanghai's tourism development. As a city with only hundreds years of history, Shanghai couldn't increase the number of world heritage sites, but could rapid increase its tourism appeal by launching international games, conferences and exhibitions. Besides, more support to tourism will also help to restructure Shanghai's economy, and in turn contributes to its tourism development.

In the future, tourism of both cities will have fairly large space for development, and could pay more efforts in improving tourism service system, and service quality, etc.. However, environmental pollution will be a long-time constraint for their tourism development, thus has to be given enough attention.

4. Analysis of Tourism Cities with Special Features

(1)Prosperous Casino City: Macao & Las Vegas

Macao and Las Vegas are world-famous casino cities, ranking 2nd and 7th on the prosperity index, and top 20 on the overall index. The rankings fully demonstrate the huge contribution of the gaming industry to tourism. Gaming culture, gaming experience, and the building complexes of gaming venues are all tourism attractions and promote the prosperity of tourism. Their striking performance also shows that, tourism industry could be a comprehensive industry relying on other industries.

Any industry or culture could be very good tourism resource.

(2)Late-development advantage: Mumbai & Ho Chi Minh City

Mumbai of India and Ho Chi Minh City, capital of Vietnam, rank 1st and 4th on the tourism development potential index, and strike middle in the overall ranking. Despite a bad performance in the overall ranking, they are still above average developing country cities. This shows that, the tourism industry of developing countries has late-development advantages; as long as the potential is fully tapped, attention and support given, service system and facilities improved, cities of developing countries, with their special culture and natural landscape, could realize swift tourism growth and leapfrog development of the overall economy.

(3)Good wine also needs bush: Berlin&Brussels

German capital Berlin and Belgian capital Brussels are famous European tourism cities. Both rank among top 10 on the support index, respectively the 7th and 9th. But their strong attraction doesn't bring overall advantages in developing tourism. On the overall index ranking, Berlin falls behind European capital cities such as Paris, London, Vienna, Rome and Madrid. Brussels finds itself in the middle of the rank, left far behind by other included European cities. Different performance on the overall index ranking compared to that of the attraction index proves that good wine also needs bush. Tourist attraction is the basis of tourism development, but that alone is far from enough for a city's tourism development. Insufficient industry support and marketing capacity are the major causes of sluggish tourism development for these cities.

(4)Eyes on tourism development: Toronto&Milan

Different from Berlin and Brussels, Toronto of Canada and Milan of Italy have been highly supportive of tourism development, respectively ranking 1st and 4th on the support index. They don't rank high on the tourism attraction index, but ranks 20th to 25th on the general index rank. It reveals that, the development of tourism, a combined industry with great correlation to other industries, depends highly on the support a city renders.

(5)Australia under spotlights: Sydney & Melbourne

In this year's rank, no Australian city makes it into the top 10, but Sydney and Melbourne are both top 20 cities. Their network popularity also rank among top 5, respectively the 2nd and 4th, which means that cities in the south hemisphere with abundant animal resource, romantic beaches and clear sky are still the focus of tourists.

Reports on Specific Index

G.4
Report on Tourism Prosperity Index

1. Rankings and Interpretation: Asia, Europe, and The Americas are The Top Three, and Asia Accounts for Half of The Share

Tourism prosperity index means that the trend of tourism market and tourism industry development is reflected through multiple indicators. It indicates the economic fluctuation of this city.

Based on the theoretical model, feasibility taken into account, and market scale, market growth, and corporate performance are finalized as measurements. Market scale includes four indicators: the number of inbound tourists, inbound tourism revenue, the number of domestic tourists, and domestic tourism revenue; market growth includes the growth rate of inbound tourists, the growth rate of tourism revenue, the growth rate of inbound tourism revenue, the growth rate of domestic tourists, and the growth rate of domestic tourism revenue; corporate performance includes hotel room occupancy rate and the fluctuation rate of average hotel price.Below is the rankings of tourism prosperity index for 98 tourism cities in the world.

Table 2–1   Rankings of tourism prosperity index for world tourism cities

Country	City	Rank	Standard marks	A1 Inbound tourists		A2 Inbound tourism revenue		A3 Domestic tourists		A4 Domestic tourism revenue		A5 Occupancy rate	
				Rank	Score	Rank	Score	Rank	Score	Rank	Score	Rank	Score
China	Hong Kong	1	100.00	1	1.000	2	0.912	—	—	—	—	1	1.000
China	Macaw	2	83.92	8	0.547	3	0.813	—	—	—	—	9	0.885
Singapore	Singapore City	3	72.18	7	0.578	10	0.446	—	—	—	—	3	0.968
China	Shanghai	4	72.04	13	0.422	27	0.188	2	0.802	1	1.000	38	0.661
France	Paris	5	70.85	3	0.677	5	0.710	31	0.070	28	0.048	81	0.419
Italy	Rome	6	70.16	21	0.287	1	1.000	66	0.009	20	0.063	86	0.374
The US	Las Vegas	7	62.94	17	0.331	11	0.391	35	0.056	31	0.039	4	0.959
Austria	Vienna	8	62.94	10	0.469	7	0.500	86	0.001	36	0.033	21	0.737
Korea	Seoul	9	62.37	12	0.436	20	0.235	1	1.000	26	0.049	6	0.927
The US	New York	10	60.66	9	0.481	17	0.259	17	0.146	18	0.081	2	0.976
UK	London	11	59.70	2	0.731	12	0.388	38	0.043	54	0.013	70	0.505
Spain	Madrid	12	57.63	29	0.223	6	0.690	47	0.023	50	0.015	84	0.411
Thailand	Bangkok	13	57.62	6	0.606	13	0.346	19	0.142	32	0.037	75	0.475
Italy	Milan	14	56.22	38	0.164	4	0.786	61	0.012	30	0.043	95	0.231
China	Taipei	15	53.90	28	0.225	22	0.224	75	0.004	37	0.030	13	0.825
Japan	Tokyo	16	53.90	35	0.187	14	0.281	79	0.003	10	0.144	14	0.815
China	Beijing	17	53.37	26	0.241	34	0.148	3	0.669	2	0.962	69	0.513
China	Guangzhou	18	53.07	14	0.404	36	0.138	16	0.148	3	0.371	47	0.628
Germany	Frankfurt	19	52.67	36	0.181	9	0.448	59	0.012	52	0.013	37	0.666
Holland	Amsterdam	20	50.72	31	0.206	8	0.486	94	0.000	21	0.061	77	0.454
Germany	Munich	21	50.61	5	0.633	21	0.227	51	0.017	24	0.055	71	0.490
India	Bombay	22	50.19	33	0.196	51	0.064	37	0.046	81	0.003	24	0.713

Continued table

Country	City	Rank	Standard marks	A1 Inbound tourists		A2 Inbound tourism revenue		A3 Domestic tourists		A4 Domestic tourism revenue		A5 Occupancy rate	
				Rank	Score	Rank	Score	Rank	Score	Rank	Score	Rank	Score
Sweden	Stockholm	23	48.34	18	0.324	15	0.279	63	0.011	57	0.013	25	0.713
UAE	Dubai	24	48.05	20	0.293	28	0.188	82	0.002	83	0.002	15	0.793
Indonesia	Bali	25	47.34	16	0.346	25	0.203	53	0.017	80	0.003	62	0.573
China	Zhangjiajie	26	46.33	62	0.071	87	0.008	25	0.084	71	0.006	52	0.596
Spain	Barcelona	27	46.11	19	0.306	30	0.182	60	0.012	44	0.019	65	0.527
US	Miami	28	45.53	40	0.160	16	0.267	46	0.024	40	0.024	22	0.732
Australia	Sydney	29	45.41	45	0.129	31	0.166	23	0.092	38	0.026	5	0.944
China	Wuhan	30	44.90	79	0.043	81	0.014	7	0.331	6	0.286	53	0.596
KSA	Mega	31	44.67	4	0.647	26	0.201	24	0.089	33	0.035	74	0.484
US	SFO	32	44.63	27	0.234	39	0.117	39	0.042	22	0.059	10	0.881
Germany	Berlin	33	44.56	15	0.349	37	0.126	55	0.016	27	0.048	26	0.713
Switzerland	Geneva	34	43.38	23	0.277	23	0.213	88	0.001	35	0.034	44	0.632
China	Chongqing	35	43.20	66	0.065	77	0.021	4	0.598	5	0.344	67	0.519
Czech	Prague	36	42.28	22	0.283	24	0.208	92	0.000	66	0.007	27	0.697
China	Hangzhou	37	41.81	44	0.134	60	0.050	10	0.236	25	0.053	32	0.681
Russia	Moscow	38	41.53	32	0.201	50	0.068	54	0.016	43	0.020	31	0.683
US	LA	39	41.37	48	0.126	32	0.161	28	0.076	29	0.048	29	0.693
China	Xi'an	40	40.58	81	0.039	80	0.016	12	0.194	11	0.144	46	0.629
Australia	Melbourne	41	40.16	61	0.074	41	0.109	27	0.077	39	0.025	8	0.889
UAE	AUH	42	40.14	73	0.049	33	0.152	80	0.003	74	0.005	41	0.645
Malaysia	KUL	43	39.97	11	0.441	35	0.143	56	0.014	82	0.002	23	0.729
China	Nanjing	44	39.78	67	0.062	72	0.029	9	0.238	4	0.351	34	0.678
Argentina	Buenos Aires	45	39.59	46	0.129	61	0.048	41	0.031	47	0.016	42	0.645
Canada	Toronto	46	38.87	30	0.210	55	0.057	26	0.081	62	0.011	30	0.686
China	Xiamen	47	38.39	71	0.053	70	0.032	22	0.107	13	0.123	36	0.671
Australia	BNE	48	38.05	78	0.044	66	0.041	33	0.060	56	0.013	7	0.900

Continued table

Country	City	Rank	Standard marks	A1 Inbound tourists		A2 Inbound tourism revenue		A3 Domestic tourists		A4 Domestic tourism revenue		A5 Occupancy rate	
				Rank	Score	Rank	Score	Rank	Score	Rank	Score	Rank	Score
China	Chengdu	49	37.99	83	0.037	86	0.008	8	0.252	7	0.232	49	0.620
Korea	Bushan	50	37.85	54	0.108	43	0.100	6	0.333	46	0.016	50	0.602
Brazil	Rio	51	37.18	76	0.046	62	0.047	48	0.022	72	0.006	17	0.790
US	Chicago	52	36.78	69	0.057	44	0.098	18	0.142	34	0.035	35	0.675
US	Honolulu	53	36.72	63	0.069	58	0.053	64	0.010	60	0.012	11	0.860
Turkey	Istanbul	54	36.67	37	0.165	29	0.183	73	0.005	79	0.003	87	0.331
Italy	Venice	55	36.40	39	0.163	19	0.250	81	0.003	59	0.012	90	0.315
Egypt	Cairo	56	36.29	25	0.246	48	0.069	78	0.003	90	0.000	40	0.650
Canada	Vancouver	57	36.26	41	0.157	57	0.054	50	0.019	69	0.007	28	0.697
Israel	Tel Aviv	58	36.20	85	0.033	68	0.036	89	0.001	85	0.002	18	0.782
Brazil	St. Paul	59	36.13	60	0.081	59	0.052	40	0.037	63	0.010	33	0.679
India	New Delhi	60	35.95	57	0.091	63	0.043	36	0.051	78	0.004	63	0.554
New Zealand	Auckland	61	35.09	74	0.048	47	0.069	72	0.005	42	0.020	20	0.769
US	W.D.C.	62	35.04	64	0.066	64	0.042	34	0.058	48	0.016	16	0.793
Poland	Warsaw	63	35.00	34	0.191	40	0.115	84	0.002	64	0.010	64	0.554
Vietnam	HoChiMinh-City	64	34.88	50	0.121	98	0.000	32	0.062	98	0.000	85	0.381
China	Luoyang	65	34.87	90	0.019	93	0.004	11	0.225	14	0.120	54	0.596
Indonesia	Jakarta	66	34.71	58	0.091	56	0.056	83	0.002	93	0.000	79	0.439
UK	Edinburg	67	34.70	68	0.062	74	0.023	67	0.007	49	0.016	12	0.841
China	Altay	68	34.67	96	0.001	94	0.003	62	0.011	65	0.009	82	0.414
US	Orlando	69	34.57	82	0.038	49	0.068	13	0.179	16	0.094	45	0.632
China	Qingdao	70	34.29	72	0.051	78	0.018	14	0.164	8	0.214	55	0.596
China	Taiyuan	71	34.20	92	0.011	91	0.005	29	0.075	17	0.087	43	0.639
Palestine	Jerusalem	72	33.80	75	0.046	90	0.005	87	0.001	91	0.000	39	0.658
China	Kunming	73	33.38	80	0.040	88	0.007	21	0.130	15	0.106	56	0.596

Continued table

Country	City	Rank	Standard marks	A1 Inbound tourists		A2 Inbound tourism revenue		A3 Domestic tourists		A4 Domestic tourism revenue		A5 Occupancy rate	
				Rank	Score	Rank	Score	Rank	Score	Rank	Score	Rank	Score
Portugal	Budapest	74	33.29	55	0.105	42	0.104	85	0.001	84	0.002	58	0.586
China	Tianjin	75	32.89	88	0.026	65	0.042	5	0.344	19	0.067	80	0.422
Greece	Athens	76	32.70	56	0.095	18	0.258	74	0.005	75	0.004	92	0.248
China	Dalian	77	32.65	70	0.055	73	0.024	20	0.141	9	0.196	68	0.516
South Africa	Johannes-burg	78	32.33	49	0.125	54	0.058	49	0.020	70	0.007	73	0.487
China	Harbin	79	30.79	93	0.010	92	0.004	15	0.154	12	0.126	48	0.622
US	Seattle	80	30.64	65	0.066	69	0.032	43	0.030	41	0.022	19	0.772
Russia	Saint Petersburg	81	30.37	52	0.111	67	0.038	65	0.009	61	0.012	72	0.490
Mexico	Cancun	82	30.16	53	0.111	52	0.061	68	0.007	77	0.004	66	0.525
Italy	Florence	83	29.87	47	0.127	46	0.093	71	0.005	53	0.013	88	0.331
Australia	Canberra	84	29.81	95	0.004	85	0.009	57	0.014	76	0.004	61	0.575
Belgium	Brussels	85	29.69	43	0.138	38	0.122	77	0.004	55	0.013	94	0.234
Latvia	Riga	86	28.61	87	0.030	76	0.021	91	0.000	88	0.001	59	0.586
Portugal	Lisbon	87	28.31	51	0.116	79	0.017	70	0.006	86	0.001	89	0.320
Mexico	Mexican City	88	27.82	59	0.086	53	0.058	44	0.029	68	0.007	78	0.448
Norway	Oslo	89	27.49	24	0.249	45	0.093	52	0.017	45	0.018	91	0.295
US	Ottawa	90	26.08	86	0.032	83	0.009	45	0.026	73	0.005	60	0.580
South Africa	Capetown	91	25.47	77	0.045	71	0.029	69	0.007	51	0.015	57	0.596
Japan	Sapporo	92	24.82	97	0.001	96	0.000	58	0.013	87	0.001	51	0.602
Belarus	Minsk	93	23.43	98	0.000	97	0.000	93	0.000	94	0.000	76	0.459
China	Jiaozuo	94	23.31	94	0.007	95	0.002	30	0.072	23	0.056	96	0.220
Ireland	Dublin	95	22.81	42	0.157	89	0.007	76	0.004	92	0.000	93	0.244
China	Mudanjiang	96	21.25	84	0.034	84	0.009	42	0.030	58	0.013	83	0.414

Continued table

Country	City	Rank	Standard marks	A1 Inbound tourists		A2 Inbound tourism revenue		A3 Domestic tourists		A4 Domestic tourism revenue		A5 Occupancy rate	
				Rank	Score	Rank	Score	Rank	Score	Rank	Score	Rank	Score
Bulgaria	Sophia	97	15.44	91	0.017	75	0.022	90	0.001	89	0.000	98	0.000
Holland	Rotterdam	98	11.34	89	0.021	82	0.011	95	0.000	67	0.007	97	0.025

Country	City	Rank	Standard score	A1		A2		A3		A4		A5	
				Rank	Score	Rank	Score	Rank	Score	Rank	Score	Rank	Score
China	HK	1	100.00	43	0.523	27	0.545	10	0.504	—	—	—	—
China	Macaw	2	83.92	42	0.523	62	0.482	2	0.687	—	—	—	—
Singapore	Singapore city	3	72.18	9	0.732	21	0.553	3	0.651	—	—	—	—
China	Shanghai	4	72.04	40	0.526	5	0.629	11	0.499	1	1.000	7	0.532
France	Paris	5	70.85	3	0.896	78	0.462	40	0.323	47	0.438	47	0.398
Italy	Rome	6	70.16	76	0.472	81	0.452	59	0.264	83	0.373	66	0.357
US	Las Vegas	7	62.94	80	0.453	7	0.607	46	0.298	9	0.637	91	0.270
Austria	Vienna	8	62.94	89	0.292	52	0.495	74	0.232	45	0.449	43	0.405
Korea	Seoul	9	62.37	15	0.652	82	0.450	79	0.223	49	0.432	67	0.351
US	New York	10	60.66	14	0.661	44	0.503	47	0.297	54	0.421	44	0.402
UK	London	11	59.70	30	0.556	73	0.473	72	0.237	55	0.420	40	0.415
Spain	Madrid	12	57.63	95	0.140	23	0.548	89	0.175	48	0.435	48	0.389
Thailand	Bangkok	13	57.62	78	0.464	36	0.515	31	0.378	42	0.453	45	0.400
Italy	Milan	14	56.22	23	0.601	43	0.504	50	0.286	87	0.339	59	0.373
China	Taipei	15	53.90	19	0.613	12	0.595	14	0.465	11	0.616	10	0.511
Japan	Tokyo	16	53.90	69	0.491	13	0.586	19	0.396	21	0.507	20	0.472
China	Beijing	17	53.37	60	0.521	25	0.546	37	0.334	39	0.459	41	0.411

The "A1" etc. headers in the second table header span "Rankings of indicators" with sub-labels: A1 Inbound tourists, A2 Inbound tourism revenue, A3 Domestic tourists, A4 Domestic tourism revenue, A5 Occupancy rate.

Continued table

Country	City	Rank	Standard score	Rankings of indicators									
				Rank	Score	Rank	Score	Rank	Score	Rank	Score	Rank	Score
China	Guangzhou	18	53.07	55	0.523	28	0.543	15	0.460	15	0.548	14	0.491
Germany	Frankfurt	19	52.67	72	0.472	33	0.524	41	0.322	60	0.408	86	0.317
Holland	Amsterdam	20	50.72	85	0.385	35	0.518	44	0.310	66	0.400	63	0.358
Germany	Munich	21	50.61	93	0.219	53	0.495	45	0.305	77	0.380	85	0.317
India	Bombay	22	50.19	86	0.346	1	1.000	29	0.379	3	0.869	29	0.433
Sweden	Stockholm	23	48.34	83	0.418	60	0.482	82	0.206	69	0.398	88	0.310
UAE	Dubai	24	48.05	2	0.988	57	0.485	73	0.235	19	0.512	17	0.475
Indonesia	Bali	25	47.34	1	1.000	41	0.505	25	0.380	32	0.478	11	0.508
China	Zhangjiajie	26	46.33	45	0.523	2	0.875	1	1.000	12	0.583	15	0.489
Spain	Barcelona	27	46.11	73	0.472	4	0.644	5	0.545	76	0.381	75	0.333
US	Miami	28	45.53	37	0.531	71	0.474	67	0.244	58	0.413	54	0.384
Australia	Sydney	29	45.41	34	0.536	66	0.479	70	0.238	51	0.432	80	0.327
China	Wuhan	30	44.90	46	0.523	3	0.645	4	0.602	5	0.707	2	0.639
Saudi Arabia	Mega	31	44.67	22	0.602	87	0.441	97	0.077	96	0.128	90	0.287
US	San Francisco	32	44.63	31	0.550	77	0.467	64	0.254	67	0.399	58	0.373
Germany	Berlin	33	44.56	91	0.248	51	0.499	43	0.312	74	0.389	82	0.323
Switzerland	Geneva	34	43.38	77	0.468	70	0.474	81	0.215	56	0.417	71	0.345
China	Chongqing	35	43.20	47	0.523	8	0.606	13	0.468	8	0.638	8	0.523
Czech	Prague	36	42.28	65	0.512	83	0.449	83	0.202	93	0.226	83	0.321
China	Hangzhou	37	41.81	61	0.521	22	0.550	20	0.396	13	0.575	16	0.479
Russia	Moscow	38	41.53	88	0.328	16	0.573	18	0.403	16	0.543	50	0.388
US	LA	39	41.37	97	0.081	29	0.542	65	0.249	44	0.451	60	0.369
China	Xi'an	40	40.58	59	0.521	15	0.577	6	0.521	7	0.668	4	0.560
Australia	Melbourne	41	40.16	67	0.505	65	0.479	69	0.238	73	0.391	81	0.326
UAE	AUH	42	40.14	27	0.574	24	0.547	42	0.314	22	0.507	3	0.579
Malaysia	KUL	43	39.97	7	0.768	88	0.440	78	0.225	98	0.000	98	0.000
China	Nanjing	44	39.78	53	0.523	31	0.529	35	0.348	23	0.503	32	0.430

Continued table

Country	City	Rank	Standard score	Rankings of indicators									
				Rank	Score	Rank	Score	Rank	Score	Rank	Score	Rank	Score
Argentina	Buenos Aires	45	39.59	17	0.629	10	0.599	28	0.380	10	0.624	23	0.460
Canada	Toronto	46	38.87	39	0.528	63	0.481	75	0.232	30	0.486	21	0.463
China	Xiamen	47	38.39	54	0.523	26	0.545	16	0.458	17	0.542	33	0.428
Australia	BNE	48	38.05	36	0.531	67	0.479	71	0.238	37	0.460	34	0.426
China	Chengdu	49	37.99	57	0.522	17	0.567	22	0.391	14	0.563	24	0.460
Korea	Bushan	50	37.85	24	0.601	49	0.500	53	0.278	50	0.432	68	0.351
Brazil	Rio	51	37.18	13	0.662	54	0.492	26	0.380	79	0.378	18	0.474
US	Chicago	52	36.78	26	0.576	58	0.484	61	0.263	46	0.449	49	0.389
US	Honolulu	53	36.72	64	0.517	37	0.515	96	0.090	34	0.469	39	0.417
Turkey	Istanbul	54	36.67	21	0.603	20	0.553	7	0.520	91	0.265	42	0.406
Italy	Venice	55	36.40	11	0.709	45	0.503	52	0.283	62	0.404	69	0.351
Egypt	Cairo	56	36.29	90	0.259	75	0.469	90	0.170	65	0.400	70	0.350
Canada	Vancouver	57	36.26	12	0.673	72	0.473	54	0.275	64	0.402	52	0.387
Israel	Tel Aviv	58	36.20	8	0.751	19	0.562	33	0.371	75	0.385	53	0.385
Brazil	St. Paul	59	36.13	5	0.801	59	0.483	27	0.380	68	0.399	19	0.474
India	New Delhi	60	35.95	71	0.478	90	0.435	30	0.379	4	0.828	30	0.433
New Zealand	Auckland	61	35.09	84	0.402	69	0.475	56	0.269	72	0.394	84	0.319
US	W. D. C.	62	35.04	33	0.542	95	0.406	60	0.264	57	0.417	57	0.380
Poland	Warsaw	63	35.00	16	0.650	74	0.471	94	0.139	36	0.463	72	0.344
Vietnam	Ho Chi Minh City	64	34.88	6	0.783	6	0.626	8	0.511	6	0.669	6	0.538
China	Luoyang	65	34.87	48	0.523	18	0.565	24	0.381	27	0.497	31	0.431
Indonesia	Jakarta	66	34.71	66	0.508	9	0.604	9	0.506	20	0.512	28	0.433
UK	Edinburg	67	34.70	62	0.519	85	0.446	62	0.263	85	0.367	62	0.359
China	Altay	68	34.67	35	0.534	38	0.508	38	0.326	2	0.930	1	1.000
US	Orlando	69	34.57	38	0.531	64	0.480	63	0.255	38	0.460	73	0.343
China	Qingdao	70	34.29	49	0.523	56	0.492	55	0.270	31	0.480	26	0.454
China	Taiyuan	71	34.20	56	0.522	14	0.580	21	0.396	43	0.452	27	0.442

Continued table

Country	City	Rank	Standard score	Rankings of indicators									
				Rank	Score	Rank	Score	Rank	Score	Rank	Score	Rank	Score
Palestine	Jerusalem	72	33.80	87	0.330	11	0.598	17	0.437	78	0.380	55	0.381
China	Kunming	73	33.38	50	0.523	42	0.505	48	0.294	28	0.494	13	0.500
Portugal	Budapest	74	33.29	94	0.181	48	0.501	87	0.181	59	0.410	87	0.313
China	Tianjin	75	32.89	51	0.523	40	0.506	32	0.374	25	0.501	22	0.462
Greece	Athens	76	32.70	18	0.625	84	0.448	23	0.387	88	0.317	92	0.263
China	Dalian	77	32.65	58	0.521	39	0.507	51	0.285	35	0.464	38	0.424
South Africa	Johannesburg	78	32.33	98	0.000	34	0.523	49	0.290	29	0.494	79	0.327
China	Harbin	79	30.79	44	0.523	46	0.502	85	0.184	40	0.458	61	0.365
US	Seattle	80	30.64	29	0.557	61	0.482	98	0.000	53	0.425	95	0.196
Russia	St. Paul	81	30.37	92	0.233	50	0.499	57	0.267	70	0.396	51	0.388
Mexico	Cancun	82	30.16	20	0.607	89	0.439	92	0.160	41	0.453	65	0.357
Italy	Florence	83	29.87	4	0.859	80	0.454	77	0.230	52	0.428	9	0.516
Australia	Canberra	84	29.81	28	0.564	68	0.479	68	0.238	24	0.502	5	0.539
Belgium	Brussels	85	29.69	41	0.525	76	0.468	80	0.218	18	0.540	25	0.454
Latvia	Riga	86	28.61	82	0.423	32	0.526	86	0.183	71	0.396	74	0.342
Portugal	Lisbon	87	28.31	70	0.485	55	0.492	12	0.470	63	0.403	46	0.400
Mexico	Mexican city	88	27.82	96	0.109	92	0.429	76	0.232	86	0.342	64	0.357
Norway	Oslo	89	27.49	81	0.437	93	0.428	93	0.145	90	0.270	94	0.249
US	Ottawa	90	26.08	32	0.547	94	0.418	91	0.167	84	0.369	89	0.292
South Africa	Capetown	91	25.47	10	0.713	86	0.443	84	0.201	94	0.160	96	0.166
Japan	Sapporo	92	24.82	25	0.601	96	0.402	95	0.093	33	0.470	93	0.261
Belarus	Minsk	93	23.43	74	0.472	91	0.434	34	0.362	95	0.140	56	0.380
China	Jiaozuo	94	23.31	63	0.518	30	0.535	36	0.342	61	0.407	37	0.425
Ireland	Dublin	95	22.81	79	0.454	97	0.368	58	0.266	92	0.230	12	0.505
China	Mudanjiang	96	21.25	52	0.523	98	0.000	39	0.324	26	0.500	36	0.425
Bulgaria	Sophia	97	15.44	68	0.501	47	0.501	88	0.177	89	0.286	35	0.425
Holland	Rotterdam	98	11.34	75	0.472	79	0.457	66	0.248	97	0.063	97	0.079

Note 1: No data of domestic tourism is available for Hong Kong, Macaw, and Singapore. Therefore, "0" is used in the calculations.

Note 2: Some cities show "0" because of decimal places.

Table 2–2　Top ten in individual indicators

Rank	A1 Inbound tourists	A2 Inbound tourism revenue	A3 Domestic tourists	A4 Domestic tourism revenue	A5 Hotel room occupancy rate	A6 Fluctuation rate of average hotel price	A7 Inbound tourist growth rate	A8 Inbound tourism revenue growth rate	A9 Domestic tourist growth rate	A10 Domestic tourist growth rate
1	HK	Rome	Seoul	SH	HK	Bali	Bombay	Zhangjiajie	SH	Altay
2	London	HK	Shanghai	Beijing	NY	Dubai	Zhangjiajie	Macaw	Altay	Wuhan
3	Paris	Macaw	BJ	GZ	Singapore city	Paris	Wuhan	Singapore city	Bombay	AUH
4	Mega	Milan	Chongqing	Nanjing	Las Vegas	Florence	Barcelona	Wuhan	New Delhi	Xi'an
5	Munich	Paris	Tianjin	Chongqing	Sydney	St. Paul	SH	Barcelona	Wuhan	Canberra
6	Bangkok	Madrid	Bushan	Wuhan	Seoul	Ho Chi Minh City	Ho Chi Minh City	Xi'an	HoChi-Minh-City	Ho Chi Minh City
7	Singapore city	Vienna	Wuhan	Chengdu	BNE	KUL	L. V.	Istanbul	Xi'an	SH
8	Macaw	Amsterdam	Chengdu	Qingdao	Melbourne	Tel Aviv	Chongqing	HoChi-Minh-City	Chongqing	Chongqing
9	NY	Frankfurt	Nanjing	Dalian	Macaw	Singapore city	Jakarta	Jakarta	L. V.	Florence
10	Vienna	Singapore	Hangzhou	Tokyo	San F	Capetown	Buenos-Aires	HK	Buenos-Aires	Taipei

The top ten are Hong Kong, Macaw, Singapore, Shanghai, Paris, Rome, Las Vegas, Vienna, Seoul, New York, among which 5 are in Asia, 3 in Europe, and 2 in the Americas.

11-20 are London, Madrid, Bangkok, Milan, Taipei, Tokyo, Beijing, Guangzhou, Frankfort, Amsterdam, among which 5 are in Asia-Pacific, and 5 are in Europe.

21-30 are Munich, Bombay, Stockholm, Dubai, Bali, Zhangjiajie, Barcelona, Miami, Sydney, Wuhan, among which 5 are in Asia-Pacific, 3 in Europe, 1 in the Americas, 1 in the Middle East, and 1 in Africa.

31-40 are Mega, San Francisco, Berlin, Geneva, Chongqing, Prague, Hangzhou, Moscow, L. A., Xi' an, among which 3 are in Asia-Pacific, 4 in Europe, 2 in the Americas, 1 in the Middle East, and 1 in Africa.

41-50 are Melbourne, AbuDhabi, KualaLumpur, Nanjing, Buenos Aires, Toronto, Xiamen, BNE, Chengdu, Bushan, among which 7 in Asia, 2 in the Americas, 1 in the Middle East, and 1 in Africa.

According to the data, among the top cities, Asia, Europe and the Americas are the top three. Among the top 20, Asia-Pacific accounts for half of the share, Europe has 8, and only 2 are in the Americas. This layout reflects that Asian cities have enjoyed fair prosperity in tourism the whole year and Asia has been the most vibrant region in tourism over the year. Although Europe sees fewer cities among the top 20 than Asia, it takes up the largest percentage among the top 20 due to the small sample, indicating the strength of Europe in tourism. Cities in the Americas have a relatively poor performance because on the one hand, the sample is small ,and on the other, cities in the Americas have smaller tourism markets with insufficient growth rate. The Middle East and Africa see few cities among the top, reflecting poor development of tourism in these two regions.

2. Factors Determining Tourism Prosperity Index of Cities

The tourism development in major regions forms the foundation of success in individual tourism cities. Competition among international tourism cities is by no means among individual cities, but between regions. Major tourism regions have taken shape differentiated by culture, economy, and geography. Sound momentum of growth in major regions will lead to good performance of individual cities; and the tourism development in individual cities finds it difficult to exceed the overall development in the whole region. On the rankings, a fairly good performance of cities in Asia-Pacific is attributable to the sound development of the whole region; while the poor performance of cities in Africa and the Middle East is rooted in poor development of the whole region. The region and individual cities cannot support each other.

Tourism prosperity index has a positive correlation with economic development. Top cities mostly come from developed economies, demonstrating that tourism prosperity is closely related to economic development. Among top cities in Asia, Hong Kong, Macaw, and Singapore are all developed cities in the region, and Bangkok, Seoul, Shanghai, Beijing and Tokyo are also developed cities in the respective regions. In Europe, top cities mainly come from the West Europe, while the East Europe lags behind. The same is true with the Americas. The US and Canada rank among the top ones, while Mexico lags behind.

Market scale, which is an important indicator, is the key to the rankings. Under the evaluation system in this book, market scale takes up 50%, in particular inbound tourism market scale. Among the top cities, most have a large source of tourists. Therefore, Asian cities have a good performance based on tourists from Hong Kong, Macaw, and Singapore. A large amount of tourists from Paris, London, Frankfurt, Rome and other major cities or hub cities in Europe also help Europe rank among the top.

The growth rate of tourism market determines the future prosperity of the city. On our rankings, tourism market growth equals year-on-year growth rate over the year. Few cities grow fast due to special events, but the growth rate reflects the tourism development of most cities. As time goes on, cities which grow fast will see expanding tourism and a good ranking. Therefore, tourism growth determines the city tourism prosperity. Cities in some developing countries may rise on the rankings in the future.

(1)Tourism market scale: international cosmopolis have the largest scale

The tourism market scale reflects, to some extent, how much a city can attract tourists despite constraints. For international cosmopolis, attracting large number of tourists from the world is a symbol of tourism prosperity.

Cities having a larger tourism market scale are mostly international cosmopolis, playing major roles in economic and social development. Tourism market is comprehensively developed, covering sight touring, exhibition tourism, and business tours. Very few resort cities are in the top 20 (such as Bali), and most top cities are metropolis (in terms of politics, economy and culture) in their respective countries.

By inbound tourists, Hong Kong, London, Paris have the largest carrying capacity, among which Hong Kong received over 20 million inbound tourists, ranking the first in the world. London received 14.7 million inbound tourists, ranking the second, and Paris received 13.62 million tourists. Cities which received over 10 million tourists include Mega, Munich, Bangkok, Singapore, and Macaw. Top receiving cities mainly come from Asia and Europe, and New York is the only American city among the top ten.

The number of inbound tourists has a basic positive correlation with inbound tourism revenue. The order of rankings is basically in line with the order of inbound tourist number. Due to different tourist structures in different cities, some cities received more tourists but less revenue. For example, Hong Kong ranks first in the number of inbound tourists thanks to the large market of China, but ranks second after Rome because a fair part of tourists are from Guangdong who stay for a short period and spend less, creating only 31 billion dollars inbound tourism revenue. While inbound tourism revenue of European cities is handsome. Paris, Madrid, Vienna, Amsterdam, and Frankfurt are all among the top cities.

Domestic tourism scale. China is the most populous country. With further economic and social development, China sees rise in the per capita disposal income and leisure time. The Chinese government also promotes the policy of "expanding domestic demand" and other pro-spending policies, the domestic tourism market have seen rapid growth. China has 1.3 billion people, which is a large source of tourists. Therefore, on the rankings, cities of the largest number of domestic tourists and cities ranking among the top in terms of tourism revenue mainly come from China. Shanghai is a city having the largest tourism scale in China. It ranks second in the number of domestic tourists, first in domestic tourism revenue. It is the largest tourism destination in China, and Beijing ranks after it. Some major cities in different regions such as Chongqing, Guangzhou, and Wuhan are all on the list. Shanghai won the first place because it is located in Yangtze River Delta, where economy is prosperous and a large city cluster is located. Beijing is the capital of China, an ancient historical and cultural city, attracting a large number of tourists.

(2) Tourism market growth: developing countries have advantages

Most cities which do a better job in market growth come from developing countries. Developing countries have small foundation in tourism market scale, and thus have witnessed a relatively higher year-on-year growth rate. China, India, and Vietnam are examples. Bombay, India has the highest growth rate of inbound tourism, and Zhangjiajie, China has the fastest growth rate of inbound tourism revenue, reflecting sound momentum of growth. Cities which have higher growth rate of inbound tourists include Wuhan, Shanghai, Ho Chi Minh City, Chongqing, Jakarta, Buenos Aires, and Jerusalem. Cities which enjoy higher growth rate of inbound tourism revenue include Macaw, Singapore, Wuhan and Xi'an. Only Las Vegas in developed countries has a higher growth rate of inbound tourists, and Istanbul and Jakarta have a relatively high growth rate of inbound tourism revenue.

Similarly, cities which have higher growth rate of domestic tourism market mainly come from developing countries and few cities form developed countries rank among the top ten. In Altay, China, domestic tourists increased by 65%, domestic tourism revenue doubled, making it the fastest growing city in domestic tourism market. Bombay, India increased 58% in domestic tourism, and New Delhi increased by 53%, ranking second and third respectively. Wuhan, Xi'an, Chongqing and Taipei from China run the top ten. Ho Chi Minh City and Buenos Aires from developing countries run the top ten, and only Las Vegas from developed countries has seen rapid growth. In terms of domestic tourism revenue, Xi'an, Wuhan, Shanghai, Chongqing and Taipei grow fast. AbuDhabi and Ho Chi Minh City from developing countries and Canberra and Florence from developed countries run the top ten.

(3)Tourism corporate performance: developed economies and popular tourism destinations do a better job

Countries differ in statistics of tourism companies, and thus hereby hotel room occupancy rate and fluctuation rate of average hotel price are used to measure the performance of tourism companies. The hotel room occupancy rate reflects, to some extent, the prosperity of city accommodation industry. Cities ranking among the top three in terms of hotel room occupancy rate (over 85% in average) are

Hong Kong, New York, and Singapore. Next are Las Vegas, Sydney, Seoul, BNE, and Melbourne (80%-85% in average). Next are Macaw and San Francisco (nearly 80%). American and Australian cities have higher hotel room occupancy rates, giving expression to good businesses of tourism companies in the Americas and Oceania.

Bali and Dubai have the highest fluctuation rate of average hotel prices, a rise of 30% year on year. Paris, Florence and St. Paul rank among second to fifth, a 20% increase in the rankings. Sixth to tenth are Ho Chi Minh City, Kuala Lumpur, TelAviv, Singapore and Cape Town. Global popular tourism destinations grow faster on the rankings. In those regions, stably receiving a large number of tourists creates well-developed supply system and promotes good businesses of tourism companies.

G.5
Report on Tourism Development Potential Index

1. Rankings and Interpretation: Asia–Pacific has Good Performance with Large Development Potential

Tourism development potential of cities refers to the ability of a tourism destination in tourism potential and sustainable development when competing with other cities based on resources, location, companies, and industries of tourism. The potential indicates the prospects of tourism.

For world tourism cities, tourism development potential indicator should be comprehensive, all-round and quantitive. However, current development conditions, development ability and future development potential should be taken into account to consider whether the data is available and reasonable. Therefore, for simple and easy evaluation, tourism development potential indicators include annual growth rate of inbound tourists, the total output of service industry as a share of GDP, the number of employees in the service sector as a share of total employment, city per capita GDP and air passenger throughput.

The statistics of 98 tourism cities shows the tourism development potential, see table 2-3.

Table 2–3　Rankings of development potential of world tourism cities

City	Total rank	Standard score	B1 Air passenger throughput		B2 Per capita GDP		B3 Inbound tourist annual growth rate		B4 Service industry gross as a share of GDP		B5 Service workers as a share of total workers	
			Rank	Score	Rank	Score	Rank	Score	Rank	Score	Rank	Score
Bombay	1	100.000	34	0.219	96	0.004	1	1.000	2	0.894	18	0.653
SH	2	87.245	2	0.973	53	0.117	20	0.334	46	0.461	36	0.487
NY	3	84.878	13	0.660	1	1.000	22	0.332	96	0.037	94	0.018
Ho Chi Minh City	4	78.997	28	0.258	57	0.106	18	0.342	1	1.000	1	1.000
GZ	5	75.868	8	0.766	70	0.078	21	0.332	54	0.415	32	0.523
BJ	6	74.513	1	1.000	58	0.105	38	0.274	72	0.245	72	0.242
Tokyo	7	73.078	5	0.867	10	0.493	95	0.090	71	0.260	71	0.250
LA	8	73.017	6	0.797	7	0.534	48	0.247	84	0.125	86	0.072
Chicago	9	73.008	3	0.943	11	0.479	80	0.164	83	0.126	87	0.062
Singapore	10	71.178	16	0.568	13	0.470	49	0.245	58	0.376	66	0.297
Sydney	11	70.069	20	0.486	9	0.519	72	0.185	67	0.281	16	0.661
Taipei	12	69.293	67	0.075	5	0.596	3	0.418	44	0.481	34	0.491
London	13	65.710	4	0.891	33	0.295	75	0.182	78	0.172	92	0.033
Munich	14	65.491	21	0.469	40	0.235	52	0.239	31	0.516	33	0.506
Dubai	15	65.367	15	0.638	38	0.245	56	0.218	59	0.367	64	0.344
Madrid	16	64.742	12	0.673	25	0.350	36	0.276	75	0.196	84	0.094
Paris	17	64.699	7	0.787	14	0.446	90	0.132	81	0.141	81	0.131
Orlando	18	64.441	14	0.657	26	0.342	7	0.384	90	0.059	95	0.016
CQ	19	64.270	35	0.215	77	0.043	9	0.377	10	0.716	8	0.741

Continued table

City	Total rank	Standard score	Rankings of indicators									
			B1 Air passenger throughput		B2 Per capita GDP		B3 Inbound tourist annual growth rate		B4 Service industry gross as a share of GDP		B5 Service workers as a share of total workers	
			Rank	Score	Rank	Score	Rank	Score	Rank	Score	Rank	Score
Frankfurt	20	64.209	9	0.717	73	0.066	50	0.245	73	0.242	27	0.546
Chengdu	21	63.615	24	0.348	84	0.030	6	0.390	26	0.547	21	0.612
Bangkok	22	63.479	11	0.679	52	0.122	83	0.155	22	0.574	70	0.261
Canberra	23	62.745	78	0.050	2	0.790	74	0.185	55	0.401	20	0.624
Bushan	24	62.567	54	0.122	61	0.098	23	0.331	5	0.836	10	0.724
Jiaozuo	25	61.738	88	0.029	85	0.025	8	0.381	3	0.876	3	0.849
Rome	26	61.239	19	0.489	32	0.296	78	0.179	48	0.456	60	0.368
Dalian	27	60.402	46	0.143	68	0.081	5	0.401	13	0.647	17	0.661
Melbourne	28	59.659	26	0.298	15	0.444	71	0.185	50	0.441	40	0.467
Jakarta	29	57.783	86	0.032	75	0.053	4	0.412	17	0.628	4	0.842
Luoyang	30	57.143	83	0.037	86	0.025	12	0.372	7	0.771	6	0.757
Hangzhou	31	56.325	30	0.229	69	0.080	15	0.355	23	0.565	37	0.483
Xiamen	32	55.809	37	0.177	54	0.110	16	0.352	25	0.560	28	0.542
Toronto	33	54.894	23	0.348	4	0.641	88	0.144	66	0.289	90	0.035
Taiyuan	34	54.797	68	0.069	82	0.033	10	0.375	41	0.508	2	0.916
HK	35	54.665	10	0.682	42	0.225	46	0.253	91	0.051	88	0.052
Auckland	36	54.499	87	0.030	35	0.263	58	0.215	6	0.799	24	0.584
Oslo	37	54.194	50	0.128	8	0.528	65	0.194	42	0.506	67	0.295
BNE	38	54.105	31	0.229	47	0.159	73	0.185	12	0.650	23	0.586
Wuhan	39	53.740	41	0.156	74	0.059	13	0.371	27	0.532	25	0.567
Altay	40	53.106	98	0.000	91	0.011	14	0.359	8	0.737	7	0.744

Continued table

City	Total rank	Standard score	Rankings of indicators									
			B1 Air passenger throughput		B2 Per capita GDP		B3 Inbound tourist annual growth rate		B4 Service industry gross as a share of GDP		B5 Service workers as a share of total workers	
			Rank	Score	Rank	Score	Rank	Score	Rank	Score	Rank	Score
Tianjin	41	52.973	60	0.096	64	0.088	26	0.317	20	0.599	15	0.675
Stockholm	42	52.845	51	0.127	17	0.423	77	0.179	33	0.514	41	0.465
Kunming	43	52.491	33	0.226	87	0.023	47	0.249	24	0.561	11	0.714
W. D. C.	44	51.909	32	0.228	3	0.692	30	0.297	97	0.007	91	0.034
Dublin	45	50.467	72	0.057	20	0.411	97	0.030	19	0.610	5	0.831
New Delhi	46	50.281	36	0.207	92	0.010	87	0.150	4	0.843	29	0.542
QD	47	49.816	44	0.148	72	0.067	27	0.310	21	0.593	44	0.446
Xi'an	48	49.619	29	0.242	83	0.032	63	0.202	28	0.523	14	0.698
Bali	49	49.456	42	0.153	98	0.000	24	0.328	49	0.443	12	0.714
Jerusalem	50	49.434	90	0.016	94	0.005	2	0.438	9	0.728	68	0.293
SF	51	49.316	17	0.532	29	0.327	69	0.188	82	0.131	97	0.002
AUH	52	49.311	89	0.022	6	0.538	33	0.281	64	0.306	65	0.309
Brussels	53	49.115	79	0.049	18	0.415	79	0.167	51	0.428	19	0.632
Vienna	54	48.304	47	0.131	39	0.235	53	0.230	36	0.513	50	0.428
Florence	55	48.065	76	0.053	27	0.339	41	0.262	52	0.428	48	0.433
Berlin	56	47.619	43	0.150	46	0.166	43	0.260	39	0.511	57	0.393
Istanbul	57	47.460	70	0.061	67	0.083	45	0.255	15	0.634	22	0.603
St. Paul	58	46.680	40	0.156	51	0.133	29	0.305	60	0.362	38	0.478
Sapporo	59	46.631	80	0.047	19	0.414	96	0.069	11	0.688	53	0.410
Tel Aviv	60	46.301	93	0.011	90	0.012	11	0.373	16	0.630	42	0.455
Geneva	61	46.140	64	0.078	24	0.352	51	0.245	57	0.387	62	0.352

Continued table

City	Total rank	Standard score	Rankings of indicators									
			B1 Air passenger throughput		B2 Per capita GDP		B3 Inbound tourist annual growth rate		B4 Service industry gross as a share of GDP		B5 Service workers as a share of total workers	
			Rank	Score	Rank	Score	Rank	Score	Rank	Score	Rank	Score
Nanjing	62	45.651	39	0.168	76	0.043	32	0.283	53	0.416	26	0.558
Mega	63	45.495	18	0.499	55	0.109	34	0.279	94	0.047	77	0.160
Amsterdam	64	45.172	25	0.306	44	0.183	66	0.191	70	0.268	55	0.404
L. V.	65	44.001	27	0.291	30	0.323	25	0.322	88	0.068	96	0.009
Venice	66	43.766	55	0.118	37	0.245	67	0.190	47	0.458	58	0.393
Seoul	67	43.630	22	0.373	48	0.156	17	0.343	86	0.073	89	0.047
Barcelona	68	43.100	52	0.126	36	0.246	40	0.267	74	0.208	39	0.476
Milan	69	41.980	63	0.085	28	0.334	44	0.255	68	0.281	69	0.267
St. Petersburg	70	41.846	69	0.062	71	0.070	39	0.273	35	0.513	46	0.444
Prague	71	41.225	66	0.076	45	0.177	81	0.162	32	0.515	35	0.488
Moscow	72	40.851	57	0.110	81	0.033	59	0.210	30	0.517	31	0.523
Mudanjiang	73	40.809	97	0.002	88	0.018	70	0.187	18	0.617	9	0.740
Buenos Aires	74	40.160	45	0.145	49	0.150	31	0.292	79	0.166	43	0.446
Minsk	75	39.092	91	0.013	97	0.000	37	0.275	29	0.518	30	0.538
Rio	76	38.104	62	0.092	60	0.098	42	0.260	61	0.357	59	0.376
Athens	77	38.010	82	0.041	41	0.234	82	0.161	45	0.476	63	0.346
Harbin	78	37.709	61	0.096	89	0.016	55	0.222	65	0.302	13	0.702
Budapest	79	36.320	85	0.032	59	0.103	76	0.180	37	0.512	51	0.425
Johannesburg	80	35.777	58	0.106	63	0.088	64	0.199	62	0.340	47	0.442
Warsaw	81	35.243	71	0.057	79	0.036	61	0.206	40	0.510	61	0.364

Continued table

City	Total rank	Standard score	Rankings of indicators									
			B1 Air passenger throughput		B2 Per capita GDP		B3 Inbound tourist annual growth rate		B4 Service industry gross as a share of GDP		B5 Service workers as a share of total workers	
			Rank	Score	Rank	Score	Rank	Score	Rank	Score	Rank	Score
Seattle	82	35.214	53	0.124	16	0.431	84	0.153	80	0.146	83	0.111
Cairo	83	34.909	65	0.077	93	0.008	28	0.308	69	0.270	54	0.407
Lisbon	84	34.495	74	0.053	43	0.203	54	0.223	76	0.184	49	0.433
Riga	85	33.694	94	0.008	80	0.034	60	0.208	38	0.511	56	0.395
Sophia	86	33.586	95	0.007	78	0.037	89	0.134	14	0.634	52	0.425
Miami	87	32.983	48	0.131	34	0.276	35	0.278	89	0.063	93	0.029
Rotterdam	88	32.786	96	0.004	50	0.143	92	0.104	34	0.514	45	0.444
Macaw	89	32.103	75	0.053	12	0.471	68	0.189	95	0.041	85	0.087
Vancouver	90	29.316	56	0.112	31	0.299	91	0.120	77	0.184	82	0.122
Cancun	91	29.025	77	0.052	62	0.098	19	0.337	92	0.049	73	0.208
Edinburg	92	28.134	81	0.042	22	0.368	86	0.150	85	0.083	79	0.154
KUL	93	27.747	38	0.169	56	0.107	62	0.205	87	0.070	75	0.188
Zhangjiajie	94	26.758	92	0.013	95	0.004	57	0.218	56	0.399	74	0.199
Ottawa	95	25.897	59	0.103	23	0.360	93	0.094	98	0.000	76	0.182
Honolulu	96	25.536	73	0.054	21	0.379	85	0.153	93	0.049	98	0.000
Mexican city	97	24.793	49	0.128	66	0.085	98	0.000	43	0.490	78	0.158
Capetown	98	20.314	84	0.035	65	0.085	94	0.094	63	0.306	80	0.137

The top ten are Bombay, Shanghai, New York, Ho Chi Minh City, Guangzhou, Beijing, L.A., Chicago and Singapore. Asia-Pacific sees 7 with good performance, the Americas sees 3 and Europe none.

In top 20, cities from Asia-Pacific account for a half (5 Chinese cities, Bombay, India, Ho Chi Minh City, Vietnam, Singapore, Sydney, Australia, and Tokyo, Japan), demonstrating strong development potential of Asia-Pacific. While only 9 cities in Europe and the Americas run the top 20, New York, L.A. And Chicago from America running the top 10, Auckland being among top 20. London, Munich, Madrid, Paris and Frankfurt from Europe are among top 20. Only Dubai from Africa and the Middle East ranks 15th. The rankings of top 10 cities in terms of individual indicators are shown as below, see table 2-4.

Table 2–4   Top ten cities of tourism development potential index in terms of individual indicators

Rank	Tourism development potential index	B1 Air passenger throughput	B2 Per capita GDP	B3 Inbound tourist annual growth rate	B4 Service industry gross as a share of GDP	B5 Service workers as a share of total workers
1	Bombay	BJ	NY	Bombay	HoChiMinh-City	HoChiMinh-City
2	SH	SH	Canberra	Jerusalem	Bombay	Taiyuan
3	NY	Chicago	W. D. C.	Taipei	J Z	J Z
4	HoChiMinh-City	London	Toronto	Jakarta	New Delhi	Jakarta
5	GZ	Tokyo	Taipei	Dalian	Bushan	Dublin
6	BJ	LA	AUH	Chengdu	Auckland	Luoyang
7	Tokyo	Paris	LA	Orlando	Luoyang	Altay
8	LA	GZ	Oslo	J Z	Altay	CQ
9	Chicago	Frankfurt	Sydney	CQ	Jerusalem	Mudanjiang
10	Singapore	HK	Tokyo	Taiyuan	CQ	Bushan

As is shown in the table, cities from Asia-Pacific have better performance than other cities in potential. Bombay, India ranks top in the development potential of global tourism cities; Shanghai, China runs the second; New York, America runs the third; Guangzhou and Beijing, China rank 5th and 6th. Cities from Asia-Pacific take up a large share in top ten, 8 of which are from Asia-Pacific.

Bombay ranks first in terms of the annual growth rate of the number of inbound tourists, second in the total output of service sector as a share of GDP. It also has a good performance in other indicators, making it a city with the largest development tourism potential.

Besides, HoChiMinhCity ranks first in terms of the total output of the service sector as a share of GDP and the number of employees in the service sector as a share of total employment, demonstrating great development potential in tourism and that is why it ranks 4th on the whole.

In addition, Chinese cities also have good performances. For example, Jiaozuo and Chongqing rank among top 10 in 3 indicators out of 5. They also rank among top ten in the annual growth rate of inbound tourists, the total output of the service sector as a share of GDP and the number of employees in the service sector as a share of total employment, all helping the two cities rank among the top ones.

Finally, cities ranking top 10 in 2 indicators include L.A., Jerusalem, Tokyo, Jakarta, Bushan, Taipei, Luoyang, Taiyuan and Altay.

Generally speaking, the rankings are basically in line with the current situation of tourism development. The developing Asia-Pacific has greater potential in tourism than Europe and the Americas, and has become the most promising region in the world. Emerging powers such as China and India have seen top rankings, which best illustrates the conclusion.

2. Factors Determining Tourism Development Potential Index

(1) Development foundations: international metropolis have advantages and developed regions have outstanding performances

The current development of a city determines, to some extent, the future development of a city. Therefore, to measure the development potential of tourism cities, we should evaluate the development foundations of a city. Tourism and transport facilities and economic and social development form the basic factors of development foundations, and the specific indicators are air passenger throughput and per capita GDP of the city.

In terms of air passenger throughput, international metropolis have advantages. Beijing, Shanghai, London, Tokyo, L.A., Paris, Guangzhou, Frankfurt and Hong Kong run the top 10 with over 50 million passengers annually. They are the busiest international airport in their respective countries. After the 2007-2010 financial crisis, the global air industry saw notable growth in 2010. At the beginning of the 21th century, American airports took up a lager part of the list, while at present, only Chicago and L.A. run among the top 10; Asia-Pacific has seen strong growth in airport development. In the list, half of top 10 cities are from Asia-Pacific, including Beijing, Shanghai, Tokyo, Guangzhou and Hong Kong. In particular, Beijing Capital Airport has seen stronger growth. It received over 73 million passengers in 2010, with a growth rate of 13.4% and rose to the second largest airport in the world in terms of the carrying capacity of passengers (The first largest is Hartsfield-Jackson Atlanta International Airport in Atlanta, which did not participate in the rankings). In 2010, the volcano eruption in Iceland hampered the air transport in Europe, while most European airports are growing well. Heathrow Airport of London, Britain saw a slight decrease in the number of passengers in 2010, but still rank the first in Europe (about 66 million). Besides, Paris and Frankfurt are among the busiest airports in Europe.

In terms of per capita GDP, developed regions have good performance. Among the top 10 cities, the city per capita GDP is well over 70000 dollars; cities from Asia-Pacific take up half of the top ten, including Taipei, China, AbuDhabi, UAE, Canberra and Sydney, Australia and Tokyo, Japan, showing great development potential; 4 cities are from the Americas, including New York, Washington, D.C., L.A., America, and Toronto, Canada, and New York ranks the first in the list with the city per capita GDP of 138800 dollars; only oslo, Norway ranking among top ten is from Europe.

(2)Development ability: the Asia-Pacific is outstanding with a faster market growth rate

The past development of a city can give expression to the development potential of a city in tourism. The development potential in tourism of a city can be measured by the number of inbound tourists a city received in the recent five years, which is also the most obvious expression to the tourism development potential. The longer the data is accumulated, the more persuasive the indicator is.

In recent five years, developing countries and regions have greater growth rate than developed ones. On the one hand, emerging regions have smaller tourism markets and greater growth rate; on the other hand, the strong momentum of growth has boosted the development of tourism. Bombay, India ranks the first with an annual growth rate of 47.11%, and Jerusalem, Palestine and Taipei, China rank the second and the third respectively; Dalian, Chengdu, and Chongqing also run the top ten with a double-digit growth rate.

Apart from Orlando, America, the rest are all cities from Asia-Pacific, demonstrating great potential and prospects of the Asia-Pacific in tourism. Europe and the Americas with developed tourism and Africa and South America with promising tourism failed to be elected, demonstrating insufficient development potential of traditional tourism regions. The annual growth rate of Beijing is only 6.56%, ranking 38th on the list.

(3)Development potential: the Asia-Pacific has absolute advantages and a promising future

In terms of industrial structure of a city, the total output of the service sector as a share of GDP and the number of employees in the service sector as a share of the total employment are measured. Generally speaking, the higher the percentage, the more developed the service sector, the more employees in the service sector, and the smaller the development potential. Therefore the indicator is ina inverted sequence. The higher the percentage, the smaller the score and the greater the development potential and vice versa.

In terms of the total output of the service sector as a share of GDP, top ten cities are all from Asia-Pacific, HoChiMinh City, Vietnam, Bombay, India, and Jiaozuo, China being the first three. And that is why Bombay and HoChiMinh-City run the top four in development potential. New Delhi, Luoyang, Altay, Chongqing, Bushan, Auckland and Jerusalem are among the top ten, showing great potential of development.

In terms of the number of employees in the service sector as a share of the total employment, cities from the Asia-Pacific have obvious advantages. Nine out of top ten are from Asia-Pacific. HoChiMinh City, Vietnam runs the first once more, making it run the 4th in the list. Taiyuan and Jiaozuo from China rank the second and the third respectively. Jakarta, Dublin, Luoyang, Altay, Chongqing, Mudanjiang and Bushan are among the top ten.

G.6

Report on Tourism Attraction Index

1. Rankings and Interpretation: Cities are Cross–distributed with Small Agglomerations, and Comprehensive Cities have Outstanding Advantages

Tourism attraction is used to measure the charm and basic conditions of tourism cities. Therefore, the sub-indicators are created through some rigid data and can reflect how much the tourism cities themselves can attract tourists. In practice, the project group took into account feasible factors based on the theoretical model and identified the amount of world heritage sites, environmental quality, the number of airlines and the number of international conventions to reflect the attraction. Below lists the rankings of 98 cities in 44 countries.

Table 2–5   Rankings of world tourism cities in tourism attraction index

Country	City	Rank	Standard score	Individual indicators							
				C1 World heritage sites		C2 Environmental quality		C3 Airlines		C4 International conventions	
				Rank	Score	Rank	Score	Rank	Score	Rank	Score
France	Paris	1	100.00	4	0.750	49	0.788	4	0.948	2	0.961
Spain	Barcelona	2	99.39	3	0.875	35	0.864	5	0.861	3	0.826
Spain	Madrid	3	96.06	1	1.000	28	0.879	16	0.684	6	0.713
Italy	Rome	4	90.86	1	1.000	46	0.811	6	0.848	18	0.500

Continued table

Country	City	Rank	Standard score	Individual indicators								
				C1 World heritage sites		C2 Environmental quality		C3 Airlines		C4 International conventions	
				Rank	Score	Rank	Score	Rank	Score	Rank	Score
Austria	Vienna	5	82.80	15	0.250	32	0.871	7	0.816	1	1.000
UK	London	6	73.66	6	0.500	39	0.856	20	0.619	7	0.629
Germany	Berlin	7	73.48	9	0.375	28	0.879	29	0.506	4	0.809
Holland	Amsterdam	8	73.43	15	0.250	25	0.894	3	0.955	8	0.624
Belgium	Brussels	9	67.42	9	0.375	35	0.864	12	0.716	16	0.506
Turkey	Istanbul	10	66.57	6	0.500	62	0.629	26	0.558	9	0.618
Singapore	Singapore	11	61.30	56	0.000	39	0.856	21	0.610	5	0.781
China	Beijing	12	60.22	4	0.750	94	0.159	46	0.397	10	0.607
Ireland	Dublin	13	59.69	23	0.125	8	0.962	9	0.803	22	0.410
Portugal	Lisbon	14	58.86	15	0.250	42	0.848	43	0.432	12	0.584
Australia	Sydney	15	57.19	9	0.375	3	0.985	38	0.458	31	0.303
Portugal	Budapest	16	56.74	23	0.125	39	0.856	28	0.513	11	0.590
Czech	Prague	17	54.84	23	0.125	32	0.871	30	0.500	14	0.534
Germany	Munich	18	53.63	56	0.000	28	0.879	2	0.990	32	0.292
Sweden	Stockholm	19	53.38	23	0.125	35	0.864	33	0.487	16	0.506
UK	Edinburg	20	50.19	23	0.125	8	0.962	23	0.597	35	0.275
Mexico	Mexican city	21	48.83	6	0.500	60	0.682	62	0.265	36	0.270
US	NY	22	47.99	23	0.125	19	0.917	12	0.716	54	0.163
Sweden	Geneva	23	47.73	56	0.000	21	0.909	18	0.639	27	0.337
Australia	Melbourne	24	46.80	23	0.125	6	0.977	52	0.352	28	0.331
Germany	Frankfurt	25	46.63	56	0.000	32	0.871	1	1.000	73	0.090
Poland	Warsaw	26	46.52	23	0.125	44	0.833	38	0.458	26	0.348
Italy	Venice	27	46.18	9	0.375	48	0.803	37	0.461	68	0.107
China	HK	28	45.69	56	0.000	57	0.697	17	0.645	21	0.416
US	W. D. C.	29	45.33	56	0.000	16	0.939	22	0.606	36	0.270
Thailand	Bangkok	30	44.59	56	0.000	61	0.667	15	0.687	24	0.376

Continued table

Country	City	Rank	Standard score	Individual indicators							
				C1 World heritage sites		C2 Environmental quality		C3 Airlines		C4 International conventions	
				Rank	Score	Rank	Score	Rank	Score	Rank	Score
Malaysia	KUL	31	44.26	56	0.000	56	0.705	24	0.568	20	0.421
Russia	Moscow	32	44.02	9	0.375	45	0.826	60	0.303	61	0.135
Greece	Athens	33	43.73	23	0.125	52	0.765	32	0.490	32	0.292
China	Taipei	34	43.70	56	0.000	55	0.735	35	0.471	19	0.449
US	SF	35	43.65	23	0.125	8	0.962	34	0.484	54	0.163
US	Las Vegas	36	43.45	56	0.000	7	0.970	11	0.723	65	0.118
US	Miami	37	43.41	23	0.125	8	0.962	26	0.558	68	0.107
Australia	BNE	38	43.29	15	0.250	16	0.939	49	0.371	65	0.118
Norway	Oslo	39	42.76	56	0.000	21	0.909	42	0.442	29	0.326
US	Chicago	40	42.67	56	0.000	21	0.909	12	0.716	59	0.140
Canada	Vancouver	41	42.54	56	0.000	15	0.947	41	0.445	32	0.292
Italy	Milan	42	41.99	23	0.125	54	0.742	19	0.632	54	0.163
Canada	Ottawa	43	41.94	23	0.125	13	0.955	25	0.561	75	0.067
Korea	Seoul	44	41.76	56	0.000	66	0.591	46	0.397	13	0.539
Argentina	Buenos Aires	45	41.69	56	0.000	49	0.788	65	0.239	15	0.511
US	LA	46	39.88	56	0.000	26	0.886	10	0.787	86	0.028
US	St. P	47	39.75	56	0.000	16	0.939	61	0.290	30	0.320
US	Honolulu	48	38.41	15	0.250	3	0.985	64	0.242	84	0.034
US	Seattle	49	37.97	23	0.125	13	0.955	54	0.348	71	0.096
US	Orlando	50	37.57	56	0.000	3	0.985	31	0.497	73	0.090
Canada	Toronto	51	37.36	56	0.000	19	0.917	56	0.345	39	0.230
Brazil	Rio	52	36.57	23	0.125	66	0.591	65	0.239	25	0.371
Russia	St. Petersburg	53	36.21	23	0.125	43	0.838	57	0.339	63	0.129
India	New Delhi	54	35.34	9	0.375	91	0.220	40	0.452	41	0.191
China	SH	55	33.78	56	0.000	82	0.462	44	0.410	23	0.388
Mexico	Cancun	56	32.69	23	0.125	65	0.606	48	0.394	57	0.146
Indonesia	Bali	57	32.46	56	0.000	2	0.992	67	0.235	67	0.112

Continued table

Country	City	Rank	Standard score	Individual indicators								
				C1 World heritage sites		C2 Environmental quality		C3 Airlines		C4 International conventions	
				Rank	Score	Rank	Score	Rank	Score	Rank	Score
Japan	Tokyo	58	31.44	56	0.000	24	0.902	90	0.055	38	0.264
South Africa	Capetown	59	30.79	23	0.125	57	0.697	75	0.145	40	0.197
Latvia	Riga	60	30.74	56	0.000	51	0.780	55	0.348	63	0.129
Israel	Tel Aviv	61	30.26	23	0.125	63	0.621	36	0.468	93	0.017
China	Macaw	62	29.55	23	0.125	57	0.697	58	0.319	80	0.045
New Zealand	Auckland	63	29.23	56	0.000	8	0.962	77	0.135	68	0.107
Italy	Florence	64	28.93	23	0.125	46	0.811	84	0.103	71	0.096
Australia	Canberra	65	28.21	56	0.000	1	1.000	70	0.197	96	0.011
Indonesia	Jakarta	66	27.74	56	0.000	53	0.750	51	0.368	78	0.051
Holland	Rotterdam	67	26.74	56	0.000	35	0.864	88	0.068	57	0.146
China	Kunming	68	26.50	23	0.125	69	0.568	80	0.116	42	0.179
China	Guangzhou	69	26.34	56	0.000	72	0.545	58	0.319	42	0.179
Belarus	Minsk	70	25.77	56	0.000	28	0.879	94	0.019	59	0.140
UAE	Dubai	71	25.75	56	0.000	96	0.030	7	0.816	53	0.174
South Africa	Johannesburg	72	24.49	23	0.125	68	0.576	63	0.248	86	0.028
China	Zhangjiajie	73	24.42	23	0.125	73	0.543	91	0.052	42	0.179
China	Luoyang	74	24.34	23	0.125	73	0.543	92	0.048	42	0.179
Japan	Sapporo	75	23.86	56	0.000	26	0.886	82	0.106	91	0.022
Bulgaria	Sophia	76	23.75	23	0.125	70	0.561	69	0.206	80	0.045
Vietnam	Ho Chi Minh City	77	23.01	56	0.000	73	0.543	49	0.371	78	0.051
China	Qingdao	78	22.16	56	0.000	73	0.543	76	0.142	42	0.179
China	Xiamen	79	21.94	56	0.000	73	0.543	78	0.132	42	0.179
India	Bombay	80	21.17	15	0.250	95	0.076	44	0.410	84	0.034
Korea	Bushan	81	20.58	56	0.000	70	0.561	79	0.123	61	0.135

Continued table

Country	City	Rank	Standard score	Individual indicators							
				C1 World heritage sites		C2 Environmental quality		C3 Airlines		C4 International conventions	
				Rank	Score	Rank	Score	Rank	Score	Rank	Score
China	Chongqing	82	19.69	15	0.250	87	0.280	73	0.158	91	0.022
China	Mudanjiang	83	19.69	56	0.000	73	0.543	93	0.035	42	0.179
Egypt	Cairo	84	19.24	15	0.250	96	0.030	52	0.355	80	0.045
Palestine	Jerusalem	85	19.19	23	0.125	63	0.621	96	0.000	96	0.011
China	Altay	86	18.94	56	0.000	73	0.543	95	0.003	42	0.179
China	Hangzhou	87	18.76	23	0.125	83	0.341	71	0.177	75	0.067
China	Dalian	88	17.65	56	0.000	73	0.543	72	0.174	86	0.028
China	Chengdu	89	16.29	23	0.125	90	0.235	68	0.219	83	0.039
China	Nanjing	90	14.82	23	0.125	84	0.318	83	0.106	93	0.017
China	Wuhan	91	14.78	56	0.000	87	0.280	87	0.087	42	0.179
China	Xi'an	92	14.51	23	0.125	92	0.220	80	0.116	75	0.067
China	Taiyuan	93	14.08	56	0.000	89	0.273	89	0.065	42	0.179
China	Jiaozuo	94	12.62	56	0.000	73	0.543	96	0.000	98	0.000
UAE	AUH	95	12.06	23	0.125	93	0.189	85	0.100	86	0.028
China	Harbin	96	11.41	56	0.000	85	0.311	74	0.155	93	0.017
Saudi Arabia	Mega	97	10.60	23	0.125	98	0.000	96	0.000	42	0.179
China	Tianjin	98	10.37	56	0.000	85	0.311	86	0.094	86	0.028

Based on the rankings, cities are cross-distributed on different continents and there are also small agglomerations of cities. European cities do good jobs, cities in Asia-Pacific vary in the attraction, American cities rank in the middle, and cities in the Middle East and Africa have great potential.

From the perspectives of city types, comprehensive tourism cities have greater odds of ranking among the top. The four sub-indicators are corresponded to tourism destinations with conventional resources, resort cities, tourism distributing centers and city tourism sites. The rankings are based on the measurement of the four sub-indicators and comprehensive cities got better scores. Take Paris for example, Paris ranks the first this year. It ranks 4th, 49th, 4th, and 2nd in world heritage sites, environmental quality, airlines and international conventions.

Table 2-6   Top ten of world tourism cities in tourism attraction index

Rank	Tourism attraction	C1 World heritage	C2 Environmental quality	C3 Airlines	C4 International conventions
1	Paris	Madrid Rome	Canberra	Frankfurt	Vienna
2	Barcelona		Bali	Munich	Paris
3	Madrid	Barcelona	Sydney Honolulu Orlando	Amsterdam	Barcelona
4	Rome	Paris Beijing		Paris	Berlin
5	Vienna			Barcelona	Singapore
6	London	Istanbul London Mexico	Melbourne	Rome	Madrid
7	Berlin		Las Vegas	Vienna Dubai	London
8	Amsterdam		Dublin Edinburg Miami SF Auckland		Amsterdam
9	Brussels	New Delhi		Dublin	Istanbul
10	Istanbul	Sydney Berlin Brussels Moscow Venice		LA	Beijing

Note: Merged cells represent items with same scores.

The top ten are Paris, Barcelona, Madrid, Rome, Vienna, London, Amsterdam, Brussels and Istanbul. The interpretation of the result is as follows: Firstly, European cities make a clean sweep. It can be noted that the top ten are all European cities. The result is by chance and has a reason. On the one hand, the result of last year was not the same as this year, and the appeal of cities on different continents are all on the rise. On the other hand, European cities have outstanding advantages. The European Continent has an average altitude of 330 meters. Most parts are plains. The north, west, south borders the Arctic Ocean, the Atlantic Ocean, the Mediterranean Sea, and the Black Sea respectively. Most parts are favored with oceanic climate with mild weather and abundant rainfall, which provides good environment in most European cities. Among the top ten, Paris, London, Berlin, Amsterdam and Brussels are favored with temperate marine climate. Barcelona, Madrid, Rome, and Istanbul have Mediterranean climate. Vienna is located at the transitioning part between the temperate marine climate and the temperatecontinentalclimate. However, the economic and social development of the above-mentioned cities have created burden on the environmental quality of the cities, or else the top ten would have better performances. Europe has a long history and splendid civilizations, leaving a lot of precious resources. Since 17th century, Europe began to become the economic center of the world. In 19th century, the first industrial revolution happened in Europe, making it the world economic center. Despite hardships caused by the two world wars, Europe has always been an important part in the world economy. And it is natural that Europe sees the development of sophisticated transport systems and a large number of world-level headquarters. These advantages suffice to help Europe stand out in the four sub-indicators. Secondly, similar scores and fierce competition. Paris got 100 scores and Barcelona got 99.39 scores, a gap of 0.61 scores; among 6th to 8th, London, Paris, and Amsterdam got closing scores; the score gap between Brussels (9th) and Istanbul (10th) is 0.86; among top ten, only Madrid, Rome and Vienna have obvious gaps in scores with other cities. Therefore, world tourism cities have keen competition in tourism appeal.

2. Factors Determining Tourism Attraction Index

(1)Tourism resources: long history and splendid culture left treasures for the cities

Tourism resources are fundamentals to tourism attraction. In broad sense, tourism resources include a variety of factors. According to this project, the group selected world heritage as the measurement. On the one hand, world heritage is representative of the appeal; on the other hand, world heritage is verified and published by UNESCO and World Heritage Committee, thus measurable and standardized. The table below indicates the rankings of world tourism cities in world heritage and overall rankings of corresponding cities are listed for comparison.

Table 2-7　Rankings of world cultural relics in world tourism cities

Country	City	C1 World heritage index	
		Rank	Score
Spain	Madrid	1	1.000
Italy	Rome	1	1.000
Spain	Barcelona	3	0.875
France	Paris	4	0.750
China	Beijing	4	0.750
Turkey	Istanbul	6	0.500
UK	London	6	0.500
Mexico	Mexican City	6	0.500
India	New Delhi	9	0.375
Australia	Sydney	9	0.375
Germany	Berlin	9	0.375
Belgium	Brussels	9	0.375
Russia	Moscow	9	0.375
Italy	Venice	9	0.375
Egypt	Cairo	15	0.250
Australia	BNE	15	0.250
India	Bombay	15	0.250
Holland	Amsterdam	15	0.250
Portugal	Lisbon	15	0.250
Austria	Vienna	15	0.250
US	Honolulu	15	0.250
China	Chongqing	15	0.250
South Africa	Capetown	23	0.125

Continued table

Country	City	C1 World heritage index	
		Rank	Score
South Africa	Johannesburg	23	0.125
UAE	AUH	23	0.125
Palestine	Jerusalem	23	0.125
Saudi Arabic	Mega	23	0.125
Australia	Melbourne	23	0.125
Israel	Tel Aviv	23	0.125
Greece	Athens	23	0.125
Portugal	Budapest	23	0.125
Ireland	Dublin	23	0.125
UK	Edinburg	23	0.125
Italy	Florence	23	0.125
Italy	Milan	23	0.125
Czech	Prague	23	0.125
Bulgaria	Sophia	23	0.125
Russia	St. Petersburg	23	0.125
Sweden	Stockholm	23	0.125
Poland	Warsaw	23	0.125
Mexico	Cancun	23	0.125
US	Miami	23	0.125
US	NY	23	0.125
Canada	Ottawa	23	0.125
Brazil	Rio	23	0.125
US	SF	23	0.125
US	Seattle	23	0.125
China	Xi'an	23	0.125
China	Macaw	23	0.125
China	Hangzhou	23	0.125
China	Chengdu	23	0.125

Continued table

Country	City	C1 World heritage index	
		Rank	Score
China	Luoyang	23	0.125
China	Kunming	23	0.125
China	Nanjing	23	0.125
China	Zhangjiajie	23	0.125
New Zealand	Auckland	56	0.000
Indonesia	Bali	56	0.000
Thailand	Bangkok	56	0.000
Korea	Bushan	56	0.000
Australia	Canberra	56	0.000
UAE	Dubai	56	0.000
Vietnam	Ho Chi Minh City	56	0.000
Indonesia	Jakarta	56	0.000
Malaysia	KUL	56	0.000
Japan	Sapporo	56	0.000
Korea	Seoul	56	0.000
Singapore	Singapore	56	0.000
China	Taipei	56	0.000
Japan	Tokyo	56	0.000
Germany	Frankfurt	56	0.000
Switzerland	Geneva	56	0.000
Belarus	Minsk	56	0.000
Germany	Munich	56	0.000
Norway	Oslo	56	0.000
Latvia	Riga	56	0.000
Holland	Rotterdam	56	0.000
Argentina	Buenos Aires	56	0.000
US	Chicago	56	0.000
US	Las Vegas	56	0.000

Continued table

Country	City	C1 World heritage index	
		Rank	Score
US	LA	56	0.000
US	Orlando	56	0.000
US	St. Paul	56	0.000
Canada	Toronto	56	0.000
Canada	Vancouver	56	0.000
US	W. D. C	56	0.000
China	Shanghai	56	0.000
China	Guangzhou	56	0.000
China	HK	56	0.000
China	Altay	56	0.000
China	Dalian	56	0.000
China	Harbin	56	0.000
China	Jiaozuo	56	0.000
China	Mudanjiang	56	0.000
China	Taiyuan	56	0.000
China	Tianjin	56	0.000
China	Qingdao	56	0.000
China	Wuhan	56	0.000
China	Xiamen	56	0.000

Based on the table, we can see that 43 cities out of 98 cities do not have world heritage, and another 55 cities vary in the number of world heritage. Chart 2-1 clearly indicts the world heritage in 55 cities, 15 in the Asia-Pacific, with a total score of 3.375 and an average of 0.344; 9 cities in the Americas with a total score of 1.625, an average of 0.181 scores; 7 cities in the Middle East and Africa with a total score of 1.000, an average of 0.143 scores. Europe has absolute advantages in absolute scores and relative scores. The next is Asia-Pacific. The result is closely related to the long history and strong awareness of protecting natural and cultural heritage. The treasuries of these resources have contributed to the tourism attraction of the cities.

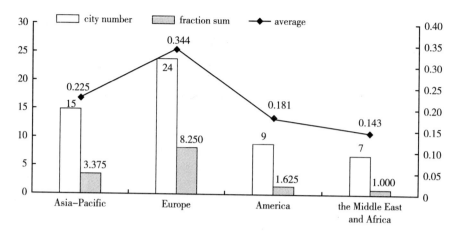

Chart 2–1 Comparison of tourism attraction index and world heritage

In 98 cities, the most outstanding cities are Madrid, Rome, Barcelona, Paris and Beijing. The five cities have long history, four of which are capitals of the respective countries.

Madrid is the capital and the largest city of Spain. It is located at a famous historical city of Europe. It is reputed as the "Gate of Europe" because of its strategic significance. Rome, the capital city of Italy, is a world-class historical and cultural city. It is the cradle of the AncientRomanEmpire and world civilizations, creating huge amount of heritage. Barcelona is the second largest city of Spain. It was once the Barcelona county and the capital of the Kingdom of Aragon. Barcelona embraces numerous historical constructions and cultural sites, known as "Pearl of IberianPeninsula". Paris is the capital and the largest city of France. Paris is famous for its fashion. Not limited to that, since the Middle Ages, Paris have kept its past, even the oldest streets with unified layouts. Beijing is the capital of People's Republic of China. It has a history of over 3000 years and enjoyed 778 years of being a capital. It is a famous ancient capital and modern international metropolis.

(2)City vitality: the true prosperity is not "dancing by one"

City vitality reflects the appeal a city in addition to tourism resources. Tourism resources are natural advantages of a city, while city vitality is the acquired charm. This indicator also can be seen as a fair assessment of urban tourist destinations.

International convention is a comprehensive reflection of city vitality. This project selected ICCA as the standard, which is higher than the normal ones, highlighting the interaction and continuity of the indicator. Table 2-8 shows the rankings of international conventions among the participant cities.

Table 2–8   Rankings of world tourism cities in international convention index

Country	City	C4 International convention	
		Rank	Score
Austria	Vienna	1	1.000
France	Paris	2	0.961
Spain	Barcelona	3	0.826
Germany	Berlin	4	0.809
Singapore	Singapore	5	0.781
Spain	Madrid	6	0.713
UK	London	7	0.629
Holland	Amsterdam	8	0.624
Turkey	Istanbul	9	0.618
China	Beijing	10	0.607
Portugal	Budapest	11	0.590
Portugal	Lisbon	12	0.584
Korea	Seoul	13	0.539
Czech	Prague	14	0.534
Argentina	Buenos Aires	15	0.511
Belgium	Brussels	16	0.506
Sweden	Stockholm	16	0.506
Italy	Rome	18	0.500
China	Taipei	19	0.449
Malaysia	KUL	20	0.421
China	HK	21	0.416
Ireland	Dublin	22	0.410
China	Shanghai	23	0.388

Continued table

Country	City	C4 International convention	
		Rank	Score
Thailand	Bangkok	24	0.376
Brazil	Rio	25	0.371
Poland	Warsaw	26	0.348
Switzerland	Geneva	27	0.337
Australia	Melbourne	28	0.331
Norway	Oslo	29	0.326
US	St. Paul	30	0.320
Australia	Sydney	31	0.303
Greece	Athens	32	0.292
Germany	Munich	32	0.292
Canada	Vancouver	32	0.292
UK	Edinburg	35	0.275
Mexico	Mexican City	36	0.270
US	W. D. C	36	0.270
Japan	Tokyo	38	0.264
Canada	Toronto	39	0.230
South Africa	Capetown	40	0.197
India	New Delhi	41	0.191
Saudi Arabia	Mega	42	0.179
China	Luoyang	42	0.179
China	Kunming	42	0.179
China	Zhangjiajie	42	0.179
China	Guangzhou	42	0.179
China	Altay	42	0.179
China	Mudanjiang	42	0.179
China	Taiyuan	42	0.179
China	Qingdao	42	0.179
China	Wuhan	42	0.179

Continued table

Country	City	C4 International convention	
		Rank	Score
China	Xiamen	42	0.179
UAE	Dubai	53	0.174
Italy	Milan	54	0.163
US	NY	54	0.163
US	SF	54	0.163
Mexico	Cancun	57	0.146
Holland	Rotterdam	57	0.146
Belarus	Minsk	59	0.140
US	Chicago	59	0.140
Russia	Moscow	61	0.135
Korea	Bushan	61	0.135
Russia	St. Petersburg	63	0.129
Latvia	Riga	63	0.129
Australia	BNE	65	0.118
US	Las Vegas	65	0.118
Indonesia	Bali	67	0.112
Italy	Venice	68	0.107
US	Miami	68	0.107
New Zealand	Auckland	68	0.107
Italy	Florence	71	0.096
US	Seattle	71	0.096
Germany	Frankfurt	73	0.090
US	Orlando	73	0.090
Canada	Ottawa	75	0.067
China	Xi'an	75	0.067
China	Hangzhou	75	0.067
Vietnam	Ho Chi Minh City	78	0.051
Indonesia	Jakarta	78	0.051

Continued table

Country	City	C4 International convention	
		Rank	Score
Egypt	Cairo	80	0.045
Bulgaria	Sophia	80	0.045
China	Macaw	80	0.045
China	Chengdu	83	0.039
India	Bombay	84	0.034
US	Honolulu	84	0.034
South Africa	Johannesburg	86	0.028
UAE	AUH	86	0.028
US	LA	86	0.028
China	Dalian	86	0.028
China	Tianjin	86	0.028
China	Chongqing	91	0.022
Japan	Sapporo	91	0.022
Israel	Tel Aviv	93	0.017
China	Nanjing	93	0.017
China	Harbin	93	0.017
Palestine	Jerusalem	96	0.011
Australia	Canberra	96	0.011
China	Jiaozuo	98	0.000

The table above shows the scores of 98 cities in international conventions. 41 cities in the Asia-Pacific with a total score of 7.829, an average of 0.191 scores; 31 cities in Europe with total score of 12.860, an average score of 0.415; 18 cities in the Americas with a total score of 3.416, an average score of 0.190; 8 cities in the Middle East and Africa with a total score of 0.679, an average score of 0.085 (see chart 2-2).

Europe has a high concentration of international conventions; the Middle East and Africa are weak in this regard; the Asia-Pacific surpasses the Americas by a small margin. The reasons are that Europe is still one of the economic centers of the world. Despite the ongoing European debt crisis, Europe is home to headquarters of many international organizations, and it has lare? demand in conventions. In addition, ICCA emphasizes the interaction and continuity, which is facilitated by the geographical advantages of European countries and regions. On average, the Asia-Pacific wins over the Americas by a small margin, reflecting the economic vitality, the desire and initiative of Asia-Pacific to be engaged in this world. Cities in the Americas have relatively poor performance. It is a little bit surprising because Las Vegas is a famous convention center. However, to some extent, the Americas, especially North America has seen domestic conferences, but few international or continued international conferences, which is closely related to the geographical and economic systems. The Middle East and Africa are weak in this regard due to poor economic development and instability in this region.

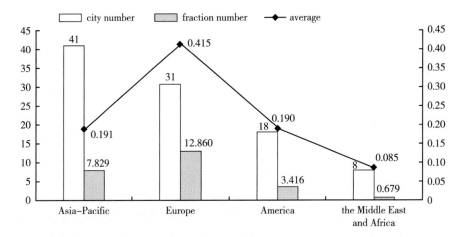

Chart 2–2   Comparison of international conventions in tourism attraction index

Among the participant cities, Vienna ranks first in this regard. On the one hand, basic conditions such as stable political conditions, peaceful social environment, profound culture, quality hotel services and convenient transport make contributions; on the other hand, the advantages of headquarter economy are also favorable. Vienna is the capital of Austria and one of the four headquarters of the UN. It is also home to the headquarters of OPEC, OSCE, IAEA and other international organizations. Many foreign enterprises concentrate in Vienna and spread into the middle Europe and East Europe such as Lafarge (construction tycoon in France), Henkel LeiWei Group and Beiersdorf. Home-grown enterprises of Austria are headquartered in Vienna, including almost all of the banks in Austria, OMV Group, the largest brick maker and Telecom Austria. Top cities have common features——peaceful social environment, quality accommodation conditions and headquarter economy. These features help facilitate the interaction in globalization and vibrant city development. While some cities which ignored interaction are buried in the glory of other cities.

(3) Supporting factors: tourism development should be based on basic conditions

Attraction is the key to the tourism development of a city. Supporting factors also have bearings on the final decisions. Therefore, if the direct appeal factors are seen as the "foundation", and supporting factors are seen as the least important factor, then the tourism development of a city should be based on the foundation rather than the least important ones. With the emergence of vacation tourism, the overall environment of destinations have deep impacts on people's decisions on tourism. Supporting systems reflect those supporting factors of the tourism appeal. Environmental quality and the number of airlines are used here as two indicators, reflecting the status quo of a city in environment and transport. Table 2-9 shows the rankings of supporting factors of different cities.

Table 2–9 Rankings of world tourism cities in supporting factors

Country	City	Supporting systems		C2 Environmental quality		C3 Airlines	
		Rank	Score	Rank	Score	Rank	Score
Germany	Frankfurt	1	1.000	32	0.871	1	1.000
Germany	Munich	2	0.999	28	0.879	2	0.990
Holland	Amsterdam	3	0.988	25	0.894	3	0.955

Continued table

Country	City	Supporting systems		C2 Environmental quality		C3 Airlines	
		Rank	Score	Rank	Score	Rank	Score
Ireland	Dublin	4	0.944	8	0.962	9	0.803
France	Paris	5	0.928	49	0.788	4	0.948
Spain	Barcelona	6	0.922	35	0.864	5	0.861
US	Las Vegas	7	0.904	7	0.970	11	0.723
Austria	Vienna	8	0.902	32	0.871	7	0.816
US	LA	9	0.894	26	0.886	10	0.787
Italy	Rome	10	0.887	46	0.811	6	0.848
US	NY	11	0.873	19	0.917	12	0.716
US	Chicago	12	0.869	21	0.909	12	0.716
Belgium	Brussels	13	0.844	35	0.864	12	0.716
Spain	Madrid	14	0.835	28	0.879	16	0.684
UK	Edinburg	15	0.833	8	0.962	23	0.597
Switzerland	Geneva	16	0.827	21	0.909	18	0.639
US	W.D.C	17	0.826	16	0.939	22	0.606
US	Miami	18	0.812	8	0.962	26	0.558
Canada	Ottawa	19	0.810	13	0.955	25	0.561
US	Orlando	20	0.792	3	0.985	31	0.497
UK	London	21	0.789	39	0.856	20	0.619
Singapore	Singapore	22	0.783	39	0.856	21	0.610
US	SF	23	0.773	8	0.962	34	0.484
Australia	Sydney	24	0.771	3	0.985	38	0.458
Canada	Vancouver	25	0.744	15	0.947	41	0.445
Germany	Berlin	26	0.740	28	0.879	29	0.506
Italy	Milan	27	0.735	54	0.742	19	0.632
Czech	Prague	28	0.733	32	0.871	30	0.500
Portugal	Budapest	29	0.732	39	0.856	28	0.513
Thailand	Bangkok	30	0.724	61	0.667	15	0.687
Norway	Oslo	31	0.722	21	0.909	42	0.442

Continued table

Country	City	Supporting systems		C2 Environmental quality		C3 Airlines	
		Rank	Score	Rank	Score	Rank	Score
Sweden	Stockholm	31	0.722	35	0.864	33	0.487
China	HK	33	0.717	57	0.697	17	0.645
Australia	Melbourne	34	0.710	6	0.977	52	0.352
Australia	BNE	35	0.700	16	0.939	49	0.371
US	Seattle	36	0.696	13	0.955	54	0.348
Poland	Warsaw	37	0.690	44	0.833	38	0.458
Portugal	Lisbon	38	0.685	42	0.848	43	0.432
Malaysia	KUL	39	0.680	56	0.705	24	0.568
Italy	Venice	40	0.676	48	0.803	37	0.461
Canada	Toronto	41	0.674	19	0.917	56	0.345
Greece	Athens	42	0.671	52	0.765	32	0.490
US	St. Paul	43	0.657	16	0.939	61	0.290
Indonesia	Bali	44	0.656	2	0.992	67	0.235
US	Honolulu	44	0.656	3	0.985	64	0.242
China	Taipei	46	0.644	55	0.735	35	0.471
Australia	Canberra	47	0.640	1	1.000	70	0.197
Turkey	Istanbul	48	0.634	62	0.629	26	0.558
Russia	St. Petersburg	49	0.629	43	0.838	57	0.339
Russia	Moscow	50	0.603	45	0.826	60	0.303
Latvia	Riga	50	0.603	51	0.780	55	0.348
Indonesia	Jakarta	52	0.597	53	0.750	51	0.368
New Zealand	Auckland	53	0.587	8	0.962	77	0.135
Israel	Tel Aviv	54	0.582	63	0.621	36	0.468
Argentina	Buenos Aires	55	0.549	49	0.788	65	0.239
China	Macaw	56	0.543	57	0.697	58	0.319
Mexico	Cancun	57	0.534	65	0.606	48	0.394
Japan	Sapporo	58	0.531	26	0.886	82	0.106
Korea	Seoul	59	0.528	66	0.591	46	0.397

Continued table

Country	City	Supporting systems		C2 Environmental quality		C3 Airlines	
		Rank	Score	Rank	Score	Rank	Score
Japan	Tokyo	60	0.511	24	0.902	90	0.055
Mexico	Mexican City	61	0.506	60	0.682	62	0.265
Holland	Rotterdam	62	0.498	35	0.864	88	0.068
Vietnam	Ho Chi Minh City	63	0.488	73	0.543	49	0.371
Italy	Florence	63	0.488	46	0.811	84	0.103
Belarus	Minsk	65	0.480	28	0.879	94	0.019
China	Shanghai	66	0.466	82	0.462	44	0.410
China	Guangzhou	67	0.462	72	0.545	58	0.319
UAE	Dubai	68	0.452	96	0.030	7	0.816
South Africa	Capetown	69	0.450	57	0.697	75	0.145
Brazil	Rio	70	0.443	66	0.591	65	0.239
South Africa	Johannesburg	71	0.440	68	0.576	63	0.248
Bulgaria	Sophia	72	0.410	70	0.561	69	0.206
China	Dalian	73	0.383	73	0.543	72	0.174
China	Qingdao	74	0.366	73	0.543	76	0.142
China	Kunming	74	0.366	69	0.568	80	0.116
Korea	Bushan	76	0.365	70	0.561	79	0.123
China	Xiamen	77	0.361	73	0.543	78	0.132
India	New Delhi	78	0.359	91	0.220	40	0.452
Palestine	Jerusalem	79	0.332	63	0.621	96	0.000
China	Zhangjiajie	80	0.318	73	0.543	91	0.052
China	Luoyang	81	0.316	73	0.543	92	0.048
China	Mudanjiang	82	0.309	73	0.543	93	0.035
China	Beijing	83	0.297	94	0.159	46	0.397
China	Altay	84	0.292	73	0.543	95	0.003
China	Jiaozuo	85	0.290	73	0.543	96	0.000
China	Hangzhou	86	0.277	83	0.341	71	0.177
India	Bombay	87	0.259	95	0.076	44	0.410

Continued table

Country	City	Supporting systems		C2 Environmental quality		C3 Airlines	
		Rank	Score	Rank	Score	Rank	Score
China	Harbin	88	0.249	85	0.311	74	0.155
China	Chengdu	89	0.243	90	0.235	68	0.219
China	Chongqing	90	0.234	87	0.280	73	0.158
China	Nanjing	91	0.227	84	0.318	83	0.106
China	Tianjin	92	0.216	85	0.311	86	0.094
Egypt	Cairo	93	0.206	96	0.030	52	0.355
China	Wuhan	94	0.196	87	0.280	87	0.087
China	Taiyuan	95	0.180	89	0.273	89	0.065
China	Xi'an	96	0.179	92	0.220	80	0.116
UAE	AUH	97	0.155	93	0.189	85	0.100
Saudi Arabia	Mega	98	0.000	98	0.000	96	0.000

The table above shows the scores of supporting factors of tourism appeal. Chart 2-3 interprets the result from regional perspective. 41 cities in the Asia-Pacific with total score of 18.024, 0.440 on average; 31 cities in Europe with total score of 23.149, 0.747 on average; 18 cities in the Americas with a total score of 13.014, 0.723 on average; 8 cities in the Middle East and Africa with total score of 2.618, 0.327 on average.

Europe still has obvious advantages in supporting factors. The Americas is the next, while the Asia-Pacific lags behind, and the Middle East and Africa are weak. Supporting factors are composed of environmental quality and the number of airlines. Europe has advantages in the both aspects. On the one hand, the geographical conditions lead to good climate; on the other hand, from the perspective of economic and social development, Europe has experienced large scale of industrial revolution and began to think about the relationship between man and nature, which has been demonstrated in the 2012 London Olympics and other practices. In terms of the number of airlines, Europe has absolute advantages.

The development of air transport industry complements with economic and social development. Policies of inexpensive air transport also facilitate the development of this industry. Cities in the Americas have different performances in this two factors. Orlando, Honolulu, Las Vegas, Miami and San Francisco elevated the average level of the region; while Rio, BuenosAires, Honolulu, the Mexico City and St. Paul dragged the whole level. The Asia-Pacific has a vast land with different natural conditions. Some cities have seen the consequences of eco-imbalance and pollution due to profit-oriented development. It has become all the more important to pursue sustainable development. With economic development, Asia-Pacific will make progress in the air-transport industry. The Middle East and Africa have poor performance due to poor natural conditions. What is more, a peaceful environment will contribute a lot to the development of the whole region.

Among the participant cities, those which have advantages include: Frankfurt,

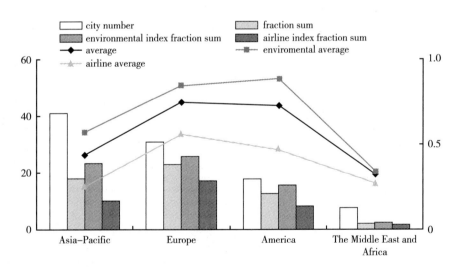

Chart 2–3   Comparison of supporting factors in tourism attraction index

Munich, Amsterdam, Dublin, Paris, Barcelona, Las Vegas, Vienna, L.A., and Rome. Most of them are European cities, and some are America cities. Analysis of Europe and the Americas are similar to the above. Top cities in environmental index are: Canberra, Bali, Orlando, Sydney, Honolulu, Melbourne, Las Vegas, Dublin,

Edinburg, Miami, San Francisco and Auckland (many cities share same scores). Cities in the Oceanic have good performance. Canberra, capital city of Australia, ranks first in environment. A large part of the Oceanic is located between Tropics of Capricorn and Cancer, and most part belongs to tropical and subtropical areas. Except for the inland of Australia which has continental climate, other parts have oceanic climate, with an average temperature of 25.8℃ all the year round. Favorable natural conditions and the attention on environmental protection lead to sound environment. The top ten cities in the flights are: Frankfurt, Munich, Amsterdam, Paris, Barcelona, Rome, Vienna, Dubai, Dublin and L.A, most of which are world-class transport hubs.

Report on Support for Tourism Index

1. Rankings and Interpretation

- The support for tourism index refers to the driving force of tourist economy and basic nature of different development paths;
- Indicates different development stages of tourist economy and marketization.
- Includes city planning, positioning marketing, open services and organizations; The Index is composed of positioning of city tourism, tourism authority formation, multi-lingual index and visa facilitation. Rankings of 98 cities in this regard are shown as below, see table 2-10.

Table 2–10   Rankings of world tourism cities in support for tourism index

Rank	City	Score	Standard score	Rank	City	Score	Standard score
1	Toronto	7.200	100.000	44	Las Vegas	4.400	61.111
2	Singapore	7.100	98.611	44	Orlando	4.400	61.111
2	Paris	7.100	98.611	52	Sydney	4.300	59.722
4	SF	7.000	97.222	53	Johannesburg	4.200	58.333
5	Ottawa	6.400	88.889	53	Cancun	4.200	58.333
6	Macaw	6.000	83.333	55	Seattle	4.100	56.944
7	Tel Aviv	5.900	81.944	56	Bushan	4.000	55.556

Continued table

Rank	City	Score	Standard score	Rank	City	Score	Standard score
7	HK	5.900	81.944	56	Seoul	4.000	55.556
9	Stockholm	5.700	79.167	58	Brussels	3.900	54.167
10	Athens	5.600	77.778	58	Madrid	3.900	54.167
10	Lisbon	5.600	77.778	58	Prague	3.900	54.167
10	Oslo	5.600	77.778	58	St. Paul	3.900	54.167
13	Hawaii	5.500	76.389	58	Geneva	3.900	54.167
14	Capetown	5.400	75.000	63	Jerusalem	3.700	51.389
14	Amsterdam	5.400	75.000	63	Vancouver	3.700	51.389
14	Mexican City	5.400	75.000	63	Hangzhou	3.700	51.389
17	W.D.C	5.300	73.611	66	Jakarta	3.600	50.000
18	Edinburg	5.200	72.222	66	Rome	3.600	50.000
18	Beijing	5.200	72.222	66	Sophia	3.600	50.000
20	Rio	5.100	70.833	66	Warsaw	3.600	50.000
21	Tokyo	5.000	69.444	66	Guangzhou	3.600	50.000
21	Frankfurt	5.000	69.444	66	Dalian	3.600	50.000
23	NY	4.900	68.056	66	Tianjin	3.600	50.000
24	Vienna	4.800	66.667	66	Qingdao	3.600	50.000
24	Shanghai	4.800	66.667	74	Dubai	3.500	48.611
24	Chengdu	4.800	66.667	74	Budapest	3.500	48.611
24	Cairo	4.800	66.667	74	Florence	3.500	48.611
24	Xiamen	4.800	66.667	74	London	3.500	48.611
29	Istanbul	4.700	65.278	74	Miami	3.500	48.611
29	Rotterdam	4.700	65.278	79	Bali	3.300	45.833
29	LA	4.700	65.278	79	Xi'an	3.300	45.833
29	Sapporo	4.700	65.278	79	Chongqing	3.300	45.833
29	Buenos Aires	4.700	65.278	79	Harbin	3.300	45.833
34	KUL	4.600	63.889	79	Nanjing	3.300	45.833
35	Auckland	4.500	62.500	79	Wuhan	3.300	45.833

Continued table

Rank	City	Score	Standard score	Rank	City	Score	Standard score
35	Melbourne	4.500	62.500	79	Zhangjiajie	3.300	45.833
35	Barcelona	4.500	62.500	86	AUH	3.200	44.444
35	Berlin	4.500	62.500	86	Ho Chi Minh City	3.200	44.444
35	Moscow	4.500	62.500	88	Altay	3.000	41.667
35	Munich	4.500	62.500	88	Luoyang	3.000	41.667
35	Riga	4.500	62.500	88	Mudanjiang	3.000	41.667
35	Venice	4.500	62.500	88	New Delhi	3.000	41.667
35	Chicago	4.500	62.500	88	Kunming	3.000	41.667
44	Bangkok	4.400	61.111	93	St. Petersburg	2.700	37.500
44	BNE	4.400	61.111	93	Jiaozuo	2.700	37.500
44	Canberra	4.400	61.111	83	Taiyuan	2.700	37.500
44	Taipei	4.400	61.111	96	Bombay	2.500	34.722
44	Milan	4.400	61.111	97	Dublin	2.400	33.333
44	Minsk	4.400	61.111	98	Mega	1.800	25.000

Based on the above table, the top ten are Toronto, Singapore, Paris, San Francisco, Ottawa, Macaw, TelAviv, Hong Kong, Stockholm and Sweden. Toronto ranks first on the list, Singapore comes next, and Paris comes third.

From the perspective of global tourism regions, among the top 20, 20 cities are in Europe, 7 in the Americas, 4 in Asia-Pacific and 2 in the Middle East and Africa; demonstrating cities in Europe and the Americas have better tourism environment and sound systems in tourism regulations, tourism secure opening, tourism strategic planning and tourism development model. Sweden, Stockholm, Paris in Europe, Hawaii, Mexico City and Rio in the Americas are all famous tourism cities, which are all on the list. Singapore, Macaw, Hong Kong and Beijing in the Asia-Pacific rank among the top cities on the list, with relatively sound development environment.

On the whole, the rankings are aligned with the basic world economic layout. Tourism development stages and models have been interpreted in theory in empirical studies of various cities. Tourist economy of advanced cities is safeguarded and upgraded by the well-developed market while the tourism economy and its comprehensive competitiveness of developing cities is enhanced by the government.

Table 2–11　Rankings of world tourism cities in support for tourism index

City	Total rank	Standard score	Rankings of indicators							
			D1 City positioning		D2 Authority formation		D3 Multi–lingual index		D4 Visa facilitation	
			Rank	Score	Rank	Score	Rank	Score	Rank	Score
Toronto	1	100.000	15	0.7	4	0.8	3	0.8	22	0.6
Singapore	2	98.611	1	1	45	0.6	12	0.3	1	1
Paris	2	98.611	1	1	45	0.6	6	0.4	3	0.9
SF	4	97.222	1	1	76	0.4	1	1	39	0.4
Ottawa	5	88.889	24	0.4	76	0.4	1	1	22	0.6
Macaw	6	83.333	1	1	4	0.8	12	0.3	30	0.5
Tel Aviv	7	81.944	24	0.4	45	0.6	12	0.3	1	1
HK	7	81.944	1	1	45	0.6	6	0.4	30	0.5
Stockholm	9	79.167	24	0.4	4	0.8	3	0.8	61	0.3
Athens	10	77.778	15	0.7	45	0.6	47	0.2	8	0.8
Lisbon	10	77.778	15	0.7	45	0.6	47	0.2	8	0.8
Oslo	10	77.778	15	0.7	45	0.6	47	0.2	8	0.8
Hawaii	13	76.389	1	1	1	1	74	0.1	39	0.4
Capetown	14	75.000	24	0.4	4	0.8	74	0.1	3	0.9
Amsterdam	14	75.000	24	0.4	4	0.8	12	0.3	17	0.7
Mexican City	14	75.000	24	0.4	4	0.8	74	0.1	3	0.9
W.D.C.	17	73.611	1	1	45	0.6	12	0.3	39	0.4
Edinburg	18	72.222	24	0.4	76	0.4	3	0.8	39	0.4
Beijing	18	72.222	24	0.4	1	1	12	0.3	30	0.5

Continued table

City	Total rank	Standard score	Rankings of indicators							
			D1 City positioning		D2 Authority formation		D3 Multi–lingual index		D4 Visa facilitation	
			Rank	Score	Rank	Score	Rank	Score	Rank	Score
Rio	20	70.833	24	0.4	4	0.8	74	0.1	8	0.8
Tokyo	21	69.444	24	0.4	45	0.6	12	0.3	17	0.7
Frankfurt	21	69.444	24	0.4	45	0.6	47	0.2	8	0.8
NY	23	68.056	1	1	76	0.4	12	0.3	39	0.4
Vienna	24	66.667	24	0.4	4	0.8	12	0.3	30	0.5
Shanghai	24	66.667	24	0.4	4	·0.8	12	0.3	30	0.5
Chengdu	24	66.667	24	0.4	4	0.8	12	0.3	30	0.5
Cairo	24	66.667	1	1	4	0.8	47	0.2	70	0.2
Xiamen	24	66.667	1	1	4	0.8	12	0.3	78	0.1
Istanbul	29	65.278	24	0.4	45	0.6	47	0.2	17	0.7
Rotterdam	29	65.278	24	0.4	45	0.6	47	0.2	17	0.7
LA	29	65.278	1	1	45	0.6	74	0.1	39	0.4
Sapporo	29	65.278	24	0.4	45	0.6	12	0.3	22	0.6
Buenos Aires	29	65.278	24	0.4	45	0.6	74	0.1	8	0.8
KUL	34	63.889	1	1	76	0.4	47	0.2	39	0.4
Auckland	35	62.500	24	0.4	4	0.8	74	0.1	22	0.6
Melbourne	35	62.500	24	0.4	4	0.8	6	0.4	61	0.3
Barcelona	35	62.500	24	0.4	4	0.8	12	0.3	39	0.4
Berlin	35	62.500	24	0.4	87	0.2	12	0.3	8	0.8
Moscow	35	62.500	24	0.4	4	0.8	12	0.3	39	0.4
Munich	35	62.500	24	0.4	87	0.2	12	0.3	8	0.8
Riga	35	62.500	24	0.4	87	0.2	12	0.3	8	0.8
Venice	35	62.500	15	0.7	4	0.8	47	0.2	61	0.3
Chicago	35	62.500	24	0.4	4	0.8	12	0.3	39	0.4
Bangkok	44	61.111	24	0.4	45	0.6	47	0.2	22	0.6
BNE	44	61.111	24	0.4	45	0.6	6	0.4	39	0.4

Continued table

City	Total rank	Standard score	Rankings of indicators							
			D1 City positioning		D2 Authority formation		D3 Multi–lingual index		D4 Visa facilitation	
			Rank	Score	Rank	Score	Rank	Score	Rank	Score
Canberra	44	61.111	1	1	45	0.6	74	0.1	61	0.3
Taipei	44	61.111	24	0.4	45	0.6	12	0.3	30	0.5
Milan	44	61.111	15	0.7	45	0.6	12	0.3	61	0.3
Minsk	44	61.111	15	0.7	45	0.6	47	0.2	39	0.4
Las Vegas	44	61.111	24	0.4	45	0.6	6	0.4	39	0.4
Orlando	44	61.111	15	0.7	45	0.6	47	0.2	39	0.4
Sydney	52	59.722	15	0.7	76	0.4	6	0.4	61	0.3
Johannesburg	53	58.333	24	0.4	87	0.2	74	0.1	3	0.9
Cancun	53	58.333	24	0.4	87	0.2	74	0.1	3	0.9
Seattle	55	56.944	15	0.7	45	0.6	74	0.1	39	0.4
Bushan	56	55.556	24	0.4	76	0.4	12	0.3	30	0.5
Seoul	56	55.556	24	0.4	76	0.4	12	0.3	30	0.5
Brussels	58	54.167	24	0.4	4	0.8	12	0.3	70	0.2
Madrid	58	54.167	24	0.4	4	0.8	74	0.1	39	0.4
Prague	58	54.167	24	0.4	87	0.2	47	0.2	17	0.7
St. Paul	58	54.167	24	0.4	4	0.8	74	0.1	39	0.4
Geneva	58	54.167	1	1	87	0.2	74	0.1	39	0.4
Jerusalem	63	51.389	24	0.4	76	0.4	12	0.3	39	0.4
Vancouver	63	51.389	24	0.4	76	0.4	74	0.1	22	0.6
Hangzhou	63	51.389	24	0.4	1	1	47	0.2	78	0.1
Jakarta	66	50.000	24	0.4	4	0.8	47	0.2	70	0.2
Rome	66	50.000	24	0.4	4	0.8	74	0.1	61	0.3
Sophia	66	50.000	24	0.4	87	0.2	47	0.2	22	0.6
Warsaw	66	50.000	24	0.4	87	0.2	47	0.2	22	0.6
Guangzhou	66	50.000	24	0.4	4	0.8	12	0.3	78	0.1
Dalian	66	50.000	24	0.4	4	0.8	12	0.3	78	0.1

Continued table

City	Total rank	Standard score	Rankings of indicators							
			D1 City positioning		D2 Authority formation		D3 Multi–lingual index		D4 Visa facilitation	
			Rank	Score	Rank	Score	Rank	Score	Rank	Score
Tianjin	66	50.000	24	0.4	4	0.8	12	0.3	78	0.1
Qingdao	66	50.000	24	0.4	4	0.8	12	0.3	78	0.1
Dubai	74	48.611	24	0.4	45	0.6	12	0.3	70	0.2
Budapest	74	48.611	24	0.4	45	0.6	47	0.2	61	0.3
Florence	74	48.611	24	0.4	45	0.6	47	0.2	61	0.3
London	74	48.611	24	0.4	45	0.6	74	0.1	39	0.4
Miami	74	48.611	24	0.4	45	0.6	74	0.1	39	0.4
Bali	79	45.833	24	0.4	4	0.8	74	0.1	70	0.2
Xi'an	79	45.833	24	0.4	4	0.8	47	0.2	78	0.1
Chongqing	79	45.833	24	0.4	4	0.8	12	0.3	88	0
Harbin	79	45.833	24	0.4	4	0.8	12	0.3	88	0
Nanjing	79	45.833	24	0.4	4	0.8	12	0.3	88	0
Wuhan	79	45.833	24	0.4	4	0.8	12	0.3	88	0
Z. JJ	79	45.833	24	0.4	4	0.8	12	0.3	88	0
AUH	86	44.444	24	0.4	45	0.6	47	0.2	70	0.2
Ho Chi Minh City	86	44.444	24	0.4	45	0.6	47	0.2	70	0.2
Altay	88	41.667	24	0.4	4	0.8	47	0.2	88	0
Luoyang	88	41.667	24	0.4	4	0.8	47	0.2	88	0
Mudanjiang	88	41.667	24	0.4	4	0.8	47	0.2	88	0
New Delhi	88	41.667	24	0.4	4	0.8	74	0.1	78	0.1
Kunming	88	41.667	24	0.4	4	0.8	74	0.1	78	0.1
St. Petersburg	93	37.500	24	0.4	87	0.2	74	0.1	39	0.4
Jiaozuo	93	37.500	24	0.4	4	0.8	74	0.1	88	0
Taiyuan	83	37.500	24	0.4	4	0.8	74	0.1	88	0
Bombay	96	34.722	24	0.4	76	0.4	47	0.2	78	0.1

Continued table

City	Total rank	Standard score	Rankings of indicators							
			D1 City positioning		D2 Authority formation		D3 Multi–lingual index		D4 Visa facilitation	
			Rank	Score	Rank	Score	Rank	Score	Rank	Score
Dublin	97	33.333	24	0.4	87	0.2	47	0.2	70	0.2
Mega	98	25.000	24	0.4	87	0.2	74	0.1	78	0.1

The table below shows the top ten cities in terms of individual indicators.

2. Factors Determining Support for Tourism Index

(1) Positioning of city tourism : inherent and stable support for tourism

City positioning refers to a process in which a city selects the basic components of the status of the city, define the tone, features and strategies of the development of the city in a reasonable fashion through comprehensively and in-depth analysis of major agents, logics and compound effects of the city development based on its own resources, competitive environment, demand trends and developments. World famous tourism cities identify tourism as the main function of the city and clarify in the development agenda that tourism is the defining feature of a tourism city. Unique city images would make tourism industry a steward in the development objectives, occupying space, roles and competitiveness of the city. Therefore, city positioning is an important indicator of support for tourism and is closely related to the cultural heritage, development and innovation.

In today's world, competition among cities are fierce. Toronto, Singapore, Paris, San Francisco, Ottawa, Macaw, TelAviv, Hong Kong, Stockholm and Athens identify tourism as the core of city development and competitiveness. Managers adopt a host of measures such as optimizing core resources, improving tourism environment, upgrading services and coordinating activities of tourists and local residents to make the city attractive to tourists and fulfill the expectations of tourists so as to increase market share and enhance city images.

(2) Policy environment: open and globalized support for tourism

Visa facilitation is a visa policy for world tourist countries, regions and cities. Based on visa facilitation of citizens from different cities enjoying visa exempt or visa on arrival, it refers to the degree of facilitation towards different nationals. This indicator is related to national security policies, economic development and international political relations, an important criterion measuring the accessibility of city tourism. Among top ten cities, citizens from Europe and the Americas enjoy greatest facilitation in this regard. In Asia-Pacific, except for Melbourne, BNE and Sydney, China and other countries have limited validity, greatly restraining the development of international tourism market and cross-border market bodies. Therefore, countries should proceed from national strategies, formulate Law on Regional Cooperation to Develop International Tourism Market and sign on Agreement on Regional Cooperation in the Investment Protection of Tourism Industry, set up a special fund, establish a wide-ranging cooperation dialogue mechanisms, simplify outbound investment procedures, ease controls on foreign exchange, streamline procedures including entry and exit permits, tourism visa, visa on arrival and customs examination of personal goods for tourists on both sides in order to enhance the competitiveness of tourism cities.

Multi-lingual index is an important indicator measuring the soft power and support for tourism of world tourism cities from the perspective of international language development. Stockholm, Toronto, Edinburg, Ottawa and San Francisco rank the to 5. City government websites use professional language service platform to provide 52-72 languages and character systems in parallel, and timely, accurate, rapid and all-round site search functions so as to engage in the world community. Melbourne, BNE, Paris, Las Vegas and Sydney run among top ten because of a dozen language services. The internationalization of World Tourism City systems finds expression in international standard of city infrastructure, cultural and service facilities, economic performance rules of cities and way of city management. Therefore, multi-lingual index, as a indicator of internationalization of tourism cities, directly describes the differences of world tourism cities in service systems, identifies the focus of support for tourism and helps strengthen the service-oriented function of the government and industrial organizations.

(3) Tourism authority formation: service-oriented and market-oriented support for tourism

In the management system of world tourism cities, government, trade associations and NGOs are the mainstay of management of economic performance of tourism cities, performing functions of market regulation, legal regulation, consulting, coordinating, providing services and making up for market failures. Due to differences in tourism evolvement stages, international environment and fundamental conditions, the development model of tourism derives from three major management bodies into government-led, market-led, and government-intervening models.

The government-led model is based on a strong government agency, such as tourism bureau or committee, performing functions of planning, rule-making, promotion, and talent training. Trade associations have minimum roles to play represented by Beijing and Hangzhou. The market-led model is running without government agencies, such as tourism bureau. Market promotion, industrial interests, coordination, international information exchanges, and tourism market management are performed by quasi-government organizations such as tourism association represented by over 20 cities including Jerusalem, K. L., Sydney, Edinburg, New York, Ottawa, and San Francisco. The government-intervening model sets up tourism management organizations in related government departments, such as tourism management office under the trade bureau, and leverage the active role of tourism industrial associations and other NGOs. The main functions of the government are tourism management, while market promotion and talent training are within the purview of trade associations. There are over 70 representative cities including Stockholm, Melbourne, Amsterdam, Moscow, Barcelona, Vienna, Chicago, Hong Kong. Nearly 70% of the 98 cities take the government-intervening model.

Through the analysis of the four factors, it is clear that the management system of city tourism is a combination of power distribution, function allocation, performing mechanism and organizational structures. Cities differ in political systems, cultural backgrounds, traditions and economic development, thus no unified management model. Conclusions can be drawn from the rule of management: the foundation of the government-led model is a half-baked market economy and important role of tourism in the economic development; the selection of the market-led model is due to a well-developed market economy with parallel level of tourism development at both home and abroad; the situation in-between leads to the third model. Therefore, nearly 70% of the 98 cities employ the government-intervening model. However, with the expansion of tourism and rapid growth of tourist market, industrial services, marketing and other functions will be transferred to trade associations and the city tourism industrial management system will develop into the market-led one.

G.8
Report on Network Popularity Index

1. Rankings and Interpretation

The popularity index online reflects how well-known the tourism destinations are, measuring the frequency of tourists and potential tourists follow related information through network (simplified as visibility online of tourism cities),expressed by the search range of some tourism-related key words. Wide search range of a certain tourism city indicates a large number of people are expecting, preparing to or has visited the city and the city enjoys popularity online; otherwise, the city got little attention online.

As a globalized search engine, Google can be uses to analyze the Network popularity of a city and ensure the accuracy and validity of the result. Specifically, Google Trends tools are used to set the English names of cities as key words, set tourism types, identify how many times the major tourism cities in the world have been searched in 2010 and make rankings based on the average value. Generally speaking, the higher the value, the more attention the city gets online.

Key words should reflect the search on tourism-related items. "Journey" refers to the act of traveling from one place to another; "voyage" refers to an act of traveling by water or a journey to some distant place; "travel" means trips that take a relatively long time or overseas trips; "tour" means a journey or route all the way around a particular place or area for sightseeing (long-distance or short-distance trips); "trip" and "excursion" refer to short-term travel and sightseeing, starting from one place and getting back to it and "excursion" means a group of people hit the road. But not a single word can sum up people's demands towards tourism information. Therefore, key words are names of cities. Proper information types should be set to reflect how many tourists and potential tourists are following tourism information of tourism cities. The language selection of key words is English. Although it is limited, it can reflect the popularity of tourism cities in a reasonable manner.

Around the globe, choose the year "2010", and choose Google website for search. Choose "tourism" (including tourist destinations, hotels and accommodations, bus and railway, air travel, car rental, cab services, explorations, cruises, chartered boat, recreation and activities) in the information type, which can comprehensively indicate how many times the tourism city has been heeded. According to the above conditions, the group came up with the rankings (2010).

Table 2–12   Rankings of world tourism cities in network popularity index

Rank	City	Score	Standard score	Rank	City	Score	Standard score
1	Paris	88.615	100.00	50	Geneva	69.635	78.23
2	Sydney	88.154	99.47	51	Miami	69.385	77.94
3	Shanghai	87.231	98.41	52	Hangzhou	69.058	77.57
4	Melbourne	84.442	95.21	53	Istanbul	68.288	76.69
5	Singapore	84.327	95.08	54	Jakarta	68.269	76.66
6	Tokyo	83.712	94.38	55	Tel Aviv	68.154	76.53
7	LA	82.385	92.85	56	HK	67.846	76.18
8	Las Vegas	81.750	92.13	57	BNE	67.231	75.47
9	Venice	81.692	92.06	58	Guangzhou	67.192	75.43
10	Florence	81.365	91.69	59	Macaw	67.038	75.25
11	Cairo	80.904	91.16	60	Orlando	66.558	74.70
12	NY	80.385	90.56	61	Cancun	66.442	74.57
13	Rome	80.365	90.54	62	Xiamen	66.288	74.39

Green Book of World Tourism Cities

Continued table

Rank	City	Score	Standard score	Rank	City	Score	Standard score
14	Honolulu	80.346	90.52	63	St. Petersburg	65.923	73.97
15	Beijing	80.288	90.45	64	Dalian	65.385	73.36
16	Rotterdam	80.058	90.19	65	Edinburg	64.385	72.21
17	SF	79.846	89.94	66	Qingdao	64.096	71.88
18	Bali	79.827	89.92	67	Wuhan	63.577	71.28
19	Xi'an	79.654	89.72	68	Mega	63.462	71.15
20	Toronto	79.077	89.06	69	Vienna	61.942	69.41
21	Taipei	78.327	88.20	70	Nanjing	60.692	67.97
22	Auckland	77.500	87.25	71	Vancouver	58.692	65.68
23	London	77.423	87.16	72	Lisbon	58.538	65.50
24	Ottawa	77.308	87.03	73	Tianjin	58.538	65.50
25	WDC	77.135	86.83	74	Dublin	57.788	64.64
26	Berlin	76.750	86.39	75	AUH	57.481	64.29
27	Capetown	76.558	86.17	76	Moscow	57.192	63.96
28	Prague	75.846	85.35	77	St. Paul	56.346	62.99
29	Mexican City	75.500	84.96	78	Milan	56.212	62.83
30	Stockholm	75.481	84.94	79	Kunming	56.115	62.72
31	Amsterdam	75.288	84.72	80	Johannesburg	55.538	62.06
32	New Delhi	75.269	84.69	81	Chongqing	55.308	61.80
33	Seattle	74.404	83.70	82	Warsaw	54.788	61.20
34	Chicago	74.308	83.59	83	Seoul	53.923	60.21
35	Jerusalem	74.077	83.33	84	Ho Chi Minh City	49.000	54.56
36	Madrid	73.827	83.04	85	Brussels	47.558	52.91
37	KUL	73.442	82.60	86	Riga	46.692	51.92
38	Bombay	73.019	82.11	87	Munich	45.019	50.00

Rank	City	Score	Standard score	Rank	City	Score	Standard score
39	Budapest	72.962	82.05	88	Frankfurt	35.788	39.41
40	Athens	72.481	81.49	89	Oslo	33.538	36.83
41	Minsk	71.538	80.41	90	Harbin	27.769	30.21
42	Chengdu	71.288	80.13	91	Sapporo	17.962	18.96
43	Bangkok	71.250	80.08	92	Altay	17.462	18.39
44	Rio	70.981	79.77	93	Taiyuan	16.885	17.73
45	Bushan	70.788	79.55	94	Sophia	16.519	17.31
46	Buenos Aires	70.769	79.53	95	Luoyang	14.327	14.80
47	Barcelona	70.058	78.72	96	Zhangjiajie	14.115	14.55
48	Dubai	69.827	78.45	97	Mudanjiang	1.737	0.36
49	Canberra	69.731	78.34	98	Jiaozuo	1.427	0.00

Note: Mudanjiang and Jiaozuo got insufficient search in 2010. The group made some adjustments. Common cities took up 15% in the search of tourism type, developed tourism cities (such as Beijing) took up 25%, and small tourism cities (such as Mudanjiang and Jiaozuo) took up 10% and the group got 1.737 and 1.427 as original scores.
Source: http://www.google.cn/trends/explore.

Based on the table, we can see that the rankings are basically in line with the actual situation in 2010. Top cities are almost from Europe and the Americas. Top ten are Paris, Sydney, Shanghai, Melbourne, Singapore, Tokyo, L.A., Las Vegas, Venice and Florence. The top ten have small gaps and gaps among the 7th and the 10th are smaller, 1 score difference for the standard score. Among the top ten, 3 are in Europe, 5 in the Asia-Pacific, and 2 in the Americas. This indicates that tourism cities in the Asia-Pacific are thriving and European tourism cities are also feeling the emergence of a new layout in the world tourism development. But a large number of cities in Asia-Pacific still lag behind. Among the last 50, cities in the Asia-Pacific take up over 50%, indicating huge development space and much more attention than European cities.

Among 11-20, 2 are in Europe, 3 in Asia, 4 in the Americas, and 1 in Africa. Cairo (11th) is only 2 scores higher than Toronto (20th). Among the 11-20,

Rome, Rotterdam are from Europe, Beijing, Bali, and Xi'an are from Asia, Ney York, Honolulu, and San Francisco are from the US and Toronto, Canada, and Cairo from Africa. The participant cities are composed of WTCF members and other world-class tourism cities. The tourism destinations differ in tourism development. Cities ranking after 86th have low scores and mostly are Chinese cities, which shows that Chines cities are less known around the world. 24 cities from China (including Hong Kong, Macaw and Taiwan) participated and only Shanghai, Beijing, Xi'an, Taipei, Chengdu, Hangzhou, Hong Kong, Guangzhou and Macaw rank among the top 60th and the rest are in the latter half. Shanghai, which attracted attention because of the World Expo, has the best performance, ranking 3rd on the list.

(2) Interpretation of major cities

Table 2–13   Top ten cities in network popularity index

Country	City	Rank	Standard score	Original score
Rance	Paris	1	100.00	88.615
Australia	Sydney	2	99.47	88.154
China	Shanghai	3	98.41	87.231
Australia	Melbourne	4	95.21	84.442
Singapore	Singapore	5	95.08	84.327
Japan	Tokyo	6	94.38	83.712
US	LA	7	92.85	82.385
US	Las Vegas	8	92.13	81.750
Italy	Venice	9	92.06	81.692
Italy	Florence	10	91.69	81.365

Among the top ten, there are world-class traditional tourism cities (such as Paris, Sydney, Melbourne, and Las Vegas), regional economic and financial centers (such as Singapore) and economic centers of emerging countries (Shanghai). (See table 2-13). On the whole, these cities are well equipped and well developed in tourism transport, thus catching much attention.

Paris is the most popular tourism city in Europe and won the first place on the list in 2010. In 2009 the European debt crisis broke out and in the first half of 2010, euro-dollar exchange rate has all the way declined and did not recover to the level before crisis despite mild rebound in the second half of the year. The decline of exchange rate spurred the aspirations for tourism of the people in the US and emerging countries in the Asia-Pacific to Europe. In 2010, a host of world-class exhibitions and events were held in Paris, including Paris Fashion Week, International Motor Show (1.2 million of audience in 2010), SIAL food and beverage fair (140,000 audience in 2010), WTM (100,000 audience in 2010) and the world badminton championships in Paris 2010, attracting more tourist to Paris.

Sydney and Shanghai rank the 2nd and 3rd. Over the years, Sydney has always been among the top ten on the list of Best Tourism cities on Travel & Leisure and for the first time won the first place, making it the best tourism city in the Asia-Pacific. The Best Tourism cities and this rankings all recognize the reputation of Sydney as the first tourism choice. Typical sights such as Sydney Opera House and Harbour Bridge, unique natural beauty and friendly cultural environment all make it a charming city. In July, 2010, Sydney launched the tourism brand Sydney: A City of Everything, based on which Destination NSW conducted a host of promotion activities in the mainland of China (the second largest source of tourists) and Hong Kong. According to the result, Sydney took off in tourism marketing, attracting much attention online. Another reason why Sydney is popular is that it is the primary gateway airport of Australia. According to the statistics provided by the Sydney Airport, the airport would attract 49% of international tourists and 30% of domestic tourists. In 2010, the airport rank 27th among the global airports with passenger flow of 35.99 million. The same year, Sydney population was 4.5 million and the passenger flow reached 8 times of the population, which is an obvious example its popularity.

In 2010, Shanghai was the eye of the world, because the World Expo was hosted from May 1st to October 1st in Shanghai. The theme of the Expo is "Better City, Better Life". It set a record of 73.08 million visitors, which hit a historic high among all the expos. This has also helped Shanghai make it to top three. The Expo enhanced the popularity of Shanghai in the world, showing the great role of large events in the development of city tourism. The goal of the expo is to hold a "successful, wonderful, and unforgettable" event and Shanghai carried forward the core conception of "touring Shanghai, happy experience" and proposed a slogan of "China Shanghai, Discover more, Experience more". More people are becoming to learn about Shanghai and other cities in China.

Among 4th to 6th, Melbourne, Singapore, and Tokyo are famous tourism cities in the Asia-Pacific with distinctive features, ranking high online. Melbourne is the second largest city (Sydney is the first largest one), known as a cultural and sports city and rated by United Nations Human Settlements Programme as the most livable city in the world, only less popular than Sydney. Highly frequent and high level international sports events lead to the popularity of Melbourne online. Australian Open, F1 RACES in Australia and Melbourne Cup are all held in Melbourne, indicating once more the importance of international events to tourism.

Singapore is lack of tourist resources, but as a "Garden City", it has developed unique tourism model such as theme tourism and fashion tourism. According to the statistics of Overseas Travel Index Survey by Global Times, Singapore is one of the most popular tourism destinations of family tour. Singapore boasts good geographical locations, well-developed transport systems, facilities and services, thus a relatively long history of family tour. In addition, Singapore is the 5th largest center of international conferences and large events in the world and one of air transit centers in the Asia-Pacific and around the globe. Good shopping and urban environment and intensive tourism promotion also add up to the popularity.

Tokyo is a world-class city, enjoying fame in the world, ranking the 6th on the list. Tourism in Japan contributes a lot to the national economy and therefore has been given prominence. In 2002, Tokyo was the first in Japan to pass The tourism industry revitalization planning and aim to build a charming city attracting people all across the world; in March, 2007, the revised version of the Planning was passed, aiming to build a international city with vigor and unique style and demonstrate the charm of the city through promotion of the whole city and holding international conferences and large events. Against such backdrop, 2010 became a golden year for tourism in Tokyo before "311 Earthquake".

Among the top ten are L.A., Las Vegas, Venice and Florence. L.A. , City of Angels, is the second largest city in the US (next to New York), ranking 7th online. The Lakers of NBA, Hollywood, Disneyland, Beverly Hills habited by rich people and vast beach all make L.A. a famous tourism city; annually Oscar Awards attracts film fans from the globe; it provides friendly cultural atmosphere and opportunities of meeting with huge stars and shopping with them, all making L.A. famous. Statistics show that tourism is a large driving force of economic development and employment of L.A. One out of ten employers are working in tourism industry. Las Vegas, a world famous gambling town and center of entertainment, ranks 8th on the list. It depends on tourism to develop the economy and people are interested in gambling-centered tourism, shopping, entertainment and vacation of the city. The exhibition industry is also developing fast in the city. According to statistics in 2009, over 20,000 associations held conferences in here, attracting 4.5 million participants. On the whole, it is natural to see Las Vegas ranking among the top. Venice and Florence rank the 9th and 10th . It is also a natural result. Venice is known as the City of Water, witnessing a host of activities (such as VeniceFilmFestival, Carnival, and Venice Carnival); Florence is the cultural city of Italy and always ranks among top ten in Travel & Leisure.

2. Rankings of Chinese Cities and Analysis

Chinese cities have a relatively poor performance in the online rankings. Shanghai, Beijing, and Xi'an rank among top 20 and one third of the last 30 are Chinese cities. Chinese tourism cities generally lag behind in the Asia-Pacific in terms of international popularity, which means Chinese cities are not as popular as cities in other countries. Chinese cities should make more efforts in building and enhancing images and promotion to gain better performance.

Beijing and Shanghai are selected for analysis because they reflect Chinese characteristics and have fairly good tourism industry. World Tourism City development index is a comprehensive one and Network popularity index is one of indicators. To get comprehensive rankings, the data sharing the same indicators is collected. To get a better result, a widened period from 2004 to 2012 is selected for research.

(1) Comparative analysis of Beijing and Shanghai in Network popularity——internationally

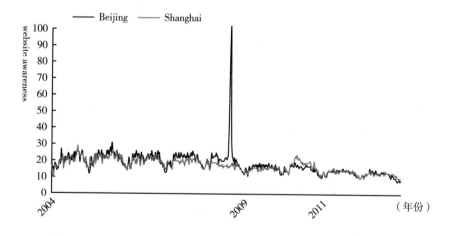

Chart 2-4   Run chart of network popularity of Shanghai and Beijing between 2004 and 2012

Search on the Google Trends and gain results of Network popularity of Beijing and Shanghai between 2004 and 2012. (see chart 2-4). From the chart ,we can see that before 2007, Beijing and Shanghai stood at almost the same level while after 2007, Beijing overtook Shanghai in 2007 and peaked in 2008 due to the Olympics. Shanghai did not catch up with Beijing despite the world Expo. In 2011 and until

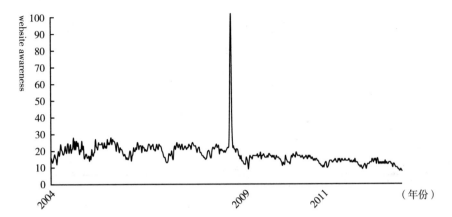

Chart 2–5 Run chart of network popularity of Beijing between 2004 and 2012

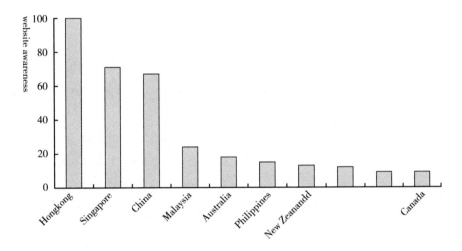

Chart 2–6 Network popularity of Beijing entry tourist countries and regions

now, the tow cities went back to the same level.

Based on the statistics of Google Trends, a stable trend can be seen from 2004 to 2012. In 2008, there was a surge in the Network popularity, showing the importance of large events in driving tourism development and popularity (see chart 2-5). In 2009 when the financial crisis broke out, Beijing was hit hard in tourism. It committed to driving domestic demand to improve tourism. Statistics of 2012 shows that top countries and regions include Hong Kong, Singapore, mainland

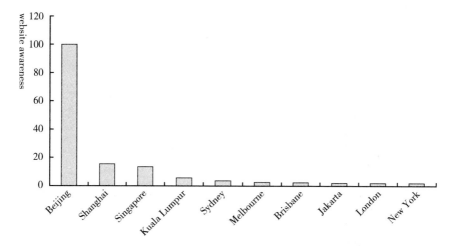

Chart 2-7   Network popularity of Beijing entry tourism cities

of China, Malaysia, Australia, thePhilippines, New Zealand, UAE, Danmark and Canada (see chart 2-6), top cities enjoying popularity include Beijing, Shanghai, Singapore, Sydney, Melbourne, BNE, Jakarta, London, and New York (see chart 2-7).

Network popularity of Shanghai entry tourism market. Statistics from Google shows that the top countries and regions are Hong Kong, Singapore, mainland of China, Australia, Malaysia, UAE, New Zealand, Switzerland, Germany and the Philippines and the top cities are Shanghai, Singapore, Beijing, Sydney, Melbourne, Milan, London, Bangkok and Jakarta.

Analysis shows that Beijing and Shanghai are almost the same in the two aspects and people who are interested are mostly from Asia-Pacific and other neighboring regions and European regions having close trade relations with China.

(2) Comparative analysis of Beijing and Shanghai in Network popularity——domestically

Basic information of tourism in Beijing and Shanghai is shown in chart 2-8. Form the chart ,we can see that Shanghai has slight advantages over Beijing between 2004 and 2011 while after 2011 the two cities have almost the same levels.

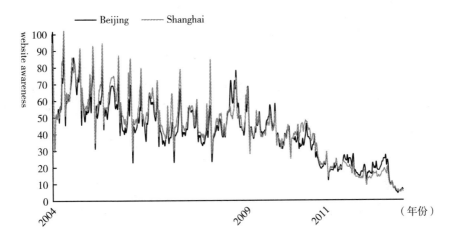

Chart 2–8　Run chart of domestic tourism network popularity of Shanghai and Beijing between 2004 and 2012

Regional Reports

Gr.9
Report on Tourism Cities in
The Asian–Pacific Region

1. General Analysis:Ranking in Medium Level Globally with Differences among Indexes

Generally speaking, development indexes of Asian-Pacific tourism cities rank at medium level, the place of 53th, among the world's tourism cities; but they vary in various indexes. In terms of Tourism prosperity index, they rank quite high globally at the place of 45th, higher than the average development index; as for tourism development potential index, they rank at the 36th, far higher than the average development index; while for tourism attraction index, tourism cities in the Asian-Pacific region take a lower place of 65th, lower than the average development index, so is support for tourism index which takes the 57th place globally; Network popularity index ranking is one place lower than that of the average development index at 54th. It can be seen that tourism cities in the Asian-Pacific region register medium-ranking development indexes across the world, but they witness differences when it comes to various specific indexes.

2. Tourism Prosperity Index: High overall Ranking with Hong Kong, Macao and Singapore as The Top 3

As shown in Table 3-1 are rankings of Asian-Pacific tourism cities in Tourism prosperity index.

Table 3–1   Rankings of Tourism prosperity index

Country	City	Ranking in the Region	Overall Ranking	Standard Score
China	Hong Kong	1	1	100.00
China	Macao	2	2	83.92
Singapore	Singapore	3	3	72.18
China	Shanghai	4	4	72.04
Republic of Korea	Seoul	5	9	62.37
Thailand	Bangkok	6	13	57.62
China	Taipei	7	15	53.90
Japan	Tokyo	8	16	53.90
China	Beijing	9	17	53.37
China	Guangzhou	10	18	53.07
India	Bombay	11	22	50.19
Indonesia	Bali Island	12	25	47.34
China	Zhangjiajie	13	26	46.33
Australia	Sidney	14	29	45.41
China	Wuhan	15	30	44.90
China	Chongqing	16	35	43.20
China	Hangchow	17	37	41.81
China	Xi'an	18	40	40.58
Australia	Melbourne	19	41	40.16
Malaysia	Kuala Lumpur	20	43	39.97
China	Nanking	21	44	39.78

Continued table

Country	City	Ranking in the Region	Overall Ranking	Standard Score
China	Xiamen	22	47	38.39
Australia	Brisbane	23	48	38.05
China	Chengdu	24	49	37.99
Republic of Korea	Busan	25	50	37.85
India	New Delhi	26	60	35.95
New Zealand	Auckland	27	61	35.09
Vietnam	HoChiMinh-City	28	64	34.88
China	Luoyang	29	65	34.87
Indonesia	Djakarta	30	66	34.71
China	Altay	31	68	34.67
China	Qingdao	32	70	34.29
China	Taiyuan	33	71	34.20
China	Kunming	34	73	33.38
China	Tianjin	35	75	32.89
China	Dalian	36	77	32.65
China	Harbin	37	79	30.79
Australia	Canberra	38	84	29.81
Japan	Sapporo	39	92	24.82
China	Jiaozuo	40	94	23.31
China	Mudanjiang	41	96	21.25

According to the table, 41 Asian-Pacific cities that entered for rating have received higher rankings than those of other regions. 10 cities in the Asian-Pacific regions ranked among the top 20, taking up 25% of the region's total cities registered for rating. This is clear evidence that tourism in the Asian-Pacific region has enjoyed booming development this year. Cities with high rankings are primarily in comparatively developed countries and regions; as world-famous tourist destinations, Hong Kong, Macao and Singapore ranked as the top 3. Tokyo, Seoul, Bangkok, Shanghai, Beijing and Guangzhou also ranked high.

Tourism prosperity index of Asian-Pacific tourism cities sees balanced levels among different ranking brackets (See Chart 3-1). There are respectively 8 cities ranking among the 21st to 40th bracket and 41st to 60th bracket, accounting for 20% respectively. 15 Asian-Pacific tourism cities rank after 60th, 40% of the total. They are primarily in developing countries, such as Ho Chi Minh City in Vietnam, Djakarta in Indonesia, Luoyang, Qingdao, Dalian and Kunming in China, etc.

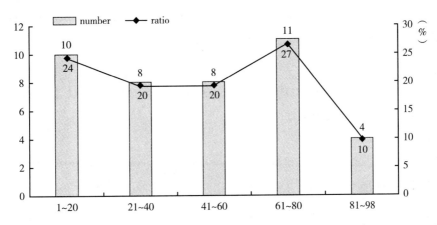

Chart 3-1   Distribution analysis of Tourism prosperity index of Asian-Pacific tourism cities

Thanks to the enormous domestic tourist market of mainland China, Hong Kong and Macao enjoy a large inbound tourist market, thus showing outstanding performance in the chart. Bangkok, Singapore, Seoul and Tokyo are also developed tourism cities in this region, and they have had the edge of attracting global tourists for a long time. Shanghai, Beijing, Guangzhou and other cities from mainland China have a long way to go before they graduate into first-class inbound tourist destinations, but they are already champions in the domestic tourism market.

In terms of the growth of tourism market, tourism aggregate growth in Asian-Pacific developing countries is impressive. Bombay in India performs excellently in both foreign visitor arrivals and domestic visitor arrivals; while its tourist revenue growth does not do as well. Tourism markets in some Chinese cities (such as Shanghai, Chongqing, Xi'an, etc.) also grow rapidly. Asian-Pacific cities with excellent tourist growth also include Djakarta, Taipei, Tokyo, etc.

Judging from indexes of tourist businesses, some vacation destinations in Australia and Southern Asia where tourism is mature perform well. Australia scores the highest occupancy rate with Sydney, Brisbane and Melbourne ranking among the top 10. Hong Kong, Macao and Singapore are home to developed tourist businesses and they score highest in separate indexes. When it comes to change of average room rate, some coastal vacation cities in Southern Asia (such as Bali Island and Kuala Lumpur) stand out.

3. Tourism Development Potential Index: Great Potential Represented by Chinese Cities

As shown in Table 3-2 are rankings of tourism development potential index tourism development tourism development potential index of Asian-Pacific cities.

Table 3–2 Rankings of tourism development potential index of Asian–Pacific cities

Country	City	Ranking in the Region	Overall Ranking	Standard Score
India	Bombay	1	1	100.000
China	Shanghai	2	2	87.245
Vietnam	Ho Chi Minh City	3	4	78.997
China	Guangzhou	4	5	75.868
China	Beijing	5	6	74.513
Japan	Tokyo	6	7	73.078
Singapore	Singapore	7	10	71.178
Australia	Sydney	8	11	70.069
China	Taipei	9	12	69.293
China	Chongqing	10	19	64.270
China	Chengdu	11	21	63.615
Thailand	Bangkok	12	22	63.479

Continued table

Country	City	Ranking in the Region	Overall Ranking	Standard Score
Australia	Canberra	13	23	62.745
Republic of Korea	Bushan	14	24	62.567
China	Jiaozuo	15	25	61.738
China	Dalian	16	27	60.402
Australia	Melbourne	17	28	59.659
Indonesia	Djakarta	18	29	57.783
China	Luoyang	19	30	57.143
China	Hangchow	20	31	56.325
China	Xiamen	21	32	55.809
China	Taiyuan	22	34	54.797
China	Hong Kong	23	35	54.665
New Zealand	Auckland	24	36	54.499
Australia	Brisbane	25	38	54.105
China	Wuhan	26	39	53.740
China	Altay	27	40	53.106
China	Tianjin	28	41	52.973
China	Kunming	29	43	52.491
India	New Delhi	30	46	50.281
China	Qingdao	31	47	49.816
China	Xi'an	32	48	49.619
Indonesia	Bali Island	33	49	49.456
Japan	Sapporo	34	59	46.631
China	Nanking	35	62	45.651
Republic of Korea	Seoul	36	67	43.630
China	Mudanjiang	37	73	40.809
China	Harbin	38	78	37.709
China	Macao	39	89	32.103
Malaysia	Kuala Lumpur	40	93	27.747
China	Zhangjiajie	41	94	26.758

41 Asian-Pacific cities altogether are included for rating. Among those, 33 rank among the top 50, 27 of them rank among the top 40, 19 rank among the top 30, 10 rank among the top 20, and 7 rank among the top 10, showing strong competitiveness. In particular, Bombay, Shanghai, Ho Chi Minh City, Guangzhou, Beijing, Tokyo and Singapore are distinctive examples. Asian-Pacific region outperforms other regions in the world in terms of tourism development potential index as the most promising tourist growth source.

Tourism development potential index sees great disparities among different brackets (See Chart 3-2). In the bracket of 1st to 20th, there are 10 Asian-Pacific cities, half of which are Chinese cities: Shanghai, Guangzhou, Beijing, Taipei and Chongqing. This is testament to a bright prospect of China's tourism. In the 21st to 40th bracket, there are 17 Asian-Pacific cities, taking up 40% of all cities in this region that are included. 7 cities rank among 41st to 60th, equivalent to 17% of all cities in the Asian-Pacific region. 7 cities, 20% of all Asian-Pacific cities that are included rank after 60th. Most of them are located in developing countries, like Kuala Lumpur in Malaysia, Nanking, Mudanjiang, Harbin and Zhangjiajie in China.

Chart 3-3 and chart 3-4 clearly reflect the overall ranking of potential and

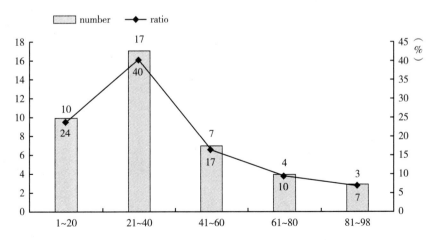

Chart 3–2   Distribution analysis of tourism development potential indexes of

Asian–Pacific cities

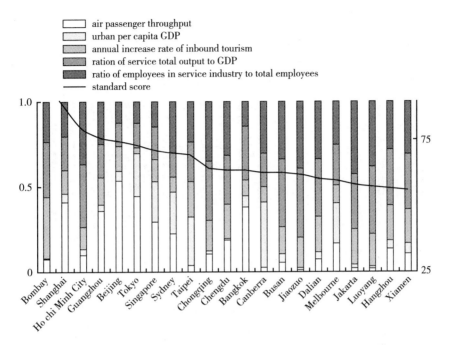

Chart 3–3 Potential analysis of Asian–Pacific tourism cities (A)

contribution of various sub-indexes. Contributions made by various sub-indexes witness yawning differences concerning top 3 cities with the greatest potential. This year, Bombay boasts the greatest potential with absolute advantage in annual averagegrowth rate of inbound tourist reception, while Shanghai takes the second place thanks to its edge in air passenger throughput. Ho Chi Minh City, the third place winner, enjoys advantages in the share of service industry in GDP and share of service employment in total employment.

Tourism in the Asian-Pacific region is bound to harvest a brighter prospect. It is now growing at an annual rate of 6.5%, a rate higher than that in other regions in the world. Revenue made by tourism industry in this region accounts for more than 20% of the world's total. As a major region of tourist attraction, Asian-Pacific now registers highest growth rate of tourism. As the global economic gravity shifts eastwards, the Asian-Australian Intercontinental Sea (including coastal areas of

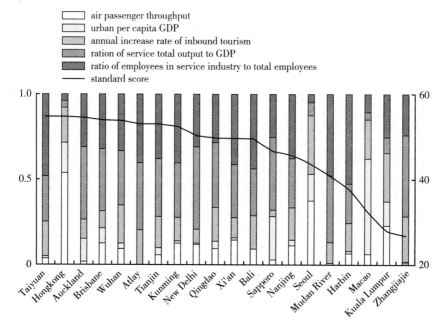

Chart 3–4   Potential analysis of Asian–Pacific tourism cities (B)

China) will become an emerging world-known coastal tourism destination after the Mediterranean and the Caribbean Sea.

4. Attraction Index: Weak Attraction Drags on Composite Index

Table 3-3 shows the ranking of attraction index of tourism of Asian-Pacific tourism cities.

Table 3–3   Ranking of attraction index of tourism of Asian–Pacific cities

Country	City	Ranking in the Region	Overall Ranking	Standard Score
Singapore	Singapore	1	11	61.30
China	Beijing	2	12	60.22
Australia	Sydney	3	15	57.19
Australia	Melbourne	4	24	46.80
China	Hong Kong	5	28	45.69

Continued table

Country	City	Ranking in the Region	Overall Ranking	Standard Score
Thailand	Bangkok	6	30	44.59
Malaysia	Kuala Lumpur	7	31	44.26
China	Taipei	8	34	43.70
Australia	Brisbane	9	38	43.29
Republic of Korea	Seoul	10	44	41.76
India	New Delhi	11	54	35.34
China	Shanghai	12	55	33.78
Indonesia	Bali Island	13	57	32.46
Japan	Tokyo	14	58	31.44
China	Macao	15	62	29.55
New Zealand	Auckland	16	63	29.23
Australia	Canberra	17	65	28.21
Indonesia	Djakarta	18	66	27.74
China	Kunming	19	68	26.50
China	Guangzhou	20	69	26.34
China	Zhangjiajie	21	73	24.42
China	Luoyang	22	74	24.34
Japan	Sapporo	23	75	23.86
Vietnam	Ho Chi Minh City	24	77	23.01
China	Qingdao	25	78	22.16
China	Xiamen	26	79	21.94
India	Bombay	27	80	21.17
Republic of Korea	Bushan	28	81	20.58
China	Chongqing	29	82	19.69
China	Mudanjiang	30	83	19.69
China	Altay	31	86	18.94
China	Hangchow	32	87	18.76
China	Dalian	33	88	17.65
China	Chengdu	34	89	16.29
China	Nanking	35	90	14.82
China	Wuhan	36	91	14.78
China	Xi'an	37	92	14.51

Continued table

Country	City	Ranking in the Region	Overall Ranking	Standard Score
China	Taiyuan	38	93	14.08
China	Jiaozuo	39	94	12.62
China	Harbin	40	96	11.41
China	Tianjin	41	98	10.37

Among the 41 cities included in the table, 10 rank among the top 50, 9 among the 40, 6 among the top 30, 3 among the top 20, and none of them gets in the top 10. Generally speaking, these cities hold weak attraction to tourists. More than half of these cities rank after the 60th place, most of which are Chinese cities. So for Chinese cities, one of the most urgent tasks is to boost their attraction towards tourists.

Asian-Pacific cities are unevenly distributed among different ranking brackets, and their overall ranking is low (See Chart 3-5). In the top 20 cities, there are 3 Asian-Pacific ones, but all of them are after the 10th place. In the bracket from 21st to 40th, there are 6 Asian-Pacific ones, taking up 15% of all cities in this region that are included in the rating. 5 Asian-Pacific cities—12% of all included cities in this region—rank between the 41st and 60th place. 27 Asian-Pacific cities rank after the 60th place, 65% of the total included.

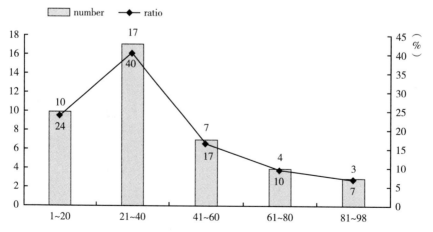

Chart 3–5   Distribution analysis of tourism development potential index

of Asian–Pacific tourism cities

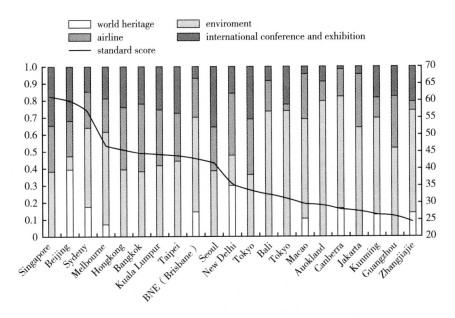

Chart 3−6   Attraction rankings of Asian−Pacific tourism cities (A)

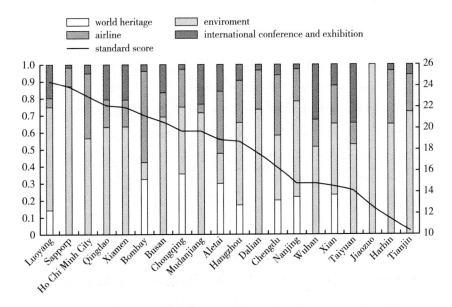

Chart 3−7   Attraction rankings of Asian−Pacific tourism cities (B)

Chart 3-6 and chart 3-7 show explicitly attraction scores of Asian-Pacific tourism cities and the contribution of various sub-indexes to their rankings.

107

Generally speaking, most Chinese cities are advantageous in world heritage; while cities in the Oceania excel at environment quality; and shipping lanes and international conferences and expositions are great contributors to key cities in the Asian-Pacific countries. Among the top three cities with the greatest attraction, Singapore manages to take the lead despite lack of world heritage listings. It also outperform other cities in environment quality, number of shipping lanes and number of international conferences and expositions. The runner-up—Beijing, on the other hand, benefits from world heritages and international conferences and expositions. Environmental protection and improvement stand as the direction forward for it. The third-ranking Sydney enjoys most advantage in environment indexes.

Currently, Asian-Pacific cities don't have strong attraction, but economies within the region are highly inter-complementary, so there is enormous potential. As Asian-Pacific countries witness increasingly stronger economies, transport systems keep improving, and international cooperation and exchanges have drawn more international conferences and expositions here. Meanwhile, Asian-Pacific countries have solid foundations of tourist resources; some are endowed with excellent environmental conditions. All these have paved the path for enhancing their attraction towards tourists. Looking forward, under the guidance of well-planned and sustainable development, by balancing economic, social and environmental benefits, Asian-Pacific countries is well-poised to boost their attraction and gain competitive edge among tourism destinations across the world.

5. Support for Tourism Index: at Medium Level with Tourism–oriented approach The Strongest Impetus

Table 3-4 shows the ranking of support for tourism index of Asian-Pacific tourism cities.

Table 3–4   Ranking of support for tourism index of Asian–Pacific tourism cities

Country	City	Ranking in the Region	Overall Ranking	Standard Score
Singapore	Singapore	1	2	98.611
China	Macao	2	6	83.333
China	Hong Kong	3	7	81.944
China	Beijing	4	18	72.222
Japan	Tokyo	5	21	69.444
China	Shanghai	6	24	66.667
China	Chengdu	6	24	66.667
China	Xiamen	6	24	66.667
Japan	Sapporo	9	29	65.278
Malaysia	Kuala Lumpur	10	34	63.889
New Zealand	Auckland	11	35	62.500
Australia	Melbourne	11	35	62.500
Thailand	Bangkok	13	44	61.111
Australia	Brisbane	13	44	61.111
Australia	Canberra	13	44	61.111
China	Taipei	13	44	61.111
Australia	Sydney	17	52	59.722
Republic of Korea	Bushan	18	56	55.556
Republic of Korea	Seoul	18	56	55.556
China	Hangchow	20	63	51.389
Indonesia	Djakarta	21	66	50.000
China	Guangzhou	21	66	50.000
China	Dalian	21	66	50.000
China	Tianjin	21	66	50.000
China	Qingdao	21	66	50.000
Indonesia	Bali Island	26	79	45.833
China	Xi'an	26	79	45.833
China	Chongqing	26	79	45.833
China	Harbin	26	79	45.833

Continued table

Country	City	Ranking in the Region	Overall Ranking	Standard Score
China	Nanking	26	79	45.833
China	Wuhan	26	79	45.833
China	Zhangjiajie	26	79	45.833
Vietnam	Ho Chi Minh City	33	86	44.444
China	Altay	34	88	41.667
China	Luoyang	34	88	41.667
China	Mudanjiang	34	88	41.667
India	New Delhi	34	88	41.667
China	Kunming	34	88	41.667
China	Jiaozuo	39	93	37.500
China	Taiyuan	40	83	37.500
India	Bombay	41	96	34.722

Four Asian-Pacific cities—Singapore, Macao, Hong Kong and Beijing have entered the top 20. 10 cities rank among the top 30, including Shanghai, Chengdu and Xiamen. This is strong testament to the important role played by Chinese government and industrial associations in enhancing the support for tourism index. It is also noteworthy that some Chinese cities, such as Taiyuan, Jiaozuo, Kunming, Mudanjiang, Luoyang, Altay, Zhangjiajie, Wuhan, Nanking, Harbin, Chongqing and Xi'an rank after the 70th, which means tourism industry in these cities has not received enough attention and support, hindering the long-term development of tourism.

The support for tourism index sees yawning difference in different rating brackets (See Chart 3-8). 10% of Asian-Pacific cities rank among the top 20 in terms of support for tourism index. 20% are between the 21st and 40th; 17% between 41st and 60th; 20% between 61st and 80th; while 34% of them rank after the 80th with much room for improvement.

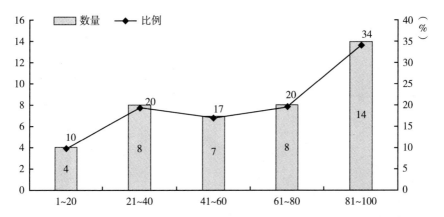

Chart 3-8　Distribution analysis of support for tourism index of Asian-Pacific cities

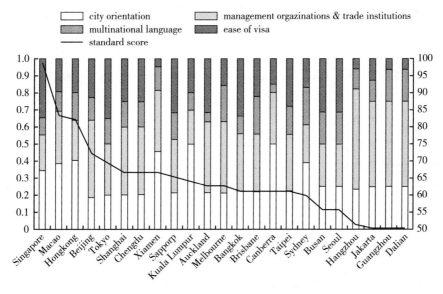

Chart 3-9　Ranking analysis of support for tourism index of tourism in

Asian-Pacific cities (A)

Chart 3-9 and chart 3-10 shows clearly overall ranking of support for tourism index of tourism industry and contributions made by various sub-indexes. Generally speaking, most Asian-Pacific cities share common advantage in tourist function positioning. Oceanic cities boast highest multilingual indexes, a sharp edge compared to other cities. Major cities in various countries see great shares of contribution coming from administrative institutions and industrial associations. Singapore

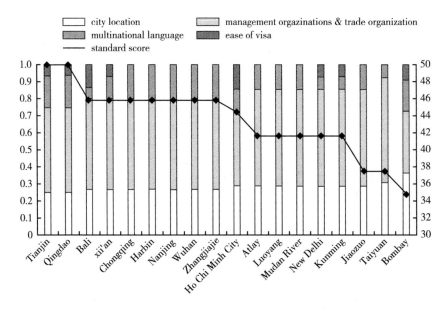

Chart 3–10   Ranking analysis of support for tourism index of tourism in

Asian–Pacific cities (B)

takes the first place with the highest support for tourism index. It performs well in urban positioning, administrative institutions and industrial associations, and visa convenience. The runner-up—Macao stands out for its urban positioning, and the third-ranking Hong Kong impresses us by its multilingual environment.

In the past 3 decades, the Asian-Pacific region has witnessed booming economic growth, emerging new industrialized countries, growing living standard and more leisure time. Enormous demand for tourism has been released and a large and sophisticated tourism market has taken shape. Currently, Asian-Pacific tourism has become the most robust and fastest-growing tourism economies in the world. In the following 10 years, it may become a new engine for global tourism-driven economy. Tourist industries in this region follow a progressive model which focuses on the ripple effect of tourism and impetus from tourism to other industries in the national economy. It is natural that driven by strong impetus of governments and industrial associations to strengthen tourism, the support for tourism index in this region will further climb up.

6. Network Popularity Index: Medium–level with Australian Cities in The Limelight

Table 3-5 showcases the ranking of Network popularity index of Asian-Pacific tourism cities.

Table 3–5 Rankings of Network popularity index of Asian–Pacific tourism cities

Country	City	Ranking in the Region	Overall Ranking	Standard Score
Australia	Sydney	1	2	99.47
China	Shanghai	2	3	98.41
Australia	Melbourne	3	4	95.21
Singapore	Singapore	4	5	95.08
Japan	Tokyo	5	6	94.38
China	Beijing	6	15	90.45
Indonesia	Bali Island	7	18	89.92
China	Xi'an	8	19	89.72
China	Taipei	9	21	88.20
New Zealand	Auckland	10	22	87.25
India	New Delhi	11	32	84.69
Malaysia	Kuala Lumpur	12	37	82.60
India	Bombay	13	38	82.11
China	Chengdu	14	42	80.13
Thailand	Bangkok	15	43	80.08
Republic of Korea	Bushan	16	45	79.55
Australia	Canberra	17	49	78.34
China	Hangchow	18	52	77.57
Indonesia	Djakarta	19	54	76.66
China	Hong Kong	20	56	76.18
Australia	Brisbane	21	57	75.47
China	Guangzhou	22	58	75.43
China	Macao	23	59	75.25
China	Xiamen	24	62	74.39

Country	City	Ranking in the Region	Overall Ranking	Standard Score
China	Dalian	25	64	73.36
China	Qingdao	26	66	71.88
China	Wuhan	27	67	71.28
China	Nanking	28	70	67.97
China	Tianjin	29	72	65.50
China	Kunming	30	79	62.72
China	Chongqing	31	81	61.80
Republic of Korea	Seoul	32	83	60.21
Vietnam	Ho Chi Minh City	33	84	54.56
China	Harbin	34	90	30.21
Japan	Sapporo	35	91	18.96
China	Altay	36	92	18.39
China	Taiyuan	37	93	17.73
China	Luoyang	38	95	14.80
China	Zhangjiajie	39	96	14.55
China	Mudanjiang	40	97	0.36
China	Jiaozuo	41	98	0.00

41 Asian-Pacific cities are included in the ranking, with 17 among the top 50, 13 among the top 40, 10 among the top 30, 8 among the top 20, and 5 among the top 10—Sydney, Shanghai, Melbourne, Singapore and Tokyo. All of them occupy high rankings with strong advantages. Through this table, we can see that the Asian-Pacific region has drawn great interest on the Internet.

Asian-Pacific cities are evenly distributed in various ranking brackets (See Chart 3-11). In the 1-20, 21-40, 41-60 and post-60 brackets, there are respectively10, 8, 8and 11 Asian-Pacific cities, taking up respectively 24%, 20%, 20% and 27% of all the Asian-Pacific cities included. The top 10 Asian-Pacific cities with highest Network popularity all enjoy developed tourism. There are yawning gaps among cities. Sydney's standard score are 12 points higher than that of Auckland.

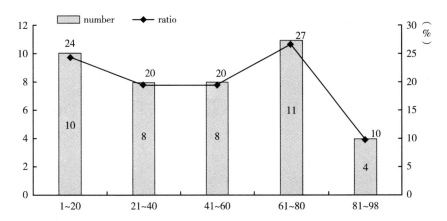

Chart 3–11   Distribution analysis of Network popularity of Asian–Pacific tourism cities

Australiancities are the best performers among all Asian-Pacific cities, with 2 cities in the top 3—Sydney in the first place and Melbourne in the third. Shanghai in China ranks second; its high Network popularity may be ascribed to the stage of Shanghai Expo.

The Asian-Pacific region is an emerging tourist magnet and a large source of tourists. Surge of Chinese tourists has triggered competitions among tourism destinations and tourist businesses for a share in the Chinese market. With more tourist exchanges among cities, more frequent cultural exchanges and more mutual visits among different cities, the Asian-Pacific region is bound to attract more attention and establish itself as a more popular base of tourism cities.

G.10
Report on Tourism Cities in Europe

1. General Analysis: at Upper Medium Level with Outstanding Attraction Index

European cities are generally developed. The average ranking of 31 European cities included in the rating stands at 42. The average ranking of attraction index is 26, 16 places higher than the average ranking of overall index, driving the standard deviation up to 11.03. If attraction index is excluded, the standard deviation of other four indexes would be 5.48—evidence of balanced development level. Tourism prosperity index, tourism development potential index tourism development tourism development potential index, support for tourism index and Network popularity index respectively stand at 51, 57, 42 and 51. Average government support index is at par with the overall index ranking, showing that governments of European cities are devoted to facilitating tourism. Tourism prosperity index, tourism development potential index and Network popularity index rank lower than overall index ranking, which remind us relevant fields that these indexes talks to deserve special attention.

2. Tourism Prosperity Index: at Medium–level Featured with Polarity

Ranking of Tourism prosperity index of European tourism cities is shown in Table 3-6 and Chart 3-12.

Table 3–6   Tourism prosperity index ranking of European cities

Country	City	Ranking in the Region	Overall Ranking	Standard Score
France	Paris	1	5	70.85
Italy	Rome	2	6	70.16
Austria	Vienna	3	8	62.94
The United Kingdom	London	4	11	59.70
Spain	Madrid	5	12	57.63
Italy	Milan	6	14	56.22
Germany	Frankfurt	7	19	52.67
The Netherlands	Amsterdam	8	20	50.72
Germany	Munich	9	21	50.61
Sweden	Stockholm	10	23	48.34
Spain	Barcelona	11	27	46.11
Germany	Berlin	12	33	44.56
Switzerland	Geneva	13	34	43.38
Czech Republic	Prague	14	36	42.28
Russia	Moscow	15	38	41.53
Turkey	Istanbul	16	54	36.67
Italy	Venice	17	55	36.40
Poland	Warsaw	18	63	35.00
The United Kingdom	Edinburgh	19	67	34.70
Hungary	Budapest	20	74	33.29
Greece	Athens	21	76	32.70
Russia	St. Petersburg	22	81	30.37
Italy	Florence	23	83	29.87
Belgium	Brussels	24	85	29.69
Latvia	Riga	25	86	28.61
Portugal	Lisbon	26	87	28.31
Norway	Oslo	27	89	27.49
The Republic of Belarus	Minsk	28	93	23.43
Ireland	Dublin	29	95	22.81
Bulgaria	Sofia	30	97	15.44
The Netherlands	Rotterdam	31	98	11.34

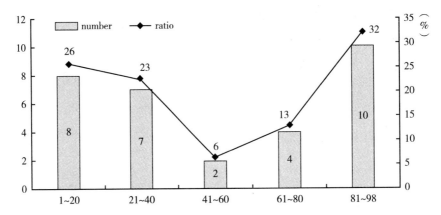

Chart 3–12   Distribution analysis of Tourism prosperity index of European cities

21 European cities entered Tourism prosperity index rating. Generally speaking, they perform well. 26% of them rank among the top 20, taking up 40% of the whole bracket. Cities with high ranking are primarily located in western European developed countries—The United Kingdom, France, Germany, Spain, Austria, Italy, The Netherlands, etc. And most of them are capitals or centers of economic, political, transport or cultural activities.

In terms of Tourism prosperity index, European cities are mainly distributed at the two ends—the higher end and the lower end, with few in the middle level. 8 European cities rank among the top 8, 7 among the 21st to 40th. About half of the European cities rank in the first half. In the lowest bracket, there are also 10 European cities, about 32% of all European cities. These low-ranking cities are in eastern European and northern European countries, such as Russia, Latvia, Norway, Ireland, the Republic of Belarus, and Bulgaria etc.

The ranking above reflects the basic situation of tourism in European cities. Due to limited territories, European countries lean heavily on inbound tourism. They are the largest destinations for inbound tourists: London, Paris and Munich are among the top 5 cities in the world with the most inbound tourist visits, and Rome, Milan, Paris and Madrid all rank before the 6th in terms of inbound tourism revenue. But the scale of domestic tourism in European cities is limited, so they don't have a large tourist base like India, China and Japan.

European tourism cities see slow growth—most cities register zero growth or even negative growth, because of the impacts of European sovereignty debt crisis and comparatively mature tourism industry. Compared with Asian cities, European cities' overall growth rate is low; a growth rate higher than 5% is regarded as high in Europe. But a few cities stand out with good performance. Concerning inbound tourism, Barcelona, Moscow, Istanbul, Riga and Frankfurt grow rapidly, while larger-scaled London, Paris and Rome see slower growth. In terms of domestic tourism, Moscow, Warsaw, Brussels and Vienna register great leaps. As for growth rate, Eastern Europe and peripheral regions enjoy more advantages.

In 2012, European tourism businesses performed badly. There is an enormous gap between European hotel occupancy rate and that of Asian cities. 12 cities registered an occupancy rate lower than 50%, including Milan, Istanbul, Venice, Athens, Florence, Brussels, Lisbon, Oslo, Dublin, etc. Average room rate in 22 cities—two thirds of all European cities included in the rating—dropped, such as Rome, Vienna, Madrid, Frankfurt and Munich.

3. Tourism Development Potential Index: Major Cities Outstand, and Airline Passenger Throughput has a Bearing on Ranking

As shown in Table 3-7 and Chart 3-13, European cities are commonly in lower places; only London, Munich, Madrid, Paris and Frankfurt have managed enter the top 20. 2 cities sit between 20th and 40th; most cities are found between 41st and 80th place.

Table 3–7   Ranking of tourism development potential index of European tourism cities

Country	City	Ranking in this Region	Overall Ranking	Standard Score
The United Kingdom	London	1	13	65.710
Germany	Munich	2	14	65.491
Spain	Madrid	3	16	64.742

Continued table

Country	City	Ranking in this Region	Overall Ranking	Standard Score
France	Paris	4	17	64.699
Germany	Frankfurt	5	20	64.209
Italy	Rome	6	26	61.239
Norway	Oslo	7	37	54.194
Sweden	Stockholm	8	42	52.845
Ireland	Dublin	9	45	50.467
Belgium	Brussels	10	53	49.115
Austria	Vienna	11	54	48.304
Italy	Florence	12	55	48.065
Germany	Berlin	13	56	47.619
Turkey	Istanbul	14	57	47.460
Switzerland	Geneva	15	61	46.140
The Netherlands	Amsterdam	16	64	45.172
Italy	Venice	17	66	43.766
Spain	Barcelona	18	68	43.100
Italy	Milan	19	69	41.980
Russia	St. Petersburg	20	70	41.846
Czech Republic	Prague	21	71	41.225
Russia	Moscow	22	72	40.851
Republic of Belarus	Minsk	23	75	39.092
Greece	Athens	24	77	38.010
Hungary	Budapest	25	79	36.320
Poland	Warsaw	26	81	35.243
Portugal	Lisbon	27	84	34.495
Latvia	Riga	28	85	33.694
Bulgaria	Sofia	29	86	33.586
The Netherlands	Rotterdam	30	88	32.786
The United Kingdom	Edinburgh	31	92	28.134

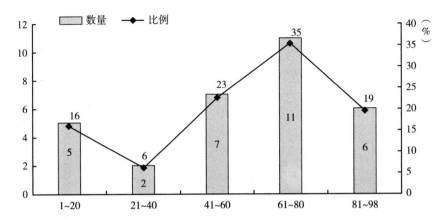

Chart 3–13   Distribution analysis of tourism development potential of European cities

The top 40 cities are all tourism cities with a long history, such as London, Paris and Rome. Their potential rank in the upper high and high level thanks to strong attraction and convenient air traffic.

The potential of European cities are low on the overall level, because their potential is restrained by limited airline passenger throughput set by most cities included in the ranking. Transport is an important pillar of tourism development. This is especially true for Europe, where there are smaller territories than the American and Asian continent. Foreign tourists have to access and exit the European border through port cities authorized with administrative power to approve access and exit. Once they arrive in a country, they can finish their travel by rail transport or public transit. But many European cities rated don't have port for access and exit, reducing their airline passenger throughput.

In terms of prospect, Europe is no rival to Asian-Pacific region, and nor is it near to American cities.

As shown in Chart 3-14 and Chart 3-15 is the ranking of potential and contributions of various sub-indexes. The five cities with highest potential have scores not far from each other, and contributions made by sub-indexes are almost at par.

London tops the potential ranking thanks to its advantage in airline passenger throughput. The runner-up Munich performs well in all sub-indexes, followed by

121

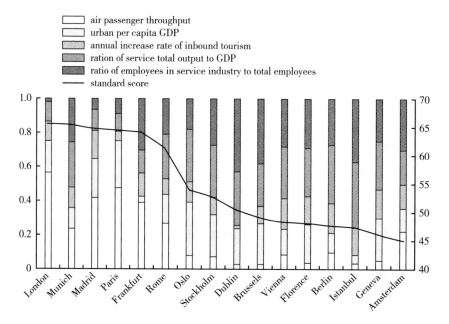

Chart 3–14   Ranking analysis of tourism development potential of European cities (A)

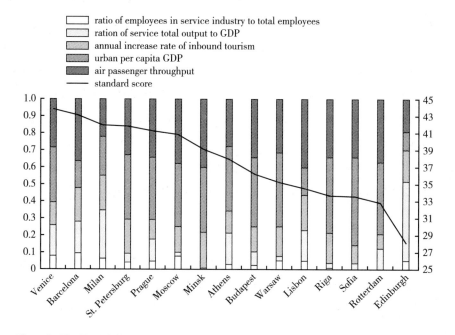

Chart 3–15   Ranking analysis of tourism development potential of European cities (B)

Madrid, Paris and Frankfurt. All of the latter three hold an edge in airline passenger throughput. Generally speaking, these five cities share near scores with almost same contributions made by various sub-indexes, showing that European cities are blessed with outstanding overall advantage.

4. Tourism Attraction Index: Excellent overall Performance

Attraction of European cities is shown in Table 3-8.

Table 3–8　Ranking of attraction of European cities

Country	City	Ranking in the Region	Overall Ranking	Standard Score
France	Paris	1	1	100.00
Spain	Barcelona	2	2	99.39
Spain	Madrid	3	3	96.06
Italy	Rome	4	4	90.86
Austria	Vienna	5	5	82.80
The United Kingdom	London	6	6	73.66
Germany	Berlin	7	7	73.48
The Netherlands	Amsterdam	8	8	73.43
Belgium	Brussels	9	9	67.42
Turkey	Istanbul	10	10	66.57
Ireland	Dublin	11	13	59.69
Portugal	Lisbon	12	14	58.86
Hungary	Budapest	13	16	56.74
Czechoslovakia	Prague	14	17	54.84
Germany	Munich	15	18	53.63
Sweden	Stockholm	16	19	53.38
The United Kingdom	Edinburgh	17	20	50.19
Switzerland	Geneva	18	23	47.73

Continued table

Country	City	Ranking in the Region	Overall Ranking	Standard Score
Germany	Frankfurt	19	25	46.63
Poland	Warsaw	20	26	46.52
Italy	Venice	21	27	46.18
Russia	Moscow	22	32	44.02
Greece	Athens	23	33	43.73
Norway	Oslo	24	39	42.76
Italy	Milan	25	42	41.99
Russia	St. Petersburg	26	53	36.21
Latvia	Riga	27	60	30.74
Italy	Florence	28	64	28.93
The Netherlands	Rotterdam	29	67	26.74
Republic of Belarus	Minsk	30	70	25.77
Bulgaria	Sofia	31	76	23.75

Table 3-8 shows attraction of European cities rated as World Tourism Cities. This year, 31 tourism cities have made the list; they are, in the order of attraction: Paris, Barcelona, Madrid, Rome, Vienna, London, Berlin, Amsterdam, Brussels, Istanbul, Dublin, Lisbon, Budapest, Prague, Munich, Stockholm, Edinburgh, Geneva, Frankfurt, Warsaw, Venice, Moscow, Athens, Oslo, Milan, St. Petersburg, Riga, Florence, Rotterdam, Minsk, Sofia.

Chart 3-16 and 3-17 showcase the overall attraction scores of European cities and contributions made by various sub-indexes. The top 3 European cities with the strongest attraction have strong overall strength, and they run neck and neck in sub-index scores. Last year, Barcelona scored the highest attraction and Paris came in second. This year, Paris gets the upper hand in the number of air routes and international conferences and expositions, so it has overtaken Barcelona to be the champion in tourism attraction with a higher aggregate score. Though Barcelona has higher scores of world heritage listings and environmental quality, it falls

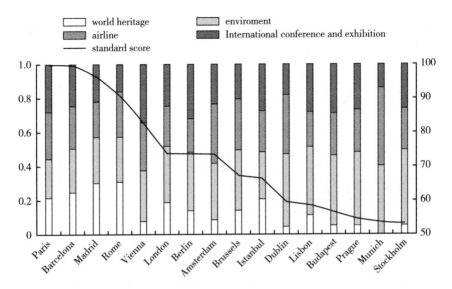

Chart 3–16   Ranking analysis of tourism attraction of European cities (A)

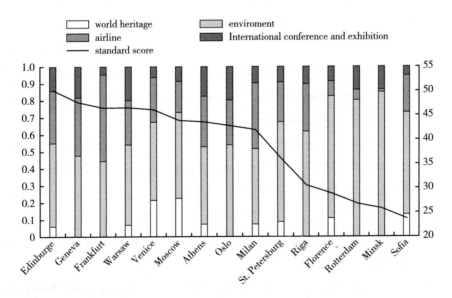

Chart 3–17   Ranking analysis of tourism attraction of European cities (B)

behind in air routes and international conferences and expositions. Similarly, the third-ranking Madrid scores higher than Barcelona in world heritage listings and

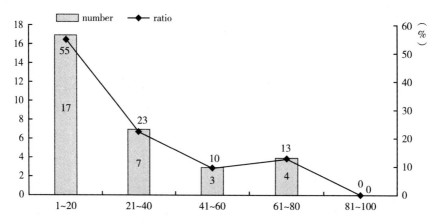

Chart 3-18   Distribution analysis of tourism attraction of European cities

environmental quality, but it, too, is outnumbered by Barcelona in air routes and international conferences and expositions.

There are two obviously over-crowded rank brackets. The first one is from 6th to 8th, taken up by three capitals—London, Berlin and Amsterdam—with the standard score of 73.66, 73.48 and 73.43. The second string of cities is from the 25th to 27th—Frankfurt, Warsaw and Venice with the standard score of 46.63, 46.52 and 46.18. Within these two brackets, cities find their attraction score quite near to each other, but their specific conditions are unique.

In terms of contributions made by sub-indexes, world heritage index contributes most to Madrid, Rome and Barcelona. Environment index contributes most to Dublin, Edinburgh, Geneva and Oslo. Number of air routes means a lot to Frankfurt, Munich and Amsterdam. And attraction index of Vienna, Paris and Barcelona is primarily attributed to international conferences and expositions.

As can be seen in Chart 3-18, in the overall ranking of attraction, there are no European cities in the last 20 places; all European cities rank among the first 80% part of the ranking places. Among them, 17 European cities rank among the top 20, 55% of the total; 7 cities are between 21st and 40th, 23%; 2 cities are found between the 41st and 60th, 6%; and 5 rank between 61st and 80th, 13%.

It means that more than half of the European cities rated as World Tourism Cities find their places in the top 20, and 78% rank within the first 40 places. It can be, therefore, concluded that the European region excels at attraction of World Tourism Cities.

Strong attraction held by European cities is rooted in their competitive overall strength. The European continent has an average height of 330 meters. The predominant terrain here is plane. The continent borders on respectively the Arctic Ocean in the north, the Atlantic in the west, and the Mediterranean and the Black Sea in the south. Most of Europe is of typical marine climate with moderate temperature and abundant precipitation, laying a sound foundation for good environment. Among the top 10 cities in respect of attraction, Paris, London, Berlin, Amsterdam and Brussels are of temperate marine climate, and Barcelona, Madrid, Rome and Istanbul are of Mediterranean climate. Vienna is located in the transition belt between temperate marine climate and temperate continental climate. If it was not for burdens brought about by their social and economic development on environment, they may have done better in environment quality. It is no surprise that European transport system grows expansive and complicated and many headquarters of international organizations come here to settle. These advantages suffice to enable Europe to maintain predominant place in world heritage, environment quality, airline routes and shipping lanes, and international conferences and expositions. Looking into the future, European cities will see stronger attraction. The ranking of various cities may shift, but there will be no fundamental reshuffle in the short run.

5. Support for Tourism Index: at Upper Medium Level with Balance Performance within the Region

Table 3-9 shows the ranking of support for tourism index of tourism for European cities

127

Table 3–9   Ranking of support for tourism index of European cities

Country	City	Ranking in the Region	Overall Ranking	Standard Score
France	Paris	1	2	98.611
Sweden	Stockholm	2	9	79.167
Greece	Athens	3	10	77.778
Portugal	Lisbon	3	10	77.778
Norway	Oslo	3	10	77.778
The Netherlands	Amsterdam	6	14	75.000
The United Kingdom	Edinburgh	7	18	72.222
Germany	Frankfurt	8	21	69.444
Austria	Vienna	9	24	66.667
Turkey	Istanbul	10	29	65.278
The Netherlands	Rotterdam	10	29	65.278
Spain	Barcelona	12	35	62.500
Germany	Berlin	12	35	62.500
Russia	Moscow	12	35	62.500
Germany	Munich	12	35	62.500
Latvia	Riga	12	35	62.500
Italy	Venice	12	35	62.500
Italy	Milan	18	44	61.111
Republic of Belarus	Minsk	18	44	61.111
Belgium	Brussels	20	58	54.167
Spain	Madrid	20	58	54.167
Czechoslovakia	Prague	20	58	54.167
Switzerland	Geneva	20	58	54.167
Italy	Rome	24	66	50.000
Bulgaria	Sofia	24	66	50.000
Poland	Warsaw	24	66	50.000
Hungary	Budapest	27	74	48.611
Italy	Florence	27	74	48.611
The United Kingdom	London	27	74	48.611
Russia	St. Petersburg	30	93	37.500
Ireland	Dublin	31	97	33.333

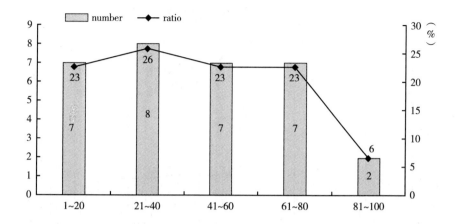

Chart 3–19   Distribution analysis of support for tourism index ranking of European cities

According to chart 3-19, in terms of over all support for tourism index, 7 European get into the top 20, taking up 23%; in the 21st to 40, 41st to 60th, 61st to 80th and 81st to 98th brackets, there are respectively 8, 7, 7 and 2 European cities, respectively 26%, 23%, 23% and 6%. It can be concluded that average support for tourism index of European cities rated as World Tourism Cities is higher than that of Asian-Pacific cities and Central and Eastern African cities. European cities take 46% of the top 40 places.

Chart 3-20 and 3-21 have shown overalltourism industry support scores and contributions made by various sub-indexes.Among the top three European cities with the strongesttourism industry support, Stockholm scores higher than Milan in tourist industrial organizations and administrative institutions and multilingualism. The third-ranking Athens performs comparatively badly in multilingualism.

In terms of contributions made by various sub-indexes, multilingualism makes great contribution to Edinburgh, Stockholm and Paris; while in Barcelona, Madrid, Rome, Istanbul and Brussels, administrative institutions and industrial organizations are of significant importance; visa convenience index is in active play in Munich, Riga, Berlin and Prague.

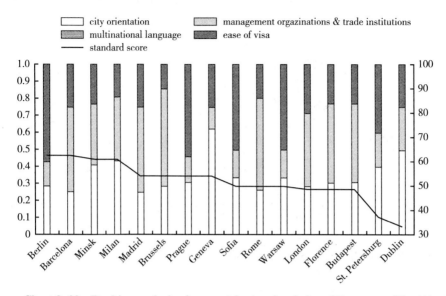

Chart 3–20   Ranking analysis of support for tourism index of European cities (A)

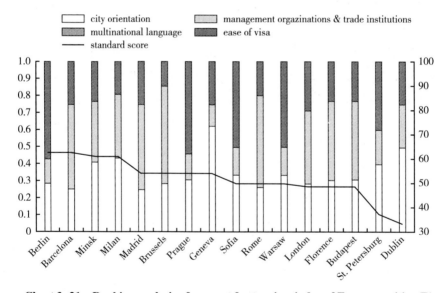

Chart 3–21   Ranking analysis of support for tourism index of European cities (B)

Throughout the history of global tourism development, Europe is the first continent to industrialize tourism. Compared with later-comer cities in Asian-Pacific and American region, European tourism cities enjoy more support from governments. Thanks to long history of tourism development and high industrial maturity, theirtourism industry support rank among the first in the world.

130

6. Network Popularity : There are Both Winners and Losers

The ranking of Network popularity of European cities are shown in the following table:

Table 3–10   Ranking of Network popularity of European tourism cities

Country	City	Ranking in the Region	Overall Ranking	Standard Score
France	Paris	1	1	100.00
Italy	Venice	2	9	92.06
Italy	Florence	3	10	91.69
Italy	Rome	4	13	90.54
The Netherlands	Rotterdam	5	16	90.19
The United Kingdom	London	6	23	87.16
Germany	Berlin	7	26	86.39
Czech Republic	Prague	8	28	85.35
Sweden	Stockholm	9	30	84.94
The Netherlands	Amsterdam	10	31	84.72
Spain	Madrid	11	36	83.04
Hungary	Budapest	12	39	82.05
Greece	Athens	13	40	81.49
Russia	Minsk	14	41	80.41
Spain	Barcelona	15	47	78.72
Sweden	Geneva	16	50	78.23
Turkey	Istanbul	17	53	76.69
Russia	St. Petersburg	18	63	73.97
The United Kingdom	Edinburgh	19	65	72.21
Austria	Vienna	20	69	69.41
Spain	Lisbon	21	72	65.50
Ireland	Dublin	22	74	64.64
Russia	Moscow	23	76	63.96
Italy	Milan	24	78	62.83
Poland	Warsaw	25	82	61.20
Belgium	Brussels	26	85	52.91
Latvia	Riga	27	86	51.92
Germany	Munich	28	87	50.00
Germany	Frankfurt	29	88	39.41
Norway	Oslo	30	89	36.83
Bulgaria	Sofia	31	94	17.31

The champion of Network popularity among the world's tourism cities is in Europe, while there are few European cities among the top 10 in the overall ranking—Paris, Venice and Florence. 33% of the top 40 cities are European, and the last 20 ones include 7 European cities. So in respect of Network popularity, European cities are polarized (See Chart 3-22). Currently, European countries are all at the post-industrialization period featured with developed economies. As world-famous traditional tourist destinations, most European cities enjoy great prestige. Since the outburst of European debt crisis, however, Europe has been dragged down by dampened tourism within the region. With a solid foundation for tourism development and strong attraction, Europe is bound to back under the spotlight with further efforts.

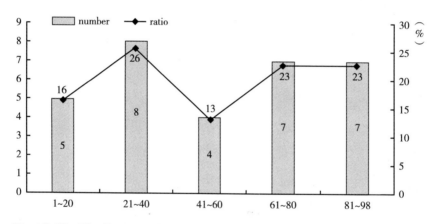

Chart 3–22   Distribution analysis of Network popularity of European tourism cities

G.11
Report on Tourism Cities in the American Region

1. General Analysis: at Upper Medium Level with Great Disparities in Various Indexes

Overall development index of American tourism cities is at upper high with the average ranking of 44th. The average ranking of Tourism prosperity index is 52nd, lower than the overall average; tourism development potential index stands at 59th, far below the overall average; attraction index, support for tourism index and Network popularity occupy higher rankings than the overall average—41st, 32nd and 35th. The standard deviation of various index rankings is 10.5, showing yawning, differences among them. For American tourism cities, their attraction, Network popularity and government support are all among the highest in the world, and tourism in this region is on a track of stable development. This is why the American region is at lower medium level in terms of potential.

2. Tourism Prosperity Index: at Medium Level with The United States as the Lead

Ranking of tourism confidence of American tourism cities is shown as followed.

Table 3–11   Tourism prosperity index ranking of American tourism cities

Country	City	Ranking in the Region	Overall Ranking	Standard Score
The United States	Las Vegas	1	7	62.94
The United States	New York	2	10	60.66
The United States	Miami	3	28	45.53
The United States	San Francisco	4	32	44.63
The United States	Los Angeles	5	39	41.37
Argentina	Buenos Aires	6	45	39.59
Canada	Toronto	7	46	38.87
Brazil	Rio de Janeiro	8	51	37.18
The United States	Chicago	9	52	36.78
The United States	Honolulu	10	53	36.72
Canada	Vancouver	11	57	36.26
Brazil	San Paulo	12	59	36.13
The United States	Washington	13	62	35.04
The United States	Orlando	14	69	34.57
The United States	Seattle	15	80	30.64
Mexico	Cancun	16	82	30.16
Mexico	Mexico City	17	88	27.82
Canada	Ottawa	18	90	26.08

18 American cities are included in the ranking. According to Table 3-11, the top 5 American cities with the highest are all in the United States: Las Vegas, New York, Miami, San Francisco and Los Angeles. Cities in Canada, Argentina and Brazil occupy places in the middle, and Mexican cities are in the rear. Generally speaking, the United States takes the lead in the Americas with the highest Tourism prosperity index. Canada, Brazil and Argentina also show good performance, while Mexico does slightly worse.

Chart 3-23 shows the rankings of American cities in comparison with all tourism cities in the world. Only 2 American cities have made the top 20, taking up 10% of the bracket; 3 American cities rank between 21st and 40th, taking up 15%; 7 cities are among 41st and 60th, taking up 35%; there are respectively 3 cities in the 61st to 80th

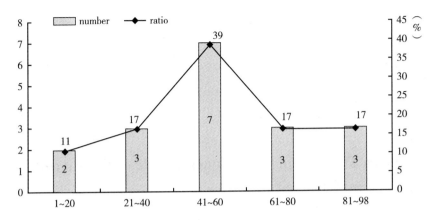

Chart 3–23   Distribution analysis of Tourism prosperity index of American tourism cities

and post-81st bracket, each taking up 15% of the bracket.

In comparison with Asian-Pacific and European cities, American cities don't do as well, only taking medium places. There are not as many American cities in the top 40 and post-60 batch, either.

American cities have smaller tourism market than European and Asian cities: smaller inbound tourism market than European counterparts and smaller domestictourism market than Asian counterparts. Some American cities (such as Las Vegas and New York) have comparatively large market scales in the Americas. New York ranks 9th globally in inbound tourist reception and Las Vegas ranks 18th. Other cities don't hold advantage in this sub-index. In terms of domestic tourist reception, only New York and Chicago have made the top 20. Other cities see mediocre performance.

Tourism growth in the Americas is slower than Asia, but faster than Europe. Fast-growing cities include Las Vegas, Los Angeles, Honolulu and New York with a growth rate higher than 10%. Buenos Aires also registers high growth rate, with inbound tourism market and domestic tourism market growing at a two-digit rate. Canadian and Mexican cities, such as Sao Paulo, Toronto and Vancouver, see growth rates about 5%. Mexican cities (Mexico City and Cancun), on the other hand, see negative growth.

In American tourism cities, tourism businesses perform well. In particular, room occupancy rates in Las Vegas, New York, Washington and San Francisco stay above 75%. Even in cities with lower rankings, occupancy rates are also above 60%. Mexico city—the lowest rate—reaches 52%. All these rates are higher than European cities; average room rate also maintain steady growth, reflecting a sound situation of American tourism businesses.

3. Tourism Development Potential Index: Disadvantaged, but American Cities Stand out

Ranking of potential of American tourism cities are shown in the following table:

Table 3–12　Ranking of tourism development potential of American tourism cities

Country	City	Ranking in the Region	Overall Ranking	Standard Score
The United States	New York	1	3	84.878
The United States	Los Angles	2	8	73.017
The United States	Chicago	3	9	73.008
The United States	Orlando	4	18	64.441
Canada	Toranto	5	33	54.894
The United States	Washington D.C.	6	44	51.909
The United States	San Francisco	7	51	49.316
Brazil	Sao Paulo	8	58	46.680
The United States	Las Vegas	9	65	44.001
Argentina	Buenos Aires	10	74	40.160
Brazil	Rio de Janeiro	11	76	38.104
The United States	Seattle	12	82	35.214
The United States	Miami	13	87	32.983
Canada	Vancouver	14	90	29.316
Mexico	Cancun	15	91	29.025
Canada	Ottawa	16	95	25.897
The United States	Honolulu	17	96	25.536
Mexico	Mexico City	18	97	24.793

广视角·全方位·多品种

权威·前沿·原创

皮书系列为
"十二五"国家重点图书出版规划项目

According to Table 3-12, cities from the United States stand out, taking 4 places in the top 5: New York, Los Angeles, Chicago and Orlando. Toronto ranks the 5th. The middle places are taken up by American, Brazilian and Argentine cities. Vancouver, Ottawa, Cancun and Mexico City, and Honolulu rank in the rear with limited potential.

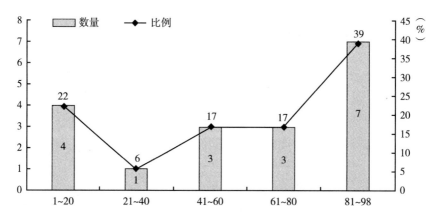

Chart 3–24   Distribution analysis of tourism development potential rankings of American tourism cities

As can be seen in Chart 3-24, 4 American cities have made top 20, taking up 22% of all the American cities included. In the 21st to 40th, 41st to 60th, 61st to 80th and post-80th bracket, there are respectively 1, 3, 3 and 7 cities, taking up 6%, 17% and 39 of all American cities included in the ranking.

In comparison with other regions, the Americas see lagging potential rankings. Tourism within the region is at different development stages: there are countries with mature tourism such as the United States, Canada, Mexico and Peru; there is also the Southern America where tourism is still on the rise. So there is yawning disparities in terms of tourism development potential index.

According to Chart 3-25, most cities benefit a lot from per capita GDP and airline passenger throughput. Specifically speaking, per capita GDP in urban areas contributes greatly in New York, Los Angeles, Chicago, Toronto and Washington, while airline passenger throughput makes enormous contribution in Los Angeles, Chicago, Orlando and San Francisco.

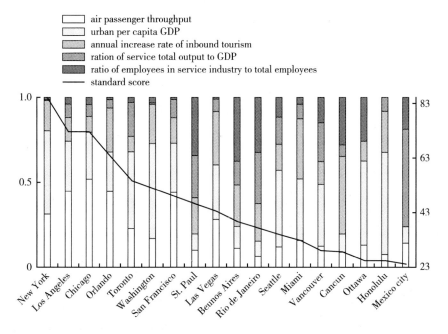

air passenger throughput
urban per capita GDP
annual increase rate of inbound tourism
ration of service total output to GDP
ratio of employees in service industry to total employees
standard score

Chart 3–25   Ranking analysis of tourism development potential in American tourism cities

Compared with Asia and Europe, the Americas are at disadvantage in airline passengerthroughput and per capita GDP in urban areas.

Judging from analysis of the past five years' statistics, the Americas don't hold a stronger tourism capacity or more spacious development room than Asia and Europe.

In the Americas, countries are of different development levels and resources with different characteristics. Their tourism industries naturally perch at different levels. The United States and Canada are endowed with massive territories and countless spectacular natural scenery; they also enjoy strong economies, rich cultures and advanced technologies. A lot of national parks and modern amusement parks and museums are built in these two countries. In 2011, the United States ranked the second globally in terms of foreign tourist reception, and Canada took the 12th place. In the same year, the United States scored the highest tourism revenue, two times of that of the runner-up Spain. Canada ranked 13th. The two countries together took up about 60% of tourists visiting the Americas, raking in 80% of tourism revenue of the region.

Mexico and Peru are traditionally famous for Indian cultural relics and sites. In 2011, Mexico was the 10th largest tourist recipient with its tourism revenue ranking the 16th globally. Countries by the Caribbean Sea share advantages brought by their tropical sea shores and focus on developing seashore sanitariums, cruising clubs, summer houses and spa resorts. In the 1980s, tourism here made great leaps forward. The Caribbean coast has become another seashore tourism destination after the Mediterranean.

In summary, the Americas are the second largest tourism home after Europe. They are home to the world-famous Mayan and Incan civilizations, modern technologies created by capitalist powers and ancient cultures created by the Indian people.

4. Tourism Attraction Index: Taking the Middle Place Globally

The following table shows rankings of attraction of American tourism cities.

Table 3–13　Ranking of attraction index of American tourism cities

Country	City	Ranking in the Region	Overall Ranking	Standard Score
Mexico	Mexico City	1	21	48.83
The United States	New York	2	22	47.99
The United States	Washington	3	29	45.33
The United States	San Francisco	4	35	43.65
The United States	Las Vegas	5	36	43.45
The United States	Miami	6	37	43.41
The United States	Chicago	7	40	42.67
Canada	Vancouver	8	41	42.54
Canada	Ottawa	9	43	41.94
Argentina	Buenos Aires	10	45	41.69
The United States	Los Angeles	11	46	39.88
The United States	San Paulo	12	47	39.75
The United States	Hawaii-Honolulu	13	48	38.41
The United States	Seattle	14	49	37.97
The United States	Orlando	15	50	37.57
Canada	Toronto	16	51	37.36
Brazil	Rio de Janeiro	17	52	36.57
Mexico	Cancun	18	56	32.69

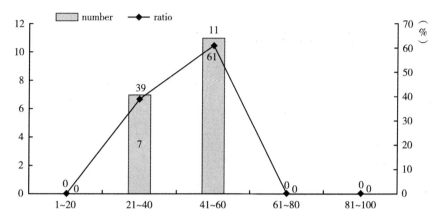

Chart 3–26　Distribution analysis of attraction rankings of American cities

Table 3-13 shows attraction index of American cities rated as World Tourism Cities this year. This year, 18 American cities have been rated as World Tourism Cities. Among them, Mexico City is the most attractive one, followed by New York and Washington with weaker world heritage strength.

Chart 3-26 shows how American cities that are rated as World Tourism Cities are distributed in the American region. It can be easily seen that American cities are concentrated in the 21st to 60th bracket: 7 ranking between 21st and 40th, taking up 39%; and 11 between 41st and 60th, taking up 61%. So American cities are in the middle part of global ranking of attraction.

In respect of sub-indexes contributive to attraction (See Chart 3-27), world heritage is important for Mexico City and Honolulu. Other cities lack the advantage of world heritage. Environmentcontributes a great deal in the case of Honolulu, Orlando and Las Vegas. The number of air routes is a strong driver in Los Angeles, Las Vegas, New York and Chicago. International conferences and expositions contribute a large share to attraction in Buenos Aires and Rio de Janeiro.

Most American cities don't hold an edge in world heritage; and their scores of international conferences and expositions are surprisingly low. There are yawning differences among American cities in environment and air routes. In Orlando,

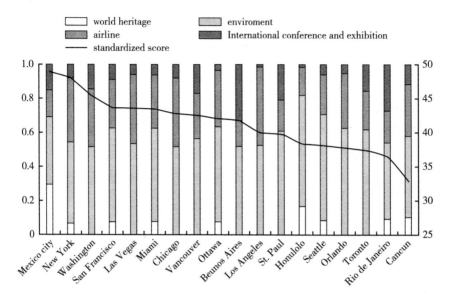

world heritage

airline

standardized score

enviroment

International conference and exhibition

Chart 3–27   Attraction ranking analysis of American tourism cities

Honolulu, Las Vegas, Miami and San Francisco, good environment has driven the average environment score of the whole region; low air routes in Rio de Janeiro, Buenos Aires, Honolulu, Mexico City and San Paulo has weighted on the average number of air routes of the Americas.

5. Support for Tourism Index: Higher than Other Continents

Ranking of tourismtourism industry support index in the Americas is shown as follows.

Table 3–14   Ranking of support for tourism index of American tourism cities

Country	City	Ranking in the Region	Overall Ranking	Standard Score
Canada	Toronto	1	1	100.000
The United States	San Francisco	2	3	97.222
Canada	Ottawa	3	5	88.889
The United States	Hawaii	4	13	76.389
Mexico	Mexico City	5	14	75.000

Continued table

Country	City	Ranking in the Region	Overall Ranking	Standard Score
The United States	Washington	6	17	73.611
Brazil	Rio de Janeiro	7	20	70.833
The United States	New York	8	23	68.056
The United States	Los Angeles	9	29	65.278
Argentina	Buenos Aires	9	29	65.278
The United States	Chicago	11	35	62.500
The United States	Las Vegas	12	44	61.111
The United States	Orlando	12	44	61.111
Mexico	Cancun	14	53	58.333
The United States	Seattle	15	55	56.944
The United States	Sao Paulo	16	58	54.167
Canada	Vancouver	17	63	51.389
The United States	Miami	18	74	48.611

Table 3-14 shows rankings of support for tourism index of American tourism cities rated as World Tourism Cities in 2013. The top 10 cities in the American region are led by Toronto with the highesttourism industry support, followed by San Francisco that ranking third globally.

Chart 3-28 shows the distribution of American cities in terms of tourism

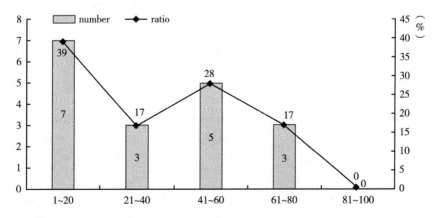

Chart 3–28   Distribution analysis of support for tourism index in

American tourism cities

industry support index. There are 7 American cities in the top 20, taking up 39% of the bracket volume; 3, 5 and 3 cities respectively rank in the 21st to 40th, 41st to 60th and 61st to 80th bracket, accounting for respectively 17%, 28% and 17%.

Compared with other regions in the world, tourismindustry support index in the American region is higher than that of Europe and Asia-Pacific. American cities take up 56% of the total in terms of support for tourism index, 10 percentage points higher than that of Europe and 20 percentage points higher than that of Asia-Pacific.

In respect of contribution made by sub-indexes, administrative institutions and industrial associations contribute a lot in Chicago, Hawaii, Buenos Aires, while in other cities, this index is of little avail. Multilingualism matters a lot in Toronto, Las Vegas, Ottawa and Los Angeles. Visa convenience plays a big role in Cancun, Buenos Aires, Vancouver, Rio de Janeiro and Mexico City, and urban development positioning is a great contributing factor for Hawaii, New York, Los Angeles and Seattle.

According to statistics of the World Tourism Organization, recent years have witnessed outstanding development in Southern America. In the first half of 2011, tourism in Southern America grew by 15%, three times of the world's average

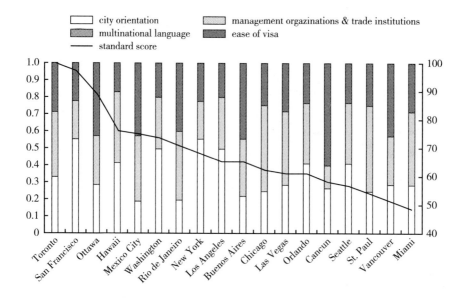

Chart 3–29   Ranking analysis of support for tourism index of American tourism cities

growth rate, 9% higher than Central and Eastern Europe, 7% higher than Southern Europe and the Mediterranean, and 4% higher than Northern America. The rapid growth of tourism in Southern America is fueled by economic growth, increasing tourism supplies and government focus. The governments have channeled massive investment into tourist sectors; tourism institutions have built many tourist venues and enhanced their reception capacity. Looking forward, tourismindustry support index in the Americas is bound to enhance further and hold great potential.

6. Network Popularity Index: Ranking at Upper Medium Level Globally

Ranking of Network popularity of American cities is shown as follows:

Table 3–15   Ranking of Network popularity of American tourism cities

Country	City	Ranking in the Region	Overall Ranking	Standard Score
The United States	Los Angeles	1	7	92.85
The United States	Las Vegas	2	8	92.13
The United States	New York	3	12	90.56
The United States	Honolulu	4	14	90.52
The United States	San Francisco	5	17	89.94
Canada	Toronto	6	20	89.06
Canada	Ottawa	7	24	87.03
The United States	Washington	8	25	86.83
Mexico	Mexico City	9	29	84.96
The United States	Seattle	10	33	83.70
The United States	Chicago	11	34	83.59
Brazil	Rio de Janeiro	12	44	79.77
Argentina	Buenos Aires	13	46	79.53
The United States	Miami	14	51	77.94
The United States	Orlando	15	60	74.70
Mexico	Cancun	16	61	74.57
Canada	Vancouver	17	71	65.68
Brazil	Sao Paulo	18	77	62.99

Judging from the overall ranking of Network popularity (as shown in Table 3-15), 13 out of 18 American cities included rank among the top 50, and none is found after the 80th place (See Chart 3-30). American cities do well generally in Network popularity thanks to people's admiration towards superpowers and the mythical Mayan civilization. Tourism cities in developing countries such as Argentina, Brazil and Mexico have a long way to go before they can rival American cities in this field.

10 cities in the United States are included in the ranking; 6 among those rank among the top 30. Mexico City is known as the home to many world heritages, but it is not the champion of Network popularity . Cities in more developed areas receive more intense attention, showing that the United States hold stronger attraction as the world's economic center than the charm of world heritage.

As can be seen in Chart 3-30, 6 American cities have made the top 20—33% of the bracket volume. 5 rank between 21st and 40th, 28%; 4 rank between 41st and 60th, 22% of the total; 3 are between 61st and 80th, 15% of the bracket aggregate.

Compared with other regions, support for tourism index of American tourism cities is parallel to that of Europe—it is at upper medium level and no city ranks in the last 20 places.

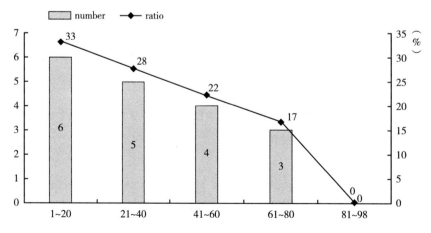

Chart 3–30　Distribution analysis of Network popularity rankings of

American tourism cities

Gr.12

Report on Tourism Cities in Middle East and Africa

1. General Analysis: Low Overall Level with Imbalanced Sub–indexes

8 cities in Middle East and Africa have joined overall ranking of World Tourism Cities. Their overall development score rank the 70th, showing that this region is at low level of tourism city development. Sub-indexes also see lack of balance. Tourism prosperity index, tourism development potential index, government support index and Network popularity index are higher than the overall index. Tourism development potential index is the lowest at the 78th; Network popularity is the highest at 50th. Standard deviation of various sub-indexes stands at 10.03, a symbol of great disparity.

2. Tourism Prosperity Index: Large Gap with Other Regions, yet with Stable Growth

Ranking of Tourism prosperity index of Middle East and African cities is shown in the following table.

Table 3–16 Ranking of Tourism prosperity index of Middle East and African cities

Country	City	Ranking in the Region	Overall Ranking	Standard Score
United Arab Emirates	Dubai	1	24	48.05
SaudiArabia	Mecca	2	31	44.67
United Arab Emirates	Abu Dhabi	3	42	40.14
Egypt	Cairo	4	56	36.29
Israel	Tel Aviv	5	58	36.20
Palestine	Jerusalem	6	72	33.80
South Africa	Johannesburg	7	78	32.33
South Africa	Cape Town	8	91	25.47

8 cities in Middle East and Africa are included in the ranking. 3 among them have made the top 50, 2 rank among the top 40, 1 is in the top 30, and none is in the top 20. Their ranking is: Dubai, Mecca, Abu Dhabi, Cairo, Tel Aviv, Jerusalem, Johannesburg, and Cape Town. Their rankings are generally low.

There are only a few cities in this region that are included in the ranking, and they are distributed evenly after the 20th place (See Chart 3-31). None of them rank in the top 20, and only 2 have made the top 40, taking up 25% of all Middle East and African cities included. 3 cities are between 41st and 60th, amounting to 38% of all cities included in this region, and 3 cities rank after the 60th place.

Generally speaking, cities in Middle East and Africa perform poorly, noting obvious gas with Asia-Pacific, Europe and the Americas. Within this region, Middle East cities

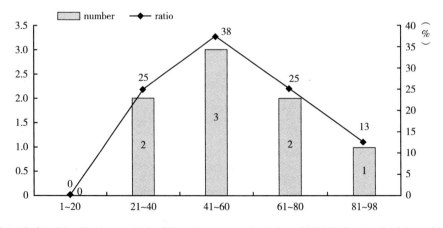

Chart 3–31 Distribution analysis of Tourism prosperity index of Middle East and African cities

147

do better than African ones. Dubai, Mecca and Abu Dhabi rank the top 3. Middle East and Africa are of low development level of tourism with the exception of some particular cities (such as Dubai), and cities here are left behind by developed cities.

In terms of market scale, Mecca, Dubai and Cairo rank among the first globally in inbound tourist visits—Mecca ranking the 4th, Dubai the 20th and Cairo the 25th, and other cities in the region see small market size, ranking in the last places.

Middle East and Africa enjoy sound tourism development. Except some cities with negative growth, most cities maintain impressive growth rates. Tel Aviv, Abu Dhabi, Jerusalem and Johannesburg all register two-digit growth. Inbound tourist reception and domestic tourism in Dubai also realize a 5% and 15% growth.

Concerning tourism businesses, most businesses score an occupancy rate higher than 60%. Average room rate change grows polarized—Dubai sees the highest room rate hike and Jerusalem, Johannesburg and Cape Town see greatest room rate dip.

3. Tourism Development Potential Index: at Low Level Distributed in Different Ranking Brackets

Ranking of tourism development potential index of Middle East and African cities is as follows.

Table 3–17　Rankings of potential of Middle East and African cities

Country	City	Ranking in the Region	Overall Ranking	Standard Score
United Arab Emirates	Dubai	1	15	65.367
Palestine	Jerusalem	2	50	49.434
United Arab Emirates	Abu Dhabi	3	52	49.311
Israel	Tel Aviv	4	60	46.301
SaudiArabia	Mecca	5	63	45.495
South Africa	Johannesburg	6	80	35.777
Egypt	Cairo	7	83	34.909
South Africa	Cape Town	8	98	20.314

Potential rankings of 8 Middle East and African cities are: Dubai, Jerusalem, Abu Dhabi, Tel Aviv, Mecca, Johannesburg, Cairo, Cape Town. 2 cities rank among the top 20, 1 among the top 20 and none among the top 10. In the overall rankings of World Tourism Cities, Middle East and African cities take places in the rear.

They are unevenly distributed in different ranking brackets (See Chart 3-32). Middle East and African cities that have made the top 20 take up 11% of all Middle East and African cities included in the ranking. Between the 21st and 40th place, there are no cities from this region. 3 are between the 41st and 60th place, taking up 33% of the total, and 4 cities rank after the 60th place. The last one is also from this region, showing great disparities among cities within this region.

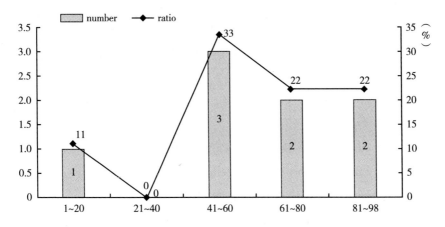

Chart 3–32   Distribution analysis of potential ranking of Middle East and African cities

Chart 3-33 shows scores of potential of World Tourism Cities from Middle East and Africa and contributions made by various sub-indexes. Among all sub-indexes, airline passenger throughput contributes the most in Dubai, and inbound tourism growth and the share of service industry in GDP contributes a lot in Jerusalem. Per capita GDP in urban areas is the greatest contributor in Abu Dhabi. Dubai tops the potential ranking in Middle East and African region. Dubai International Airport is the largest airport in Middle East; its passenger throughput in 2011 reached 47.18 million. So it scores the highest in airline passenger throughput, and ranks the 15th in 98 cities globally. In 2010, Dubai's per capita GDP reached 35,276 US dollars,

149

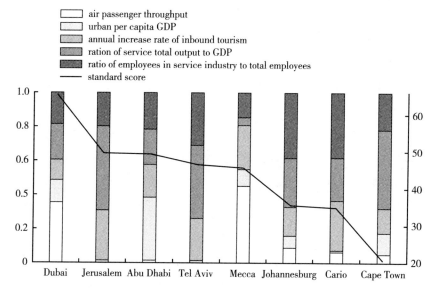

air passenger throughput
urban per capita GDP
annual increase rate of inbound tourism
ration of service total output to GDP
ratio of employees in service industry to total employees
standard score

Chart 3–33   Potential rankings analysis of Middle East and African cities

the highest within the region and among the highest ones in 98 rated cities, showing Dubai's overall strength.

Middle East, known as "A Place with Three Continents and Two Oceans", is an extremely important transport hub connecting 3 continents and 2 oceans. It is also the origin of Islam, Christianity and Judaism. River Nero harbors one of the most ancient civilizations of humankind. Here, world-famous pyramids are embodiments of marvelous creativity of ancient Egyptian people. Due to continuous aggression, economic and cultural advancement have been hindered. In terms of tourism, Africa is a place brimming with potentials and a lot of resources wait for thorough development.

4. Tourism Attraction Index: Weak Attraction with Much Room of Enhancement

Rankings of tourism attraction of Middle East and African cities are shown in Table 3-18.

Table 3–18   Rankings of tourism attraction of Middle East and African cities

Country	City	Ranking in the Region	Overall Ranking	Standard Score
South Africa	Cape Town	1	59	30.79
Israel	Tel Aviv	2	61	30.26
United Arab Emirates	Dubai	3	71	25.75
South Africa	Johannesburg	4	72	24.49
Egypt	Cairo	5	84	19.24
Palestine	Jerusalem	6	85	19.19
United Arab Emirates	Abu Dhabi	7	95	12.06
Saudi Arabia	Mecca	8	97	10.60

This year, 8 cities in Middle East and Africa joined the election of World Tourism Cities. Their rankings in term of attraction are: Cape Town, Tel Aviv, Dubai, Johannesburg, Jerusalem, Abu Dhabi and Mecca. All of them rank after the 50th place. As tourism attraction reflects the market traction of tourism fundamentals, low attraction rankings show weak attraction of this region due to its own environmental restraints.

Chart 3-34 shows the distribution of Middle East and African cities that are elected as World Tourism Cities in different ranking brackets. Among the 8 included cities, 7 rank among the last 40places. Only Cape Town ranks between 41st and 60th—59th. In natural conditions and urban development, Middle East and African cities have a long journey to cover before they can catch up with cities in other

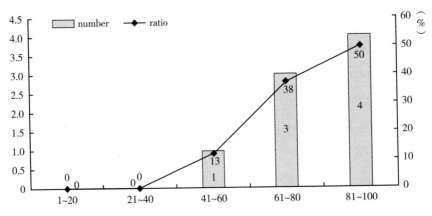

Chart 3–34   Distribution analysis of Middle East and African cities in terms of attraction

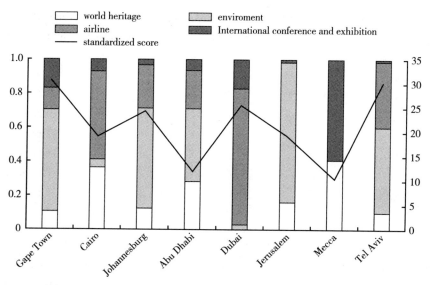

Chart 3–35   Attraction rankings analysis of Middle East and African cities

regions. But this also means great potential to tap into, and these should also be the focus of future tourism development.

Chart 3-35 shows attraction scores of cities in this region and contributions made by various sub-indexes. Among all sub-indexes, world heritage contributes most in Cairo, ranking the 15th globally. Air routes contribute a lot in Dubai, whose convenient and closely-knit air routes rank 7th globally. The whole region does poorly in international conferences and expositions.

Middle East and Africa don't do well in attraction; it is seemingly because of restraints of natural environment. Seen from a long-term and profound perspective, a peaceful and stable environment and philosophy of sustainable development are crucial for the region's overall development.

5. Support for Tourism Index: Overall Strength with Disadvantageous Multilingualism

Rankings of support for tourism index of Middle East and African cities are shown below:

Table 3–19 Rankings of support for tourism index of Middle East and African cities

Country	City	Ranking in the Region	Overall Ranking	Standard Score
Israel	Tel Aviv	1	7	81.944
South Africa	Cape Town	2	14	75.000
Egypt	Cairo	3	24	66.667
South Africa	Johannesburg	4	53	58.333
Palestine	Jerusalem	5	63	51.389
United Arab Emirates	Dubai	6	74	48.611
United Arab Emirates	Abu Dhabi	7	86	44.444
SaudiArabia	Mecca	8	98	25.000

Rankings of 8 Middle East and African cities are: Tel Aviv, Cape Town, Cairo, Johannesburg and Jerusalem, Dubai, Abu Dhabi, and Mecca. 6 of them rank among the top 50 globally, showing strongtourism industry support for tourism in the region.

Chart 3-36 shows scores of support for tourism in Middle East and African cities

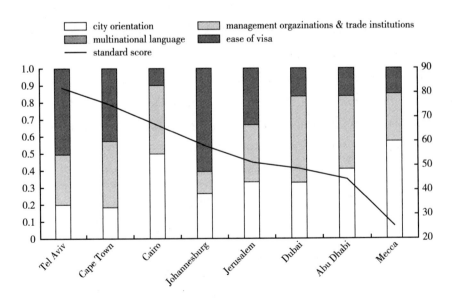

Chart 3–36 Support for tourism index ranking analysis of Middle East and African

tourism cities

153

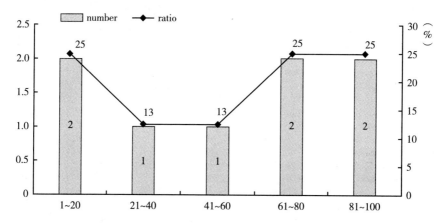

**Chart 3-37   Distribution of Middle East and African cities in terms of
support for tourism index**

and contributions made by various sub-indexes. Urban development positioning contributes most in Cairo and Mecca; administrative institutions and industrial associations don't play a big role in Johannesburg, Jerusalem, Mecca and Cairo; multilingualism is a great contributor in Jerusalem and Dubai; visa convenience stands out in Johannesburg and Tel Aviv. Generally speaking, this region is at disadvantage in multilingualism.

Chart 3-37 shows distribution of cities in different brackets of tourism industry support. Urban tourism in this region is undergoing rapid growth. In these 8 cities entered for World Tourism Cities election, 4 rank among the top 60, and 2 are in the 81st to 98th bracket, reflecting obvious disparity in support for tourism index.

In recent years, though tourist visits to Africa have registered incessant increase, the overall reception is lower than 5% of the world's total. African countries are taking measures to cope with the impacts of global economic crisis on tourism. African governments and industrial associations are improving infrastructure, enhancing tourism service quality, strengthening image building with an attempt to draw more tourists. So this region enjoys spacious room for future growth in support for tourism index.

6. Network Popularity : at Medium Level with Stable Growth

Rankings of Network popularity of Middle East and African cities are shown as follows.

Table 3–20   Rankings of Network popularity of Middle East and African cities

Country	City	Ranking in the Region	Overall Ranking	Standard Score
Egypt	Cairo	1	11	91.16
South Africa	Cape Town	2	27	86.17
Israel	Jerusalem	3	35	83.33
United Arab Emirates	Dubai	4	48	78.45
Israel	Tel Aviv	5	55	76.53
Saudi Arabia	Mecca	6	68	71.15
United Arab Emirates	Abu Dhabi	7	75	64.29
South Africa	Johannesburg	8	80	62.06

Fewer than 10 cities in this region are included in the rankings of Network popularity , the fewest in all regions. All Middle East and African cities rank before the 80th place, and half of them rank among the top 50. Their overall Network popularity ranking is at medium level. Rankings within the region are: Cairo, Cape Town, Jerusalem, Dubai, Tel Aviv, Mecca, Abu Dhabi and Johannesburg.

As can be seen in Chart 3-38, cities in this region are found in the first 4 brackets

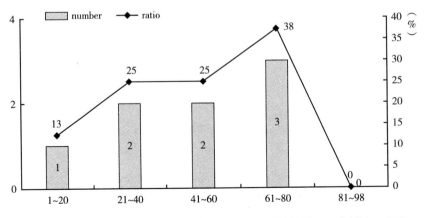

Chart 3–38   Distribution of Network Popularity of Middle East and African cities

evenly. Cairo ranks among the top 10; there are respectively 2 cities in the 21st to 40th and 41st to 60th brackets, taking up 25% of all cities from this region; the other 3 rank between 61st and 80th.

Cairo is the winner of Network popularity index within the region. As an ancient civilization cradle and the largest Arabian city, it deserves this honor. Cape Town in South Africa, the air traffic transfer station in the southern sphere with the busiest airport in the country, comes in second. It holds great radiation influence on surrounding regions. Jerusalem fraught with religious issues ranks the third. Based on consistency and comparability, English is chosen as the language of key word for searching to reflect the true Network popularity index of all tourism cities. This may be partial for Mecca and Jerusalem where Arabic is mother tongue. But this has not blemished the glimmer of them as religious tourism destinations. Jerusalem receives more attention than Mecca according to rankings, which is in line with actual situation.

G.13
Summary

Average rankings and standard deviation of overall index and various sub-indexes are shown in Table 3-21.

Table 3–21　Average rankings of various indexes of all regions

Region	Overall Index	Tourism prosperity index	Tourism development potential index	Tourism attraction index	Support for tourism index	Network popularity index	Standard deviation of Sub-indexes
Asia-Pacific	53.15	45.34	36.10	65.12	57.15	54.07	9.99
The Americas	44.56	52.78	59.83	41.56	32.22	35.17	10.49
Europe	42.39	51.29	57.84	26.10	42.45	51.65	11.03
Middle East and Africa	69.50	56.50	62.63	78.00	52.38	49.88	10.04

Judging from overall development index, these regions witness yawning differences. Overall indexes of Europe and theAmericas rank among the top 50, embodying high development level of tourism cities on these two continents. That of Middle East and Africa averages the 70th, reflecting low development level. Asia-Pacific is at medium level. This ranking is consistent with the development level of tourism in these regions. Europe is the origin of tourism; it has a long history, rich resources, developed service and mature tourism industry. Tourism development in Middle East and Africa is dragged by backward economic growth, leaving little room for better performance in resource development and service and reception.

When it comes to Tourism prosperity index, Asia-Pacific ranks high, showing that tourism in this region is of booming vitality. Asia-Pacific also registers high ranking

of potential, echoing the forecast that Asia-Pacific will become a popular tourism destination in the 21st century.

In terms of attraction index, Europe stays the most attractive continent, ranking the 26th on average.

American tourism cities receive the strongest government support; Asia-Pacific governments don't pay enough attention. In the future, they should intensify their efforts to foster multilingualism and optimize urban development positioning.

The Americas, Middle East and Africa receive intense network popularity index. Going forward, they should make most of their network popularity and further boost their attraction towards tourists.